JACQUES BAINVILLE
(1879-1936)

HISTOIRE DE FRANCE

*Ο*MNIA VERITAS

JACQUES BAINVILLE

(1879-1936)

HISTOIRE DE FRANCE

Publié en 1924

Publié par

OMNIA VERITAS LTD

OMNIA VERITAS

www.omnia-veritas.com

AVANT-PROPOS 9

CHAPITRE I 13
Pendant 500 ans la Gaule partage la vie de Rome 13

CHAPITRE II 23
L'essai mérovingien 23

CHAPITRE III 33
Grandeur et décadence des Carolingiens 33

CHAPITRE IV 41
La révolution de 987 et l'avènement des Capétiens 41

CHAPITRE V 51
Pendant 340 ans, l'honorable maison capétienne règne de père en fils 51

CHAPITRE VI 81
La guerre de cent ans et les révolutions de Paris 81

CHAPITRE VII 109
Louis XI : l'unité sauvée, l'ordre rétabli, la France reprend sa marche en avant 109

CHAPITRE VIII 123
François Ier et Henri II : la France échappe à l'hégémonie de l'empire germanique 123

CHAPITRE IX 139
Les guerres civiles et religieuses remettent la France au bord de la ruine 139

CHAPITRE X 159
Henri IV restaure la monarchie et relève l'État 159

CHAPITRE XI **171**
    LOUIS XIII ET RICHELIEU : LA LUTTE NATIONALE CONTRE LA MAISON D'AUTRICHE 171

CHAPITRE XII **183**
    LA LEÇON DE LA FRONDE.. 183

CHAPITRE XIII **193**
    LOUIS XIV 193

CHAPITRE XIV **223**
    LA RÉGENCE ET LOUIS XV... 223

CHAPITRE XV **257**
    LOUIS XVI ET LA NAISSANCE DE LA RÉVOLUTION 257

CHAPITRE XVI **285**
    LA RÉVOLUTION 285

CHAPITRE XVII **329**
    LE CONSULAT ET L'EMPIRE 329

CHAPITRE XVIII **363**
    LA RESTAURATION.. 363

CHAPITRE XIX **385**
    LA MONARCHIE DE JUILLET... 385

CHAPITRE XX **401**
    LA DEUXIÈME RÉPUBLIQUE ET LE SECOND EMPIRE 401

CHAPITRE XXI **427**
    LA TROISIÈME RÉPUBLIQUE 427

CHAPITRE XXII **461**

La guerre et la paix, les travaux et les jours 461

JACQUES BAINVILLE

Avant-propos

Si les lecteurs veulent bien le lui permettre, l'auteur de ce livre commencera par une confession. Quand il était au collège, il n'aimait pas beaucoup l'histoire. Elle lui inspirait de l'ennui. Et quand le goût lui en est venu plus tard, il s'est rendu compte d'une chose : c'est qu'il répugnait à la narration des faits alignés, les uns au bout des autres. On ne lui avait jamais dit, ou bien on ne lui avait dit que d'une manière convenue si insuffisante, pourquoi les peuples faisaient des guerres et des révolutions, pourquoi les hommes se battaient, se tuaient, se réconciliaient. L'histoire était un tissu de drames sans suite, une mêlée, un chaos où l'intelligence ne discernait rien.

Est-il vrai qu'il faille enseigner l'histoire aux enfants sans qu'ils la comprennent et de façon à meubler leur mémoire de quelques dates et de quelques événements ? C'est extrêmement douteux. On ne s'y prendrait pas autrement si l'on voulait tuer l'intérêt. En tout cas, un âge vient, et très vite, où l'on a besoin d'un fil conducteur, où l'on soupçonne que les hommes d'autrefois ressemblaient à ceux d'aujourd'hui et que leurs actions avaient des motifs pareils aux nôtres. On cherche alors la raison de tout ce qu'ils ont fait et dont le récit purement chronologique est insipide ou incohérent.

En écrivant une histoire de France, c'est à ce besoin de l'esprit que nous avons essayé de répondre. Nous avons voulu d'abord y répondre pour nous-même et à cette fin dégager, avec le plus de clarté possible, les causes et les effets.

Nous n'avons pas tenté une œuvre originale : on peut éclaircir l'histoire, on ne la renouvelle pas. Nous n'avons pas non plus soutenu une thèse. Nous nous sommes efforcés de montrer comment les choses s'étaient produites, quelles conséquences en étaient résultées, pourquoi, à tel moment, telle décision avait été prise plutôt que telle autre. Ce qu'on découvre, au bout de cette analyse, c'est qu'il n'est pas facile de conduire les peuples, qu'il n'est pas facile non plus de fonder et de conserver un État comme l'État français, et l'on en garde, en définitive, beaucoup d'indulgence pour les gouvernements.

Peut-être ce sentiment est-il la garantie de notre, impartialité. Mais comment serions-nous de parti pris puisque notre objet est de présenter dans leur enchaînement les événements de notre histoire ? Nous ne pouvons la juger que par ses résultats. Et, comparant notre condition à celle de nos ancêtres, nous sommes amené à nous dire que le peuple français doit s'estimer heureux quand il vit dans la paix et dans l'ordre, quand il n'est pas envahi et ravagé, quand il échappe aux guerres de destruction et à ces guerres civiles, non moins redoutables, qui, au-cours des siècles, ne l'ont pas épargné.

Cette conception de l'histoire est simple. C'est celle du bon sens. Pourquoi juger la vie d'un pays d'après d'autres règles que celle d'une famille ? On peut écrire l'histoire à bien des points de vue. Il nous semble que l'accord général peut s'établir sur celui-là.

Les éléments d'un tel livre se trouvent partout. On demandera seulement s'il est possible, en cinq cents pages, de raconter, d'une manière à peu près complète, deux mille ans d'histoire de France. Nous répondons hardiment : oui. La tâche de l'historien consiste essentiellement à abréger. S'il n'abrégeait pas, - et la remarque n'est pas nouvelle, - il faudrait autant de temps pour raconter l'histoire qu'elle en a mis à se faire. Toutefois chaque génération a une tendance naturelle à donner plus d'importance à la période contemporaine qu'aux temps plus reculés. C'est la preuve que de grandes quantités de souvenirs tombent en route. Au bout de quatre ou cinq cents ans, on commence à ne plus guère apercevoir que les sommets et il semble que les années aient coulé jadis beaucoup plus vite que naguère. Nous avons tâché de maintenir une juste proportion entre les époques et, pour la plus récente, puisque cette histoire va jusqu'à nos jours, de dégager les grandes lignes que l'avenir, peut-être, retiendra.

Nous ne voulons pas terminer cette brève introduction et confier ce livre au public sans dire quels sont les ouvrages que nous avons consultés avec le plus de fruit. Nous n'énumérerons pas ici tout ce qui est classique, ni tout ce qui est trop particulier. Nous dirons seulement que Michelet, dans son Moyen Âge - en tenant compte des rectifications que Fustel de Coulanges et son école ont apportées sur nos origines, - reste digne d'être lu et donne en général une impression juste. À partir du seizième siècle, s'il est gâté par de furieux partis pris, ses vues sont encore parfois pénétrantes : c'est l'avantage et la supériorité des historiens qui ont du talent, même quand leurs théories sont contestables. Mais quel dommage que Sainte-Beuve n'ait pas écrit notre histoire nationale ! Ses *Lundis* et ses *Nouveaux Lundis* sont remplis de traits de lumière et c'est lui, bien souvent, dans une étude, dans un portrait, qui donne la clef de ce qui, ailleurs, reste inexpliqué ou obscur. Nul n'a mieux montré que l'histoire était de la psychologie.

C'est aussi de la politique, ce qui revient un peu au même. À cet égard, il faut réhabiliter le *Consulat* et *l'Empire* de Thiers. On a pris l'habitude de railler cet ouvrage. La mode en est passée. Mais ce qui est aussi passé de mode, c'est d'exposer les motifs et les intentions des hommes qui conduisent les grandes affaires et c'est pourtant ce qui importe le plus à la clarté des événements. On peut dire que Thiers y excelle. Avec un esprit plus philosophique, dans l'Europe et la Révolution française, Albert Sorel l'a seulement corrigé. Pour la Restauration et la monarchie de Juillet, l'œuvre de M. Thureau-Dangin est essentielle, comme celle de M. de la Gorce pour le second Empire. Enfin pour les origines et les débuts de la troisième République (au-delà de 1882 il n'y a encore rien), les quatre volumes de M. Gabriel Hanotaux sont infiniment précieux.

Nous nous en voudrions de ne pas citer, parmi les autres livres dont nous avons tiré profit, la *Formation de l'Unité française*, d'Auguste Longnon et la grande *Histoire de France* de Dareste qu'Albert Sorel recommandait comme la plus honnête qu'on eût écrite de nos jours et qui s'arrête malheureusement un peu tôt. Il y a enfin, pour les personnes curieuses d'étendre leurs connaissances, trois ouvrages que nous ne voulons pas oublier. Chacun d'eux se place à un point de vue d'où l'on n'a pas l'habitude de considérer notre histoire, ce qui est un grand tort. Ce sont les points de vue diplomatique, maritime et financier. Le *Manuel historique de Politique étrangère* de M. Émile Bourgeois, le *Manuel d'histoire maritime de la France* de M. Joannès Tramond, l'*Histoire financière de la France aux dix-septième et dix-huitième siècles* de M. Marcel Marion, montrent bien des choses sous un aspect ignoré ou méconnu et, en plus d'un endroit, nous ont permis de trouver ce qui anime l'inerte matière historique, ce que nous nous efforçons de dégager à chaque page : l'explication des faits.

J. B.

CHAPITRE I

PENDANT 500 ANS LA GAULE PARTAGE LA VIE DE ROME

Il y a probablement des centaines de siècles que l'Homme s'est répandu sur la terre. Au-delà de 2.500 ans, les origines de la France se perdent dans les conjectures et dans la nuit. Une vaste période ténébreuse précède notre histoire. Déjà, sur le sol de notre pays, des migrations et des conquêtes s'étaient succédé, jusqu'au moment où les Gaëls et Gaulois devinrent les maîtres, chassant les occupants qu'ils avaient trouvés ou se mêlant à eux. Ces occupants étaient les Ligures et les Ibères, bruns et de stature moyenne, qui constituent encore le fond de la population française. La tradition des druides enseignait qu'une partie des Gaulois était indigène, l'autre venue du Nord et d'outre-Rhin, car le Rhin a toujours paru la limite des Gaules. Ainsi, la fusion des races a commencé dès les âges préhistoriques. Le peuple français est un composé. C'est mieux qu'une race. C'est une nation.

Unique en Europe, la conformation de la France se prêtait à tous les échanges de courants, ceux du sang, ceux des idées. La France est un isthme, une voie de grande communication entre le Nord et le Midi. Il y avait, avant la conquête romaine, de prodigieuses différences entre la colonie grecque de Marseille et les Cimbres d'entre Seine et Loire ou les Belges d'entre Meuse et Seine. D'autres éléments, au cours des siècles, se sont ajoutés en grand nombre à ceux-là. Le mélange s'est formé peu à peu, ne laissant qu'une heureuse diversité. De là viennent la richesse intellectuelle et morale de la France, son équilibre, son génie.

On dit communément que, dans cette contrée fertile, sur ce territoire si bien dessiné, il devait y avoir un grand peuple. On prend l'effet pour la cause. Nous sommes habitués à voir à cet endroit de la carte un État dont l'unité et la solidité sont presque sans exemple. Cet État ne s'est pas fait tout seul. Il ne s'est pas fait sans peine. Il s'est fait de main d'homme. Plusieurs fois, il s'est écroulé mais il a été rebâti. La combinaison France nous paraît naturelle. Il y a eu, il aurait pu y avoir bien d'autres combinaisons.

Harmonieuse à l'œil, la figure de notre pays est fort défectueuse à d'autres égards. Du côté du Nord et de l'Est, la France a une mauvaise frontière terrestre qui l'expose aux invasions d'un dangereux voisin. De plus, Flandres, Allemagne, Italie, Espagne, l'inquiètent, la sollicitent, l'écartèlent presque. Si elle possède l'avantage unique de communiquer avec toutes les mers européennes, elle a en revanche, des frontières maritimes trop étendues, difficiles à garder et qui exigent un effort considérable ou un choix pénible, l'Océan voulant une flotte et la Méditerranée une autre. Si la France n'est pas dirigée par des hommes d'un très grand bon sens, elle risque de négliger la mer pour la terre et inversement, ou bien elle se laisse entraîner trop loin, ce qui lui arrivera à maintes reprises. Si elle n'a soin d'être forte sur mer, elle est à la merci d'une puissance maritime qui met alors obstacle à ses autres desseins. Si elle veut y être forte, la même puissance maritime prend ombrage de ses progrès et c'est un nouveau genre de conflit. Près de mille ans d'une histoire qui n'est pas finie seront partagés entre la mer et la terre, entre l'Angleterre et l'Allemagne. Ainsi l'histoire de la France, c'est celle de l'élaboration et de la conservation de notre pays à travers des accidents, des difficultés, des orages, venus de l'intérieur comme de l'extérieur, qui ont failli vingt fois renverser la maison et après lesquels il a fallu la reconstruire. La France est une œuvre de l'intelligence et de la volonté.

À qui devons-nous notre civilisation ? À quoi devons-nous d'être ce que nous sommes ? À la conquête des Romains.

Et cette conquête, elle eût échoué, elle se fût faite plus tard, dans des conditions différentes, peut-être moins bonnes, si les Gaulois n'avaient été divisés entre eux et perdus par leur anarchie. Les campagnes de César furent grandement facilitées par les jalousies et les rivalités des tribus. Et ces tribus étaient nombreuses : plus tard, l'administration d'Auguste ne reconnut pas moins de soixante nations ou cités. À aucun moment, même sous le noble Vercingétorix, la Gaule ne parvint à présenter un front vraiment uni, mais seulement des coalitions. Rome trouva toujours, par exemple chez les Rèmes (de Reims) et chez les Eduens de la Saône, des sympathies ou des intelligences. La guerre civile, le grand vice gaulois, livra le pays aux Romains. Un gouvernement informe, instable, une organisation politique primitive, balancée entre la démocratie et l'oligarchie : ainsi furent rendus vains les efforts de la Gaule pour défendre son indépendance.

Les Français n'ont jamais renié l'alouette gauloise et le soulèvement national dont Vercingétorix fut l'âme nous donne encore de la fierté. Les Gaulois avaient le tempérament militaire. Jadis, leurs expéditions et leurs migrations les avaient conduits à travers l'Europe, jusqu'en Asie Mineure. Ils avaient fait trembler Rome, où ils étaient entrés en vainqueurs. Sans vertus militaires, un peuple ne subsiste pas ; elles ne suffisent pas à le faire subsister. Les Gaulois ont transmis ces vertus à leurs successeurs. L'héroïsme de Vercingétorix et de ses alliés n'a pas été perdu : il a été comme une semence. Mais il était impossible que Vercingétorix triomphât et c'eût été un malheur s'il avait triomphé.

Au moment où le chef gaulois fut mis à mort après le triomphe de César (51 avant l'ère chrétienne), aucune comparaison n'était possible entre la civilisation romaine et cette pauvre civilisation gauloise, qui ne connaissait même pas l'écriture, dont la religion était restée aux sacrifices humains. À cette conquête, nous devons presque tout. Elle fut rude : César avait été cruel, impitoyable. La civilisation a été imposée à nos ancêtres par le fer et par le feu et elle a été payée par beaucoup de sang. Elle nous a été apportée par la violence. Si nous sommes devenus des civilisés supérieurs, si nous avons eu, sur les autres peuples, une avance considérable, c'est à la force que nous le devons.

Les Gaulois ne devaient pas tarder à reconnaître que cette force avait été bienfaisante. Ils avaient le don de l'assimilation, une aptitude naturelle à recevoir la civilisation gréco-latine qui, par Marseille et le Narbonnais, avait commencé à les pénétrer. Jamais colonisation n'a été plus heureuse, n'a porté plus de beaux fruits, que celle des Romains en Gaule. D'autres colonisateurs ont détruit les peuples conquis. Ou bien les vaincus, repliés sur eux-mêmes, ont vécu à l'écart des vainqueurs. Cent ans après César, la fusion était presque accomplie et des Gaulois entraient au Sénat romain.

Jusqu'en 472, jusqu'à la chute de l'Empire d'Occident, la vie de la Gaule s'est confondue avec celle de Rome. Nous ne sommes pas assez habitués à penser que le quart de notre histoire, depuis le commencement de l'ère chrétienne, s'est écoulé dans cette communauté : quatre à cinq siècles, une période de temps à peu près aussi longue que de Louis XII à nos jours et chargée d'autant d'événements et de révolutions. Le détail, si l'on s'y arrêtait, ferait bâiller. Et pourtant, que distingue-t-on à travers les grandes lignes ? Les traits permanents de la France qui commencent à se former.

Il est probable que, sans les Romains, la Gaule eût été germanisée. Il y avait, au-delà du Rhin, comme un inépuisable réservoir d'hommes. Des bandes s'en écoulaient par intervalles, poussées par le besoin, par la soif du pillage ou par d'autres migrations. Après avoir été des envahisseurs, les Gaulois furent à leur tour envahis. Livrés à eux-mêmes, eussent-ils résisté ? C'est douteux. Déjà, en 102 avant Jésus-Christ, il avait fallu les légions de Marius pour affranchir la Gaule des Teutons descendus jusqu'au Rhône. Contre ceux qu'on appelait les Barbares, un immense service était rendu aux Gaulois : il aida puissamment la pénétration romaine. L'occasion de la première campagne de César, en 58, avait été une invasion germanique. César s'était présenté comme un protecteur. Sa conquête avait commencé par ce que nous appellerions une intervention armée.

Dès que la conquête fut achevée, Rome se trouva associée aux Gaulois pour repousser les Germains. Avec l'attrait de la civilisation gréco-latine, rien n'a autant servi à former l'amitié gallo-romaine. En somme, on fut deux pour défendre le bien commun. C'est le sens du célèbre discours aux Gaulois que Tacite prête à Cérialis après sa victoire sur les Bataves : « Nous ne nous sommes pas établis sur le Rhin pour défendre l'Italie, mais pour empêcher un nouvel Arioviste de conquérir les Gaules... Les Germains ont toujours une même raison qui les pousse sur votre territoire : l'inquiétude, l'avidité, la passion du changement, passion naturelle quand, au lieu de leurs marais et de leurs déserts, ils espèrent posséder un sol d'une fertilité extrême et devenir vos maîtres. »

La politique romaine était si clairvoyante, l'Empire romain se rendait si bien compte du rôle qu'il jouait dans le monde que Tacite prêtait encore ces paroles au général Cérialis : « Supposez que les Romains soient chassés de leurs conquêtes : qu'en peut-il résulter, sinon une mêlée générale de tous les peuples de la terre ? »

Ce jour devait venir. L'Empire romain tomberait. La digue serait rompue, la prophétie réalisée. Cette catastrophe, qui a laissé si longtemps aux Européens le regret de la paix romaine, nous enseigne que le progrès n'est ni fatal ni continu. Elle nous enseigne encore la fragilité de la civilisation, exposée à subir de longues éclipses ou même à périr lorsqu'elle perd son assise matérielle, l'ordre, l'autorité, les institutions politiques sur lesquelles elle est établie.

Jusqu'au siècle terrible, où les Barbares submergèrent tout, la Gaule, de concert avec Rome, avait dû refouler de nombreuses invasions : annonce des luttes que la France de l'avenir aurait à soutenir contre l'Allemagne. En 275, l'empereur Probus repousse et châtie durement les Germains qui s'étaient avancés fort loin en Gaule et qui, en se retirant, avaient laissé derrière eux des ruines et un désert. Dans leur retraite, ils avaient même, comme en 1918, coupé les arbres fruitiers.

Quatre-vingts ans plus tard, Julien, celui qui aimait tant le séjour de Paris, est assiégé par les Allemands jusque dans la ville de Sens, puis les chasse au-delà du Rhin et leur impose un tribut pour la « réparation » (c'est déjà la chose et le mot) des destructions auxquelles ils s'étaient encore livrés.

À mesure que l'Empire s'affaiblissait, se consumait dans l'anarchie, ces invasions devenaient plus fréquentes et le nombre des Barbares qui se pressaient aux portes semblait croître. Il en surgissait toujours de nouvelles espèces, heureusement rivales : ainsi la Gaule fut nettoyée des Vandales, par les Goths. Pourtant, au Ve siècle, la collaboration de la Gaule et de Rome s'exprima encore d'une manière mémorable par Aétius, vainqueur d'Attila, aux Champs Catalauniques. Le roi des Huns, le « fléau de Dieu » était à la tête d'un empire qu'on a pu comparer à celui des Mongols. Lui-même ressemblait à Gengis-Khan et à Tamerlan. Il commandait à des peuplades jusqu'alors inconnues. Aétius le battit près de Châlons avec l'aide des Wisigoths et des Francs, et cette victoire est restée dans la mémoire des peuples.

C'est la première fois que nous nommons les Francs destinés à jouer un si grand rôle dans notre pays et à lui donner leur nom. Il y avait pourtant de longues années qu'ils étaient établis le long de la Meuse et du Rhin et que, comme d'autres Barbares, ils servaient à titre d'auxiliaires dans les armées romaines. C'étaient des Rhénans et l'une de leurs tribus était appelée celle des Ripuaires parce qu'elle habitait la rive gauche du Rhin (Cologne, Trèves).

Pourquoi une aussi grande fortune était-elle réservée aux Francs ? Connus de Rome dès le premier siècle, ils lui avaient donné, non seulement des soldats, mais, peu à peu, des généraux, un consul, et même une impératrice. Ce n'était pourtant pas ce qui les distinguait des autres barbares que Rome avait entrepris d'attirer, d'assimiler et d'utiliser contre les Alle- mands d'outre-Rhin. Les Francs étaient même, d'une manière générale, en retard sur les peuples d'origine germanique installés comme eux dans les limites naturelles de la Gaule. Les Goths et les Burgondes admis à titre d'« hôtes » depuis longtemps étaient plus avancés et plus dégrossis. Cette circonstance devait tourner à leur détriment.

Au moment où l'Empire d'Occident disparut, les Francs, établis dans les pays rhénans et belges, étaient encore de rudes guerriers que rien n'avait amolli. Ils étaient soldats et leur gouvernement était militaire. Clodion, Pharamond, Mérovée, n'étaient que des chefs de tribus, mais des chefs. Voilà pourquoi la tradition qui fait remonter à ces roitelets la fondation de la monarchie française n'est pas absurde, bien que, dans la réalité, les rois francs, avant Clovis, aient compté, pour les Gallo-Romains, beaucoup moins que les chefs des Goths, Alaric et Ataulphe, ou Gondioc le Burgonde, père du fameux Gondebaud.

Voilà ces Francs, peu nombreux mais ardents à la guerre, et qui se tiennent sur les points d'où l'on domine la France, ceux qui commandent les routes d'invasion et par où l'on va au cœur, c'est-à-dire à Paris. Ils étaient les mieux placés. Une autre circonstance leur fut peut- être encore plus favorable : les Francs n'étaient pas chrétiens. Cette raison de leur succès semble surprenante d'abord. On va voir, par quel enchaînement naturel elle devait les servir.

De bonne heure, la Gaule était devenue chrétienne et elle avait eu ses martyrs. L'Église de Lyon, illustrée par le supplice de Pothin et de Blandine, fut le centre de la propagande. De bonne heure, ce christianisme gallo-romain eut pour caractère d'être attaché à l'orthodoxie. Dès qu'elle avait commencé à se répandre, la religion chrétienne avait connu les hérétiques, Nulle part les dissidents ne furent combattus avec autant d'ardeur qu'en Gaule. Saint Irénée avait pris la défense du dogme contre les gnostiques. Saint Hilaire lutte contre une hérésie plus grave et qui faillit l'emporter : l'arianisme. Les Barbares déjà établis en Gaule, s'étant convertis, étaient tout de suite devenus ariens. Lorsque les Francs parurent à leur tour, il y avait une place à prendre. La Gaule elle-même les appelait. Et l'Église comprit que ces nouveaux venus, ces païens, rivaux naturels des Burgondes et des Goths, pouvaient être attirés dans la vraie croyance. Ce fut le secret de la réussite de Clovis et c'est une des raisons pour lesquelles on ne peut pas dire qu'il y ait eu de conquête franque.

Depuis longtemps déjà l'Empire romain agonisait. En mourant, il laissait une confusion épouvantable. Plus d'autorité. Elle tomba naturellement entre les mains de ceux qui possédaient l'ascendant moral : les évêques. On se groupa autour de ces « défenseurs des cités ». Mais l'Église savait bien que sa mission n'était pas d'exercer le pouvoir. Chez elle vivait une tradition, la distinction du temporel et du spirituel, et aussi une admiration, celle de l'ordre romain. Rétablir une autorité chez les Gaules, obtenir que cette autorité fût chrétienne et orthodoxe, telles furent l'idée et l'œuvre du clergé. Deux hommes d'une grande intelligence, le roi Clovis et l'archevêque de Reims, saint Remi, se rencontrèrent pour cette politique. Mais on aurait peine à en comprendre le succès si l'on ne se représentait l'angoisse, la terreur de l'avenir qui s'étaient emparées des populations gallo-romaines depuis que manquait Rome et sa puissante protection.

Ce pays fertile, industrieux, couvert de riches monuments, où une classe moyenne tendait toujours à se reconstituer comme un produit du sol après chaque tempête, était d'instinct conservateur. Il avait horreur de l'anarchie. Les communistes du temps, les Bagaudes, dont les tentatives révolutionnaires avaient toujours été vaincues, n'étaient pas moins redoutés que les Barbares du dehors. La Gaule romaine désirait un pouvoir vigoureux. C'est dans ces conditions que Clovis apparut.

À peine Clovis eut-il succédé à son père Childéric qu'il mit ses guerriers en marche de Tournai, sa résidence, vers le centre du pays. Il entreprenait de dominer les Gaules. À Soissons, gouvernait le « patrice » Syagrius, pâle reflet de l'empire effondré. Saint Remi vit que le salut n'était pas là. Quelle autre force y avait-il que le Barbare du Nord ? Qu'eût-on gagné à lui résister ? Clovis eût tout brisé, laissé d'autres ruines, apporté une autre anarchie. Il y avait mieux à faire : accueillir ce conquérant, l'aider, l'entourer pour le mettre dans la bonne voie. De toute évidence, c'était l'inévitable. Il s'agissait d'en tirer le meilleur parti pour le présent et pour l'avenir.

Clovis, de son côté, avait certainement réfléchi et mûri ses desseins. Il était renseigné sur l'état moral de la Gaule. Il avait compris la situation. Ce Barbare avait le goût du grand et son entreprise n'avait de chances de réussir, de durer et de se développer que s'il respectait le catholicisme, si profondément entré dans la vie gallo-romaine. L'anecdote fameuse du vase de Soissons prouve à quel point il voyait juste. L'exécution sommaire d'un soldat sacrilège fit plus que tout pour le triomphe de Clovis. On reconnaît le grand homme d'État à ces audaces qui créent des images immortelles.

Il fallait encore que Clovis se convertît. Sa conversion fut admirablement amenée. Ce Barbare savait tout : il recommença la conversion de l'empereur Constantin sur le champ de bataille. Seulement lorsque, à Tolbiac (496), il fit vœu de recevoir le baptême s'il était vainqueur, l'ennemi était l'Allemand. Non seulement Clovis était devenu chrétien, mais il avait chassé au-delà du Rhin l'ennemi héréditaire. Dès lors, il était irrésistible pour la Gaule romanisée.

On peut dire que la France commence à ce moment-là. Elle a déjà ses traits principaux. Sa civilisation est assez forte pour supporter le nouvel afflux des Francs, pour laisser à ces Barbares le pouvoir matériel. Et elle a besoin de la force franque. Les hommes, elle les assimilera, elle les polira. Comme sa civilisation, sa religion est romaine, et la religion est sauvée : désormais le fonds de la France religieuse, à travers les siècles, sera le catholicisme orthodoxe. Enfin, l'anarchie est évitée, le pouvoir, tout grossier qu'il est, est recréé en attendant qu'il passe en de meilleures mains, et ce pouvoir sera monarchique. Il tendra à réaliser l'unité de l'État, l'idée romaine aussi. Rien de tout cela ne sera perdu. À travers les tribulations des âges, ces caractères se retrouveront.

Cependant il s'en fallait encore de beaucoup que la France fût fondée et sûre de ses destins. La monarchie franque n'avait été qu'un pis aller dans la pensée des hommes d'Église qui l'avaient accueillie. Malgré ses imperfections, elle va servir, pendant près de trois cents ans, à préserver les Gaules de la ruine totale dont les avait menacées la chute de l'Empire romain.

Chapitre II

L'essai mérovingien

Les débuts de Clovis furent si grands, si heureux qu'on put croire qu'il laisserait après lui quelque chose de vraiment solide. En quelques années, en quelques expéditions, il fut le maître de la Gaule. Campagnes à la fois militaires et politiques. Partout Clovis apparaissait comme le libérateur et le protecteur des catholiques dans les pays où régnaient des Barbares ariens. Gondebaud, le roi de Bourgogne (et la Bourgogne c'était toute la vallée du Rhône), devint son tributaire et donna des garanties aux Gallo-Romains. Avec l'Aquitaine, la vallée de la Garonne fut délivrée des Goths. C'est à ce moment que Clovis eut la consécration qui lui manquait encore : après celle de l'Église, celle de l'empereur. L'Empire, réfugié à Constantinople, n'avait plus d'autorité en Occident, mais il y gardait du prestige. Lorsque Clovis eut reçu d'Anastase la dignité et les insignes consulaires, ce qu'aucun autre roi barbare n'avait obtenu, sa position se trouva grandie. La dynastie mérovingienne se trouvait rattachée à l'Empire romain. Elle parut le continuer et elle fut dès lors « légitime ». C'est une des raisons qui lui permirent de se prolonger pendant deux siècles et demi.

Toutefois, il manquait à Clovis d'être aussi puissant dans son pays d'origine que dans ses domaines nouveaux. Les tribus franques, restées païennes, avaient des chefs qui n'étaient pas disposés à obéir au parvenu converti. Ces petits chefs, dont certains étaient ses parents, pouvaient devenir dangereux. Clovis ne vit pas d'autre moyen que de les supprimer. Il frappa à la tête, exécuta une série de crimes politiques avec une ruse dont le bon Grégoire de Tours a laissé un naïf récit. Si Clovis n'avait fait disparaître ces petits rois, il eût été exposé à leur coalition et, dans une guerre civile entre tribus franques, il n'est pas certain que ses guerriers lui fussent restés fidèles. En somme, par ces moyens peu scrupuleux, il acheva l'unité de son royaume au Nord. Et il eut l'opinion publique pour lui. Car il était indifférent à la population gallo-romaine que des chefs barbares fussent traités à la manière barbare tandis qu'elle-même gardait ses usages, ses lois, sa religion dont Clovis était l'instrument, puisqu'en tuant ou en faisant tuer des païens comme les Ragnacaire et les Sigebert, il ouvrait un champ nouveau au christianisme. Ces meurtres ont été des opérations politiques dont le succès prouve que Clovis s'appuyait solidement sur la Gaule.

Il n'y a donc pas lieu de parler d'une conquête ni d'un asservissement de la Gaule par les Francs, mais plutôt d'une protection et d'une alliance, suivies d'une fusion rapide. La manière même dont les choses s'étaient passées, telles que nous venons de les voir, montre que l'élément gallo-romain avait appelé l'autorité de Clovis et que Clovis, de son côté, avait très bien vu que ce peuple désemparé, craignant le pire, désirait une autorité forte. S'il en eût été autrement, si les Gallo-Romains s'étaient bien trouvés du gouvernement des autres chefs barbares, Clovis ne fût pas allé loin. D'ailleurs les tribus franques n'étaient même pas assez nombreuses pour subjuguer toute la Gaule, pas plus qu'elles n'étaient capables de la diriger. Pour ces raisons, on vit tout de suite les Mérovingiens entourés de hauts fonctionnaires qui portaient des noms latins et qui sortaient des vieilles familles sénatoriales. Des généraux gallo-romains commandèrent des armées franques. Les lois, les impôts furent les mêmes pour tous. La population se mêla spontanément par les mariages et le latin devint la langue officielle des Francs qui oublièrent la leur, tandis que se formait la langue populaire, le roman, qui, à son tour, a donné naissance au français.

Les Gallo-Romains furent si peu asservis que la plupart des emplois restèrent entre leurs mains dans la nouvelle administration qui continua l'administration irnpériale. Et ce furent les Francs qui protestèrent, au nom de leurs coutumes, contre ces règles nouvelles pour eux, Ils avaient, du droit et de la liberté, une notion germanique et anarchique contre laquelle les rois mérovingiens eurent à lutter. Les « hommes libres » avaient l'habitude de contrôler le chef par leurs assemblées. La discipline civile de Rome leur était odieuse. Il fut difficile de les y plier et, en définitive, ils furent conquis plutôt que conquérants. Ce qu'on a dit du partage des terres entre les guerriers francs n'est que fables et Fustel de Coulanges a démontré que la propriété gallo-romaine n'avait changé ni de caractère ni de mains.

Comment se fait-il donc que l'œuvre de Clovis n'ait pas été plus durable, que la France n'ait pas été fondée dès ce moment-là ? Peut-être cette monarchie franque avait-elle réussi trop vite et lui manquait-il d'être l'effet de la patience et du temps. Mais elle avait en elle-même un grand vice que rien ne put corriger. L'usage des Francs était que le domaine royal fût partagé à l'exclusion des filles, entre les fils du roi défunt. Appliquée à la Gaule et aux conquêtes si récentes de Clovis, cette règle barbare et grossière était encore plus absurde. Elle fut pourtant observée. Sur ce point la continuité franque ne céda pas. Les quatre fils de Clovis se partagèrent sa succession. Il faudra attendre les Capétiens pour que monarchie et unité deviennent synonymes.

L'idée de l'unité, l'idée de l'État, idée romaine, subsistait dans les esprits. On s'imagina que les quatre fils de Clovis vivraient d'accord pour continuer la tâche de leur père. Eux-mêmes le crurent sans doute. C'était contraire à la nature des choses. Le partage entraînait les divisions. De ce moment date, entre l'Austrasie et la Neustrie, une funeste opposition dans laquelle les peuples n'étaient pour rien puisque c'était l'opposition de Paris et de Metz, de Rouen et de Verdun. Conséquence déplorable d'une erreur politique. Cette erreur ne doit pas faire oublier que la royauté mérovingienne, tout imparfaite qu'elle était, a mieux valu que le chaos. Au berceau même de la puissance romaine, en Italie, l'équivalent des Mérovingiens a manqué après la chute de l'Empire, et l'Italie, cassée en morceaux, est restée treize cents ans sans retrouver son unité.

Tel est le service que nous ont rendu les Clovis, les Clotaire, les Chilpéric. Après eux, les Carolingiens reculeront le moment de la grande crise, celle du morcellement féodal. Pendant ces quatre siècles, l'idée de l'État n'aura pas péri et les Capétiens pourront la reprendre. La tradition romaine n'aura pas été tout à fait rompue. Sans les Mérovingiens, tout ce qui a été fait plus tard pour constituer la France n'eût pas été possible ou, du moins, eût rencontré plus de difficultés.

L'aîné des fils de Clovis, Thierry, reçut, avec l'Austrasie ou pays de l'Est, la majeure partie de l'Empire franc : Metz en était la capitale. C'en était aussi la partie la plus exposée aux retours offensifs des Allemands, des Burgondes et des Goths, et Thierry fut avantagé parce qu'étant arrivé à l'âge d'homme c'était le plus capable de défendre le territoire. Ses frères adolescents s'étaient partagé la Neustrie ou pays de l'Ouest, les pays uniquement gallo-romains. On voit tout de suite que le roi d'Austrasie devait être le plus influent parce qu'il conservait un point d'appui chez les Francs eux-mêmes et dans la terre d'origine des Mérovingiens. Ayant un pied sur les deux rives du Rhin, il protégeait la Gaule contre les invasions germaniques.

Les héritiers de Clovis furent à peu près d'accord, si l'on passe sur quelques drames de famille, tant qu'il s'agit de continuer Clovis. Il y eut là une quarantaine d'années d'expéditions brillantes, jusqu'en Espagne. et en Italie, destinées à protéger les frontières du royaume mérovingien, tout un raccourci de notre histoire future, toute une épopée militaire qu'on s'est racontée aussi longtemps que l'épopée napoléonienne, jusqu'au jour où elle est tombée dans l'oubli, Mais, à la mort de Théodebald, fils de Thierry, de terribles dissentiments éclatèrent dans la descendance de Clovis. Austrasiens et Neustriens se battirent pour la prééminence. Il s'agissait de savoir qui commanderait. Les luttes dramatiques de Chilpéric et de Sigebert, l'interminable rivalité de Frédégonde et de Brunehaut, n'eurent pas d'autre cause. C'étaient des partis qui se déchiraient et toute idée de nationalité était absente de ces conflits.

Après cette longue guerre civile, l'Empire des Francs se trouva de nouveau réuni dans une seule main, celle de Clotaire II. Mais l'Austrasie, la Bourgogne et la Neustrie avaient gardé chacune une administration distincte et, par l'effet des désordres, l'autorité royale s'était affaiblie, dépouillée. Grands et petits, laïcs et religieux, lui avaient arraché des « immunités ». Le pouvoir s'émiettait, le territoire se démembrait. En outre, pendant cette période troublée où la mort allait vite, il y avait eu des minorités à la faveur desquelles une nouvelle puissance avait grandi : le maire du palais, c'était en somme le premier ministre devenu vice-roi quand le souverain était mineur ou incapable. Avec les maires du palais paraissait une nouvelle force. L'un d'eux, Pépin de Landen, en Austrasie, devait donner naissance à une deuxième dynastie.

Les Mérovingiens eurent encore deux règnes brillants et forts avec Clotaire II et Dagobert. Celui-là, grand lettré, grand bâtisseur, véritable artiste, est resté fameux, ainsi que son ministre saint Éloi. C'est peut-être, de tous les princes de sa race, celui qui a porté le plus loin l'imitation des empereurs de Rome. Les Francs s'étaient entièrement romanisés.

Après Dagobert (638), ce fut la décadence; les partages recommencèrent entre ses fils et l'effet des partages fut aggravé par les minorités. Les maires du palais devinrent les véritables maîtres. Quelques Mérovingiens, parvenus à l'âge d'homme, essayèrent de réagir et de rétablir l'autorité royale. Ils ne réussirent pas à remonter le courant. On avait perdu l'habitude d'obéir. Les grands conspiraient et défendaient par tous les moyens ce qu'ils appelaient déjà la liberté. Chilpéric II passa pour un despote et un réactionnaire : il fut assassiné. Des années de guerre civile s'en suivirent, luttes entre des partis rivaux qui exploitaient la vieille concurrence entre Neustriens et Austrasiens, et qui, selon les besoins du jour, couronnaient ou détrônaient des rois enfants. Le grand conflit qui mit aux prises Ebroin, maire de Neustrie, et saint Léger, tout-puissant en Bourgogne, formerait une histoire fastidieuse de coups d'État et de révolutions politiques. Les contemporains assistèrent avec terreur à cette anarchie où la France sombrait, à peine apparue au jour.

Il fallait autre chose. L'expérience mérovingienne, bien commencée, finissait mal. On sentait le besoin d'un nouveau Clovis. Où le prendre ? Une dynastie ne se fonde pas toute seule. Il y avait bien, en Austrasie, une famille dont l'influence ne cessait de croître, et c'était encore, malgré les efforts des hommes politiques de Neustrie, l'Austrasie qui disposait des plus grands moyens matériels pour diriger l'Empire franc. Cette famille, celle des ducs d'Héristal, qui devait être la souche de la dynastie carolingienne et qui se rattachait au maire du palais Pépin de Landen, mit près de cent ans à s'emparer de la couronne. Ce fut un beau travail de patience jusqu'au jour où les circonstances permirent la substitution.

Les d'Héristal ou Pipinnides réussirent parce qu'ils eurent le temps pour eux et parce qu'ils rendirent les services que l'on attendait. Riches et puissants en Austrasie où ils portaient le titre de ducs, ils représentaient, aux frontières du monde germanique, la civilisation catholique et romaine qui avait besoin d'une grande force politique pour se maintenir. Aussi devaient-ils avoir avec eux, et l'Église, et les sentiments qui avaient déjà assuré le succès de Clovis. C'est ce qui leur promettait de refaire un jour l'unité de la Gaule, appuyés sur l'Austrasie où était le siège de leur pouvoir. En somme, les ancêtres de Charlemagne se sont élevés par les mêmes procédés qui, de notre temps, ont porté les électeurs de Brandebourg au trône impérial d'Allemagne et les ducs de Savoie au trône d'Italie.

La première étape consistait à briser l'opposition des hommes politiques de Neustrie. Ce fut l'œuvre de Pépin d'Héristal. Vainqueur à Testry, en 682, des maires neustriens, Ebroin et Waratte, il porta aussi le coup de grâce à la dynastie mérovingienne : si elle existait encore c'était par l'usage que les partis en faisaient les uns contre les autres. À compter de ce moment, les Mérovingiens, pourvus d'un vain titre, ne furent plus que les « rois fainéants » traînés dans leurs chariots à bœufs. La réalité du pouvoir était en d'autres mains, celles du prince et duc d'Austrasie.

Toutefois, Pépin d'Héristal ne se sentait pas assez fort pour créer une nouvelle légitimité, tandis que l'autre mourait lentement. Il ne voulut pas brusquer les choses : la Neustrie, la Bourgogne n'étaient pas mûres. Il y avait, çà et là, des troubles. Parfois les anciens partis se ranimaient. Pépin mourut en 714 sans avoir trouvé l'occasion de prendre la couronne. À sa mort, peu s'en fallut que tout ne fût compromis. La guerre civile reprit, aggravée par la guerre étrangère, car le parti neustrien ne craignait pas de s'allier aux tribus allemandes révoltées contre l'Austrasie. Faute grave du maire de Neustrie, Rainfroi. Il donnait à l'héritier des Pipinnides l'occasion d'apparaître à la France chrétienne et romaine comme le vrai défenseur de la civilisation et de la nationalité.

Cet héritier, c'est Charles Martel. Les d'Héristal sont décidément une race douée. Charles a du caractère, du talent. Les circonstances le serviront, et il excelle à saisir les circonstances. Comment s'impose-t-on à un peuple ? Toujours de la même manière : par les services rendus. Charles représentera l'ordre et la séeurité. Il a déjà battu les agitateurs neustriens : la légalité est rétablie. Il dompte encore les Saxons, toujours prêts à se remuer et à envahir. Mais une occasion plus belle et plus grande que les autres vient s'offrir : une invasion nouvelle, l'invasion des Arabes. Ce n'est pas seulement une race, c'est une religion, c'est un monde ennemi qui apparaît avec eux. Sorti du fond de l'Arabie, l'Islam avance vers l'Occident. Il a réduit à rien l'Empire de Constantinople, conquis l'Afrique du Nord, l'Espagne, franchi les Pyrénées, pénétré dans les vallées de la Garonne et du Rhône. Cette menace refait l'union des Gaules. L'Aquitaine, toujours jalouse de son indépendance, même sous les plus puissants des Mérovingiens, s'alarme, tourne les yeux vers le grand chef militaire du Nord. On a besoin d'un sauveur et il n'y en a d'autre que le duc d'Austrasie. Charles se fit-il désirer, ou bien, pour intervenir, pour entraîner ses troupes, fallut-il que le danger se rapprochât ? Il ne se mit en campagne qu'après la prise de Bordeaux par les Arabes. Abdérame montait toujours. Charles, qui reçut ce jour-là le nom de Martel, le rencontra et le mit en fuite près de Poitiers (732).

L'Austrasien avait délivré le pays et il continua, au Sud, à le nettoyer des Arabes. Après un pareil service rendu à la nation, les d'Héristal apparaissaient comme des sauveurs. Vainqueur des « infidèles », Charles était à la fois un héros national et un héros chrétien. Le pape Grégoire III sollicitait le secours de son bras et Charles répondait avec empressement : ce bienfait ne devait pas être perdu. Qui l'eût dès lors empêché d'être roi ? Il ne voulut rien gâter par la précipitation. Il s'était borné à ne pas remplacer un obscur Mérovingien, Thierry IV, mort en 737.

Charles était si bien souverain, sans en avoir le titre, qu'il retomba dans l'usage des Francs, dans la faute de Clovis : avant de mourir, il partagea ses États entre ses deux fils, Carloman et Pépin. Mais tout devait réussir aux d'Héristal. Pépin et Carloman, par miracle, furent d'accord. Les vieux partis avaient relevé la tête, des troubles avaient éclaté. Les deux frères tirèrent d'un cloître le dernier rejeton des Mérovingiens pour se couvrir de la légitimité. Ils soumirent les rebelles. Cela fait, Carloman eut le bon esprit d'abdiquer et de laisser le pouvoir à son frère, l'énergique Pépin. Les derniers obstacles étaient franchis : la dynastie carolingienne n'avait plus qu'à succéder à l'ombre mérovingienne. L'état de fait fut consacré, non seulement par le consentement des grands et de la nation, mais par une consultation du pape qui fut d'avis que le vrai roi était celui qui exerçait le pouvoir : Zacharie récompensait le service rendu à Grégoire III par le père de Pépin.

Le changement de dynastie se fit sans secousses (752). Il avait été admirablement amené. Toutes les précautions avaient été prises. Le dernier Mérovingien avait disparu, l'opinion publique approuvait. La consécration du Saint-Siège, le « sacre », rendait la nouvelle dynastie indiscutable et créait une autre légitimité. La substitution fut si naturelle qu'elle passa presque inaperçue. Le maire du palais était devenu roi. L'autorité était rétablie, le pouvoir puissant. Une ère nouvelle s'était ouverte, celle des descendants de Charles Martel, les Carolingiens.

Chapitre III

Grandeur et décadence des Carolingiens

De tout temps la politique s'est faite avec des sentiments et avec des idées. Et il a fallu, à toutes les époques, que les peuples, pour être gouvernés, fussent consentants. Ce consentement ne manqua pas plus à la deuxième dynastie qu'il n'avait manqué à la première. Il n'y eut pas plus de conquête par l'une que par l'autre. Sous les Mérovingiens, les Francs avaient été assimilés. Quand vinrent les Carolingiens, l'assimilation était complète et la dynastie en formait elle-même la preuve. On trouve dans la généalogie des nouveaux rois toutes les races, toutes les provinces, l'Aquitaine et la Narbonnaise comme l'Austrasie. Ils étaient la plus haute expression de leur temps et ils eurent pour tâche de satisfaire les aspirations de leur siècle.

L'éclat que le nom de Charlemagne a laissé dans l'histoire suffit à montrer à quel point ils réussirent. Pour les contemporains, ce règne fut une renaissance; on s'épanouit dans la réaction qui avait mis fin à l'anarchie de la dernière période mérovingienne. L'ordre était rétabli, le pouvoir restauré. Depuis la chute de l'Empire romain, à laquelle il faut toujours revenir, tant était puissante la nostalgie qu'avaient laissée Rome et la paix romaine, deux idées avaient fini par se confondre. C'était l'ordre romain, qui voulait dire civilisation et sécurité, et c'était la religion chrétienne, devenue romaine à son tour. Avec plus de ressources et dans de meilleures conditions, les Carolingiens recommençaient ce que Clovis avait tenté : reconstituer l'Empire d'Occident, inoubliable et brillant modèle, qui, malgré ses vices et ses convulsions, avait laissé un regret qui ne s'effaçait pas.

Les débuts de la nouvelle monarchie furent extraordinairement heureux et ressemblent d'une façon singulière, mais en plus grand, aux débuts de Clovis. Les Carolingiens savaient ce qu'ils voulaient. Pas une hésitation, pas une faute dans leur marche. À sa mort, en 767, Pépin a pacifié et réuni la Gaule entière, y compris l'indocile Aquitaine. Les derniers Arabes restés en Provence et en Narbonnaise ont repassé les Pyrénées. Loin que le pays soit exposé aux invasions, barbares et infidèles se mettent sur la défensive. Et voilà que le pape, menacé dans Rome par les Lombards abandonné par l'empereur de Constantinople, qui penche déjà vers le schisme, a demandé la protection du roi des Francs. Alors se noue un lien particulier entre la papauté et la France. Pépin constitue et garantit le pouvoir temporel des papes. Par là il assure la liberté du pouvoir spirituel, qui, dans la suite des temps, échappera à la servitude de l'Empire germanique, et la France respirera tandis que se dérouleront les luttes du Sacerdoce et de l'Empire. La religion romaine ne pourra pas devenir l'instrument d'une domination européenne : sauvegarde de notre indépendance nationale. Si Pépin n'a pu calculer aussi loin, il savait du moins que, par cette alliance avec l'Église, il affermissait sa dynastie à l'intérieur. Au-dehors, la France devenait la première des puissances catholiques, la « fille aînée de l'Église », et c'était une promesse d'influence et d'expansion.

La nouvelle dynastie s'appuyait donc sur l'Église comme l'Église s'appuyait sur elle. Étienne II avait renouvelé la consécration qu'il avait donnée à Pépin. Il avait couronné lui-même le nouveau roi, et ce couronnement, c'était un sacre. De plus, le pape avait salué Pépin du titre de patrice avec l'assentiment de l'empereur d'Orient qui se désintéressait de l'Italie. L'union de l'Église et des Carolingiens allait restaurer l'Empire d'Occident, redevenu l'Empire de la chrétienté.

Empereur : ce fut le titre et le rôle de Charles, fils de Pépin, Charles le Grand, *Carolus magnus*, Charlemagne. Encore a-t-il fallu, pour que Charles fût grand, que son frère Carloman, avec lequel il avait partagé les domaines de Pépin, mourût presque tout de suite. L'autre Carloman, leur oncle, s'était jadis effacé devant son aîné. Sans ces heureuses circonstances au début des deux règnes, on serait retombé dans les divisions mérovingiennes, car déjà Charles et Carloman avaient peine à s'entendre. L'État français ne sera vraiment fondé que le jour où le pouvoir se transmettra de mâle en mâle par ordre de primogéniture. Il faudra attendre les Capétiens.

Cependant Charlemagne eut le bénéfice de l'unité. Il eut aussi celui de la durée. Non seulement l'intelligence et la volonté du souverain étaient supérieures, mais elles purent s'exercer avec suite pendant quarante-cinq ans.

Dès qu'il fut le seul maître, en 771, Charlemagne se mit à l'œuvre. Son but ? Continuer Rome, refaire l'Empire. En Italie, il bat le roi des Lombards et lui prendra la couronne de fer. Il passe à l'Espagne : c'est son seul échec. Mais le désastre de Roncevaux, le cor de Roland, servent sa gloire et sa légende : son épopée devient nationale. Surtout, sa grande idée était d'en finir avec la Germanie, de dompter et de civiliser ces barbares, de leur imposer la paix romaine. Sur les cinquante-trois campagnes de son règne, dix-huit eurent pour objet de soumettre les Saxons. Charlemagne alla plus loin que les légions, les consuls et les empereurs de Rome n'étaient jamais allés. Il atteignit jusqu'à l'Elbe. « Nous avons, disait-il fièrement, réduit le pays en province selon l'antique coutume romaine. » Il fut ainsi pour l'Allemagne ce que César avait été pour la Gaule. Mais la matière était ingrate et rebelle. Witikind fut peut-être le héros de l'indépendance germanique, comme Vercingétorix avait été le héros de l'indépendance gauloise. Le résultat fut bien différent. On ne vit pas chez les Germains cet empressement à adopter les mœurs du vainqueur qui avait fait la Gaule romaine. Leurs idoles furent brisées, mais ils gardèrent leur langue et, avec leur langue, leur esprit. Il fallut imposer aux Saxons la civilisation et le baptême sous peine de mort tandis que les Gaulois s'étaient latinisés par goût et convertis au christianisme par amour. La Germanie a été civilisée et christianisée malgré elle et le succès de Charlemagne fut plus apparent que profond. Pour la « Francie », les peuples d'outre-Rhin, réfractaires à la latinité, restaient des voisins dangereux, toujours poussés aux invasions. L'Allemagne revendique Charlemagne comme le premier de ses grands souverains nationaux. C'est un énorme contre-sens. Ses faux Césars n'ont jamais suivi l'idée maîtresse, l'idée romaine de Charlemagne : une chrétienté unie.

Les contemporains s'abandonnèrent à l'illusion que la Germanie était entrée dans la communauté chrétienne, acquise à la civilisation et qu'elle cessait d'être dangereuse pour ses voisins de l'Ouest. Ils furent un peu comme ceux des nôtres qui ont eu confiance dans le baptême démocratique de l'Allemagne pour la réconcilier avec nous. Cependant Charlemagne avait recommencé Marc-Aurèle et Trajan. Il avait protégé l'Europe contre d'autres barbares, slaves et mongols. Sa puissance s'étendait jusqu'au Danube. L'Empire d'Occident était restauré comme il l'avait voulu. Il ne lui manquait plus que la couronne impériale. Il la reçut des mains du pape, en l'an 800, et les peuples, avec le nouvel Auguste, crurent avoir renoué les âges. Restauration éphémère. Mais le titre d'empereur gardera un tel prestige que, mille ans plus tard, c'est encore celui que prendra Napoléon.

De l'Empire reconstitué, Charlemagne voulut être aussi le législateur. Il organisa le gouvernement et la société; le premier il donna une forme à la féodalité, née spontanément dans l'anarchie des siècles antérieurs et qui, par conséquent, n'avait pas été une invention ni un apport des envahisseurs germaniques. Lorsque l'État romain, puis l'État mérovingien avaient été impuissants à maintenir l'ordre, les faibles, les petits avaient cherché aide et protection auprès des plus forts et des plus riches qui, en échange, avaient demandé un serment de fidélité. « Je te nourrirai, je te défendrai, mais tu me serviras et tu m'obéiras. » Ce contrat de seigneur à vassal était sorti de la nature des choses, de la détresse d'un pays privé d'autorité et d'administration, désolé par les guerres civiles. Les Carolingiens eux-mêmes avaient dû leur fortune à leur qualité de puissants patrons qui possédaient une nombreuse clientèle. L'idée de

Charlemagne fut de régulariser ces engangements, de les surveiller, d'en former une hiérarchie administrative et non héréditaire où entraient « des hommes de rien » et dont le chef suprême serait l'empereur. Charlemagne voyait bien que la féodalité avait déjà des racines trop fortes pour être supprimée par décret. Il voyait aussi qu'elle pourrait devenir dangereuse et provoquer le morcellement de l'autorité et de l'État. Il voulut dominer ce qu'il ne pouvait détruire. Le souverain lui-même, en échange de services civils et militaires, concéda, à titre révocable, à titre de bienfait (bénéfice) des portions de son domaine, allégeant ainsi la tâche de l'administration, s'attachant une autre catégorie de vassaux. Ce fut l'origine du fief. Et tout ce système, fondé sur l'assistance mutuelle, était fort bien conçu. Mais il supposait, pour ne pas devenir nuisible, pour ne pas provoquer une autre anarchie, que le pouvoir ne s'affaiblirait pas et que les titulaires de fiefs ne se rendraient pas indépendants et héréditaires, ce qui ne devait pas tarder.

D'ailleurs, il ne faudrait pas croire que le règne de Charlemagne eût été un âge d'or où les hommes obéissaient avec joie. Le besoin d'ordre, le prestige impérial conféraient à Charles une dictature. Il en usa. Ses expéditions militaires, plus d'une par an, coûtaient cher. Elles n'étaient pas toujours suivies avec enthousiasme. Il fallut que Charlemagne eût la main dure, et il eut affaire à plus d'un Ganelon. À sa mort, les prisons étaient pleines de grands personnages dont il avait eu sujet de se plaindre ou de se méfier. Son gouvernement fut bienfaisant parce qu'il fut autoritaire. Un long souvenir est resté de la renaissance intellectuelle qui s'épanouit à l'abri de ce pouvoir vigoureux. Encore une fois, la civilisation, héritage du monde antique, était sauvée. C'était un nouveau relais avant de nouvelles convulsions.

Au fond, l'Empire de Charlemagne était fragile parce qu'il était trop vaste. Il ne tenait que par le génie d'un homme. Dans une Europe où des nations commençaient à se differencier, refaire l'Empire romain était un anachronisme. Charlemagne avait dû fixer sa résidence à Aix-la-Chapelle, c'est-à-dire à mi-chemin entre l'Elbe et la Loire, de manière à n'être éloigné d'aucun des points où des mouvements pouvaient se produire. Ce n'était pas une capitale. C'était un poste de surveillance. Un peu avant sa mort, qui survint en 814, Charlemagne eut des pressentiments funestes pour l'avenir. Ses pressentiments ne le trompaient pas.

Après quatre générations de grands hommes, la vigueur des Pipinnides était épuisée. Leur bonheur aussi. L'empereur Louis était un faible. Les peuples sentirent ce qui manquait à l'héritier de Charlemagne pour continuer l'œuvre de ses ancêtres et Louis « le Pieux » fut encore surnommé par ironie « le Débonnaire ». Dès qu'il règne, la belle machine construite par son père se dérange. Des révoltes, des conspirations éclatent. Des partis se forment. Les évêques eux-mêmes s'en mêlent. La majesté impériale n'est plus respectée. À deux reprises, « le Débonnaire » est déposé après avoir subi l'humiliation des pénitences publiques. Restauré deux fois, son règne s'achève dans l'impuissance en face de ses trois fils rebelles qui, avant sa mort, se disputent son héritage les armes à la main.

Lothaire, l'aîné, voulait maintenir l'unité de l'Empire. Charles le Chauve et Louis le Germanique se liguèrent contre lui. C'était déjà plus qu'une guerre civile, c'était une guerre de nations. La Paix, qui fut le célèbre traité de Verdun, démembra l'Empire (843). Étrange partage, puisque Louis avait l'Allemagne, Lothaire une longue bande de pays qui allait de la mer du Nord jusqu'en Italie avec le Rhône pour limite à l'ouest, tandis que Charles le Chauve recevait le reste de la Gaule.

L'unité de l'Empire carolingien était rompue. De cette rupture il allait mourir encore plus vite que la monarchie mérovingienne n'était morte. Les partages étaient l'erreur inguérissable de ces dynasties d'origine franque. Celui de Verdun eut, en outre, un résultat désastreux : il créait entre la France et l'Allemagne un territoire contesté, et la limite du Rhin était perdue pour la Gaule. De ce jour, la vieille lutte des deux peuples prenait une forme nouvelle. La France aurait à reconquérir ses anciennes frontières, à refouler la pression germanique : après plus de mille ans et des guerres sans nombre, elle n'y a pas encore réussi.

Nous devons un souvenir à celui des petits-fils de Charlemagne auquel la Gaule échut. De même que Louis le Germanique fut tout de suite un roi allemand, son frère, Charles le Chauve, se nationalisa et fut un roi français. Il eut à cœur de retrouver les provinces de l'Est. Le royaume de Lothaire n'était pas viable : faute d'avoir pu garder toute la Lotharingie ou Lorraine, Charles du moins écarta le roi allemand le plus loin possible. Malheureusement, il fut égaré par la chimère impériale et s'épuisa à vouloir reconstituer l'Empire carolingien. Mais il n'avait pas laissé de prescription s'établir contre la France. S'il n'avait pas rétabli l'unité de l'Empire, il avait affirmé l'unité française. C'était une idée nationale. Pour qu'elle vécût, il n'était pas inutile qu'elle eût été proclamée avant la disparition de l'État carolingien. Cette idée vivrait. D'autres allaient la recueillir.

Chapitre IV

La révolution de 987 et l'avènement des Capétiens

Le dixième siècle est probablement le plus atroce de notre histoire. Tout ce qu'on avait vu à la chute de Rome et pendant l'agonie des Mérovingiens fut dépassé. Seule, la lutte de tous les jours, la nécessité de vivre, qui ne laisse même plus de temps pour les regrets, empêcha les hommes de tomber dans le désespoir. Avec la décadence de l'autorité carolingienne, les calamités recommençaient. Au Sud, les Sarrasins avaient reparu. Et puis un autre fléau était venu : les Normands, qui, après avoir pillé les côtes, s'enhardissaient, remontaient les fleuves, brûlaient les villes et dévastaient le pays. L'impuissance des Carolingiens à repousser ces envahisseurs hâta la dissolution générale. Désormais, le peuple cessa de compter sur le roi. Le pouvoir royal devint fictif. L'État est en faillite. Personne ne lui obéit plus. On cherche protection où l'on peut.

Alors les hauts fonctionnaires se rendent indépendants. Le système féodal, que Charlemagne avait régularisé et discipliné, s'affranchit et produit un pullulement de souverainetés. L'autorité publique s'est évanouie : c'est le chaos social et politique. Plus de Francie ni de France. Cent, mille autorités locales, au hasard des circonstances, prennent le pouvoir. Le gouverneur de province, le gouverneur de canton, le duc, le comte, de moindres personnages, s'établissent dans leurs charges, les lèguent à leurs enfants, se comportent en vrais souverains. C'est comme si, de nos jours, des commandants de corps d'armée, des préfets, des sous-préfets, devenaient héréditaires. Ailleurs, ce furent des évêques, des abbés qui recueillirent la succession de l'État, tombé dans l'impuissance. Telle fut l'origine des seigneuries ecclésiastiques.

Ce serait une erreur de croire que les populations eussent été hostiles à ce morcellement de la souveraineté. Tout ce qu'elles demandaient, c'étaient des défenseurs. La féodalité, issue du vieux patronat, fondée sur la réciprocité des services, naissait de l'anarchie et du besoin d'un gouvernement, comme aux temps de l'humanité primitive. Représentons-nous des hommes dont la vie était menacée tous les jours, qui fuyaient les pirates normands et les bandits de toute espèce, dont les maisons étaient brûlées et les terres ravagées. Dès qu'un individu puissant et vigoureux s'offrait pour protéger les personnes et les biens, on était trop heureux de se livrer à lui, jusqu'au servage, préférable à une existence de bête traquée. De quel prix était la liberté quand la ruine et la mort menaçaient à toute heure et partout ? En rendant des services, dont le plus apprécié était la défense de la sécurité publique, le seigneur féodal légitima son usurpation. Parfois même il promettait des garanties particulières à ceux qui reconnaissaient son autorité. Par là dura l'esprit des franchises provinciales et municipales, destinées à une renaissance prochaine.

Tout cela se fit peu à peu, spontanément, sans méthode, avec la plus grande diversité. Ainsi naquit une multitude de monarchies locales fondées sur un consentement donné par la détresse. Les abus de la féodalité ne furent sentis que plus tard, quand les conditions eurent changé, quand l'ordre commença à revenir, et les abus ne s'en développèrent aussi qu'à la longue, la valeur du service ayant diminué et le prix qu'on le payait étant resté le même. C'est ce que nous voyons de nos jours pour le régime capitaliste. Qui se souvient des premiers actionnaires qui ont risqué leur argent pour construire des chemins de fer ? À ce moment-là, ils ont été indispensables. Depuis, par voie d'héritage ou d'acquisition, leurs droits ont passé à d'autres qui ont l'air de parasites. Il en fut de même des droits féodaux et des charges qu'ils avaient pour contrepartie. Transformés, usés par les siècles, les droits féodaux n'ont disparu tout à fait qu'en

1789, ce qui laisse une belle marge au capitalisme de notre temps. Mais, de même que la création des chemins de fer par des sociétés privées fut saluée comme un progrès, ce fut un progrès, au dixième siècle, de vivre à l'abri d'un château fort. Les donjons abattus plus tard avec rage avaient été construits d'abord avec le zèle qu'on met à élever des fortifications contre l'ennemi.

Cependant deux conséquences allaient sortir de la féodalité : en premier lieu, un très grave danger pour l'avenir de la France. L'unité était détruite. Ce qui se formait un peu partout, c'étaient des États. Du plus grand au plus petit, chacun s'était installé dans son domaine comme dans une propriété privée. De là tant de guerres de voisin à voisin. Et puis, par héritage ou par mariage, des provinces entières pouvaient aller à des étrangers. Ce fut la cause, l'occasion ou le prétexte de beaucoup d'autres guerres et en particulier, de la guerre de Cent Ans. D'autre part, ces États s'étaient formés, naturellement, aux endroits indiqués par la géographie, ceux où les hommes avaient une communauté d'intérêts, l'habitude de se fréquenter et de vivre ensemble, parfois de vieilles traditions héritées des tribus gauloises. Pour ces raisons, quelques-unes des nouvelles dynasties enfoncèrent de fortes racines dans certaines provinces. C'est ce qui mit le remède à côté du mal : une de ces familles deviendrait un jour assez forte pour se placer au-dessus des autres et pour reconstituer l'unité française dont l'idée s'était obscurcie sans être jamais tout à fait morte.

Durant cet épouvantable chaos du dixième siècle, il est curieux d'observer avec quelle peine les institutions meurent et combien les nouvelles sont lentes à grandir. Les Carolingiens avaient beau rester soumis à l'élection ou au simulacre de l'élection, Pépin le Bref ayant été prince élu, ils avaient beau avoir perdu l'estime publique, au point d'être déposés comme il advint à Charles le Gros pour son incapacité et sa lâcheté, ils gardaient ce prestige de la légitimité, par lequel s'étaient prolongés les Mérovingiens. Et, d'autre part, l'ascension de la famille qui était destinée à les remplacer fut lente. Parmi ces souverainetés locales qui avaient poussé partout, il en était de plus importantes que les autres. Ducs de France et de Bourgogne, comtes de Flandre et de Toulouse : ce sont les grands feudataires. Ils mettent en échec la royauté carolingienne. Ils sont vis-à-vis d'elle comme de grands électeurs indociles. Ils lui parlent un langage républicain. Ils lui disent que « la loi se fait par la constitution du roi et le consentement du peuple ». Le droit, la justice, la liberté sont invoqués contre la monarchie. Cependant les plus habiles et les plus puissants de ces chefs fondent un État pour assurer leur domination personnelle et ils aperçoivent la possibilité de se mettre à la place des Carolingiens. C'est pourquoi le principe de l'élection triomphe : il affaiblit la royauté et il autorise toutes les ambitions. Plus tard, la royauté allemande restera soumise au régime électif tandis que la nouvelle monarchie française se fortifiera par l'hérédité.

On ne s'explique pas le succès de la maison capétienne si l'on ne tient pas compte de ces conditions politiques. Mais, comme les Carolingiens, les Capétiens devront leur fortune aux services qu'ils ont rendus. Robert le Fort, le vrai fondateur de la maison, s'est battu dix ans contre les Normands et il est mort au champ d'honneur. Robert le Fort était certainement un homme nouveau, d'origine modeste puisque la légende lui donne pour père un boucher. Son fils Eudes défend héroïquement Paris contre les mêmes adversaires, tandis que Charles le Gros se couvre de honte. Charles le Gros déposé, Eudes est candidat à une sorte de consulat à vie. Le duc de France fut élu à Compiègne en 888. Il faudra encore cent ans pour qu'un autre Robertinien, un autre duc de France devienne vraiment roi. Eudes, après avoir essayé d'étendre son autorité, comprit que les temps n'étaient pas mûrs. Une opposition légitimiste subsistait dans l'Est. Un descendant de Charlemagne la ralliait et les petits princes qu'alarmait la nouvelle grandeur du duc de France, leur égal de la veille, soutenaient les Carolingiens pour se consolider eux-mêmes. Eudes trouva meilleur de ne pas s'entêter. Il réservait l'avenir. Il se réconcilia avec Charles le Simple et transigea avec lui : à sa mort, le Carolingien prendrait sa succession et retrouverait son trône. Cette restauration eut lieu en effet et ce fut une partie politique habilement jouée. Sans la prudence et la perspicacité d'Eudes, il est probable que les ducs de France eussent été écrasés par une coalition.

Pendant près d'un siècle, ils vont préparer leur accession au trône. Nous ne sommes pas assez habitués à penser au temps et au concours de circonstances qu'il a fallu pour amener les grands événements de l'histoire. Presque rien de grand ne se fait vite. Il faut vaincre des traditions, des intérêts. Et il faut aussi pouvoir durer. Si les Robertiniens, descendants de Robert le Fort, ne s'étaient maintenus solidement dans leurs domaines, si la mort était venue frapper leur famille comme elle a frappé, par exemple, la famille de Louis XIV, il n'y aurait pas eu de monarchie capétienne. Et les témoins de la longue rivalité qui mit aux prises les Robertiniens et les Carolingiens ne pouvaient savoir non plus de quel côté pencherait la balance. Un moment, il fut permis de croire que l'héritier de Charlemagne l'emporterait. À force de patience, à force d'attendre le moment sûr, les Robertiniens avaient failli tout gâter. Hugues le Grand se contentait de protéger les Carolingiens, de les faire rois, comme les Pipinnides, autrefois, s'étaient abrités derrière les Mérovingiens fainéants. Quand ce faiseur de rois mourut, le Carolingien, Lothaire, était un enfant, mais cet enfant allait être un homme ambitieux et actif.

Hugues le Grand était mort en 956. Il laissait son duché à Hugues Capet. Il s'en fallait de beaucoup que celui-ci n'eût qu'à prendre la couronne royale. Avec Lothaire, la vieille dynastie se ranime. Lothaire veut ressaisir l'autorité, reconquérir son royaume. Il retrouve son prestige en délivrant Paris d'une invasion allemande. S'il eût vécu davantage, qui sait s'il n'étouffait pas la chance des Capétiens ? Il mourut, quelques-uns disent empoisonné, en 986. Son fils Louis ne régna qu'un an et fut tué dans un accident de chasse. Il n'y avait plus de Carolingien qu'un lointain collatéral, Charles de Lorraine. Hugues Capet tenait l'occasion que sa famille attendait depuis la mort d'Eudes, et lui-même depuis trente années.

L'affaire n'alla pas toute seule. Hugues trouva heureusement un allié. Adalbéron, archevêque de Reims, avait eu de graves difficultés avec Lothaire qui l'avait accusé de trahison. Son procès durait encore. Hugues fit proclamer son innocence à l'assemblée de Senlis et, séance tenante, Adalbéron, acquitté, proposa que le duc de France fût nommé roi à titre provisoire. Une autre assemblée fut convoquée à Senlis pour l'élection définitive. Adalbéron soutint que Charles de Lorraine n'avait pas de droits au trône pour diverses raisons dont la plus importante fut qu'il était vassal du roi de Germanie. Ainsi Hugues Capet fut élu en qualité de prince national (987).

Car ce fut bien une élection. Hugues s'était assuré les voix et Adalbéron l'avait présenté comme le candidat le meilleur, celui qui serait le « défenseur de la chose publique et des choses privées ». Hugues ne négligea aucune chance, aucun argument, aucun moyen. Il y avait d'ailleurs une centaine d'années que la couronne était devenue élective, non seulement en France mais en Lotharingie, en Italie, et en Allemagne où elle devait le rester : on avait acquis la pratique de ces élections. Cependant celle de Hugues fut loin d'être unanime. Plusieurs des grands feudataires, les comtes de Flandres, de Troyes, de Toulouse, le duc d'Aquitaine et quelques archevêques ne la reconnurent pas. Il était clair que la nouvelle dynastie aurait de longues luttes à soutenir avant de reconstituer l'unité du royaume.

Née du régime féodal, la royauté capétienne en avait le faible et le fort. Le faible, c'était que la France restait divisée en souverainetés multiples. Le fort, c'était que les Capétiens ducs héréditaires dans les domaines de l'Ile-de-France, suzerains dans le Maine, la Touraine, l'Anjou, étaient solidement installés au cœur du pays. Ils n'auraient plus qu'à s'affranchir de l'élection pour s'étendre et se développer, ce qui se fit de la manière la plus simple du monde.

Hugues Capet ayant tout de suite associé au trône son fils aîné, l'élection du successeur eut lieu du vivant du roi. Elle ne fut plus qu'un simulacre qui ne comportait aucun risque. Il avait donc fallu plus de cinq cents ans pour que l'usage absurde des partages fût abandonné et il fallut encore de longues années avant que le principe héréditaire triomphât tout à fait du principe électif. La succession de mâle en mâle par ordre de primogéniture, conquête inaperçue des contemporains, allait permettre de refaire la France.

Le bon sens des Capétiens, qui devait être, à de rares exceptions près, la qualité dominante de leur race, ne serait pas moins utile à cette œuvre de longue haleine. Rendre service : c'était la devise de la maison depuis Robert le Fort. Avancer pas à pas, prudemment, consolider chaque progrès, compter les deniers, se garder des ambitions excessives, des entreprises chimériques, ce fut son autre trait, avec un sentiment d'honorabilité bourgeoise plus que princière et le goût de l'administration. La France sensée, équilibrée, se reconnut dans cette famille qui aimait son métier et qui avait le don de s'instruire par l'expérience. Il semble que les Capétiens aient eu devant les yeux les fautes de leurs prédécesseurs pour ne pas les recommencer. Les descendants de Charlemagne, de Charles le Chauve à Lothaire, s'étaient épuisés à reconstituer l'Empire. Ce fut également la manie des empereurs germaniques. Les Capétiens étaient des réalistes. Ils se rendaient un compte exact de leurs forces. Ils se gardèrent à leurs débuts d'inquiéter personne.

La race de Hugues Capet, après avoir mis trois générations à prendre la couronne, régnera pendant huit siècles. L'avenir de la France est assuré par l'avènement de la monarchie nationale. À cette date de 987, véritablement la plus importante de notre histoire, il y a déjà plus de mille ans que César a conquis la Gaule. Entre la conquête romaine et la fondation de la monarchie française, il s'est écoulé plus de temps, il s'est passé peut-être plus d'événements que de 987 à nos jours. Au cours de ces mille années, nous avons vu que la France a failli plusieurs fois disparaître. Comme il s'en est fallu de peu que nous ne fussions pas Français !

La nouvelle dynastie était elle-même bien fragile : quand Hugues mourut, il venait tout juste de faire reconnaître son titre de roi par les grands feudataires, titre qui ne lui donnait sur eux qu'une supériorité morale. Il avait même dû défendre son domaine contre ses voisins. Ces guerres de province à province et de clocher à clocher étaient une des désolations de l'anarchie féodale. Au comte de Périgord qui s'était emparé de sa ville de Tours, Hugues ayant fait demander par un héraut : « Qui t'a fait comte ? » s'entendit répondre : « Qui t'a fait roi ? » Les Robertiniens avaient mis cent ans à s'élever au trône. Il leur faudra encore cent ans pour qu'ils soient tout à fait solides. Supposons chez les descendants de Hugues des morts imprévues et prématurées, qui auraient remis la couronne au hasard de l'élection, supposons de trop longs règnes achevés dans la faiblesse sénile, le roi vieillard perdant le contact avec ses contemporains et sa longévité troublant l'ordre régulier des générations : la maison capétienne disparaissait. En tout cas, elle n'eût pas déployé ses qualités. À tous les égards, son succès tient à ce qu'elle a été d'accord avec les lois de la nature.

La France avait l'instrument politique de son relèvement. Mais quelle longue tâche à remplir ! Les Capétiens n'allaient pas, d'un coup de baguette magique, guérir les effets de, l'anarchie. Le territoire national restait morcelé : il faudra des siècles pour le reprendre aux souverainetés locales. L'absence de gouvernement régulier avait causé bien d'autres maux qui, eux, non plus, ne seraient pas guéris en un jour. L'écroulement de la monarchie carolingienne avait produit les effets d'une révolution. Presque tout le capital de la civilisation s'y était englouti. Les famines, les épidémies se prolongèrent jusqu'au siècle suivant. Les conditions de la vie étaient devenues si terribles qu'elles ont donné naissance à la légende d'après laquelle les hommes de ce temps-là auraient attendu la fin du monde, et, croyant que l'an mille ne pouvait pas être dépassé, auraient, dans une sorte de folie collective, renoncé au travail et à l'effort. On a exagéré, on a généralisé abusivement quelques passages de vieilles chroniques. La vie ne fut interrompue nulle part. Mais les hommes avaient beaucoup souffert. Il en resta un grand mouvement mystique, tout un renouveau de l'esprit religieux. L'Église en profita pour imposer les règles qui limitaient les guerres privées et le brigandage : ce fut la trêve de Dieu. En même temps, la chevalerie était instituée. Les devoirs de l'homme d'armes, l'honneur du soldat : ces idées étaient en germe dans la féodalité, fondée sur l'idée de protection. L'Église les exalta et les codifia. Bientôt ce renouveau de la vie spirituelle donnera naissance aux Croisades, dérivatif puissant, par lequel l'Occident, depuis trop longtemps replié sur lui-même, enfermé dans les horizons bornés de sa misère matérielle et politique, préparera sa renaissance en reprenant contact avec le monde méditerranéen et l'Orient, avec les vestiges de l'Antiquité et d'une civilisation qui ne s'oubliait pas.

CHAPITRE V

PENDANT 340 ANS, L'HONORABLE MAISON CAPÉTIENNE RÈGNE DE PÈRE EN FILS

Les premiers règnes furent sans éclat. Pendant une centaine d'années, cette royauté fit petite figure. Quel domaine étroit ! Avec Paris pour centre, Ses principales villes étaient Orléans, Étampes, Melun, Dreux, Poissy, Compiègne et Montreuil-sur-Mer. C'était à peu près tout ce que le roi possédait en propre, et maints châteaux forts au milieu de ses terres abritaient encore des seigneurs qui le bravaient. Comme chef féodal et duc de France, le roi avait pour vassaux directs les comtes de Blois, d'Anjou et du Maine et les comtes bretons du Mans et de Rennes pour arrière-vassaux. Huit grands fiefs, relevant nominalement de la couronne, indépendants en fait, se partageaient le reste du territoire, si étroitement borné à l'Est par l'Empire germanique qu'il ne touchait même pas partout au Rhône et que ni Lyon, ni Bar-le-Duc, ni Cambrai, pour ne citer que ces villes, n'en faisaient partie.

Les huit grands fiefs étaient ceux de Flandre, de Normandie, de Bourgogne, de Guyenne, de Gascogne, de Toulouse, de Gothie (Narbonne, Nîmes) et de Barcelone : la suzeraineté capétienne sur ces duchés et ces marches venait de l'héritage des Carolingiens. C'était un titre juridique qu'il restait à réaliser et qui ne le serait jamais partout. En fait, les grands vassaux étaient maîtres chez eux.

La dignité royale et l'onction du sacre qui entraînait l'alliance de l'Église, une vague tradition de l'unité personnifiée par le roi : c'était toute la supériorité des Capétiens. Ils y joignaient l'avantage, qui ne serait senti qu'à la longue, de résider au centre du pays. En somme, le roi comptait peu, même pour ses vassaux directs. Tels étaient les comtes d'Anjou : de leur maison devait sortir la funeste dynastie des Plantagenets qui, un jour, mettrait la France en danger.

L'autorité des premiers Capétiens était d'abord une autorité morale. Elle fut portée très haut chez le successeur de Hugues. Robert le Pieux sentit surtout le caractère religieux de la royauté. Sa tâche politique fut simplifiée par les rivalités qui mettaient aux prises les souverains provinciaux, et Robert, prêtre-roi, ne finit pas comme le pieux empereur, le fils débonnaire de Charlemagne. Après lui, Henri et Philippe premiers du nom réussirent à durer et même à accroître leur domaine; une expansion modeste commençait. Et déjà, ils avaient aussi le sens européen : Henri 1er épousa la fille du grand-duc de Kief, qui prétendait descendre de rois de Macédoine. Ainsi le nom de Philippe entra dans la maison de France. Mais Philippe 1er était si peu puissant que le seigneur de Montlhéry l'empêchait de dormir.

Il devait survenir, durant ces trois premiers règnes, règnes obscurs, deux événements d'une immense portée, la conquête de l'Angleterre par le duc de Normandie et les Croisades.

Nous n'avons pas encore parlé, pour la clarté du récit, de ce qui était arrivé en 911, au temps des grandes calamités, dans la région neustrienne la plus exposée aux invasions par mer. Incapable de résister aux Normands, l'empereur carolingien avait cédé à leur chef Rollon la province qui est devenue la Normandie. Et l'on vit encore le miracle qui s'est répété tant de fois dans cette période de notre histoire : le conquérant fut assimilé par sa conquête. En peu de temps, les nouveaux ducs de Normandie et leurs compagnons cessèrent d'être des pirates. Ils se firent chrétiens, prirent femme dans le pays, en parlèrent la langue, et, comme ils avaient l'habitude de l'autorité et de la discipline, gouvernèrent fort bien; le nouveau duché devint vigoureux et prospère. Les Normands ajoutèrent un élément nouveau, un principe actif, à notre caractère national. Toujours enclins aux aventures lointaines, ils s'en allèrent fonder un royaume dans l'Italie méridionale et en Sicile, portant au loin le nom français. Mais, tout près d'eux, une autre Conquête s'offrait aux Normands, celle de l'Angleterre, où déjà leur influence avait pénétré. Une seule bataille, celle d'Hastings, livra l'île à Guillaume le Conquérant en 1066. L'Angleterre, qui jusqu'alors ne comptait pas, qui était un pauvre pays encore primitif, peu peuplé, entre dans l'histoire et va singulièrement compliquer la nôtre. Allemagne, Angleterre : entre ces deux forces, il faudra nous défendre, trouver notre indépendance et notre équilibre. C'est encore la loi de notre vie nationale.

On pense que le roi de France ne vit pas sans inquiétude le duc de Normandie grandir de cette manière formidable, et, devenu roi en Angleterre, avoir un pied à Londres et l'autre à Rouen. L'Angleterre a d'abord été comme une colonie de la France. C'étaient notre langue, nos mœurs que Guillaume avait portées dans l'île, avec ses barons, ses soldats et les aventuriers qui, de toutes nos provinces, avaient répondu à son appel. Pourtant un danger nouveau commençait avec cette conquête. Les Capétiens n'auraient un peu de tranquillité que le jour où ils auraient repris la Normandie. En attendant, ils profitaient de la moindre occasion pour intervenir dans les querelles des Normands et pour susciter à leur duc autant de difficultés qu'ils pouvaient.

L'autre événement fut favorable. Les Croisades corrigèrent en partie ce que la conquête de l'Angleterre avait d'alarmant. Elles décongestionnèrent la féodalité. En tournant les énergies et les goûts batailleurs vers une entreprise religieuse et idéaliste, Urbain II et Pierre l'Ermite rendirent un immense service à la jeune royauté. Si le pape eut une idée politique, elle visait probablement l'Allemagne avec laquelle il était en conflit. Toute la chrétienté et les plus fidèles partisans de l'empereur germanique obéissant à la voix du pontife : c'était une victoire du Sacerdoce sur l'Empire. Cependant le Capétien que sa modestie tenait à l'écart de ces grandes querelles, profiterait du déplacement de forces que la délivrance de la Terre sainte allait causer.

Il se trouva qu'au moment de la première croisade, la plus importante de toutes (1096), le roi de France était en difficulté avec l'Église à cause d'un second mariage irrégulier. Philippe Ier ne participa d'aucune manière à l'expédition tandis que toute la chevalerie française partait. Nulle part, dans la chrétienté, l'enthousiasme pour la guerre sainte n'avait été plus grand que dans notre pays, au point que la croisade apparut aux peuples d'Orient comme une entreprise française. Il en résulta d'abord pour la France un prestige nouveau et qui devait durer dans la suite des siècles. Et puis, beaucoup des croisés disparurent. D'autres qui, pour s'équiper, avaient engagé leurs terres, furent ruinés. Ce fut une cause d'affaiblissement pour les seigneuries féodales. Et il y eut deux bénéficiaires : la bourgeoisie des villes et la royauté.

Depuis les destructions et la désolation du dixième siècle, des richesses s'étaient reconstituées, la société tendait à se régulariser. Aux siècles précédents, la ruine de l'ordre et de la sécurité avait poussé les petits et les faibles à se livrer à des personnages puissants ou énergiques en échange de leur protection. Les circonstances avaient changé. La preuve que le régime féodal avait été bienfaisant, c'est qu'à l'abri des châteaux forts une classe moyenne s'était reformée par le travail et par l'épargne. Alors cette classe moyenne devint sensible aux abus de la féodalité. La dépendance ne lui fut pas moins insupportable que les petites guerres, les brigandages, les exactions. On avait recherché la protection des seigneurs pour être à l'abri des pirates : on voulut des droits civils et politiques dès que la protection fut moins nécessaire. La prospérité rendit le goût des libertés et le moyen de les acquérir. Ce qu'on appelle la révolution communale fut, comme toutes les révolutions, un effet de l'enrichissement, car les richesses donnent la force et c'est quand les hommes commencent à se sentir sûrs du lendemain que la liberté commence aussi à avoir du prix pour eux.

De là devaient naître de nouveaux rapports entre protecteurs et protégés. La bourgeoisie des villes s'était groupée en associations de métier. Par un phénomène naturel et que nous voyons se reproduire de nos jours, ces syndicats en vinrent à jouer un rôle politique. Les corporations réunies constituèrent la commune qui obtenait ses libertés tantôt par la violence, tantôt à l'amiable ou à prix d'argent. Le seigneur étant à la croisade, le bourgeois s'enhardissait. Ce mouvement faillit d'ailleurs engendrer une autre sorte d'anarchie, celle de la féodalité bourgeoise, car les communes conçurent naturellement l'autorité de la même façon que les seigneurs dont elles prenaient la place. On aurait vu une foule de petites seigneuries républicaines et le morcellement de la souveraineté qui caractérise le régime féodal aurait persisté sous une autre forme. C'est ce qui se produisit en Flandre, en Allemagne, en Italie, où les villes libres et les républiques ont pullulé. En France, l'intervention du roi empêcha le mouvement communal de prendre une tournure anarchique.

Ce mouvement fut d'ailleurs très varié, comme l'était le monde de ce temps où tout avait un caractère local, où les conditions changeaient de province à province et de cité à cité. Les communes se fondèrent paisiblement dans le Midi où survivaient les coutumes municipales de la Gaule romaine. Elles n'allèrent pas sans tumulte au Nord. Selon les lieux et les circonstances, elles réussirent ou elles échouèrent ou bien elles aboutirent à des compromis. Il n'y eut pas d'unité dans ce mouvement. Il n'y eut pas de doctrine : les communiers s'alliaient à qui ils pouvaient, parfois à de véritables brigands féodaux. Le Capétien, à l'origine, n'eut pas non plus d'autre politique que celle de l'occasion. Il soutenait la commune à Amiens parce que, là, il avait, avec Enguerrand de Coucy, le même adversaire qu'elle. Il la réprimait à Laon, parce que la commune de cette ville était l'alliée de son ennemi Thomas de Marle contre l'évêque ami du roi.

Ce roi, le premier des Capétiens qui ait porté le nom de Louis, avait pris soin de se rattacher aux Carolingiens en s'appelant Louis VI : c'était une indication. Avec lui commence la période d'activité de la monarchie capétienne (1108). Le moment était venu. Si un prince apathique l'avait laissé passer, l'avenir de la France eût été bien compromis. Louis le Gros était énergique et il partit d'une idée simple : être le maître chez lui. Il entreprit des opérations de police militaire destinées à nettoyer le pays : c'était le programme que son père lui avait indiqué quand il lui montrait le donjon de Montlhéry comme le premier obstacle à renverser. L'ambition du roi de France, au commencement du douzième siècle, était d'aller sans encombre de Paris à Orléans.

C'est au cours de ces opérations de bien petite envergure et qui lui coûtèrent pourtant de grands efforts, qu'il arriva à Louis le Gros de s'allier au mouvement communal. Dans ses propres villes, il le réprimait quand il y avait des désordres ou bien il le limitait soigneusement. Il commença aussi à organiser l'administration du royaume avec le souci de garder l'autorité entre ses mains. C'était un homme pour qui les leçons de l'expérience n'étaient pas perdues et il ne voulait pas s'exposer à créer une autre féodalité. Aussi choisit-il pour fonctionnaires de petites gens qui fussent bien à lui et qu'il changeait souvent de place. A sa suite, les rois de France s'entoureront de roturiers bons comptables et bons légistes. Son homme de confiance, Suger, un simple moine, sera le ministre type de la royauté.

Voilà comment, par la force des choses, les Capétiens, issus du régime féodal, en devinrent les destructeurs. Ils devaient le soumettre ou être mangés par lui. Mais cela ne se fit ni par doctrine ni par système. Si le roi de France ne voulait pas de féodaux dans son domaine, il tenait beaucoup à sa suzeraineté sur les grands feudataires. Il y avait un droit féodal. Les vassaux qui l'eussent violé avaient eux-mêmes des vassaux qui pouvaient le violer à leur tour. C'est pourquoi les Capétiens purent citer à leur cour de justice des princes plus puissants qu'eux comme les Plantagenets. En somme le roi de France retenait de la féodalité ce qu'elle avait d'avantageux pour lui : c'était un article d'exportation. À l'intérieur, il s'appuyait sur la grande force morale du temps, l'Église, que sa tradition, invinciblement romaine, portait vers la monarchie, c'est-à-dire vers l'unité. Il s'appuyait aussi sur l'opinion publique, sur le peuple qui trouvait une protection dans son autorité. Ainsi la politique capétienne se précisait et se définissait. Elle fondait la nation et l'État. Avant tout, cette politique était nationale et déjà le roi personnifiait la France. On le vit lorsque l'empereur allemand, en 1124, tenta encore une invasion. De tous les points du pays vassaux et milices vinrent se ranger autour du roi et de l'oriflamme de saint Denis. Le César germanique ne s'attendait pas à cette résistance. Déjà en marche sur Reims, il rebroussa chemin. On a dit avec raison que c'était le prélude de Bouvines.

Avec l'ordre renaissant, avec l'excitation intellectuelle des croisades, le goût du savoir et le goût des idées s'étaient ranimés. Quelle erreur de croire que ce siècle lui-même ait été celui de la foi docile et de l'obéissance au maître ! Ce fut le siècle d'Abélard, de sa fabuleuse célébrité, des controverses philosophiques, des audaces de l'esprit. Les hérésies reparaissaient et elles trouvèrent saint Bernard pour les combattre. La croisade contre les Albigeois était proche. Il y avait aussi des bouillonnements d'indiscipline et, pendant sa régence, il faudra que Suger ait la main lourde. Les hommes de ce temps-là ont eu les mêmes passions que nous.

Sous Louis le Gros, la croissance du royaume avait fait des progrès considérables. Le règne de son successeur faillit tout compromettre. Louis VII s'était très bien marié. Il avait épousé Éléonore de Guyenne, dont la dot était tout le Sud-Ouest. Par ce mariage, la France, d'un seul coup, s'étendait jusqu'aux Pyrénées. Les deux époux ne s'entendirent pas et Louis VII paraît avoir eu de sérieux griefs contre la reine; la France aussi a eu son « nez de Cléopâtre » qui a failli changer son destin. Toutefois cette union orageuse ne fut annulée qu'après quinze ans, lorsque Suger, le bon conseiller, eut disparu. Ce divorce fut une catastrophe. Bien qu'Éléonore ne fût plus jeune, elle ne manqua pas de prétendants et elle porta sa dot à Henri Plantagenet, comte d'Anjou. C'était une des pires conséquences du démembrement de l'État par le régime féodal que le territoire suivît le titulaire du fief homme ou femme, comme une propriété. Dans ce cas, la conséquence fut d'une gravité sans pareille. Le hasard voulut, en outre, que le comte d'Anjou héritât presque tout de suite de la couronne d'Angleterre (1154). Le Plantagenet se trouvait à la tête d'un royaume qui comprenait, avec son domaine angevin, la Grande-Bretagne et la Normandie et, par Éléonore de Guyenne, l'Auvergne, l'Aquitaine. Serré entre cet État et l'empire germanique, que deviendrait le royaume de France ? C'est miracle qu'il n'ait pas été écrasé. La fin du règne de Louis VII se passa à écarter la tenaille et à défendre les provinces du Midi contre l'envahissement anglo-normand. Une grande lutte avait comrnencé. Elle ne devait avoir de trêve qu'avec saint Louis. Ce fut la première guerre de cent ans.

Assurément on ne s'est pas battu tous les jours de ces cent années, et d'autres événements ont coupé cette guerre, des croisades, par exemple, à peu près comme nos expéditions du Tonkin et du Maroc entre les deux guerres franco-allemandes. Un très petit nombre d'hommes suffisait à ces campagnes où la prise d'un château décidait d'une province. Ne se battaient, d'ailleurs, que des chevaliers, militaires par le statut féodal et par état. Quand des levées de milices communales avaient lieu, elles étaient partielles, locales et pour un temps très court. Rien qui ressemblât, même, de loin, à notre conscription et à notre mobilisation. Les hommes de ce temps eussent été bien surpris de savoir que ceux du vingtième siècle se croiraient libres et que, par millions, ils seraient contraints de faire la guerre pendant cinq années. Lorsque des milices étaient convoquées, au douzième et au treizième siècle, c'était pour une période limitée au-delà de laquelle il n'y avait pas moyen de les retenir.

Pour conduire cette lutte contre l'État anglo-normand, il se trouva un très grand prince, le plus grand que la tige capétienne eût donné depuis Hugues Capet. Philippe Auguste, devenu roi avant l'âge d'homme, car il était né tard du second mariage de Louis VII, fut d'une étonnante précocité. Chez lui, tout était volonté, calcul, bon sens et modération. En face de ces deux fous furieux, Richard Cœur de Lion et Jean sans Terre, fils d'Éléonore et d'Henri Plantagenet, Philippe Auguste représente le réalisme, la patience, l'esprit d'opportunité. Qu'il allât à la croisade, c'était parce qu'il était convenable d'y aller. Il rentrait au plus vite dans son royaume qui l'intéressait bien davantage, laissant les autres courir les aventures, profitant, pour avancer ses affaires, de l'absence et de la captivité de Richard Cœur de Lion. Chez Philippe Auguste, il y a déjà des traits de Louis XI. Ce fut, en somme, un règne de savante politique et de bonne administration. C'est pourquoi l'imagination se réfugia dans la légende. La littérature emporta les esprits vers des temps moins vulgaires. Le Moyen Âge lui-même a eu la nostalgie d'un passé qui ne semblait pas prosaïque et qui l'avait été pareillement. Ce fut la belle époque des chansons de geste et des romans de chevalerie. Le siècle de Saladin et de Lusignan, celui qui a vu Baudouin empereur de Constantinople, a paru plat aux contemporains. Ils se sont réfugiés pour rêver, auprès de Lancelot du Lac et des chevaliers de la Table Ronde. Il faudra quatre cents ans pour qu'à son tour, fuyant son siècle, celui de la Renaissance, le Tasse découvre la poésie des croisades.

Philippe Auguste n'avait qu'une idée : chasser les Plantagenets du territoire. Il fallait avoir réussi avant que l'empereur allemand, occupé en Italie, eût le loisir de se retourner contre la France. C'était un orage que le Capétien voyait se former. Cependant la lutte contre les Plantagenets fut longue. Elle n'avançait pas. Elle traînait en sièges, en escarmouches, où le roi de France n'avait pas toujours l'avantage. Henri, celui qu'avait rendu si puissant son mariage avec Éléonore de Guyenne, était mort, Richard Cœur de Lion, après tant d'aventures romanesques, avait été frappé d'une flèche devant le château de Chalus : ni d'un côté ni de l'autre, il n'y avait encore de résultat. Vint Jean sans Terre : sa démence, sa cruauté offrirent à Philippe Auguste l'occasion d'un coup hardi. Jean était accusé de plusieurs crimes et surtout d'avoir assassiné son neveu Arthur de Bretagne. Cette royauté anglaise tombait dans la folie furieuse. Philippe Auguste prit la défense du droit et de la justice. Jean était son vassal : la confiscation de ses domaines fut prononcée pour cause d'immoralité et d'indignité (1203). La loi féodale, l'opinion publique étaient pour Philippe Auguste. Il passa rapidement à la saisie des terres confisquées où il ne rencontra qu'une faible résistance. Fait capital : la Normandie cessait d'être anglaise. La France pouvait respirer. Et, tour à tour, le Maine, l'Anjou, la Touraine, le Poitou tombèrent entre les mains du roi. Pas de géant pour l'unité française. Les suites du divorce de Louis VII étaient réparées. Il était temps.

Philippe Auguste s'occupait d'en finir avec les alliés que Jean sans Terre avait trouvés en Flandre lorsque l'empereur Othon s'avisa que la France grandissait beaucoup. Une coalition des rancunes et des avidités se forma : le Plantagenet, l'empereur allemand, les féodaux jaloux de la puissance capétienne, c'était un terrible danger national. Si nous pouvions reconstituer la pensée des Français en l'an 1214, nous trouverions sans doute un état d'esprit assez pareil à celui de nos guerres de libération. L'invasion produisait déjà l'effet électrique qu'on a vu par les volontaires de 1792 et par la mobilisation de 1914. Devant le péril, Philippe Auguste ne manqua pas non plus de mettre les forces morales de son côté. Il avait déjà la plus grande, celle de l'Église, et le pape Innocent III, adversaire de l'Empire germanique, était son meilleur allié européen : le pacte conclu jadis avec la papauté par Pépin et Charlemagne continuait d'être bienfaisant. Philippe Auguste en appela aussi à d'autres sentiments. On forcerait à peine les mots en disant qu'il convoqua ses Français à la lutte contre l'autocratie et contre la réaction féodale, complice de l'étranger. Il y a plus qu'une indication dans les paroles que lui prête la légende au moment où s'engagea la bataille de Bouvines : « Je porte la couronne mais je suis un homme comme vous. » Et encore : « Tous vous devez être rois et vous l'êtes, par le fait, car sans vous je ne puis gouverner. » Les milices avaient suivi d'enthousiasme et, après la victoire qui délivrait la France, ce fut de l'allégresse à travers le pays. Qui oserait assigner une date à la naissance du sentiment national ?

Ce règne s'acheva dans la prospérité. Philippe Auguste aimait l'ordre, l'économie, la bonne administration. Il se contenta de briser le royaume anglo-normand et d'ajouter au territoire les provinces de l'Ouest, de restituer la Normandie à la France. Il se garda d'aller trop vite et, après Bouvines, d'abuser de la victoire. Son fils, Louis VIII, s'était lancé à la conquête de l'Angleterre. Philippe Auguste le laissa partir sans s'associer à l'aventure qui, bien commencée, devait finir mal. Il préférait organiser ses domaines avec prudence, avec méthode, imposant l'autorité royale, développant par les baillis un ordre administratif jusqu'alors embryonnaire, créant des finances, enfin dotant l'État de ses organes principaux. La société du Moyen Âge qui allait s'épanouir avec saint Louis, est déjà formée sous Philippe Auguste. Quelques-uns des caractères qui distingueront l'État français jusqu'à nos jours et qui étaient en germe sous les premiers Capétiens s'accusent aussi. Déjà cet allié de l'Église n'aime pas plus la théocratie que la féodalité. S'il trouve fort bon que le pape fasse et défasse des empereurs en Allemagne, il ne souffre pas d'atteintes à l'indépendance de sa couronne. À l'intérieur il se défend contre ce que nous appellerions les empiétements du clergé. Il y a déjà chez le grand-père de saint Louis quelque chose qui annonce Philippe le Bel.

Ce qu'on rattache d'ordinaire le plus mal à ce grand règne, c'est la croisade contre les Albigeois. Qu'était l'hérésie albigeoise ? Un mouvement politique. On y reconnaît ce qui apparaîtra dans le protestantisme : une manifestation de l'esprit révolutionnaire. Il y a toujours eu, en France, des éléments d'anarchie. D'époque en époque, nous retrouverons de ces violentes poussées de révolution, suivies, tôt ou tard, d'une réaction aussi vive. Et toujours révolution et réaction ont pris la forme d'une guerre religieuse, d'une lutte d'idées.

Comme les protestants, les Albigeois prétendaient purifier le christianisme. Ils s'insurgeaient contre la hiérarchie ecclésiastique et contre la société. Si l'on en croit les contemporains, leur hérésie venait des Bogomiles bulgares qui furent comme les bolcheviks du Moyen Âge. Ce n'est pas impossible, car les idées circulaient alors aussi vite que de nos jours. Il est à remarquer, en outre, que le Languedoc, les Cévennes, âpres régions où le protestantisme trouvera plus tard ses pasteurs du désert, furent le foyer de la secte albigeoise.

Elle se développa, avec la tolérance de la féodalité locale, jusqu'au jour où la croisade fut prêchée à travers la France, au nom de l'ordre autant qu'au nom de la foi. Dès le moment où Simon de Montfort et ses croisés se mirent en marche, l'affaire changea d'aspect. Elle devint la lutte du Nord contre la féodalité du Midi et la dynastie toulousaine. L'adversaire était le comte de Toulouse au moins autant que l'hérésie. Le Nord triompha. Mais, avec un sens politique profond, Philippe Auguste refusa d'intervenir en personne et d'assumer l'odieux de la répression. Il n'avait que peu de goût pour les croisades et celle-là, s'il y eût pris part, eût gâté les chances de la monarchie dans la France méridionale. La féodalité du Sud ne se releva pas de cette lutte. Du moins les rancunes qui en restèrent n'atteignirent pas le Capétien. Elles ne compromirent pas son œuvre d'unité.

En mourant (1223), Philippe Auguste ne laissait pas seulement une France agrandie et sauvée des périls extérieurs. Il ne laissait pas seulement un trésor et de l'ordre au-dedans. Sa monarchie était devenue si solide qu'il put négliger la précaution qu'avaient observée ses prédécesseurs. Il ne prit pas la peine d'associer son fils aîné au trône avant de mourir. Louis VIII lui succéda naturellement et personne ne demanda qu'une élection eût lieu. À peine se rappelait-on qu'à l'origine la monarchie avait été élective. De consuls à vie, les Capétiens étaient devenus rois héréditaires. Depuis Hugues Capet, il avait fallu près de deux siècles et demi pour que l'hérédité triomphât. Événement immense. La France avait un gouvernement régulier au moment où les empereurs d'Allemagne tombaient les uns après les autres, au moment où l'autorité du roi d'Angleterre était tenue en échec par la grande charte de ses barons.

Mais il était temps que la monarchie française n'eût plus à se soucier de la succession au trône. Le règne de Louis VIII, occupé à poursuivre l'œuvre de son père contre les Anglais encore installés dans le Sud-Ouest et contre la dynastie toulousaine, encore puissante dans le Midi, ce règne fut court. En 1226, lorsque Louis VIII mourut, son fils aîné avait onze ans. Les minorités ont toujours été un péril. Celle-là compte parmi les plus orageuses. Le règne de saint Louis a commencé, comme celui de Louis XIV, par une Fronde, une Fronde encore plus dangereuse, car ceux qui la conduisaient étaient de puissants féodaux. Les vaincus de Bouvines étaient avides de prendre leur revanche et d'en finir avec l'unificateur capétien. Les conjurés contestaient la régence de Blanche de Castille. Ils cherchaient à déshonorer la veuve de Louis VIII en répandant le bruit de son inconduite et lui reprochaient d'être une étrangère. Ils étaient même prêts à, mettre la couronne sur une autre tête. L'énergie et l'habileté de Blanche de Castille réussirent à dissoudre cette ligue qui, par bonheur, ne trouva pas d'appui à l'étranger. Mais le trouble avait été grave dans le royaume. Le danger avait été grand. Deux fois, le jeune roi faillit être enlevé. La fidélité des bourgeois de Paris le sauva et elle sauva la France d'une rechute dans l'anarchie. Ce fut la première victoire de l'idée de légitimité, une idée qui avait déjà des négateurs. Ce fut aussi, le mot a été employé et il n'a rien d'excessif, la première restauration.

L'Espagnole, mère de saint Louis, eut une régence aussi difficile et aussi brillante que celle d'Anne d'Autriche le sera. Elle ne défendit pas seulement la couronne contre les mécontents. Elle réunit le Languedoc au royaume, cueillant ainsi, grâce à la prudente abstention de Philippe Auguste, le fruit politique de la guerre contre les Albigeois. À l'Ouest, le comte de Bretagne, Pierre Mauclerc, un Capétien qui avait mal tourné, un des conjurés de la ligue, avait appelé les Anglais à son aide. Il fut également battu et des garnisons royales occupèrent les principales places bretonnes. Quelle tâche longue et malaisée que de faire la France ! Tout était sans cesse à recommencer.

En 1236, Louis IX est majeur. Il vient d'épouser Marguerite de Provence. Mariage politique qui prépare la réunion d'une autre province. Mais les époux ont d'étranges affinités. Leurs sentiments sont les mêmes. Le saint roi a près de lui une véritable sainte. Quel est ce règne étonnant qui s'ouvre ? Oh ! si le phénomène est d'une incomparable beauté, s'il est unique dans l'histoire, il n'échappe pourtant pas à une sorte de règle. Le règne de saint Louis succède à ce qu'on pourrait appeler, en forçant un peu les mots, le rationalisme du temps de Philippe Auguste. C'est une réaction. La royauté capétienne a déjà vu Robert le Pieux succéder à Hugues. Saint Louis représente un retour à l'idée du prêtre-roi. Il est en harmonie avec son temps, celui de saint Thomas d'Aquin, marqué par un renouveau de foi chrétienne. Toutes proportions gardées, c'est ainsi qu'après les encyclopédistes, le début du dix-neuvième siècle verra le *Génie du christianisme* et une renaissance religieuse.

Mais la monarchie a grandi, Louis IX, ce n'est plus le pieux Robert qui s'enfermait dans son oratoire. La monarchie a des devoirs, des traditions, une vitesse acquise. Saint Louis continuera ses prédécesseurs. Seulement il les continuera en développant un élément que, jusqu'à lui, la dynastie capétienne n'avait qu'à peine dégagé. Les qualités de sa race, il les poussera jusqu'à la vertu, jusqu'à la sainteté. La royauté française était un peu terre à terre. Par lui, elle prendra un caractère de grandeur spirituelle dont elle gardera toujours le reflet. On a remarqué que la plupart des autres maisons royales ou impériales d'Europe avaient pour emblèmes des aigles, des lions, des léopards, toutes sortes d'animaux carnassiers. La maison de France avait choisi trois modestes fleurs. Saint Louis a été la pureté des lis.

La ferveur religieuse qui l'entraîna à des croisades était assez nouvelle chez les Capétiens. Elle n'excluait chez lui ni la hardiesse, ni la finesse, ni le sens de la politique. Saint Louis savait frapper fort et frapper juste. À la bataille de Taillebourg, en 1242, il avait brisé le dernier retour offensif des Plantagenets. On a admiré que, parti pour délivrer Jérusalem, il fût allé, comme Bonaparte, droit en Égypte, clef de la Palestine et de la Syrie.

Cette expédition tourna mal. C'était la fin des croisades et le royaume chrétien de Jérusalem ne pouvait plus être sauvé. Saint Louis fut fait prisonnier par les Mameluks après des combats chevaleresques et ne recouvra sa liberté qu'en payant rançon. Sa mère, vieillie, le rappelait en France, inquiète de l'anarchie des Pastoureaux : c'était encore un de ces mouvements révolutionnaires compliqués de mysticisme qui revenaient périodiquement. La bourgeoisie des villes se chargea de l'écraser. Tout était rentré dans l'ordre au retour de Louis IX.

Son vœu, sa croisade, son échec avaient encore épuré son âme. Il fut alors lui-même et mit la justice et la moralité à la base de son gouvernement. On ne l'a pas toujours compris. De son temps, même, il ne manquait pas de gens pour le trouver un peu exalté. Lorsqu'il décida, lui, le vainqueur de Taillebourg, de rendre au roi d'Angleterre de magnifiques provinces françaises du Sud-Ouest, ce fut de l'indignation. La postérité s'en est étonnée elle-même, car le propre de l'histoire est d'être presque toujours mécontente et de reprocher aux uns leur avidité, aux autres leur désintéressement. Louis IX a expliqué lui-même cette restitution par des raisons naturelles. Il voulait, entre lui et son cousin d'Angleterre, mettre fin à l'état de guerre, amener un apaisement véritable. En somme, Louis IX transigeait avec Henri III. S'il lui rendait des provinces, Henri III renonçait à revendiquer celles qu'il avait perdues, notamment la Normandie, ce qui était important puisque les Plantagenets avaient refusé jusque-là de regarder comme définitives les annexions de Philippe Auguste. En outre Henri III reconnaissait la suzeraineté du roi de France sur la Guyenne et les territoires rétrocédés. C'était donc un marché, c'était l'arrangement qui vaut mieux qu'un procès : la pensée de saint Louis était politique et non pas mystique. Il portait seulement plus haut que les autres Capétiens la tendance de sa maison qui était de mettre le bon droit de son côté. Certes, il s'est trompé s'il a cru qu'il assurait pour toujours la paix avec l'Angleterre. Rien ne permet de lui attribuer cette pensée. Ce n'était qu'un règlement provisoire, une trêve. En prenant soin d'exiger d'Henri III l'hommage de vassalité, saint Louis marquait assez qu'il réservait l'avenir. Tant mieux si la France pouvait un jour se libérer pacifiquement des Anglais. Mais il ne renonçait à rien.

À l'intérieur également le règne de saint Louis fut celui de la justice. Ce ne fut pas celui de la faiblesse : il eut la justice des justiciers et savait fort bien faire pendre, même les barons. Il y a aussi une sainteté de l'ordre et des lois. Louis IX continua l'œuvre des légistes, - il en avait pour amis, - en l'adoucissant de christianisme et d'humanité. « Bataille n'est pas voie de droit », disait-il pour refuser les « jugements de Dieu ». C'est comme juge royal, sous le chêne de Vincennes, que son souvenir est resté populaire. Il ne se contentait pas de prêcher d'exemple. Il organisait les tribunaux, la procédure. Il mettait le « Parlement » au-dessus des autres juridictions. C'est sous son règne que cette cour d'appel et de justice reçoit ses attributions principales. Et le Parlement jouera un grand rôle dans notre histoire. En unifiant le droit, il unira la nation. Il renforcera l'État en éliminant peu à peu les justices féodales, jusqu'au jour où le Parlement lui-même, devenu pouvoir politique, sera un danger pour la monarchie.

Réformateur judiciaire, saint Louis fut aussi un réformateur de la société. Il pousse à la libération des serfs, il étend le droit de bourgeoisie. Surtout il organise les corporations. L'existence et les droits de l'ouvrier reçoivent protection dans un « ordre social chrétien », inscrit au célèbre *Livre des Métiers*. Si la figure de saint Louis est devenue si vite idéale, si elle est restée légendaire, ce n'est pas seulement parce que ce roi était bon, juste et charitable. C'est parce que, sous son règne, par « la bonne droiture », comme disait Joinville, la France était devenue plus prospère, la vie plus douce, plus sûre, plus humaine. Il léguera à la monarchie capétienne et à la France une renommée qui ne s'effacera plus.

Ce pieux roi, il ne faudrait pas le prendre pour un roi clérical. Pas plus que celle de Philippe Auguste, sa monarchie n'est une théocratie. Le roi n'est pas l'esclave du clergé, dont la noblesse n'est pas davantage l'associée. C'eût été trop simple ! À chaque instant, les intérêts diffèrent, les conflits et les compétitions éclatent. La piété, la sainteté même de Louis IX le rendaient plus indépendant qu'un autre dans ses relations avec l'Église parce qu'il était insoupçonnable du point de vue de la foi. Michelet remarque avec raison que, s'il n'y avait eu saint Louis, Philippe le Bel n'eût peut-être pas osé entrer en lutte avec le pape.

Louis IX eut une fin de missel et de vitrail. Les nouvelles d'Orient étaient mauvaises, le royaume chrétien de Jérusalem s'en allait par morceaux : il voulut empêcher que l'œuvre de deux siècles fût anéantie. Mais l'enthousiasme des croisades était tombé. L'ardeur de la renaissance religieuse aussi. Cette fois, Joinville ne partit pas et remercia Dieu de le laisser à la maison. Avec saint Louis, les croisades allaient finir. Son frère Charles d'Anjou, qui avait conquis la Sicile, et qui n'avait en tête que des idées politiques, le dirigea vers Tunis, face à la côte sicilienne. À peine arrivé à l'endroit où avait été Carthage, le saint roi, comme l'appelait déjà la renommée, mourut de la peste en répétant le nom de Jérusalem, que personne n'entreprendrait plus de délivrer après lui.

À sa mort (1270), il y a près de trois cents ans que règnent les Capétiens. Les progrès sont considérable, et le plus sensible, c'est que l'État français, dont les traits principaux sont fixés, a pris figure au-dehors. Il est sorti victorieux de sa lutte avec les Plantagenets, la menace allemande a été conjurée et maintenant l'Angleterre et l'Allemagne sont en pleine révolution. Saint Louis, en, mourant, laissait à son fils, avec des « enseignements » dignes de lui, une situation excellente, mais qui allait comporter des développements imprévus.

Ce qui fait la complexité de l'histoire, c'est que les événements sortent sans fin les uns des autres. La dernière croisade de Louis IX, en coûtant la vie à plusieurs princes et princesses, ouvrait des héritages à son successeur Philippe III. La monarchie, depuis Louis VIII, appliquait un système qui avait ses avantages et ses inconvénients. Quand des provinces étaient nouvellement réunies, elles étaient données en apanage à des princes capétiens afin de dédommager les fils puinés et d'éviter les jalousies et les drames de famille où s'était abîmée la dynastie des Plantagenets. On pensait que cette mesure transitoire aurait en outre l'avantage de ménager le particularisme des populations, de les accoutumer à l'administration royale, tout en formant autour du royaume proprement dit des principautés confédérées, destinées tôt ou tard à faire retour à la couronne à défaut d'héritiers mâles. Ce calcul ne fut juste qu'en partie, ce qui arrive souvent en politique : quelques-uns des apanagés, en petit nombre d'ailleurs, furent ingrats et indociles. Toutefois le fils de saint Louis recueillit tout de suite plusieurs héritages, dont celui de Toulouse. Mais le comte de Toulouse avait des vassaux qui refusèrent de reconnaître la suzeraineté du roi de France. Ils appelèrent le roi d'Aragon à leur aide. Philippe III, qui gagna à ces campagnes le nom de Hardi, fut obligé de défendre la frontière des Pyrénées. L'Espagne entrait dans nos préoccupations politiques. À peu de temps de là, ce fut la succession de Navarre qui mêla le roi de France aux affaires espagnoles. Nos frontières méridionales ne pouvaient être atteintes sans conflit avec l'Aragon et la Castille.

En même temps, Philippe III était attiré en Italie par d'autres circonstances. Nous avons déjà vu que Charles d'Anjou était devenu roi de Naples et de Sicile. Le frère de saint Louis avait été appelé par un pape français désireux de mettre fin en Italie à l'influence gibeline, c'est-à-dire allemande. Charles d'Anjou avait accepté, après de longues hésitations de Louis IX, et son succès fut complet. Pour en finir avec les intrigues allemandes, il fit condamner à mort le jeune Conradin, l'héritier des Hohenstaufen, dont les Allemands, six cents ans plus tard, au dire d'Henri Heine, ne nous avaient pas encore pardonné l'exécution.

La révolte des Siciliens restée fameuse sous le nom de Vêpres siciliennes commença la décadence du royaume français de Naples. La France elle-même s'en trouvait atteinte et Philippe III dut venir au secours de son oncle. Le roi d'Aragon s'en mêla et l'on eut ainsi la première image des futures guerres d'Italie avec leurs complications germaniques et espagnoles. Pour être tranquille sur les Pyrénées, pour garder la Méditerranée libre, la France se trouvait entraînée trop loin. Il allait falloir se dégager.

Philippe le Hardi mourut en 1285 au retour d'une deuxième expédition, cette fois en Catalogne. Son fils, Philippe le Bel, n'avait que dix-sept ans, mais il était singulièrement précoce. Il jugea bientôt que cette affaire de Sicile était épuisante et sans issue et il s'efforça de la liquider avec avantage et avec honneur. Il appliquait déjà sa maxime : « Nous qui voulons toujours raison garder. » Il n'était pas raisonnable de courir des aventures lointaines lorsque la France n'était pas achevée. Et puis, les dernières croisades, suivies de ces affaires italiennes et espagnoles, avaient été dispendieuses. Il fallait créer des impôts qui mécontenteraient le contribuable et demander de l'argent à tout le monde, même au clergé, ce qui fut l'origine des démêlés du nouveau roi avec le pape. C'est la première fois que nous avons à parler d'une crise financière. Mais la monarchie avait créé des finances, organisé l'administration. Ce qui se faisait autrefois au hasard, les dépenses qu'on couvrait par des moyens de fortune, par des dons plus ou moins volontaires, tout cela devenait régulier. La machine de l'État commençait à marcher, à distribuer de la sécurité, de l'ordre, mais elle coûtait cher. Faire la France coûtait cher aussi. Ces difficultés, que nous connaissons de nouveau aujourd'hui, dureront des siècles.

À beaucoup d'égards, il y a une curieuse ressemblance entre le règne de Philippe le Bel et celui de Louis XIV. Tous deux ont été en conflit avec Rome. Philippe IV a détruit les puissances d'argent, celle des Templiers surtout, comme Louis XIV abattra Fouquet. Philippe le Bel, enfin, a été attiré par la Flandre comme le sera Louis XIV, et cette province, d'une acquisition si difficile, l'engagera aussi dans de grandes complications. Il y a comme un rythme régulier dans l'histoire de notre pays où les mêmes situations se reproduisent à plusieurs centaines d'années de distance.

Cependant l'effet apaisant de l'arrangement conclu par Louis IX était épuisé. Un jour ou l'autre, la lutte devait reprendre avec les Anglais. Ils étaient toujours établis en Guyenne, maîtres de Bordeaux, et c'était une cause de conflits continuels. Il fallait que la France n'eût plus d'enclave anglaise ou que l'Anglais fût maître de la France : l'alternative ne tardera pas à se poser. On dira que, si l'Angleterre avait été sage, elle aurait évacué des territoires nettement français. Mais l'Angleterre, insulaire et maritime, a toujours dû avoir des possessions au-dehors : nos provinces, dans un temps où le monde était plus étroit, lui tenaient lieu de colonies. Il lui semblait aussi naturel d'être à Bordeaux qu'aujourd'hui d'être à Bombay.

Les gouvernements avaient longtemps reculé une explication inévitable. Les populations eurent moins de patience que les rois. Édouard Ier et Philippe le Bel ne se déclarèrent pas la guerre : elle éclata spontanément entre les marins normands et ceux de Bordeaux. Les gouvernements y furent entraînés après une longue procédure, Philippe le Bel ayant voulu juger et condamner Édouard, comme l'avait été Jean sans Terre. Cette fois, le moyen juridique ne réussit plus. Le conflit était devenu celui de deux nations et le roi anglais était opiniâtre. Philippe le Bel comprit qu'une lutte grave s'ouvrait et il eut le premier cette idée que, pour combattre l'Angleterre, c'était sur mer qu'il fallait l'atteindre. La France commençait à avoir une marine. Les Croisades, les expéditions de Sicile et d'Espagne avaient formé des marins. Philippe le Bel appela dans la Manche les navires qu'il avait dans la Méditerranée. Les Génois construisirent à Rouen un arsenal et une escadre et lui donnèrent un amiral. Alors, Édouard Ier, alarmé de cette force maritime naissante, suscita contre la France une coalition européenne, la même que celle de Bouvines. Philippe le Bel à son tour chercha des alliés et répondit par un véritable blocus continental auquel prirent part la Suède, la Norvège, les villes de la Hanse, les États ibériques. Mais, à ce blocus, qui devait étouffer l'Angleterre, la France refusa de s'associer parce que ses tissages avaient besoin de la laine anglaise. Il fallait renoncer à la guerre économique ou bien forcer la Flandre à servir la politique française. Entre les deux belligérants, le pays flamand, - la future Belgique, - devenait le véritable enjeu.

On voit le caractère moderne de cette guerre où Philippe le Bel fit tête avec sang-froid aux plus grands périls. L'empereur germanique Adolphe de Nassau, était entré dans la coalition ennemie et, par un manifeste insolent, avait revendiqué au nom de l'Empire des droits et des territoires, notamment Valenciennes. À cette réclamation, Philippe ne répondit que par deux mots écrits sur un vaste parchemin : *« Trop allemand. »* Ces deux mots, que certains conseillers du roi avaient trouvés trop rudes et imprudents, eurent un effet magique : Adolphe sentit que la France était prête à résister et il n'insista pas. D'ailleurs, Philippe le Bel s'était assuré des concours allemands, selon une méthode désormais classique, et il eut aussi l'appui de la papauté. Véritable conflit européen, où l'on vit en jeu les ressorts et les éléments des futures guerres européennes.

Quand la paix fut signée avec l'Angleterre, au bout de cinq ans, en 1299, l'objet de la lutte, comme il arrive souvent, avait été perdu de vue. Un arrangement fut conclu pour la Guyenne avec Édouard Ier qui épousa Marguerite de France. Mais la Flandre était désormais le principal souci de Philippe le Bel. Conduit à la conquérir par le développement de la guerre avec les Anglais, il se heurtait à la résistance des Flamands. Ce peuple de tisserands battit à Courtrai la chevalerie française : ce fut la « journée des éperons » (1302). Il fallut organiser une véritable expédition pour venir à bout de la révolte. De ce côté, l'expansion de la France rencontrait des limites. Alors que presque partout les nouvelles provinces s'étaient données joyeusement, une nation se manifestait en Flandre : un jour ce sera la nation belge. Philippe, toujours judicieux, le comprit. Il se contenta de confirmer sa suzeraineté sur le pays flamand et de garder en gage les parties les plus proches de la France, Lille et Douai, plus accessibles à l'influence française : nul ne serait Français par force.

Ces affaires furent une des causes de la célèbre dispute qui éclata entre le pape et Philippe le Bel. Boniface VIII avait pris fait et cause pour le comte de Flandre et sa fille que le roi avait traités en rebelles et qu'il gardait prisonniers. En somme, le pape, chef suprême de la chrétienté, victorieux dans sa longue lutte avec les empereurs germaniques, trouvait naturel de contrôler les gouvernements. C'est ce que Philippe le Bel n'accepta pas et, contre la papauté, il défendit les droits de la couronne et l'indépendance de l'État français.

Boniface VIII s'était mêlé de choses qui ne le regardaient pas. Il ne se contentait pas de reprocher à Philippe le Bel d'avoir touché ou saisi les revenus de l'Église, - le grand souci du roi, tandis qu'il était aux prises avec les difficultés, européennes, étant de ne pas laisser sortir d'argent de France. Le pape critiquait le gouvernement de Philippe le Bel, l'accusait d'oppression et de tyrannie, intervenait même dans les finances puisqu'un de ses griefs était l'altération des monnaies, mesure nécessitée par la guerre, elle aussi : car, en ce temps-là, où l'on n'avait pas la facilité d'imprimer des billets de banque, on mettait moins de métal précieux dans les pièces de monnaie, ce qui était la forme ancienne de « l'inflation monétaire ».

Philippe le Bel reçut mal ces remontrances et la France les reçut aussi mal que lui. Pour frapper les imaginations, comme s'y prendrait aujourd'hui la presse, le roi publia de la bulle *Ausculta fili* un résumé qui grossissait les prétentions du pape. Il répandit encore, dans le style du « Trop allemand », une réponse insolente où Boniface était appelé « Sa Très Grande Fatuité » tandis que Philippe ne lui donnait que « peu ou point de salut ». Enfin, pour mieux marquer qu'il avait la France derrière lui, le roi convoqua des états généraux. On a prétendu de nos jours que c'était une innovation, que de ces états de 1302 dataient une institution et l'origine des libertés publiques. À la vérité, il y avait toujours eu des assemblées. L'une d'elles, nous l'avons vu, avait élu Hugues Capet. Les bourgeois des villes, les gens de métier avaient coutume de délibérer sur les questions économiques, en particulier celles des monnaies. La convocation de 1302 ne les surprit pas et ne paraît pas avoir été un événement, car l'élection des représentants du troisième ordre - le « tiers état » - n'a pas laissé de traces et tout se passa comme une chose naturelle et ordinaire puisque la convocation fut du mois de mars et qu'on se réunit dès avril, à Paris, dans l'église Notre-Dame. Nobles, bourgeois, clergé même, tous approuvèrent la résistance de Philippe le Bel au pape. Le roi de France « ne reconnaissait point de supérieur sur la terre ». C'est l'expression dont Bourdaloue s'est servi plus tard, pour donner, en exemple agréable à Louis XIV, la « vigueur » avec laquelle saint Louis avait agi pour défendre les droits de la couronne. Une tradition de la monarchie et de l'État français s'était formée.

Boniface VIII, qui avait une grande force de caractère, n'était pas homme à céder. Il maintint sa prétention de convoquer à Rome un concile pour juger le Capétien et « aviser à la réforme du royaume ». Philippe le Bel était menacé d'excommunication s'il refusait de laisser partir pour Rome les prélats français. Toutefois, il chercha à négocier. Sa nature le portait à épuiser les moyens de conciliation avant de recourir aux grands remèdes. C'est seulement quand il vit que le pape était résolu à l'excommunier et à user contre lui de ses forces spirituelles, ce qui eût peut-être amené un déchirement de la France, que Philippe prit le parti de prévenir l'attaque et de frapper un grand coup. Il était temps, car déjà la parole pontificale agissait et le clergé, les ordres religieux, les Templiers surtout, hésitaient à suivre le roi et à donner tort à la papauté. C'est alors que le chancelier Guillaume de Nogaret se rendit à Rome, trouva Boniface VIII à Anagni et s'empara de sa personne. Délivré, le pape mourut d'émotion quelques jours plus tard (1303).

Cette audace, cette violence étonnèrent l'Europe. On avait vu un César germanique s'humilier à Canossa devant Grégoire VII. Le roi de France triomphait. Il avait osé faire violence au pontife sans rompre le mariage des fleurs de lis avec la papauté. Les bulles de Boniface VIII étaient annulées. Le roi de France était maître chez lui. Il avait joué gros jeu pour sauver son autorité et l'unité morale du royaume. Le signe de sa victoire, ce fut que Clément V, ancien archevêque de Bordeaux, passa pour un pape français et s'établit à Avignon. Pendant trois quarts de siècle, les papes y resteront sous la protection de la monarchie française.

Ces résultats, Philippe le Bel ne les avait pas cherchés. Ils vinrent naturellement, comme une suite des choses. Ce règne a une explication : la Flandre. Il a une clef : Courtrai. Si l'annexion de la Flandre était superflue, sa soumission était nécessaire au dessein national du roi. Il la fallait pour mettre la France en sûreté contre l'Angleterre. La défaite de Courtrai avait été un coup terrible. Cette défaite est de 1302. L'acte brutal de Nogaret est de 1303 : le roi de France a dû agir pour défendre son prestige en Europe. Battu en Flandre, excommunié à Rome, abandonné peut-être par une partie de ses sujets : tout eût été perdu. L'affaire flamande, c'est-à-dire au fond l'affaire anglaise, a commandé la politique de Philippe le Bel.

C'était aussi cette entreprise extérieure, longue et coûteuse, qui l'avait conduit à multiplier les impôts impopulaires. Les gouvernements en reviennent toujours aux mêmes impôts quand le trésor a de grands besoins : la maltôte était notre taxe sur le chiffre d'affaires. Ils recourent aux mêmes expédients : la fabrication artificielle ou l'altération de la monnaie qui ont la vie chère pour conséquence. On vit sous Philippe le Bel ce que nous avons vu, jusqu'à une loi sur les loyers. Les Français d'alors supportaient fort mal ces inconvénients. Il y eut à Paris des émeutes où le « roi faux-monnayeur » fut en grand danger. Comment expliquer aux gens que la quantité de métal précieux retirée des écus représentait le prix qu'avait coûté la formation de la France ? La livre, qui était une livre d'or sous Charlemagne, n'est plus de nos jours qu'un morceau de papier. La différence représente ce que nous avons dépensé pour devenir et rester Français.

Philippe le Bel, pour trouver de l'argent, s'adressa à ceux qui en avaient et que l'opinion publique l'engageait à frapper. Il mit de lourdes taxes sur les marchands étrangers et sur les Juifs qui faisaient le commerce de la banque. Est-ce aussi pour se procurer des ressources qu'il détruisit l'ordre du Temple ? Oui et non. Le procès des Templiers se rattache au conflit avec Boniface VIII. L'Ordre n'était pas seulement riche. Il était puissant. C'était déjà un État dans l'État. Et il était international. En prenant parti pour Boniface VIII, il avait menacé l'unité du royaume. Le procès des Templiers, qui eut un si grand retentissement, fut avant tout un procès politique. Philippe le Bel ne fut si acharné à brûler comme hérétiques de nombreux chevaliers et leur grand maître, Jacques de Molay, que pour donner à cette opération de politique intérieure un prétexte de religion et de moralité.

Ce que nous trouvons sous ce règne, nous le retrouverons à toutes les époques où le péril extérieur, la nécessité de défendre le pays et d'accomplir une grande tâche nationale ont conduit le gouvernement français à des mesures d'exception et à ne reconnaître pour loi que celle du salut public. Est-ce par hasard qu'on trouve *Salus populi* sur des monnaies de ce temps? Il ne faut pas oublier que Philippe le Bel réunit à la France la Champagne, la Marche et Angoulême, Lyon et le Vivarais, qu'il maria son second fils, Philippe le Long, à l'héritière de Bourgogne, et qu'il garda, de la dure entreprise de Flandre, Lille, Douai et Orchies. C'était, au milieu des pires difficultés, un des plus grands efforts d'expansion que la France eût accomplis depuis le premier Capétien. Que les intérêts particuliers en aient souffert, ce n'est pas ce qui doit nous surprendre. Pourquoi l'histoire malveillante n'a-t-elle retenu que leurs plaintes ? Les progrès territoriaux, l'autorité croissante de la France exaltaient au contraire les esprits désintéressés. C'est alors que Pierre Dubois composa son fameux mémoire sur la politique française et le rôle européen de la monarchie et lui montra la route du Rhin.

Nous l'avons déjà remarqué et nous le remarquerons encore : les hommes de ce temps-là étaient plus difficiles à gouverner que ceux du nôtre. De nos jours, l'uniformité de l'administration a rendu la tâche du pouvoir relativement aisée. Au Moyen Âge, les individus pouvaient encore braver l'État et les ligues de mécontents le tenir en échec. Il se forma de ces ligues à la fin du règne de Philippe le Bel et il y entrait des nobles, des clercs, aussi bien que des bourgeois. Lorsque Philippe IV mourut, en 1314 (il n'avait que quarante-six ans), le royaume était étrangement troublé. L'indiscipline était générale.

Louis X fut surnommé Hutin, non qu'il fût querelleur ou batailleur comme on l'a cru, mais parce que son avènement survint dans ce temps de tumulte (hutin) et de désordre. L'histoire ne s'arrête pas à ce règne. Elle a tort. Une clef des grands événements qui vont suivre est là. Le contribuable est révolté. Il refuse son argent. Il faut veiller à la dépense : on fera des économies sur la marine, dispendieuse de tout temps et soignée par Philippe le Bel comme la condition de notre réussite. Les ligues assiègent le jeune roi de réclamations insolentes. Toute l'œuvre politique et administrative des règnes précédents est en péril. Pour la sauver, Louis X doit calmer les mécontents, plier la voile devant la tempête. Il recourt même à la démagogie et sacrifie l'homme qui incarne le dernier gouvernement, ce Le Portier, bras droit de Philippe le Bel, qui est resté célèbre sous le nom d'Enguerrand de Marigny et qui était l'objet d'une impopularité formidable parce qu'il n'avait pas résisté à la tentation de s'enrichir, peuple, bourgeois, barons, princes du sang même, chacun regarda comme une vengeance personnelle la pendaison de ce ministre roturier. « Mais, en mourant, dit très bien Michelet, il laisse à la royauté qui le frappe ses instruments de puissance, au peuple qui le maudit des institutions d'ordre et de paix. » Plus tard, ce serviteur du pays sera réhabilité. Sa mise à mort avait été une diversion. Elle a peut-être empêché que de plus graves dommages fussent causés à l'œuvre du roi dont il avait été le collaborateur.

Le pauvre Louis Hutin, voué à d'ingrates besognes, n'a guère laissé que ce nom bizarre et une célèbre ordonnance pour l'affranchissement des serfs de son domaine. Les deux ans de son règne ne sont pas à négliger, bien que sa mort, tôt venue, ait compté plus que sa vie. Pour la première fois depuis trois cents ans, un Capétien disparaissait sans laisser de fils. À qui la couronne irait-elle ? Il n'y avait pas de lois constitutives du royaume. Née de l'élection, d'une sorte de consulat à vie devenu héréditaire, la monarchie n'avait pas de statut. L'usage, le bon sens suppléaient. Il eût été absurde qu'une femme pût porter la France en dot à un étranger. Déjà il était de règle que tout apanage retournât à la couronne à défaut d'héritier mâle, et la royauté, par cette exception, échappait aux règles féodales. C'est pourquoi la couronne passa sans encombre, non à la fille que laissait Louis Hutin, mais à son frère, le deuxième fils de Philippe le Bel, Philippe le Long. Il ne vint d'opposition que de quelques grands féodaux et des princes de Valois qui ne devaient pas tarder à profiter de cette règle, comme héritiers de France, et à la trouver fort raisonnable. Cette opposition fut promptement écartée par l'assemblée des notables qui fut convoquée à Paris. Chose curieuse : on éprouva le besoin de donner une base juridique à la succession de mâle en mâle dont tout le monde reconnaissait l'utilité, et l'on alla chercher, pour justifier une loi naturelle, je ne sais quelle loi des Francs Saliens, d'où le nom baroque de loi salique. La France était décidément un pays de juristes et de grammairiens.

Quelle qu'en fût la base, une règle était posée et elle serait salutaire. Nous savons ce qu'a donné la succession dans la ligne rnasculine. Nous ne savons pas ce qui fût advenu de la France si, comme en d'autres pays, la couronne avait pu être portée dans la ligne féminine. Cette fois l'hérédité était bien établie. Ce qui est remarquable encore c'est que personne ne pensa à rappeler les origines électives de la royauté. La raison décisive en faveur de Philippe le Long eût été qu'en 987 on n'aurait jamais songé à élire une femme. On n'en parla même pas, tant le principe héréditaire était enraciné.

Philippe V ne régna guère plus que son frère aîné. Comme lui, il voulut en finir avec le « butin ». Si peu que la succession de son frère lui eût été contestée, Philippe se méfiait. Il voulut de l'ordre partout, brisa les ligues en s'appuyant sur les bonnes villes et sur l'Université de Paris, courut sus à un nouveau soulèvement de Pastoureaux. Lui aussi mourut jeune et sans laisser de fils, en 1322. Cette fois, la couronne passa sans plus de difficulté à son frère Charles, surnommé le Bel, comme son père, et qui eut soin, étant le premier Capétien qui s'appelât Charles, de prendre le numéro quatre pour se rattacher à la lignée de Charlemagne, de même que le premier Louis avait pris le numéro six pour attester la même filiation.

Charles le Bel, comme ses frères, fut occupé à la police du royaume et il eut la main rude. On pendit quelques financiers : le peuple, après chaque règne, réclamait ces holocaustes. Quelques brigands féodaux furent aussi condamnés à mort. Ces choses se passaient tandis que l'Angleterre et l'Allemagne étaient en révolution. En Angleterre, le roi Édouard II, déposé, était tué dans sa prison, car le régicide n'est pas nouveau. Charles profita de ce désordre chez les Anglais pour mettre la Guyenne sous séquestre. En Allemagne, l'empereur, un Bavarois, était contesté, excommunié. Ses adversaires sollicitèrent l'aide du roi de France et lui offrirent même leur couronne impériale. Il fallait, pour que la France fût en sécurité, ces divisions chez nos voisins. Malheureusement, elles ne dureront pas.

Charles le Bel, à son tour, mourut de bonne heure, en 1328. Comme ses frères encore, il ne laissait qu'une fille. La reine attendait un deuxième enfant. Charles désigna son cousin germain Philippe de Valois pour la régence. Mais la reine mit au monde une autre fille. Le régent, de fait, devint roi. La loi salique, la transmission de la couronne de mâle en mâle par ordre héréditaire, s'appliquait d'elle-même.

Une assemblée, semblable à celle qui avait jadis élu Hugues Capet approuva, sur l'avis conforme des juristes. L'avènement de la branche cadette se passa donc aussi bien que possible. Il n'en est pas moins vrai qu'il y avait eu discussion et, dans un temps où les Français n'étaient pas très portés à respecter le pouvoir. Sans doute il ne s'éleva qu'une réclamation, celle d'Édouard III, petit-fils de Philippe le Bel par sa mère Isabeau. La réclamation fut écartée pour diverses raisons dont la majeure fut « qu'en France on ne voulait pas être sujet du roi d'Angleterre ». Mais la revendication d'Édouard servira bientôt de prétexte au besoin d'expansion du peuple anglais. Dans ce conflit, par lequel le royaume de France sera mis tout près de sa fin, l'ennemi ne manquera pas d'attaquer les titres de Philippe VI que les Flamands appelleront le « roi trouvé » et les Anglais : l'usurpateur. Quelque chose en restera, un certain discrédit qui sera manifeste dans la quasirévolution d'Étienne Marcel. Si peu que la monarchie française soit contestée, elle l'est : Charles le Mauvais n'eût pas été possible au siècle précédent. Dans ces fâcheuses circonstances, où la fortune abandonne pour la première fois les Capétiens, il y a le germe des prochaines calamités.

JACQUES BAINVILLE

Chapitre VI

La guerre de cent ans et les révolutions de Paris

À cet endroit de notre histoire nationale, tournons la tête en arrière. En trois siècles et demi, avec des moyens d'abord infimes, les Capétiens sont arrivés à des résultats considérables. La France qu'ils ont formée a déjà grande figure. Ce n'a pas été commode tous les jours. Il s'en faut de beaucoup que nos rois aient fait tout ce qu'ils auraient voulu. Parfois ils se sont trompés n'étant pas infaillibles. Souvent aussi, ils ont rencontré la résistance du dehors, et celle, non moins redoutable, du dedans. Le sentiment de l'intérêt général n'était pas plus répandu dans ces temps-là que de nos jours et les intérêts particuliers ne s'immolaient pas plus volontiers qu'aujourd'hui.

Un concours de circonstances favorables avait permis de conjurer le péril anglais et le péril allemand. L'Allemagne et l'Angleterre avaient été divisées, diverties, rendues inoffensives par des luttes intérieures auprès desquelles les nôtres n'étaient rien. Pour longtemps encore l'Allemagne est hors de cause. Il n'en est plus de même de l'Angleterre. La folie furieuse des Plantagenets, l'agitation des barons pour obtenir la Charte, le mécontentement, si tragiquement terminé, contre Édouard II : ces circonstances avaient affaibli la royauté anglaise. Elles avaient permis aux Capétiens de refouler dans le Sud-Ouest l'État anglo-normand déchu de sa splendeur. Mais, de sa dernière crise, la monarchie anglaise sortait plus forte. On eût dit qu'elle s'était retrempée dans le régicide. L'Angleterre, avec Édouard III, a un gouvernement. En outre, elle est devenue un pays d'industrie et de commerce qui a besoin de marchés et de colonies. La France est à portée de sa main et la France est riche. Un irrésistible instinct pousse à la conquête l'Angleterre affranchie de ses dissensions.

La France est prospère : le butin de l'armée d'Édouard en témoignera. De longues années d'organisation et de paix ont permis aux Français d'accumuler des richesses. Michelet en convient : « L'État florissant où les Anglais trouvèrent le pays doit nous faire rabattre beaucoup de tout ce que les historiens ont dit de l'administration royale au quatorzième siècle. » Laborieux, économes, paysans et bourgeois de France sont toujours pareils à eux-mêmes. Ils ne se doutent pas que leur terre est enviée, que les richesses ne se gardent pas toutes seules, que l'or attire la conquête. Ils ne comprennent pas que certains sacrifices sont utiles, qu'il ne faut pas lésiner sur la prime d'assurance nationale. Dans ce pays riche, quel mécontentement contre les impôts ! C'est presque une révolution à la fin du règne de Philippe le Bel. Ses fils ont dû céder sur la question d'argent. Toutefois, Philippe de Valois trouve encore une brillante situation européenne, des alliés sur le continent, des cousins qui règnent à Naples et en Hongrie, trois rois à sa cour, dont celui de Bohême. Vraiment il semblerait que la France n'eût rien à craindre. Quand Édouard reprend la vieille méthode anglaise, essaie de liguer contre la France les princes d'Allemagne et des Pays-Bas, Philippe VI, d'un geste, disperse cette coalition. Il est si bien parti qu'il trouvera encore le moyen d'acquérir Montpellier et le Dauphiné, d'où les fils aînés des rois de France prendront le titre de dauphins. Le comte de Flandre est cette fois bon Français et ses Flamands, insoumis, sont battus à Cassel (1328). L'Angleterre n'a pas d'alliés. Si les marchands de laine anglais veulent entrer en France, il faudra qu'ils se résignent à prendre eux-mêmes le harnois.

On voit la liaison des événements depuis Philippe le Bel. Le grand conflit tourne toujours autour de la Flandre. Par la Flandre, l'Anglais cherche à nous atteindre et nous cherchons à atteindre l'Anglais. On n'éclaircit pas les causes de nos prochains désastres lorsqu'on accuse Philippe de Valois d'avoir été un féodal, un réactionnaire entêté de chevalerie. Édouard III, lui aussi, suivait les traditions, les symboles et les usages chevaleresques : on lui « présenta le héron » avant son départ pour la France et l'on sait son mot, à Crécy, sur les éperons du petit Prince Noir. C'était la part de la mode et de la littérature.

Si Philippe VI n'a eu qu'une armée féodale à opposer a l'armée anglaise, c'est qu'il n'avait pu en avoir d'autre. Édouard III, par de longs préparatifs, avait formé une armée presque moderne, munie d'artillerie, de tout le nouveau matériel du temps. Ses soldats servaient obligatoirement, portaient uniforme. La flotte de guerre, la défense des côtes, les approvisionnements : tout avait été soigné. Les marchands anglais n'avaient refusé aucun crédit.

Rien de pareil en France. De l'argent ? Le contribuable crie. Philippe VI dut essayer de s'en faire par des moyens médiocres et d'un rendement douteux, par le pape et la promesse d'une croisade. La marine de Philippe le Bel ? Elle n'a plus d'équipages exercés et elle se délabre. Le service militaire ? Les communes s'en rachètent. La noblesse, qui le doit, demande des indemnités. La France n'est pas dans de bonnes conditions...

Plusieurs années se passèrent avant l'engagement décisif. Les adversaires se tâtaient. Édouard III intervenait dans nos affaires, celle de la succession d'Artois, celle de la succession de Bretagne. Nous prêtions secours contre lui au roi d'Écosse. Enfin la Flandre, longtemps hésitante, se rangea du côté des Anglais. Édouard y trouva un homme à lui, un grand brasseur de Gand, Jacques Artevelde, qui devint le véritable maître du pays flamand. Les hostilités s'ouvrirent sur mer et la flotte française paya des années d'incurie. Elle fut détruite en 1340 à la funeste bataille de l'Écluse : la guerre de Cent Ans a commencé par ce désastre, par l'équivalent de Trafalgar. Désormais, l'Angleterre est maîtresse des routes maritimes. Elle envahira la France où et quand elle voudra.

Cependant, cette campagne de Flandre tourna court. Édouard III craignit de s'engager trop loin en pays français, et

Philippe VI, sagement, refusa la bataille. Un soulèvement populaire, où Jacques Artevelde périt, rendit la Flandre moins sûre pour les Anglais. Ils tentèrent alors une diversion par la Bretagne où Jean de Montfort revendiquait son duché contre Charles de Blois, soutenu par la France. Guerre dynastique en apparence, mais où se manifestait le particularisme breton. Le roi d'Angleterre prit le parti de Montfort : cette intervention ne le mena à rien. L'attaque par les deux ailes, Flandre et Bretagne, avait échoué. Alors il acheva ses apprêts, mit au point son armée et, la mer étant libre, débarqua dans le Cotentin.

Ce fut l'invasion d'un pays sans défense. D'un trait, l'armée anglaise traversa la Normandie, pillant les villes ouvertes. Elle remonta la Seine, menaça Paris. Philippe VI, pendant ce temps, inquiétait l'ennemi du côté de la Guyenne. Il remonta en hâte avec son armée et son approche détermina Édouard, qui se sentait bien en l'air, exposé à une aventure, à s'en aller au plus vite vers le Nord. Plusieurs fois sa retraite faillit être coupée, tant qu'il dut se résoudre à faire tête, croyant tout perdu. En somme, il redoutait l'armée française, il ne se fiait pas assez à la supériorité de ses moyens. Il avait pourtant l'avantage de la tactique et du matériel. Le calcul et l'organisation l'emportèrent sur l'imprudence d'une vaine bravoure dans la fatale journée de Crécy : notre principale force militaire y fut détruite (1346). Édouard III put assiéger et prendre Calais. Pendant deux siècles, l'Angleterre gardera cette « tête de pont ».

Édouard III ne poursuivit pas ses avantages. La guerre coûtait cher, les armées étaient peu nombreuses, ce qui rendait prudent. Une trêve, plusieurs fois renouvelée, fut signée avec la France. Elle durait encore lorsque Philippe VI mourut en 1350. La défaite de Crécy, la première grande défaite de la royauté française, avait eu un effet détestable. Elle tombait sur un mauvais terrain. Un historien a pu dire qu'à l'avènement de Jean le Bon « la trahison était partout ». L'obéissance, nulle part. Déjà, un traître, le comte d'Harcourt, avait appelé Édouard III dans le Cotentin; l'Anglais trouvait des intelligences ailleurs qu'en Bretagne. Le roi Jean n'était sûr de personne, des féodaux moins que des autres. Il essaya de s'attacher la noblesse par le sentiment de l'honneur, exploita la mode, créa un ordre de chevalerie : ce qu'on prend pour des fantaisies moyenâgeuses avait un sens politique. Ce Jean, qu'on représente comme un étourdi, un agité romanesque et glorieux, se rendait compte de la situation. Son autorité était compromise. Il n'hésita pas à faire décapiter sans jugement un connétable le comte d'Eu, qui avait vendu aux Anglais la place de Guines. Mais il allait trouver un traître dans sa propre famille. Charles le Mauvais, roi de Navarre, petit-fils de Louis Hutin, s'estimait injustement évincé du trône de France. Lui et les siens agitaient le pays par leurs intrigues et leurs rancunes. Jean chercha vainement à le gagner par des procédés généreux. Charles le Mauvais était puissant. Il avait des fiefs et des domaines un peu partout en France, des partisans, une clientèle. Le parti de Navarre ne craignit pas d'assassiner le nouveau connétable par vengeance : ce fut le début des crimes politiques et de la guerre civile. Jean résolut de sévir, de séquestrer les domaines du roi de Navarre, qui passa ouvertement à l'Angleterre. Ce fut le signal de la reprise des hostilités avec les Anglais (1355).

La lutte s'annonce mal pour la France. Le roi doit compter avec Charles le Mauvais, perfide, presque insaisissable, sur lequel par un beau coup d'audace, il ne met un jour la main que pour voir une partie du royaume s'insurger en sa faveur. Jean procède à des exécutions sommaires, fait reculer les rebelles, mais n'ose, à tort, verser le sang de sa famille, et se contente d'emprisonner le roi de Navarre qui lui demande pardon à genoux : nous verrons bientôt reparaître le Mauvais, pire dans son orgueil humilié. Cependant les troupes anglaisse sont mises en mouvement. Elles envahissent et ravagent la France, cette fois celle du Midi, et avancent par le Sud-Ouest. C'était le moment de la nouvelle rencontre, inévitable depuis Crécy. Édouard III s'y était préparé. L'argent lui manquait : l'Angleterre industrielle et commerçante en emprunta, sur le monopole des laines, aux banquiers florentins. À la France, surtout agricole, cette ressource faisait défaut. L'impôt seul pouvait remplir le trésor et moins que jamais les Français étaient d'humeur à payer des impôts tandis qu'ils se plaignaient des expédients financiers auxquels la couronne était réduite. Jean dut s'adresser aux états provinciaux pour obtenir des subsides et, en 1355, convoqua des états généraux. Là parut Étienne Marcel, prévôt des marchands de Paris. Avertie par le chancelier des dangers que courait la France, l'assemblée consentit à voter des taxes, mais à la condition de les percevoir par des agents à elle et d'en contrôler l'emploi. Elle ajouta de sévères remontrances au gouvernement sur la gestion des finances publiques. Que les impôts soient votés et perçus par les représentants de ceux qui les paient, le principe était bon. La monarchie l'acceptait. Elle avait elle-même tant de difficultés à trouver de l'argent ! Elle eût volontiers laissé la tâche à d'autres. Mais les états tombaient mal. Ils ne furent pas plus heureux que le roi. Une partie de la France était en rébellion. La Normandie, l'Artois, la Picardie n'avaient pas voulu « députer » aux états généraux et refusèrent d'acquitter les taxes. L'Assemblée de 1355 avait esquissé un gouvernement représentatif : il ne fut pas mieux obéi que l'autre et l'anarchie en fut aggravée. Les états, devant le refus des contribuables, remplacèrent les taxes sur le sel et sur les ventes par un prélèvement sur le revenu qui fut accueilli de la même manière. Cependant l'ennemi ravageait notre territoire. « La résistance aux impôts votés par les états, dit Michelet, livrait le royaume à l'Anglais. »

Jean le Bon dut se porter à la recontre de l'envahisseur avec des troupes qui n'étaient ni mieux armées ni mieux instruites que celles de Crécy. Ces dix ans avaient été perdus dans le mécontentement et les dissensions. La France n'avait fait aucun progrès militaire. Sa seule armée, l'armée chevaleresque et féodale, se battit selon des principes qui ne valaient plus rien et recommença les fautes de Crécy. Cette fois le désastre fut complet. À Poitiers, le roi Jean, qui s'était battu en personne, la hache à la main, fut pris et emmené à Londres par les Anglais (1356).

La véritable couleur de ces événements a été gâtée par un conteur exquis et niais. Froissart ne s'arrête qu'aux coups d'estoc et de taille dont se « renlumine » son récit. La réalité ne fut pas si romanesque. Dans un pays où le désordre croissait depuis cinquante ans, la disparition du roi créa une situation révolutionnaire. Le dauphin Charles, nommé lieutenant du royaume, restait seul à Paris. Il devait, plus tard, être un de nos meilleurs souverains. C'était alors un très jeune homme, froid, d'aspect timide et chétif, précocement calculateur. Il n'eut pas d'autorité dans Paris, déjà grande ville tumultueuse. On vit alors tous les phénomènes de la « débâcle ». À la nouvelle de la catastrophe de Poitiers, on chercha les responsables. On accusa les nobles, c'est-à-dire les militaires. On cria à la trahison. Le dauphin ayant convoqué les états généraux, l'assemblée commença, comme toutes les assemblées en pareil cas, par nommer une commission d'enquête qui exigea l'institution d'un conseil de surveillance auprès du dauphin et des fonctionnaires publics, ainsi qu'un comité de l'armée chargé « d'ordonner pour le fait des guerres ». C'était une tentative de gouvernement parlementaire et, tout de suite, la politique apparut. Il y eut un parti navarrais aux états. Une des requêtes présentées par la commission tendait à mettre en liberté le roi de Navarre, illégalement détenu.

Les choses, ayant pris ce tour, devaient vite empirer. Aux requêtes des états, le dauphin avait répondu d'une façon dilatoire et demandé d'en référer à son père. Cependant la confusion s'aggravait dans le pays. Les Anglais et les Navarrais dévastaient les campagnes. Des bandes armées, les grandes compagnies, se livraient au brigandage. Paris, qui s'entourait en hâte de murs, s'emplissait de réfugiés, qui répandaient l'alarme et la fièvre. Plusieurs émeutes avertirent le dauphin qu'il eût à céder aux états généraux. Comme il disait plus tard : « Dissimuler contre la fureur des gens pervers, quand c'est besoin, est grand sens. » Il venait de rendre une ordonnance qui donnait satisfaction aux députés sur plusieurs points, sauf sur celui du roi de Navarre, lorsque le roi Jean fit savoir de Londres qu'une trêve étant signée avec l'Angleterre, il n'y avait plus lieu de voter les impôts proposés par les états ni, par conséquent, de tenir la session de Pâques. L'agitation de Paris s'accrut et, dès lors, Étienne Marcel se comporta en véritable chef révolutionnaire. Il fallait au mouvement l'appui d'un parti et d'un nom. Un coup de main délivra Charles le Mauvais qui, par la complicité du prévôt des marchands, vint à Paris et harangua le peuple. Cependant Étienne Marcel faisait prendre à ses partisans des cocardes rouges et bleues. Son plan était d'humilier le dauphin, de détruire son prestige et ce qui lui restait d'autorité. Un jour, s'étant rendu au Louvre avec une troupe en armes et suivi d'une grande foule, il adressa au dauphin de violentes remontrances. Puis, sur un signe du prévôt, les deux maréchaux, conseillers du jeune prince, qui se tenaient auprès de lui, furent assassinés sous ses yeux. Le dauphin lui-même, couvert de leur sang, fut coiffé par Étienne Marcel du chaperon rouge et bleu comme Louis XVI le sera un jour du bonnet rouge.

Ces scènes révolutionnaires, qui ont eu, quatre cents ans plus tard, de si frappantes répétitions, ne s'accordent guère avec l'image qu'on se fait communément de l'homme du Moyen Âge, pieusement soumis à ses rois. On sait mal comment le dauphin, captif d'Étienne Marcel, après la sanglante journée du Louvre, réussit à s'échapper de Paris. Ayant atteint l'âge de dix-huit ans, il prit le titre de régent et, réfugié en Champagne, il obtint l'appui des états de cette province. Ce fut le point de départ de la résistance. Beaucoup de députés aux états généraux, effrayés, avaient fui Paris. Ils tinrent à Compiègne une assemblée qui se prononça pour le régent, et lui accorda les ressources nécessaires pour lever des troupes moyennant la promesse de réformes. Aussitôt le dauphin commença l'investissement de Paris, Étienne Marcel ayant refusé de se soumettre.

C'était la guerre civile, la dispute pour le pouvoir. Elle éveilla des instincts éternels et « l'anarchie spontanée » éclata. Dans toute la région qui entoure la capitale, dans le pays de Laon, d'Amiens, de Beauvais, de Soissons, où le mouvement communal avait déjà revêtu, jadis, les formes les plus violentes, ce fut une terrible Jacquerie. Étienne Marcel accueillit avec joie, s'il ne l'avait provoquée, cette révolte paysanne et s'entendit avec ses chefs. Mais les Jacques, auxquels il prêtait la main, furent battus, presque par hasard, à Meaux. Charles le Mauvais lui-même, pour ne pas s'aliéner les nobles qui étaient dans son parti, s'associa à la répression et il y eut grand massacre des révoltés. Avec la Jacquerie, Étienne Marcel perdait un grand espoir. Il ne comptait plus que sur Charles le Mauvais auquel il donna le titre de capitaine général de Paris, mais qui, devenu prudent, négociait déjà avec le dauphin. En somme, l'effroi qu'avait répandu la Jacquerie rétablissait les affaires de la royauté. Paris, serré de près, manquait de vivres et commençait à murmurer. Ou murmura plus encore lorsque le prévôt des marchands eut appelé des Anglais dans la ville. Le parti royaliste, terrorisé par des massacres après la fuite du régent, releva la tête. Bientôt Étienne Marcel fut tué au moment, où, selon la légende, il plaçait lui-même les gardes qui devaient ouvrir les portes de la ville au roi de Navarre : la dernière ressource du chef révolutionnaire paraît en tout cas avoir été d'offrir la couronne à Charles le Mauvais. Étienne Marcel finit comme un traître.

Jean Maillart et les bourgeois parisiens qui avaient mené cette contre-révolution arrêtèrent les amis du prévôt et envoyèrent les députés au régent qui reprit possession de la ville. On était en juillet 1358 : les troubles duraient depuis près de deux ans. Les traces en resteront longtemps dans les esprits. Lorsque le dauphin entra dans Paris, un bourgeois, selon le récit de Christine de Pisan, s'approcha et lui adressa des menaces. Le jeune prince empêcha qu'on lui fît du mal et se contenta de lui répondre d'un mot à, la Henri IV : « On ne vous en croira pas, beau sire. » Le futur roi Charles, qui allait devenir Charles le Sage, vivra sous l'impression de ces événements révolutionnaires comme Louis XIV vivra sous l'impression de la Fronde. La royauté était rétablie dans sa capitale, mais la guerre civile n'avait pas arrangé les affaires de la France. L'état de guerre durait. Les campagnes, à la merci des Anglais, foulées aux pieds, se défendaient comme elles pouvaient : l'histoire du grand Ferré si connue, illustre la résistance du peuple à l'envahisseur, laisse pressentir Jeanne d'Arc. Les « compagnies », les brigands, les bandes navarraises ajoutaient aux calamités. Il fallait au royaume la paix d'abord. Celle qu'offrit Édouard III était telle (le vieil État anglo-normand en eût été reconstitué), que les états généraux autorisèrent le régent à la repousser. Alors Édouard III se prépara de nouveau à envahir la France et cette menace eut un effet salutaire : Charles le Mauvais lui-même eut honte de ne pas paraître bon Français et conclut un accord provisoire avec le régent, tandis que les milices pourchassaient les grandes compagnies. Édouard III, débarqué à Calais avec une puissante armée, se heurta partout à des populations hostiles, à des villes qui s'enfermaient dans leurs murs. Il parut devant Paris et les Français se gardèrent de lui offrir la bataille. Las de battre un pays désert, Édouard III, craignant un désastre, rabattit de ses exigences. On signa en 1360 le traité de Brétigny qui nous laissait la Normandie mais nous enlevait tout le Sud-Ouest jusqu'à la Loire. Le tribut de guerre, dit rançon du roi Jean, fut fixé à trois millions d'écus d'or payables en six annuités. Invasion, démembrement du territoire, indemnité écrasante : tel fut le prix du « butin » qui avait commencé aux dernières années de Philippe le Bel pour s'épanouir dans les révolutions de Paris.

La nation française avait payé cher cinquante ans d'insubordination et de désordre. Comment se relèverait-elle ? Par les moyens contraires. Le roi Jean, délivré, vécut encore quatre ans qu'il passa à nettoyer le pays des brigands qui l'infestaient. Quand son fils Charles lui succéda (1364), il s'en fallait de beaucoup que cet ouvrage fût fini. Un grand règne de réparation et de restauration commençait. Charles V, qui fut surnommé le Sage, c'est-à-dire le savant, celui qui sait, n'est pas un personnage de Froissart. Il est dépourvu de panache. Il vit comme vivra Louis XI, renfermé. Il calcule, médite, thésaurise, il suit un plan, c'est un constructeur, l'homme dont la France a besoin. Il pansera ses plaies, il la remettra à son rang en moins de vingt années.

Son idée elle n'est pas difficile à saisir. La France ne peut pas se résigner au traité de Brétigny ou bien elle renonce à vivre. Il faut que l'Anglais sorte du royaume ou bien il finira par en devenir le maître. Pour le chasser, deux conditions nécessaires : une armée d'abord, une marine ensuite. D'armée, Charles V n'en a pas. Il est si loin d'en avoir une que son célèbre et fidèle connétable, Du Guesclin, n'a été d'abord que le capitaine d'une de ces bandes qui guerroient un peu partout. Le roi s'attache Du Guesclin, rallie par lui quelques-unes des grandes compagnies, en forme peu à peu des troupes régulières. Les Navarrais, toujours poussés en avant par l'Angleterre, sont battus à Cocherel : petite victoire, grandes conséquences. Le roi de Navarre comprend qu'il n'a plus rien à espérer, que l'ordre revient que le temps des troubles est fini. Charles le Sage transige avec Charles le Mauvais, en attendant mieux. Il transige partout, selon sa maxime qu'il faut savoir céder aux gens pervers. Il transige même avec les aventuriers irréductibles des grandes compagnies. Du Guesclin, par un trait de génie, conduit les réfractaires en Espagne, à la solde d'Henri de Transtamare, pour combattre Pierre le Cruel soutenu par les Anglais. Après des péripéties nombreuses Henri de Transtamare l'emportera et sera un utile allié de la France.

Pour libérer le territoire, il n'y avait qu'un moyen et Charles V, sage et savant homme de la réflexion et des livres, le comprit. C'était que l'Anglais ne fût plus maître de la mer. Dès que les communications entre l'île et le continent cesseraient d'être assurées, les armées anglaises, dans un pays hostile et qui supportait mal leur domination, seraient perdues. Créer une marine : œuvre de longue haleine, qui veut de la suite, de l'argent, et il a toujours été difficile d'intéresser le Français terrien aux choses de la mer. Charles V prépara de loin notre renaissance maritime et comptait, en attendant, sur la flotte de ses alliés d'Espagne. Encore le succès supposait-il que l'Angleterre négligerait la sienne. On ne s'expliquerait pas la rapidité de la revanche prochaine si l'Angleterre, à son tour, n'avait fléchi. Sur la fin du règne d'Édouard III, elle s'est fatiguée de son effort. Son régime parlementaire, déjà né avec la Charte des barons, s'est développé. La Chambre des Communes est séparée de la Chambre des Lords, elle a des sessions régulières, comme en voulaient nos états généraux, et les Communes, de moins en moins volontiers, votaient des taxes pour la guerre. Au chancelier qui leur demandait si elles voulaient la paix perpétuelle, les Communes répondaient : « Oui, certes. » L'Angleterre se relâchait de sa vieille ténacité.

Alors, ayant noué des alliances de terre et de mer, Charles V écouta l'appel des populations cédées et dénonça le traité de Brétigny. La campagne, menée par Du Guesclin, consistait à user l'ennemi, usure qui devint plus rapide quand la flotte anglaise eut été battue et détruite par les Espagnols devant La Rochelle. Les conditions de la lutte changeaient. Des corsaires français ou à la solde de la France inquiétaient les convois et parfois les ports de l'ennemi. Édouard III, alarmé, voulut frapper un coup, mais il lui fallut un an pour envoyer en France une nouvelle armée. La consigne fut de lui refuser partout le combat, de ne pas retomber dans les fautes de Crécy et de Poitiers. Cette armée anglaise allait à l'aventure, cherchant un adversaire qui se dérobait. Elle alla finir, exténuée, presque ridicule, à Bordeaux, tandis que château par château, ville après ville, les provinces du Sud-Ouest étaient délivrées. Charles V eut d'ailleurs soin d'entretenir leur patriotisme par l'octroi de nombreux privilèges. Il usa en particulier de l'anoblissement, l'étendit et le facilita, car il va sans dire que la noblesse n'a jamais pu se recruter que dans la roture, comme le militaire se recrute dans le civil.

Édouard III, découragé, finit par accepter des pourparlers de paix. Charles V voulait l'évacuation complète du territoire, sans oublier Calais. L'Angleterre refusa et la guerre reprit. Le roi de France avait profité de cette trêve pour réaliser son grand projet : la création d'une marine. On chercherait en vain ailleurs que dans nos ouvrages spéciaux des renseignements sur cette partie essentielle de l'œuvre de Charles le Sage. « Pour avoir de l'argent, il usa de tous les moyens, menaça, flatta les états généraux, conduisit lui-même les députés visiter les navires et établissements pour les intéresser au développement de sa marine; il eut les fonds qu'il voulut et les employa avec une stricte économie, un sens précis de l'objectif à atteindre » dit M. Tramond dans son *Manuel d'histoire maritime de la France*. Peu de lignes éclairent mieux sur le caractère éternel de l'art de gouverner. Charles le Sage, pour donner aux Français le gens de la mer, n'a pas procédé autrement qu'on ne ferait de nos jours.

Si Charles V avait vécu dix ans de plus, il est probable que Jeanne d'Arc eût été inutile : il n'y aurait plus eu d'Anglais en France. À la fin de son règne, les rôles étaient renversés. Nos escadres, commandées par l'amiral Jean de Vienne, émule sur mer de Du Guesclin, ravageaient librement les côtes anglaises. Nos alliés espagnols entraient jusque dans la Tamise. En France, les Anglais ne possédaient plus que Bayonne, Bordeaux et Calais. Leur expulsion complète n'était plus qu'une question de temps, car leurs affaires intérieures allaient mal. Édouard III et le Prince Noir étaient morts. Richard II avait treize ans et sa minorité devait être tumultueuse : déjà Wiclef avait annoncé la Réforme, le commerce souffrait et une Jacquerie, plus terrible que celle qu'on avait vue chez nous, allait venir. Mais il semblait que la fortune fût lasse d'être fidèle à la France, comme elle l'avait été pendant trois cents ans. Par la mort de Charles le Sage (1380), nous allions retomber dans les faiblesses d'une minorité suivie d'une catastrophe, épargnée jusque-là à la monarchie capétienne : à peine majeur, le roi deviendrait fou.

Avant de raconter ces événements et pour en faciliter l'intelligence, il faut préciser quelques points de la politique de Charles V. Il avait pris le royaume dans un état révolutionnaire. Il y avait rétabli l'autorité royale à force d'habileté. Pendant quelques années, les états généraux avaient été à peu près les maîtres. Charles V les écarta doucement, tout en gardant pour la monarchie l'organisation financière qu'ils avaient mis sur pied. Pour dire brièvement les choses, les états généraux avaient voulu donner un caractère régulier à l'impôt voté par eux. Les « aides » perdaient ainsi leur caractère de droit féodal réclamé par le roi comme seigneur dans son domaine et comme suzerain dans le reste du royaume. Les aides, grâce aux réformes demandées par les assemblées, tendaient à devenir des taxes d'État. Charles V garda la réforme, la rendit permanente, espaça puis écarta les états généraux qui auraient pu défaire ce qu'ils avaient fait. Il fallait, pour réussir un pareil escamotage, sa patience, sa subtilité, et aussi le prestige d'une gestion économe : les millions du Trésor qu'il laissa en mourant valaient tous les contrôles aux yeux de la bourgeoisie française. Ce progrès de l'administration était à la base de notre revanche sur les Anglais. Il était fragile. Une mauvaise politique l'aura vite compromis, et les circonstances allaient se conjurer pour nous rejeter dans le désordre.

Les hommes les plus habiles ne peuvent pas tout calculer. Un des grands enseignements de l'histoire, c'est que des mesures bonnes, judicieuses a un moment donné et que les gouvernements ont été félicités d'avoir prises, produisent parfois des circonstances aussi funestes qu'imprévues.

La monarchie restait fidèle à la coutume des apanages, En somme, cette coutume semblait offrir plus d'avantages que d'inconvénients. Elle assurait la concorde et l'harmonie entre les fils de France. Les domaines momentanément détachés de la couronne y revenaient régulièrement. Aussi Jean le Bon, ayant acquis la Bourgogne par héritage, l'avait-il donnée en apanage à son fils Philippe. Charles V, tout à son grand dessein contre les Anglais, imagina d'y faire servir son frère le duc de Bourgogne et d'arracher définitivement la Flandre à l'influence anglaise en la rapprochant de la France par l'intermédiaire bourguignon. Dans cette idée, le duc Philippe avait épousé l'héritière du comté de Flandre et, pour faciliter ce mariage, Charles V avait consenti à rendre aux Flamands les conquêtes de Philippe le Bel : Lille, Douai et Orchies. Il comptait bien que cette Flandre française, suivie de l'autre, retournerait un jour au royaume et en attendant le duché de Flandre Bourgogne, envelopperait Calais, pousserait notre influence vers l'Allemagne et les Pays-Bas. Ce plan semblait irréprochable. Pourtant il advint dans la suite le contraire de ce qu'avait calculé la sagesse de Charles V. Loin d'assimiler la Flandre, la Bourgogne fut aspirée par elle. Cette Flandre, elle était plus que réfractaire : elle conquérait qui croyait l'avoir conquise. Ainsi la maison de Bourgogne, par ses possessions flamandes, s'écartera de plus en plus de la France. Elle en deviendra une des pires ennemies avec Jean sans Peur et le Téméraire.

Dans ce triste quatorzième siècle, plein de fureurs et de folies, le règne de Charles V est une oasis de raison. Partout ailleurs, démences et révoltes. Charles VI, Richard II et leurs oncles sont bien de la même époque, comme en sont Artevelde, Étienne Marcel et Bienzi. De respect pour l'autorité, il n'y en a guère. L'Angleterre donne l'exemple des détrônements et du régicide, des sujets de tragédie pour Shakespeare. De tous les pouvoirs, le plus haut, le pouvoir spirituel, celui de la papauté, n'existe pour ainsi dire plus. Il y a un schisme dans l'Église, deux papes en guerre, l'un à Rome, l'autre à Avignon. On dispute quel est le vrai. Ni l'un ni l'autre n'est vénéré.

À la mort de Charles V, la France était bien près de retomber dans les agitations. Il y avait de fâcheux symptômes en Bretagne, en Flandre. C'est dans ces conditions que les périls d'une minorité allaient encore être courus.

À peine le sage roi eut-il disparu que les oncles de Charles VI se querellèrent pour la régence. Mauvais début. Dangereux spectacle. Il fallut l'arbitrage d'une assemblée de dignitaires et de membres du Parlement qui donnèrent la tutelle aux quatre ducs, ceux d'Anjou, de Berry, de Bourgogne et de Bourbon. Combinaison détestable : dans cette république de princes, le duc d'Anjou ne songeait qu'à son héritage de Naples, le duc de Bourgogne à son héritage de Flandre. Le pouvoir redevenait faible, et, de plus, il était divisé. Les illustres collaborateurs, les bons conseillers de Charles V étaient morts, comme Du Guesclin, ou disgraciés par les ducs. Il n'en fallut pas davantage pour réveiller l'esprit révolutionnaire qui s'était déjà manifesté avec Étienne Marcel.

Dès que les régents voulurent lever des impôts, des émeutes éclatèrent à Paris. Le Conseil, avide de popularité, céda tout de suite. Aussitôt, les villes de province, encouragées, opposèrent la même résistance. Le Conseil en appela aux états pour voter les aides : tout le système de Charles V était détruit sans que l'appel aux états eût donné de meilleurs effets que pendant la captivité du roi Jean. On sentit que le gouvernement était sans force. Il fut bravé un peu partout. Rouen, Amiens, le

Languedoc se soulevèrent. Tandis que le duc d'Anjou châtiait Rouen, Paris s'insurgeait de nouveau, et plus violemment. Le peuple pillait l'Arsenal, s'armait, enlevait vingt mille maillets de fer : ce fut la sédition des Maillotins. Il fallut revenir sur Paris où les bourgeois, effrayés par les excès des mutins, négocièrent un accord avec les régents. Cependant les troubles persistaient en France. À tort ou à raison, le duc de Bourgogne déclara que le foyer de la révolution était chez les Gantois insurgés contre leur comte, son beau-père. Une expédition fut conduite en Flandre et le jeune roi y prit part. Charles V avait laissé une armée solide :elle travailla pour l'héritage du duc de Bourgogne. Les Flamands furent écrasés à Rosebecque. Cependant il fallut revenir au plus vite pour réprimer à Paris une nouvelle révolte des Maillotins. Cette fois les troupes royales entrèrent « les glaives au poing ». La répression fut sévère et, pendant trois semaines, les cours martiales prononcèrent des exécutions (1382).

L'œuvre de Charles V sombrait dans ces désordres. Par bonheur, l'Angleterre, au même moment, sous un roi pareillement trop jeune, l'étourdi Richard II, n'était pas moins troublée : le duc de Bourgogne, qui avait de l'esprit politique, quoiqu'il l'appliquât surtout à ses propres affaires, ne se trompait peut-être pas quand il disait que les révolutions se tenaient et se répandaient d'un pays à l'autre. Tandis qu'apparaissaient ces symptômes inquiétants, Charles VI atteignit sa majorité. Ses intentions étaient bonnes. Il rappela les conseillers de son père, qu'on appelait par dérision les marmousets. Jean de Vienne, Clisson vivaient encore. Avec eux il entreprit d'achever la libération du territoire. Mais le jeune roi n'avait pas la prudence de Charles V : il voulut en finir d'un coup avec l'Angleterre, l'envahir, recommencer Guillaume le Conquérant. Depuis sept ans, la flotte, faute d'argent et de gouvernement, avait été négligée. L'expédition, par le mauvais vouloir des ducs, ne fut pas prête à temps. Elle ne partit jamais. Mis sur leurs gardes, les Anglais, qui ne pouvaient guère mieux que cette diversion, excitèrent la Bretagne. C'est en allant châtier le parti anglais de Montfort que Charles VI fut frappé de folie dans la forêt du Mans (1392).

Le roi fou : étrange et funeste complication. Ailleurs, le malheureux eût été déposé. La France le garda avec une curieuse sorte de tendresse, par respect de la légalité et de la légitimité, chez certains avec l'idée secrète que cette ombre de roi serait commode et laisserait bien des licences. Les oncles se hâtèrent de revenir. La France, en effet, va être libre, libre de se déchirer dans les guerres civiles.

Toute guerre civile est une guerre d'idées où se mêlent des intérêts. Dans le drame qui commence, il y a la querelle du schisme, l'intervention, auprès des deux papes, de l'Université de Paris, la grande puissance intellectuelle de la France d'alors, la grande remueuse des esprits, forte de son ancienneté, de son éclat et de ses privilèges, mi-cléricale et mi-laïque, presque internationale par la foule des étudiants étrangers qu'elle attirait. La papauté était divisée, l'Université prit le rôle d'arbitre du conflit, et, pour forcer les deux papes rivaux à céder, décida de sa propre autorité qu'il ne convenait plus d'obéir ni à l'un ni à l'autre. Cependant la monarchie française continuait à soutenir le pape d'Avignon. Cette politique était celle du duc d'Orléans, fière du roi fou, et nouveau venu dans le conseil de régence où les autres ducs avaient dû l'accueillir à regret. Que Louis d'Orléans, dans ce conseil de princes, ait représenté l'intérêt de la France et la tradition nationale, il n'en faut pas douter. « On ne peut nier, dit Michelet, que le parti d'Orléans ne fût le seul qui agît pour la France et contre l'Anglais, qui sentît qu'on devait profiter de l'agitation de ce pays, qui tentât des expéditions. » Louis d'Orléans eut contre lui l'Université, à cause de l'affaire du pape ; les contribuables, parce que, pour continuer Charles le Sage, il fallait lever des impôts, enfin le duc de Bourgogne, parce que ce prince, par ses possessions de Flandre et des Pays-Bas, se trouvait engagé dans un système qui n'était plus français. Ce nouveau duc, Jean sans Peur, cousin germain du roi et duc d'Orléans, n'était déjà plus des nôtres, il était nationalisé Flamand. Sous les apparences d'un Français, il y avait un étranger au conseil de régence. Il était désigné pour rallier les mécontents.

Entre Louis et Jean sans Peur, ce fut d'abord une lutte sourde. Ce que faisait Orléans, Bourgogne le défaisait. Orléans établissait des taxes : elles étaient supprimées par Bourgogne. Moyen de popularité facile. Moyen aussi de ménager l'Angleterre, comme la politique permanente des Flamands le voulait. Le roi anglais, Richard II, était devenu pour nous un ami. Il avait épousé la fille de Charles VI. Et il était trop occupé des séditions de son royaume pour reprendre la guerre en France. Ce fut une des raisons de sa chute, non la seule, car il fut imprudent et extravagant avec ses Anglais et leur Parlement, si difficiles à gouverner. Richard II subit le sort d'Édouard II, à qui l'Angleterre reprochait aussi de lui avoir donné une reine française. Richard fut détrôné par son cousin Henri de Lancastre, puis assassiné. À la place d'un brouillon inoffensif, l'Angleterre avait un roi qui serait et notre adversaire et le père d'Henri V, l'homme d'Azincourt, un ennemi encore plus cruel que ne l'avait été Édouard III. L'action discrète de Jean sans Peur favorisa Lancastre contre l'intérêt de la France.

En somme, dans le gouvernement des ducs, l'influence bourguignonne l'emportait toujours. C'était elle qui menait l'État français. Il fallait que Louis d'Orléans, pour être aussi puissant que son cousin, eût comme lui des possessions hors de France. Il acquit le Luxembourg d'où il surveillait les Pays-Bas. Le duc de Bourgogne se sentit menacé et ne songea plus qu'à supprimer son rival. Un soir de 1407, il fit tuer son cousin dans une rue de Paris.

L'assassinat du duc d'Orléans coupa la France en deux. Il cristallisa les partis et fut le signal de la guerre civile. De part et d'autre, on alla chercher des auxiliaires où l'on put en trouver, même anglais. Le parti d'Orléans amena les terribles Gascons du comte d'Armagnac. Le nom d'Armagnac lui en resta, opposé aux Bourguignons. Les ducs de Bourgogne n'avaient cessé de flatter Paris. Paris se prononça pour eux. L'Université, toujours passionnée par l'affaire du schisme, toujours opposée au pape « français », le pape d'Avignon, celui du duc d'Orléans, devint bourguignonne et justifia le crime de Jean sans Peur. Il y eut là des mois d'agitation inouïe, une agitation de parole et de plume comme dans toutes les grandes affaires qui ont divisé la France. L'Université disputeuse se grisait et, de même qu'elle voulait donner un statut à l'Église, elle voulut donner des lois à la France. Le duc de Bourgogne songeait-il à imiter Henri de Lancastre, à prendre la couronne ? Il ne semble pas. De même qu'Étienne Marcel l'avait offerte à Charles de Navarre, l'Université la lui offrait : il répondit qu'il n'était pas capable de gouverner si grand royaume que le royaume de France. Peut-être se contentait-il de favoriser chez nous le désordre : ses intérêts et son cœur étaient aux Pays-Bas.

Jean sans Peur, s'il était dilettante, put jouir du prompt embarras de l'Université, de ces docteurs, de ces disputeurs de profession, chargés tout à coup, par le triomphe de la parole, d'un mandat politique. L'Université demanda le concours du Parlement : la suprême cour de justice ne voulut pas sortir de son rôle, ces hauts magistrats ne voulurent pas se compromettre dans une aventure. L'Université ne fut pas arrêtée par ce refus. Elle était poussée par son orgueil et par son prolétariat, ses étudiants pauvres, ses moines mendiants. Ces intellectuels entreprenaient une révolution et comme il leur fallait des exécutants, ils trouvèrent pour alliée la vieille, puissante et violente corporation de la boucherie. Voilà le carme Eustache en compagnie de Caboche, les théologiens avec les écorcheurs. L'Université de Gerson la main dans la main des émeutiers. L'imprudente théologie fut vite dépassée par les cabochiens. Comme sous Étienne Marcel, Paris vit des scènes révolutionnaires (1413). La Bastille, construite par Charles le Sage pour surveiller la capitale, fut assiégée par le peuple : il y aura, le 14 juillet 1789, un vague souvenir de cet assaut lorsque l'émeute se portera contre la vieille forteresse devenue inoffensive et désarmée. Enfin les insurgés, conduits par un médecin, voulurent s'emparer de la famille royale. L'hôtel Saint-Paul fut forcé à plusieurs reprises et les « traîtres » que le peuple réclamait enlevés sous les yeux du jeune dauphin, quelques-uns massacrés. Le duc de Bourgogne assistait à ces violences qui étaient l'œuvre de ses partisans. On ne l'écouta plus quand il essaya de les modérer. C'était la Terreur. Pour l'apaiser, le duc de Berry conseilla de promulguer l'ordonnance qu'on appelle la grande ordonnance cabochienne et qui mettait bout à bout les réformes demandées ou réalisées depuis un demi-siècle. Ce n'était pas assez pour contenter les écorcheurs et les excès continuèrent. Mais l'Université et les bourgeois commençaient à trembler devant les terroristes. Dès lors la réaction ne tarda plus. Les Armagnacs en furent l'instrument et Jean sans Peur, compromis avec les cabochiens, dut s'enfuir.

Un désastre national fut encore le prix dont ces désordres se payèrent. Le nouveau roi anglais Henri IV menait, fermement l'Angleterre. Contre la Jacquerie, les lollards, le puritanisme naissant, il la gouvernait avec les propriétaires et l'Église établie. Son fils Henri V, qui lui succéda bientôt, reprit les desseins d'Édouard III, releva sa marine et débarqua une armée devant Harfleur qui fut pris après un siège d'un mois : il n'y avait plus, pour l'arrêter, de marine ni d'armée françaises. Avec Harfleur, l'Angleterre tenait notre grand arsenal maritime, l'embouchure de la Seine, la Normandie. Comme pour prouver qu'il n'avait rien à craindre, Henri V remonta lentement vers sa base de Calais, trouvant partout la complicité bourguignonne. La France fût restée inerte sans sa chevalerie. On peut déplorer la témérité, l'imprévoyance de cette noblesse qui alla, comme à Crécy et à Poitiers, se faire massacrer à Azincourt (1415). Du moins, elle fut patriote : quelques Bourguignons se mêlèrent aux rangs des Armagnacs qui eurent l'honneur de provoquer la résistance à l'envahisseur. Et surtout de quoi se plaindre ? Nous n'avions plus d'autres soldats que ces gentilshommes imprudents.

Le désastre d'Azincourt ne ranima pas la France, elle se dissolvait. Par un autre malheur, les chances de l'avenir reculèrent. En quelques mois, trois dauphins moururent. Seul resta le quatrième fils de Charles VI, un enfant. La longue incapacité du roi fou ne finirait que pour une nouvelle minorité : Henri V pouvait se proclamer roi de France. D'ailleurs les Français se battaient entre eux devant l'ennemi.

La reine elle-même, la Bavaroise Isabeau, avait passé au duc de Bourgogne, de plus en plus populaire parce que son parti était celui de la paix à tout prix avec les Anglais. Bientôt les Bourguignons ouvrirent à Jean sans Peur les portes de Paris. Ce fut une terrible revanche pour les exilés, pour les vaincus des journées cabochiennes qui revinrent avides de vengeance. Des milliers de personnes du parti armagnac avaient été arrêtées : il ne fut pas difficile de réveiller la furie des écorcheurs et de la foule. À deux reprises, des massacres eurent lieu dans les prisons. Étrange ressemblance de ces scènes avec celles de septembre 1792. Plus étrange encore le soin des historiens de ne pas la marquer, comme si la révolution du dix-huitième siècle avait été un phénomène miraculeux ou monstrueux, mais unique et gigantesque, au lieu d'être un épisode à sa place dans la suite de nos crises et de nos renaissances, de nos retours à l'ordre et de nos folies.

Jean sans Peur finit par rétablir un peu d'ordre dans Paris, mais la France était dans le chaos. La confusion des idées était extrême. Il n'y avait plus de gouvernement. Le duc de Bourgogne tenait en son pouvoir le roi fou, parlait en son nom et avait pour complice la reine Isabeau, l'indifférente et obèse Bavaroise. Le dauphin Charles s'était retiré avec ses partisans au sud de la Loire. Cependant Henri V procédait méthodiquement à la conquête de la France, prenait Rouen et s'installait en Normandie. On reprochait à Jean sans Peur de trahir. Sans doute ne voulut-il pas conclure avec l'Angleterre une paix qui ne pouvait être que honteuse et s'exposer à la protestation du dauphin : l'âme de la résistance nationale se fût réfugiée chez le futur roi. Jean chercha donc à se rapprocher du jeune prince. Deux entrevues eurent lieu. À la seconde, à Montereau, une altercation éclata. Le duc de Bourgogne fut assassiné, ainsi que lui-même jadis avait fait tuer le duc d'Orléans (1419).

Ce nouveau crime politique, commis en présence du dauphin bien que celui-ci ne l'eût pas commandé, précipita la fin du drame. Comme jadis le parti d'Orléans, le parti bourguignon cria vengeance, en appela au pays. Cette vengeance, le nouveau duc de Bourgogne, Philippe le Bon, l'exerça contre la France. Il la livra à Henri V qui épousa une fille de Charles VI et qui deviendrait roi de France à sa mort, les deux couronnes devant alors être confondues. Ainsi la France était conquise par l'Angleterre, elle perdait son gouvernement national puisque le dauphin Charles, le « soi-disant dauphin » était déchu de ses droits au trône par un document signé de Charles VI privé de ses dernières lueurs de raison. Dans ces mots « soi-disant dauphin » il y avait une imputation terrible : celle que Charles VII n'était pas le fils de son père. Tel fut le honteux traité de Troyes (20 mai 1420). Plus honteuse l'acceptation de l'Université, du Parlement, de tous les corps constitués de France. La signature de Charles étant nulle, les états généraux consentirent à donner la leur. Paris même, ce fier Paris, acclama Henri V, « moult joyeusement et honorablement reçu ». Henri V s'empressa de prendre possession de la Bastille, du Louvre et de Vincennes. De ces forteresses, un roi étranger commanderait les Parisiens. Voilà ce que les révolutions leur avaient apporté : elles sont la seule cause de cet incroyable abaissement. La misère, la famine étaient telles, à la suite de ces longs désordres, que Paris, après avoir perdu le sens national dans ses disputes, avait perdu la dignité.

Neuf années s'écoulèrent pendant lesquelles il n'arriva pour la France qu'un événement heureux. En 1422, Henri V était mort prématurément, deux mois avant Charles VI. C'est-à-dire que l'Anglais n'eut pas l'héritage que lui réservait le traité de Troyes. Il ne fut pas roi de France. Il ne fut pas sacré à Reims. Il laissait un fils de neuf mois qui ne pouvait, lui non plus, recevoir la consécration et prononcer le serment d'où le pouvoir légitime découlait. Ce fut, pour la cause de Charles VII, pour la cause nationale, une chance inestimable : la voie restait libre. On comprend l'importance que Jeanne d'Arc, avec une intuition merveilleuse, attacha à faire sacrer le dauphin sans délai.

De 1422 à 1429, l'héritier de la couronne de France, proscrit, dénué de ressources, reconnu par un petit groupe de fidèles seulement, erre dans les parties de son royaume qui ne sont pas occupées par les Anglais. Encore le vrai roi n'y a-t-il guère d'autorité. Il est le « roi de Bourges » où il réside ordinairement. Cette chétive royauté est bien nominale. Charles VII ne peut même pas lever de soldats. Il n'a avec lui que quelques bandes d'Armagnacs, quelques Écossais qu'il paie quand par hasard il a de l'argent. Charles VII, qui ne peut aller à Reims occupé par les Anglais, n'est que le dauphin. Il n'est qu'un prétendant. Ses droits sont contestés. Sa naissance l'est elle-même. Comment peut-on être sévère pour les hésitations et les faiblesses de ce malheureux jeune homme de vingt ans, si mal préparé à la tâche (il était le quatrième fils du roi fou), si mal soutenu par un pays démoralisé, si mal entouré que ses conseillers se querellaient entre eux, comme il arrive dans les affaires qui ne vont pas bien et où l'on s'aigrit ? Charles VII tenta ce qu'il put : une réconciliation avec le duc de Bourgogne, qui échoua; un mariage, qui réussit, avec la fille du duc d'Anjou. Il avait le sentiment d'un rôle national à remplir, seul moyen de retrouver sa couronne. Les ressources matérielles lui manquaient autant que le ressort moral et toutes ses petites entreprises militaires étaient vouées à l'échec, Devant l'Angleterre victorieuse, devant la puissante maison de Bourgogne, le roi de Bourges se sentait écrasé. Le régent anglais, le duc de Bedford, avait entrepris la soumission méthodique de la France. Orléans assiégé était sur le point de succomber après une belle et longue défense, après quoi les Anglais eussent été les maîtres de l'Ouest et du Centre. La cause de Charles VII semblait perdue. Il songeait à se retirer dans le Dauphiné. D'autres lui conseillaient de quitter la France.

Tout allait changer en quelques semaines. La résistance d'Orléans avait fini par forcer l'attention du pays, par le réveiller. Orléans, c'était un symbole. L'assassinat du duc d'Orléans par le duc de Bourgogne, la captivité de Charles d'Orléans, le fils de la victime, le touchant et pur poète, vingt-cinq ans prisonnier à Londres : autant de souvenirs, d'images, d'émotions. Orléans était la ville du parti d'Orléans, du parti national, la ville ennemie des Bourguignons et des cabochiens. Les histoires héroïques de son siège coururent la France. Elles allaient jusqu'aux limites de Champagne et de Lorraine, dans ce village de Domremy où Jeanne d'Arc entendait ses saintes. Et les voix lui disaient ce qu'il fallait faire, ce que nous voyons distinctement aujourd'hui, mais ce que le plus grand des politiques, vivant en ce temps-là, n'eût peut-être vu que pour le juger impossible : « Délivrer Orléans et sacrer le dauphin à Reims. »

C'était la mission de Jeanne d'Arc et elle l'a remplie. Pour la France, c'était le salut. D'un consentement universel, il n'est dans aucun temps, dans aucun pays, aussi pure héroïne, récit plus merveilleux. Nul ne pourra l'entendre que ses yeux ne s'emplissent de larmes. Ce que nous voulons montrer ici, c'est comme le sublime épisode de Jeanne d'Arc entre harmonieusement dans l'histoire de la France, continue le passé et prépare l'avenir.

Jeanne d'Arc a aujourd'hui moins de sceptiques qu'elle n'en trouva de son temps. Dès, le jour où une force mystérieuse poussa cette jeune fille de dix-huit ans à quitter son père, sa mère et son village pour sauver la France, les objections ne manquèrent pas. Jamais elles ne la découragèrent. Ceux qui crurent en elle, le peuple le premier, eurent raison contre les raisonneurs. Et ceux-là mêmes qui n'avaient pas la foi, mais qui voulaient le bien du royaume, se dirent qu'après tout les affaires étaient si bas qu'on ne risquait rien à essayer ce concours providentiel. La cause du dauphin ne pouvait plus compter que sur un miracle. Et ce miracle, la France l'attendait, car à peine Jeanne d'Arc fut-elle partie de Vaucouleurs pour se rendre auprès de Charles VII, que son nom vola de bouche en bouche et rendit courage aux assiégés d'Orléans.

Du point de vue le plus terrestre, du point de vue politique, ce qu'il y a d'incomparable chez Jeanne d'Arc, c'est la justesse du coup d'œil, le bon sens, la rectitude du jugement. Pour sauver la France créée par ses rois, confondue avec eux, il fallait relever la royauté. Pour relever la royauté, il fallait rendre confiance et prestige à l'héritier qui finissait par perdre espoir, et peut-être doutait de sa naissance même. C'est pourquoi la première rencontre de Jeanne et de Charles VII est si émouvante. Le geste de Jeanne, reconnaissant le dauphin qui la met à l'épreuve, et tombant à ses genoux, est décisif. Le principe sauveur, la monarchie, est désigné. À l'homme, au roi légitime, la confiance en lui-même est rendue.

Elle fut rendue à tous. Il n'était pas rare que les militaires et les politiques qui aimaient le mieux Jeanne d'Arc ne voulussent pas l'écouter. Presque toujours c'était elle qui avait raison, ses pressentiments étaient vérifiés et elle dégageait un tel esprit de tranquille certitude que les gens faisaient sans effort ce qu'elle avait dit. Ainsi fut levé le siège d'Orléans (8 mai 1429). Puis, sans perdre une minute, n'écoutant pas les avis, intéressés ou désintéressés, des faux sages, Jeanne conduisit le roi à Reims. La vraie sagesse était de suivre son inspiration. D'enthousiasme, les Anglais qui essayaient de barrer le passage furent bousculés à Patay. D'enthousiasme, Troyes fut pris. Les gouverneurs bourguignons, effrayés par ce mouvement populaire, ne recevant pas de secours de Bedford, ouvrirent les portes de Châlons et de Reims. Le dauphin y fut sacré solennellement, selon les rites. Dès lors, le petit prince anglais ne pouvait plus être en France qu'un faux roi.

La France, après le sacre, retrouvait avec sa monarchie la condition de son indépendance et l'instrument de son salut. Mais tout ce qui pouvait se faire par miracle était fait. Jeanne d'Arc, après l'apothéose de Reims, eut un de ces pressentiments qui ne la trompaient pas : sa mission était finie. Il ne lui manquait plus que l'auréole du martyre. Son rêve eût été de conduire le roi à Paris après l'avoir conduit à Reims. Elle échoua devant la ville, restée de cœur et d'âme bourguignonne : le « bourgeois de Paris », dans son célèbre Journal, injurie l'héroïne des « Armignats ». Autre échec devant Compiègne : tombée aux mains de Jean de Ligny, Bourguignon, Jeanne, d'ordre du duc de Bourgogne, fut livrée aux Anglais. La lutte des partis continuait et elle forme l'élément capital du procès de Rouen. Jeanne d'Arc personnifiait la patrie pour les uns, pour les autres les noms détestés d'Orléans et d'Armagnac. Bedford et Winchester, pour condamner la sainte au bûcher, pour se venger en déconsidérant sa cause, se servirent encore de nos guerres civiles. Qui fut leur homme ? Cauchon, une des lumières de l'Université de Paris, l'Université bourguignonne, pleine de rancune. Cauchon eut soin de la consulter : l'Université déclara coupable et envoya au feu celle qui représentait le parti d'Orléans (30 mai 1431). La haine de l'Université contre Jeanne d'Arc est la même qui avait associé les docteurs aux bouchers, les intellectuels aux cabochiens. L'odieux du procès et de la condamnation doit équitablement se partager entre les Anglais et leurs serviteurs français du parti bourguignon, le parti de l'Angleterre, le parti de l'étranger.

Pourtant, une des grandes idées de la « bonne Lorraine » avait été la réconciliation des Français. Grâce au mouvement national que son intervention avait déterminé, le retentissement et l'horreur de son martyre réalisèrent son vœu. La domination anglaise était de plus en plus détestée. Paris même se lassait. Le duc de Bourgogne se sentait abandonné de ses partisans et la protection de l'Angleterre commençait à lui peser. Quatre ans après la mort de Jeanne d'Arc, au congrès d'Arras, il se réconciliait avec Charles VII qui n'acheta pas trop cher cet accord en exprimant des regrets pour l'assassinat de Jean sans Peur. Brève réconciliation. La maison de Bourgogne sera encore l'ennemie de la France. Mais il n'y aura plus chez nous que des débris du parti bourguignon. Le parti de la légitimité, le parti français, l'a emporté. Un an après le traité d'Arras, les Parisiens ouvrent leurs portes aux gens du roi et ils aident Richemond à chasser la garnison anglaise.

Rien n'était encore fini. Les Anglais tenaient toujours une partie du royaume. Le reste était dans le chaos et la misère. Comme Charles le Sage, Charles VII avait tout à refaire : l'administration, les finances, l'armée, en un mot l'État. Et le roi de France n'avait que de misérables ressources : à la cour somptueuse de Bourgogne, dans le grand apparat de la Toison d'Or, on se moquait du « roi de Gonesse » monté sur « un cheval trottier ». Et non seulement Charles VII ne disposait que de faibles moyens, mais tout le monde avait perdu l'habitude d'obéir : les grands vassaux donnaient le mauvais exemple. Il faudra juger le duc d'Alençon, coupable d'avoir négocié avec l'Angleterre.

Le beau feu d'enthousiasme et de patriotisme qui avait pris naissance à Domremy ne pouvait durer toujours. Surtout il ne pouvait suffire à remplacer l'organisation et la discipline. Rétablir l'ordre, chasser les Anglais : ce fut, pendant vingt ans, la tâche de Charles VII. Il l'accomplit à la manière capétienne, petitement d'abord, pas à pas, posant une pierre après l'autre, aidé dans sa besogne par des gens de peu ou de rien, des bourgeois administrateurs, l'argentier Jacques Cœur, le maître de l'artillerie Jean Bureau. « Le bien servi » fut le surnom de Charles VII. Il eut le talent de se faire servir, d'écouter les bons conseils, d'exploiter les dévouements, d'être ingrat au besoin, bref de tout ramener au bien de l'État. Le résultat fut qu'à la mort du roi, l'Angleterre, en France, ne tenait plus que Calais. La victoire de Formigny (1450) effaça Crécy, Poitiers, Azincourt.

Les Anglais n'eussent pas été chassés, du moins aussi vite, si la division ne se fût mise parmi eux : leurs régents se querellèrent. Les minorités ne réussissaient pas mieux aux Anglais qu'à nous. Celle d'Henri VI leur fut fatale, les introduisit dans la guerre civile qui devait éclater bientôt : York contre Lancastre, cette guerre des Deux Roses qui déchirera l'Angleterre au moment où l'Allemagne sortant de son anarchie et de sa léthargie sous la main des Habsbourg, allait redevenir dangereuse pour nous. Avec ces troubles d'Angleterre, la guerre de Cent Ans s'éteint. À si peu de temps du bûcher de Rouen, le théâtre tourne, la scène change. Voici la France, à peine délivrée des Anglais, attirée vers l'est où ses frontières sont cruellement inachevées.

Aux heures de sa pire détresse, le roi de Bourges avait trouvé appui auprès de l'empereur Sigismond. Quand il voulut se débarrasser des bandes armées qui infestaient la France, de même que Charles V avait liquidé les grandes compagnies en les envoyant en Espagne, il les envoya en Suisse pour rendre service à l'empereur. D'où, à l'improviste, de grandes conséquences. Le dauphin avait conduit à Bâle les routiers encombrants, et le dauphin, c'était le futur Louis XI. En battant les Suisses, il les découvrit, il apprit à les connaître. Plus tard il se souviendra d'eux. Cependant les cantons helvétiques s'affranchissaient, l'empereur était trop faible pour les faire rentrer dans le devoir, et il devait appeler les Français à son aide. Voyant cela, des villes d'Empire, qui n'étaient d'Empire que par les lointains effets des partages carolingiens, demandèrent la protection du roi de France. Ce fut le cas de Toul et de Verdun. Metz s'y joindra plus tard : les grandes luttes du seizième et du dix-septième siècle s'annoncent.

Autre événement, lointain celui-là, riche, lui aussi, de conséquences. En 1453, les Turcs s'emparent de Constantinople. Depuis longtemps déjà ils avaient pris pied en Europe : ils devenaient puissance européenne. La chrétienté en trembla. Qui eût dit alors que, dans les luttes de l'avenir, la France trouverait en Turquie un allié inespéré contre l'empire germanique ? Ainsi, en mal, en bien, les choses politiques s'engendrent les unes des autres, et au moment même, nul regard, si perçant soit-il, ne peut en pénétrer bien profondément la complexité.

Chapitre VII

Louis XI : l'unité sauvée, l'ordre rétabli, la France reprend sa marche en avant

En somme, depuis l'avènement des Valois, la monarchie et la France avaient peine à se remettre d'aplomb. Le prestige de la royauté n'était plus ce qu'il avait été. Les circonstances avaient singulièrement favorisé et enhardi la haute féodalité, les grands vassaux, les ducs de Bourgogne surtout, qui apparaissaient comme les égaux du roi de France. Avec la Picardie et la ligne de la Somme, ne tenaient-ils pas Paris à leur discrétion ? Les ducs bourguignons se sentaient de moins en moins français à mesure que s'éloignait leur cousinage. Philippe le Bon, Jean sans Peur lui-même, avaient encore quelque fois scrupule de nuire à la France. Charles le Téméraire sera un ennemi déclaré. Il ne semblait pas impossible alors que cet État nouveau détruisît l'État français.

L'œuvre de restauration de Charles VII était fragile, aussi fragile que l'avait été celle de Charles V. En 1461, il mourut, dit-on, d'inquiétude et de chagrin. Il en avait de sérieuses raisons. Son fils aîné ne s'était-il pas révolté contre lui ? Ne s'était-il pas mis à la tête d'une ligue rebelle ? En rétablissant l'ordre en France, Charles VII avait fait des mécontents : l'anarchie profite toujours à quelqu'un, souvent aux grands, jamais aux petits. La « praguerie » (elle fut ainsi nommée par une singulière imitation des troubles hussites de Prague) ressemble à tant de « frondes » que nous avons déjà vues et que nous verrons encore. Que cette noblesse française était étrange ! Tantôt fidèle, dévouée, prête à verser son sang, décimée à Crécy, décimée à Poitiers, décimée à Azincourt; tantôt insoumise et dressée contre l'État. Pourtant ce n'était pas une caste, une aristocratie fermée, une race à part en France. Les grands vassaux sortaient presque tous de la famille capétienne. Quant aux nobles, ils eussent disparu depuis longtemps si des anoblis n'avaient occupé les places vides. Mais tout homme riche, tout seigneur supporte mal la discipline. Ce fut justement le rétablissement de la discipline civile et militaire qui fut la cause de la praguerie.

Cette affaire fut d'autant plus grave que l'héritier de la couronne y était mêlé. Jamais encore, chez les Capétiens, on n'avait vu le futur roi en rébellion contre son père. Sans doute il y avait là un signe de l'impatience de régner qui tourmentait Louis XI. Il y avait aussi l'indice d'un affaiblissement de la monarchie. Les contemporains purent, à bon droit, trouver le symptôme mauvais et croire davantage à la maison de Bourgogne qu'à la maison de France divisée contre elle-même. Mais Louis XI était de vrai lignage capétien. Il s'instruisait par l'expérience. Il n'en sera que plus ardent à rendre de l'autorité à la couronne.

La praguerie avait été réprimée par Charles VII avec décision. Mais le dauphin, pardonné, n'avait pas tardé à se brouiller de nouveau avec son père et à se mettre sous la protection du duc de Bourgogne : là, il put observer et connaître son adversaire des temps prochains. Malgré les griefs que lui avait donnés le dauphin, Charles VII fut sage de ne pas causer de discordes en l'excluant du trône. Il n'écouta pas ceux qui lui conseillaient de céder la Guyenne à son second fils : le système des apanages avait coûté trop cher. L'unité du royaume était plus précieuse que tout. Charles VII a rendu un autre service à la France en laissant intact l'héritage de Louis XI.

Et quand celui-ci fut roi, il continua l'œuvre de son père. Si la grande féodalité comptait sur le nouveau règne, elle se trompait. Seulement, Louis XI, esprit réaliste, avait bien jugé qu'il n'était pas assez fort pour la combattre en face. Il avait, à juste titre, le « cauchemar des coalitions ». Il eut recours aux armes quand il ne pouvait s'en dispenser, mais sa préférence était pour d'autres moyens, l'argent surtout : il payait ce qu'il ne pouvait conquérir. Avaricieux pour lui-même, encore plus modeste dans ses habits que son père, il trouvait quatre cent mille écus pour acheter une province. La ruse, l'absence de scrupules étaient sans doute dans son caractère. Elles étaient aussi des nécessités de la situation. Diviser ses ennemis, abattre les plus faibles, s'humilier au besoin devant les autres, sacrifier ses alliés en cas de nécessité inspirer la crainte quand il était le plus fort, subir des affronts et attendre l'heure de la vengeance : ce n'étaient pas des procédés de paladin. Charles le Téméraire, le « grand duc d'Occident » avait une autre allure. À la fin, comme dans la fable, le roseau l'emporte à force de plier.

Louis XI avait cru d'abord que quelques concessions aux grands vassaux suffiraient à sa sécurité, et qu'il pourrait, en attendait mieux, s'occuper d'autres affaires, du Roussillon, par exemple, qu'il réunit une première fois à la couronne. Mais le conflit avec la maison de Bourgogne était inévitable. Le comte de Charolais, bientôt Charles le Terrible ou le Téméraire, ambitieux et violent, à la fois Anglais et Portugais par sa mère, gouvernait déjà au nom du vieux duc Philippe. Charles se méfiait de Louis XI autant que Louis XI de lui. Tout leur était grief, même leurs négociations. L'orage devait éclater. C'était bien ce que le roi redoutait : une coalition des féodaux, une autre praguerie. Elle eut avec elle le propre frère du roi, comme pour le punir de sa rébellion contre son père. Elle prit le nom séduisant de ligue du Bien Public, qui ralliait tous les mécontents. Elle lança une proclamation démagogique où les illégalités et l'arbitraire de la monarchie étaient dénoncés : chose admirable sous la signature de Charles le Téméraire ! Louis XI était même accusé de comploter avec l'Angleterre contre les princes français alors qu'il avait pris, par un bon contrat avec Warwick, une assurance contre une intervention anglaise. Il répondit avec bon sens que, sous les règnes précédents, c'étaient les guerres civiles qui avaient livré la France aux Anglais.

Louis XI avait sur les grands féodaux l'avantage de l'organisation royale, de l'armée permanente laissée par Charles VII. « Le roi est toujours prêt », disait avec dépit le Téméraire. Quand le duc de Bourgogne arriva, Louis XI avait déjà mis hors de jeu les ducs de Bourbon et de Nemours, grâce à quoi une bataille, qui eut lieu à Montlhéry (1465), fut indécise et Louis XI put rentrer dans Paris qu'il dispensa d'impôts pour être plus sûr de sa fidélité, car la trahison courait partout, même au camp royal, ce qui explique beaucoup des rancunes que garda le roi et des sévérités qu'il eut plus tard. Une bataille à Montlhéry ! Représentons-nous la faiblesse d'un gouvernement dont le sort se jouait à quelques lieues de sa capitale.

Cependant Bourguignons, Bretons, Lorrains avaient opéré leur jonction et menaçaient Paris que Louis XI ne put empêcher de passer à l'ennemi qu'à force de flatteries et de cadeaux. Il se jugeait lui-même en si mauvaise posture qu'il parlait de se réfugier en Suisse ou chez son ami le duc de Milan. Par bonheur, les coalisés hésitèrent. Louis XI profita de ce moment d'hésitation pour tenter les princes. Places fortes, provinces, argent : il leur offrit beaucoup, un peu moins pourtant que ce qu'ils auraient pu prendre. À ce prix, qui était lourd, Louis XI écartait le péril. Il montrait que la prétendue ligue du Bien Public n'était qu'une ligue d'avidités.

Louis XI l'avait échappé belle, mais il s'était encore démuni, affaibli, et ce ne serait pas une petite affaire de ressaisir ce qu'il avait cédé, la Normandie à l'un, la Guyenne à l'autre, tout un démembrement de la France. Peut-on reprocher à Louis XI de n'avoir signé à Conflans qu'avec la pensée de ne pas tenir ? Il faudrait un volume pour entrer dans le détail de la politique qu'il suivit alors, des multiples intrigues qu'il noua, convoquant les états généraux pour leur faire déclarer que la cession de la Normandie était nulle, reprenant cette province à son frère, encourageant les révoltes de Liège et de Dinan contre le duc de Bourgogne.

Charles le Téméraire, qui venait de succéder à son père, nourrissait de vastes et dangereux desseins. Il voulait fondre en un bloc ses domaines faits de pièces et de morceaux, relier la

Bourgogne aux Pays-Bas, soit par la Champagne, soit par la Lorraine, gouverner sans avoir à rendre hommage au roi de France ni à respecter les coutumes flamandes. Déjà il avait terriblement châtié les villes de la Meuse. Louis XI sentit que son tour allait venir et voulut prévenir le danger. Se fiant à son adresse, il demanda une entrevue à son cousin et, muni d'un sauf-conduit en règle, se rendit à Péronne. Comment le renard n'avait-il pas senti le piège ? À peine était-il arrivé à Péronne que Charles le Téméraire, alléguant une nouvelle révolte des Liégeois, dont il rendait le roi responsable, le retint prisonnier. Il ne le relâcha qu'après l'avoir humilié. Louis XI dut aller, de compagnie avec le duc de Bourgogne, écraser, à Liège, nos fidèles alliés. Il avait dû promettre aussi de donner la Champagne à son frère. Louis XI accepta tout, signa tout, sacrifia les Liégeois et sa fierté pour sauver la Champagne. Il fit tant qu'en retrouvant sa liberté il obtint que, si son frère y consentait il pourrait lui donner une autre province moins importante que la Champagne. Louis XI s'était tiré du plus mauvais pas de sa vie. Mais pourquoi Charles le Téméraire l'avait-il laissé partir quand il le tenait à sa merci ? On ne peut trouver qu'une raison : la force morale que représentait le roi, le devoir qui liait le vassal, même le grand vassal, au suprême suzerain. Ainsi jadis les Plantagenets avaient respecté leur hommage au roi de France. La féodalité portait en elle-même cet important correctif. Elle protégeait, elle servait encore le souverain qui lui a porté de si rudes coups.

C'est à la suite de cette aventure que Louis XI infligea à ceux qui l'avaient trahi ses plus célèbres châtiments. Le cardinal La Balue avait trempé dans le guet-apens de Péronne. Ce prince de l'Église eut la vie sauve, mais il fut enfermé dans une de ces cages de fer qu'on employait en Italie et dont il avait lui-même recommandé l'emploi. Ces châtiments, que la légende a retenus, frappaient les esprits. C'était ce que cherchait Louis XI et c'était la plus simple de ses tâches. Il était nécessaire d'inspirer de la crainte. À chaque instant, il fallait réprimer des séditions de seigneurs ou de villes. Partout le roi trouvait des ennemis. Du côté de l'Angleterre, où l'on ne savait alors qui gouvernerait le lendemain, le roi de France devait toujours être sur ses gardes. Malgré des trêves, l'état de guerre avec le duc de Bourgogne était permanent. Une fois, le Téméraire n'y tint plus. Il voulut brusquer la partie, envahit le royaume, assiégea Beauvais. Mais sa réputation commençait à être mauvaise. Beauvais redouta le sort des Liégeois. Les habitants, les femmes même, défendirent la ville et c'est là que s'illustra Jeanne Hachette (1472). L'expédition tourna court. Le duc de Bourgogne rentra chez lui sans résultat. Alors les esprits perspicaces se mirent à douter de lui et c'est à ce moment que Commines passa au camp de Louis XI.

Vis-à-vis de son grand adversaire, le roi avait adopté pour tactique la prudence. Il le voyait s'engager dans des entreprises de plus en plus hasardeuses, affronter la Lorraine, l'Alsace, l'Allemagne, la Suisse. Louis XI le sentit perdu. Désormais il se garda d'intervenir autrement qu'en lui suscitant des ennemis. Il fit confiance au temps, attendit son heure. Il donna même Saint-Quentin pour que le duc de Bourgogne se tournât d'un autre côté. Ce côté, c'était celui de Granson et de Morat où les cantons suisses infligèrent deux graves défaites au puissant duc. Il ne s'en remit pas. Rien ne lui réussit plus. Devant Nancy, dont il voulait faire la capitale de son État, la tête d'une Lotharingie nouvelle, il trouva une mort misérable (1477).

Plus grand bonheur ne pouvait arriver à la France. Sans effort de notre part, un ennemi dangereux était abattu. Et puis, Charles n'avait pas de fils : ses apanages retourneraient donc à la couronne. Ils n'y retournèrent pas sans des difficultés qui eussent été plus grandes si le Téméraire n'avait fini dans un désastre : Louis XI dut encore mettre des garnisons en Bourgogne, en Picardie et en Artois. Quant à l'héritière, Marie de Bourgogne, les Pays-Bas lui restaient en propre. Elle était déjà à marier, presque fiancée à Maximilien, le fils de l'empereur Frédéric. On reproche à Louis XI de ne pas lui avoir donné son fils. Mais le dauphin n'avait que huit ans et Marie de Bourgogne avait des rancunes contre la maison de France. Elle porta les Pays-Bas dans la maison d'Autriche. Funeste mariage ! Trois siècles plus tard, Louis XV disait devant le tombeau de Marie et de Maximilien : « Voilà l'origine de toutes nos guerres. » Cependant, sur le moment même, le mal ne parut pas si grand. L'empereur germanique était si faible, si dépourvu de ressources, que son fils ne songea même pas à revendiquer l'héritage entier de Charles le Téméraire. Quant à donner un prince du sang pour époux à Marie de Bourgogne, comme le suggérait Commines, Louis XI refusa avec raison. Pas plus que son père, il ne se souciait de recommencer les apanages, de ressusciter peut-être un parti bourguignon.

D'ailleurs, il recueillait de toutes parts. Le bon roi René, le roi d'Aix, mourait bientôt lui laissant l'Anjou, tandis que la Provence, allant à un héritier sans enfants, revenait peu après à la France. Un accident de cheval enlevait Marie et mettait fin aux dernières difficultés de la succession de Bourgogne. La paix d'Arras fut conclue avec Maximilien. Alors Louis XI posséda paisiblement. Picardie, Bourgogne, Provence et Roussillon, Maine et Anjou : voilà ce qu'il laissait à la France. Énorme progrès, non seulement par l'étendue et la richesse de ces provinces, mais parce qu'elles groupaient ce qui était épars et formaient autant de barrières contre les invasions. On ne peut mieux dire que Michelet : « Le royaume, jusque-là ouvert, se ferma pour la première fois et la paix perpétuelle fut fondée pour les provinces du centre. » De plus, la grande féodalité ennemie de l'État s'éteignait. Il ne restait plus à craindre que la maison de Bretagne. Louis XI avait achevé de réduire les grands vassaux ; le duc de Nemours fut décapité. Déjà le connétable de Saint-Pol l'avait été pour trahison. Enfin, autre résultat du règne : dès 1475 il avait été signé à Picquigny, avec l'Angleterre, une paix définitive, qui fermait la guerre de Cent Ans.

Tout cela, ce grand pas vers l'unité et la sécurité de la France, sans guerre. Louis XI n'aimait pas le risque des batailles et il avait une armée pour intimider l'adversaire plutôt que pour s'en servir. Quel gré lui en a-t-on eu ? Aucun. Ce roi vivait sans luxe, entouré d'hommes obscurs, Olivier le Dain ou le médecin Coctier. Il était avare du sang de son peuple, et ne menait à l'échafaud que des princes traîtres ou rebelles. Sa légende n'en est pas moins sinistre et elle a porté jusqu'à nous les racontars du temps, tout ce que les agents bourguignons propageaient. Les foules sont romanesques et sentimentales. Pour elles, Louis XI, tout en calcul, qui choisissait ses victimes utiles, resta l'homme noir. On plaignit Saint-Pol et Nemours. On se défendit mal d'admirer Charles le Téméraire, un de ces hommes qui, à l'exemple de Napoléon, frappent les imaginations jusque par leur fin tragique. Mais, pour Louis XI, le résultat seul comptait. Il mettait loin en arrière l'orgueil et l'amour-propre. Héroïque, chevaleresque et même, si l'on veut, plus franc, n'eût-il pas couru au-devant du danger ? À des moments difficiles, il avait su rompre et s'humilier. Il n'avait eu que des ambitions modestes, réalisables : s'arrondir, donner ou rendre à la France ce qui était français. En face de lui, le duc de Bourgogne forçait le temps et la nature. Une catastrophe l'attendait. Cependant, jusqu'à nos jours, de graves historiens ont reproché à Louis XI d'avoir été cruel pour d'illustres personnages, d'avoir versé du sang. Comme la foule, ils se soucient peu des cadavres que le Téméraire avait entassés, des villes qu'il avait détruites, des populations qu'il avait anéanties. L'histoire mélodrame s'attendrit sur La Balue, Saint-Pol et Nemours. Elle passe légèrement sur le sac de Liège. Elle ne compte pas les milliers d'humbles vies humaines que Louis XI a épargnées et celles qu'il a protégées en donnant à la France de l'ordre et ses frontières.

Ce règne, dont la vraie gloire n'a été vue qu'après bien longtemps, assurait une longue période de solidité et de prospérité. On frémit quand on pense à ce qui fût arrivé si Louis XI était mort quelques années plus tôt, avant que la grande féodalité eût perdu la partie. En 1483, son fils Charles VIII n'avait que treize ans. Une minorité recommençait mais dans des conditions aussi bonnes que possible. L'opposition des princes avait cessé d'être redoutable : une femme en vint à bout. Louis XI avait désigné pour la régence sa fille Anne de Beaujeu, confidente de sa politique et de ses pensées. Régence aussi heureuse et aussi habile que celle de Blanche de Castille. Aux grands qui s'étaient encore soulevés, le duc d'Orléans à leur tête, Anne sacrifia les hommes les plus impopulaires de l'entourage de son père, mais elle préserva son œuvre. Les grands, pour porter un coup à la monarchie, réclamaient les états généraux. La régente les convoqua plus largement qu'ils ne l'avaient jamais été, non seulement toutes les provinces, mais toutes les classes, les paysans même, une vraie représentation nationale qui vint, munie de « cahiers », comme elle viendra en 1789. On entendit tout, dans cette assemblée, des demandes de réformes administratives, qui d'ailleurs ne furent pas perdues, et des théories politiques, jusqu'à celle de la souveraineté du peuple que développa Philippe Pot. Comme l'avait calculé la régente, l'espoir des princes fut trompé. Les états de 1484, réunis par prudence à Tours et non à Paris, ne trouvèrent pas leur Étienne Marcel. Alors les féodaux déçus prirent les armes. D'avance leur cause était perdue et l'opinion publique jugera bien en appelant leur soulèvement « la guerre folle ». Elle eut ce résultat que le seul des princes qui restât puissant, le duc de Bretagne, fut vaincu.

À ce moment, la régente eut à prendre une décision délicate. Dans un sens comme dans l'autre, il y avait à perdre et à gagner. Le moyen de réunir à la couronne les Bretons toujours ombrageux et jaloux de leur indépendance, c'était de marier Charles VIII avec l'héritière de Bretagne, la jeune duchesse Anne. Mais Louis XI, au traité d'Arras, avait convenu que le dauphin épouserait Marguerite d'Autriche, fille de Maximilien et de Marie de Bourgogne. À quoi valait-il mieux renoncer ? À la Bretagne ou bien à la Franche-Comté et à l'Artois, dot de la princesse Marguerite ? Il semble que Maximilien lui-même ait dicté le choix de la cour de France. On apprit que le veuf ambitieux avait épousé la duchesse Anne en secret et par procuration. Maximilien maître de la Bretagne, c'était l'ennemi installé en France. Le mariage fut déclaré nul avec l'appui du pape et ce fut Charles VIII qui épousa. La Bretagne deviendrait française. Enfin cette porte, trop longtemps ouverte à l'étranger, se fermait.

Tout allait bien pour la France. Le duc d'Orléans, le premier des princes, le futur Louis XII, s'était réconcilié avec le roi qui lui avait pardonné. L'Angleterre allait de guerre civile en guerre civile. Maximilien était devenu empereur, mais l'empereur germanique, dans ses Allemagnes divisées, continuait à avoir plus de difficultés que de puissance. Ni lui ni les Anglais ne purent rien contre le mariage breton.

Charles VIII, devenu majeur, était à la tête d'un État pacifié, prospère et de la plus belle armée d'Europe. La France le poussait à agir. Elle s'était ennuyée sous Louis XI. Comme il lui est arrivé maintes fois, elle était lasse d'une vie prosaïque. Une autre génération était venue. Les maux de la guerre étaient oubliés. On aspirait au mouvement, à la gloire. Où diriger ce besoin d'activité ? Oh ! les tâches ne manquaient pas. La France n'était pas encore finie. Vers la Lorraine et le Rhin, entrevus par Charles VII, il restait beaucoup à faire, mais ce n'est pas là qu'allaient les imaginations. Et puis, pour épouser la duchesse bretonne, pour rompre le projet de mariage autrichien, Charles VIII avait renoncé par traité à la Franche-Comté et à l'Artois. Reprendre sa parole eût entraîné des complications, peut-être des périls. Une route restait ouverte et le sentiment public y poussait le jeune roi. C'était plus fort que le raisonnement : tout conspirait à nous entraîner en Italie. Sagement, Charles VII et Louis XI avaient refusé de soutenir les droits sur Naples qu'ils tenaient de la maison d'Anjou. Ils avaient résisté aux sollicitations des cités italiennes. Mais un esprit d'aventures soufflait en France. Beaucoup d'Italiens étaient venus : leur pays de soleil attirait. En développant le commerce, - l'essor de Lyon date de ce temps-là, - Louis XI avait donné naissance à de nouveaux courants : Lyon et ses soies sont en rapport avec le Piémont et la Lombardie. Et il avait encore, cet avare, donné naissance à des idées de luxe : d'Italie, il ne venait pas seulement des cages de fer. *Italian ! Italian !* C'était un désir, le goût de l'art, du beau, plus que celui des conquêtes, qui animait les Français. Si l'on cherche les résultats des brillantes campagnes de Charles VIII, de son entrée à Rome, de sa chevauchée jusqu'à Naples, on les trouvera surtout dans l'ordre esthétique. Le beau voyage ! Ce fut une vraie guerre de magnificence. Qu'elle plut aux Français ! Avec quelle complaisance il fut parlé des exploits de Bayard et de la Trémoille ! Quelle revanche des années grises où Louis XI, enfermé à Plessis-lès-Tours, coiffé de son vieux chapeau, ruminait de longs calculs !

Il y avait toutefois, dans ces guerres d'Italie, une idée politique ; c'était d'écarter Maximilien qui, épousant toujours, tenait de sa seconde femme Blanche Sforza des droits sur le Milanais. C'était aussi d'écarter l'Espagne dont les princes s'étaient emparés du royaume de Naples au détriment de la maison dAnjou. L'anarchie italienne attirait les convoitises et l'Italie nous appelait à l'aide. Savonarole, à Florence, saluait le roi de France des noms de libérateur et de vengeur. Ainsi tout invitait Charles VIII à franchir les Alpes.

Cette guerre, si désirée, si fêtée, fut aussi le principe de complications infinies, d'une suite de coalitions et de ligues jusqu'au jour où, par le mariage du fils de Maximilien avec Jeanne la Folle, l'empereur germanique, Charles Quint, deviendra roi d'Espagne, et réalisera la puissance la plus dangereuse que la France ait rencontrée depuis qu'elle s'est affranchie de l'Angleterre. Alors la France trouvera devant elle l'Allemagne qui, par la maison d'Autriche, recommence à compter en Europe. Les Habsbourg, partis de si peu de chose, ne cessaient de s'élever par les mariages et par de patients accroissements de leurs domaines héréditaires. Combien de fois déjà, en Flandre, en Bretagne même, la France n'avait-elle pas eu affaire à eux ? On les retrouvera en Italie. On les eût retrouvés ailleurs. Le grand conflit approchait sans qu'on le vit bien de part ni d'autre. La France et Maximilien négocièrent beaucoup au sujet de l'Italie où les choses s'embrouillaient à plaisir. On sera même allié un moment contre la République de Venise.

L'expédition de Charles VIII, si éclatante à ses débuts, finit mal, l'Italie versatile s'étant tournée contre les Français qu'elle avait appelés. Il fallut, pour en sortir, bousculer à Fornoue les soldats de la « ligue italienne » (1495). Ce fait d'armes sauvait la face, et la guerre d'Italie, en France, ne cessa pas d'être populaire. Elle n'avait rien coûté : l'armée s'était nourrie sur l'habitant. Elle avait même rapporté, avec de la gloire, un somptueux butin. Cette guerre, elle sera reprise par Louis XII, et Louis XII sera l'un des plus aimés de nos rois.

Charles VIII, après un règne très court, mourut d'accident, ne laissant que des filles. Comme la royauté française s'était affermie ! À la mort du dernier fils de Philippe le Bel, l'avènement des Valois n'avait pas été sans causer du trouble. Louis d'Orléans, Louis XII, cousin de Charles VIII, succéda sans difficultés (1498). C'était le petit-fils de la victime fameuse, dont la mort, jadis, avait divisé la France. Tout cela était loin. Le nouveau roi lui-même avait oublié un moment que sa famille avait personnifié le parti de la France et, pendant la minorité de Charles VIII, il avait pris part à la folle guerre des princes. Il avait vite expié et regretté cette erreur de jeunesse. C'est pourquoi on lui attribue le mot célèbre à la Trémoille, qui l'avait alors battu et fait prisonnier : « Le roi de France ne venge pas les injures du duc d'Orléans. » Et, pour que le bénéfice du mariage de Charles VIII ne fût pas perdu, Louis XII se hâta d'épouser à son tour la Bretagne avec la veuve de son cousin.

Louis XII a gardé dans l'histoire le nom de « père du peuple » que les états généraux de 1506 lui ont donné. Ce règne, si occupé au-dehors des nouvelles guerres d'Italie, et dont la politique extérieure ne fut pas irréprochable, a été, à l'intérieur, celui de la bonne adrministration. Autant que les peuples peuvent être heureux, les Français d'alors semblent l'avoir été. Il y a peu de périodes où ils se soient montrés aussi contents de leur gouvernement. L'histoire recueille en général plus de récriminations que d'éloges. Presque toujours on s'est plaint. Presque toujours les gens ont trouvé que les choses allaient mal. Sous Louis XII, c'est un concert de bénédictions. La France se félicite des impôts, qui sont modérés, de la police, qui est efficace, de la justice, qui est juste. Le commerce lui-même, si exigeant, est satisfait. Depuis saint Louis, pareil épanouissement ne s'était vu. Comme alors, ce fut une douceur de vivre, en comparaison, peut-être, des temps si durs, legs des guerres civiles et de l'invasion, par lesquels la France avait passé. À ces moments-là on bénit le pouvoir. Sans doute, quand la France ne court pas de grand péril extérieur, quand il n'y a pas au-dedans de factions. qui la déchirent, elle se gouverne aisément. Elle a tout ce qu'il faut pour être heureuse. La popularité de Louis XII a été due pour une part à ces circonstances favorables. La monarchie française était aussi, au jugement des contemporains, le meilleur gouvernement qui existât alors. Elle était tempérée par ses propres traditions et le mode de formation du royaume y répandait naturellement les libertés. Il fallait respecter les coutumes et les franchises des provinces nouvellement réunies, la Bourgogne, la Bretagne, et des privilèges à peu près équivalents s'étendaient aux autres provinces. La France était seule en Europe à offrir ce mélange d'unité et de diversité. Dans des conditions politiques et sociales bien différentes de celles d'aujourd'hui, les Français ont eu ainsi une existence enviable. Chaque classe avait son statut, ses droits, mais aucune n'était fermée. On accédait librement au clergé. Quant à la noblesse, la bourgeoisie s'y poussait d'un mouvement continu et cette noblesse prenait l'habitude de servir. Les droits seigneuriaux étaient de plus en plus limités et régularisés, de moins en moins lourds. La loi sortait de la coutume. Et l'ensemble formait une harmonie qu'admira Machiavel, venu d'un pays où tout n'était que confusion. Entre les Français et leur gouvernement, qui se rencontraient dans la ligne moyenne de la modération et du bon sens, la convenance était parfaite. On comprend que la monarchie capétienne, qui avait déjà résisté à tant d'orages, se soit si profondément enracinée, que la France lui soit revenue à plusieurs reprises et lui soit restée fidèle longtemps.

Il s'en faut pourtant de beaucoup que l'activité de Louis XII au-dehors ait été aussi heureuse. La guerre d'Italie, qu'il avait reprise, qui gardait toujours le même charme, tourna plus mal encore que sous Charles VIII. Après des débuts faciles, la France s'englua dans les complications italiennes. Les alliances, les ligues, avec ou contre les Espagnols, avec ou contre Maximilien, avec ou contre Jules II, se nouaient et se dénouaient d'un jour à l'autre. Louis XII partageait le royaume de Naples avec le roi d'Espagne, puis le partage entraînait la brouille et nous étions vaincus à Cérignole. Associé un moment à l'empereur et au pape contre la République de Venise, Louis XII entre bientôt en conflit avec Jules II qui coalise contre la France Maximilien, Ferdinand le Catholique, Henri VIII d'Angleterre, les Suisses et la République de Venise. La France est aux prises avec toute l'Europe d'alors. Malgré des prodiges de valeur militaire, malgré la campagne de Gaston de Foix, aussi foudroyante que celle de Bonaparte, malgré la victoire de Ravenne où le jeune capitaine périt, la France finit par perdre l'Italie à la bataille de Novare (1513). Ce fut le signal de l'invasion. Henri VIII débarqua une armée à Calais, la terrible porte que gardait chez nous l'Angleterre, et prit Tournai. Les Allemands, les Impériaux, parurent en France pour la première fois depuis longtemps. Ils assiégèrent Dijon, accompagnés des Suisses devenus nos ennemis : après avoir combattu pour leur liberté, les cantons tournaient au militarisme. Heureusement, la « furie des Français », célèbre depuis Fornoue, inspirait une crainte salutaire. On acheta d'abord les Suisses, qui avaient des goûts mercenaires, puis Henri VIII qui trouva que c'était de l'argent vite gagné. Louis XII s'étant réconcilié avec le pape Léon X, les autres coalisés se dispersèrent. Le roi mourut peu après cette alerte. Mais le signe était grave et on ne le comprit pas. La France brillante et heureuse qui pleura le « père du peuple » oublia de dire ce qu'elle doit se dire toujours : « Souviens-toi que tu peux être envahie. »

Chapitre VIII

François Ier et Henri II : la France échappe à l'hégémonie de l'Empire germanique

La date de 1515, amie de la mémoire, a quelque chose de joyeux et de pimpant. Ce règne qui commence, François Ier, ce prince artiste, la France qui s'épanouit, qui développe son génie latin, qui « renaît » sous le souffle embaumé de l'Italie, ce luxe, cette joie de vivre : que de promesses ! Pourtant le siècle serait lugubre, rempli de nouvelles désolations. Il nous apportait la guerre étrangère et la guerre civile. Non seulement Charles Quint était né avant lui, mais une révolution religieuse, qui serait une révolution politique, était tout près de déchirer les Français et, par leurs divisions, d'ouvrir la France à l'étranger.

Ces malheurs ne pouvaient se prévoir lorsque le neveu de Louis XII lui succéda. La France n'était pas rassasiée des guerres d'Italie. À la veille de la mort de Louis XII, on s'apprêtait à reconquérir le Milanais. François Ier, prudent malgré sa jeunesse et son désir de briller, s'assura qu'il n'y aurait pas, cette fois, de coalition à craindre et franchit les Alpes hardiment. Il ne tarda pas à rencontrer les Suisses qui étaient là comme en pays conquis.

Curieuse histoire que celle de ces cantons, qui, enivrés de leurs victoires pour la liberté, avaient pris goût à la guerre et, d'opprimés, étaient devenus oppresseurs. Histoire qui s'est répétée vingt fois, qui a été celle de presque tous les peuples affranchis. Les Suisses étaient de rudes soldats et François Ier put être fier de les avoir mis en fuite à Marignan après une bataille de deux jours. Il y gagna Milan et une réconciliation avec le pape : le premier Concordat, qui durera jusqu'à la Révolution, date de là. Il y gagna aussi l'estime de ceux qu'il avait battus. Une paix perpétuelle fut signée à Fribourg avec les cantons suisses : de part et d'autre, exemple presque unique dans l'histoire, le pacte a été observé.

La Lombardie, ce champ de bataille européen, était conquise pour la troisième fois. À quoi la conquête de ce poste avancé pouvait-elle être utile sinon à empêcher qu'un autre s'en emparât ? Déjà on voyait grandir une formidable puissance. La patience et l'art des mariages avaient servi l'ambition de la pauvre maison de Habsbourg. Le petit-fils de Maximilien et de Marie de Bourgogne recevrait un héritage immense. Il aurait les Pays-Bas, l'archiduché d'Autriche, l'Espagne et, par l'Espagne, Naples et les trésors nouveaux de l'Amérique. Que lui manquerait-il ? D'être empereur comme son grand-père, de disposer de l'Allemagne autant que l'empereur élu pouvait en disposer.

Maximilien mourut en 1519. Contre Charles d'Autriche, pour empêcher cette formidable concentration, François Ier conçut l'idée de se porter candidat à l'Empire. Pourquoi non ? Le choix des électeurs allemands était libre. Quelques-uns étaient nos amis, d'autres à vendre. La lutte électorale entre les deux rois fut la même que si l'enjeu avait été un clocher. Bien que quelques princes seulement fussent électeurs, l'opinion publique comptait, elle pesait sur leurs votes : on fit campagne contre François Ier dans les cabarets allemands et les deux concurrents n'épargnèrent ni l'argent, ni la réclame, ni les promesses, ni la calomnie. Pour combattre l'or du candidat français, les grands banquiers d'Augsbourg, les Fugger, vinrent au secours non de l'Autrichien, mais du prince qui, par Anvers, tenait le commerce de l'Allemagne. L'opération de banque réussit. Au vote, Charles l'emporta. La monstrueuse puissance était constituée, l'Espagne et l'Allemagne accouplées. Mais, quelquesmois plus tard, Luther brûlait à Wittenberg la bulle du pape. L'Allemagne aurait sa guerre religieuse, et avant nous. La

France saurait en profiter. Une Allemagne unie, avec l'empereur vraiment maître, telle que le rêvait Charles Quint, c'eût peut-être été notre mort.

Au moins, c'eût été l'étouffement. La France était bloquée au nord, à l'est, sur les Pyrénées : nous finissions par comprendre l'instinct qui la portait, sous tant de prétextes, avec entêtement, à se donner de l'air du côté de l'Italie. Et pourquoi le conflit était-il inévitable ? Charles Quint n'avait-il pas assez de terres ? Ne pouvait-il s'en contenter ? Mais la vie des peuples a comme des lois fixes. Pour l'Europe, c'est de ne pas supporter une grande domination : cela s'est vu depuis la chute de l'Empire carolingien. Pour l'Allemagne, c'est d'envahir ses voisins dès qu'elle est forte : cela s'est vu toujours. Et pour la France, c'est d'avoir des frontières moins incertaines à l'est, dans les territoires que le germanisme ne cesse de lui contester. L'Empire de Charles Quint était démesuré. Il était absurde. Et si la France était restée ce qu'elle était alors, que ne lui eût-il pas manqué ? Malgré tant de progrès, quel inachèvement ! Dunkerque, Verdun, Nancy, Besançon étaient encore au-delà de ses limites.

La France pouvait-elle se passer de tant de villes et de provinces dont nous n'imaginons pas aujourd'hui que nous soyons séparés ? Il fallait se ceindre les reins pour la lutte qui s'offrait.

Les deux adversaires sentirent qu'elle serait grave et chacun voulut mettre les chances de son côté. Chacun rechercha des alliances. Le danger était toujours le même pour nous. C'était une coalition où l'Angleterre entrerait, l'Angleterre qui, par Calais, avait une porte ouverte ici. L'arbitre de la situation, c'était Henri VIII et il ne l'ignorait pas. Il réfléchissait aussi. Ne serait-ce pas grave pour l'Angleterre, si l'empereur, roi d'Espagne, venait à dominer l'Europe ? Henri VIII se laissa courtiser par François Ier qui essaya de gagner son ministre Wolsey, de l'éblouir et de le séduire lui-même à l'entrevue célèbre du Camp du Drap d'Or. L'Anglais ne repoussa pas davantage les avances de Charles Quint. Finalement il opta pour l'empereur qui, de son côté, n'avait pas été avare de promesses. Et puis, au fond, l'Angleterre ne pouvait se consoler d'avoir été chassée de France et il semblait que l'heure de la démembrer fût venue. Alors Charles Quint, fort de l'alliance anglaise, n'hésita plus. En l'année 1521 commence cette lutte entre la France et la maison d'Autriche, c'est-à-dire entre la France et l'Allemagne, qui, sous des formes diverses, s'est perpétuée jusqu'à nos jours, qui peut-être n'est pas finie.

Pour avoir raison de la France, l'ennemi a toujours su qu'il devait trouver des partisans chez elle. Mais les anciennes factions avaient disparu et il ne s'en était pas encore formé d'autres. De la haute féodalité vaincue par Louis XI, il ne restait qu'un seul représentant : il trahit. Le duc-connétable de Bourbon, un ambitieux, aigri, osa, quoique prince du sang, conspirer avec l'étranger contre la sûreté de l'État. Grave complot, car le duc était puissant par ses alliances de famille, ses vastes domaines, et, connétable, il était, avant le roi, chef de l'armée. François Ier agit avec promptitude et vigueur. « On ne reverra pas, dit-il, les temps de Charles VI. » Il ordonna l'arrestation des complices du connétable, effraya par un lit de justice le Parlement de Paris, fort peu sûr. Quant au connétable lui-même, il réussit à s'enfuir et porta désormais les armes contre la France. L'horreur que ce crime contre la patrie inspira était de bon augure. Elle étouffa le mécontentement, que causaient déjà les impôts, les sacrifices d'argent exigés par la guerre.

Sur toutes nos frontières, on se battait et la France fut réduite à la défensive, quand elle eut perdu le Milanais pour la troisième fois. Il ne s'agissait plus d'une guerre de magnificence, mais de tenir l'ennemi loin des Alpes et de laisser l'Italie entre lui et nous. Cette couverture était perdue. La France courut alors un grand danger. Autour d'elle, le cercle de l'investissementt se resserra : du dehors on la crut perdue. Paris menacé dut s'entourer de tranchées à la hâte. Heureusement les Impériaux furent arrêtés, battus en Champagne. Henri VIII, mécontent de son allié, craignant de trop s'engager, se retira. En même temps qu'à ce péril, nous avions échappé au péril ordinaire : la trahison à l'intérieur. On pouvait compter sur l'unité morale du pays.

On en avait besoin. Charles Quint était décidé à redoubler ses coups. Les généraux français essayèrent encore de dégager l'Italie. Après huit mois de campagne, il fallut reculer. Cette fois, la route du Midi était ouverte à l'invasion. Les Impériaux entrèrent en Provence, le duc de Bourbon à leur tête, et vinrent assiéger Marseille dont la résistance permit au roi d'accourir avec une armée. L'ennemi dut lever le siège, battre en retraite avec précipitation et repasser en Italie où le roi crut tenir la victoire. Au lieu de la victoire, ce fut un désastre. Le sort tourna devant Pavie (1525) et le roi tomba prisonnier aux mains de l'ennemi, comme jadis à Poitiers Jean le Bon. François Ier le dit lui-même : il ne lui était demeuré que l'honneur et la vie.

Il n'est pas douteux que Charles Quint ait cru qu'en tenant le roi il tenait la France, comme Édouard III l'avait tenue après Poitiers. Mais cette fois il n'y eut ni désordre ni trahison : le sentiment public ne l'aurait pas supporté. On vit bien un essai de complot, qui avorta, pour enlever la régence à la mère du roi, Louise de Savoie. Quelques intrigants et agents de l'ennemi tentèrent aussi, mais en vain, de réveiller le parti bourguignon à Paris et de retrouver des partisans du duc de Bourbon dans ses anciens domaines. La régente se garda de convoquer des états généraux : c'était assez d'un Étienne Marcel. La seule opposition qu'elle rencontra fut une opposition légale, celle du Parlement de Paris qui avait été, qui était peut-être encore secrètement sympathique au duc de Bourbon. Cet incident vaut qu'on s'y arrête, car il annonce bien des choses qui vont suivre.

Par ses attributions même, le Parlement, corps judiciaire, avait pris un caractère politique. Chargé d'enregistrer les édits, il les examinait et il participait ainsi au pouvoir législatif. Il s'était formé chez lui des traditions et des doctrines. Muni du droit de remontrance, il critiquait le gouvernement, il se donnait un air libéral. Un conflit avait déjà éclaté au sujet du Concordat que le Parlement trouvait tout à la fois contraire aux libertés de l'Église gallicane et trop propre à renforcer l'autorité du roi en lui donnant la nomination aux bénéfices ecclésiastiques. Le Parlement avait dû s'incliner devant la volonté du roi, mais il restait attaché à son principe et il gardait surtout rancune au négociateur du Concordat, le chancelier Duprat : nous retrouverons sous Mazarin cette opposition du Parlement au premier ministre. Après Pavie, l'occasion parut bonne aux grands magistrats parisiens de prendre leur revanche et d'acquérir de la popularité en accusant de nos revers les financiers et leurs concussions. Mais, chose plus importante, le Parlement se plaignait que le gouvernement ne poursuivît pas les réformateurs religieux, - il disait les hérétiques, - qui commençaient à paraître en France. La résistance au protestantisme partait, non pas du pouvoir, indifférent à la Réforme, mais d'un des organes de l'opinion publique. Il en sera ainsi jusqu'au dix-septième siècle et l'on voit déjà paraître le principal caractère des guerres de religion où, du côté catholique, la résistance sera spontanée tandis que la monarchie essaiera de garder le rôle d'arbitre.

À cette heure-là, il y avait d'autres intérêts à défendre et d'autres soucis. L'essentiel était que, pendant la captivité du roi, la France restât calme et unie. Alors il ne servait à rien à l'Empereur d'avoir ce prisonnier. Est-ce que, sans les révolutions parisiennes et l'anarchie, le traité arraché jadis au roi Jean n'eût pas été nul ? Charles Quint ne voulait relâcher François Ier qu'à des conditions exorbitantes : pour lui tout ce qui avait appartenu au Téméraire ; pour Henri VIII la Normandie, la Guyenne, la Gascogne ; pour le duc de Bourbon le Dauphiné, et la Provence. « Plutôt mourir que ce faire », répondit François Ier. Charles Quint gardait son captif sans être plus avancé. Il se rendait odieux, un peu ridicule. L'Anglais commençait à réfléchir, à trouver que l'Empereur devenait bien puissant, tenait peu ses promesses, payait mal et la Chambre des Communes voulait au moins de l'argent. La régente eut l'habileté d'en offrir : la France se trouvait bien d'être riche et de savoir dépenser à propos. Pour deux millions d'écus d'or, Henri VIII changea de camp.

Charles Quint ne pouvait plus rien tirer de son prisonnier que par la lassitude, l'ennui et la crainte que, l'absence du roi se prolongeant, l'ordre ne fût troublé en France. François Ier accepta le traité de Madrid, donnant ses deux fils en otages à son ennemi, mais non sans avoir averti que, signé par contrainte, ce traité serait nul. Charles Quint avait encore exigé la Bourgogne. Le roi, rentré en France, reçut des députés bourguignons la déclaration qu'ils voulaient rester Français et une assemblée spéciale réunie à Cognac déclara qu'il n'était pas au pouvoir du roi d'aliéner une province du royaume (1526).

En réalité, Charles Quint n'ignorait pas que son traité resterait sans effet, mais il devait sortir d'une situation embarrassante. Dans son trop vaste empire, les difficultés ne manquaient pas. Partout où il régnait, il était comme un étranger. L'Espagne n'aimait pas ce Flamand et il avait eu à vaincre l'insurrection des *comuneros*. La Flandre-Belgique n'aimait pas cet Espagnol. Une partie de l'Allemagne avait passé à Luther et les princes protestants défendaient leur indépendance, les libertés germaniques, contre les projets d'unification de l'Empereur. Enfin, menaçant l'Empire par la Hongrie, il y avait les Turcs, déjà sur la route de Vienne. Pour se défendre contre la puissance germanique, la France devra toujours chercher des alliés dans l'Europe centrale et dans l'Europe orientale. Les princes protestants, les Turcs étaient des auxiliaires qui s'offraient. Une politique, celle de l'équilibre, s'ébaucha.

Le soir même de Pavie, François Ier, en secret, avait envoyé sa bague à Soliman. Le sultan et son ministre Ibrahim comprirent ce signe. Les relations entre la France et la Turquie étaient anciennes. Elles dataient de Jacques Cœur et de Charles VII. Mais c'étaient des relations d'affaires. Devenir l'allié des Turcs pour que le roi franchît un tel pas, il fallait la nécessité. « Les Turcs occupent l'Empereur et font la sûreté de tous les princes », disait François Ier aux Vénitiens. Il ira encore plus loin puisqu'il lancera contre son ennemi jusqu'aux pirates d'Alger. Cette alliance avec l'Infidèle, c'était cependant la fin de l'idée de chrétienté. Dans la mesure où elle avait existé, où elle avait pu survivre à tant de guerres entre les nations d'Europe, la conception de la République chrétienne était abolie. Elle l'était par le germanisme lui-même qui posait à la France une question de vie ou de mort, lui ordonnait de se défendre. Cette guerre était le commencement des guerres inexpiables où la vieille Europe viendrait tant de fois s'engloutir pour de nouvelles métamorphoses. Le roi Très Chrétien envoyait sa bague à Soliman. Mais bientôt (car la répudiation par François Ier de l'inacceptable traité de Madrid avait rouvert les hostilités), Charles Quint, Majesté Catholique, livrait Rome à ses troupes bigarrées, à ses Vandales et à ses Goths. Le sac de la Ville Éternelle, où le connétable de Bourbon, inoubliable figure du renégat de son pays, trouva la mort, effraya l'Europe comme un présage (1527). Peut-être la chrétienté, lointain souvenir de l'unité romaine, était-elle déjà une illusion. Elle ne fut plus qu'une chimère.

Pour se reconnaître dans les événements très confus qui vont suivre, trêves conclues et dénoncées, alliances nouées et dénouées, il faut un fil conducteur. Comment François Ier finit-il par se réconcilier deux fois avec Charles Quint, la première au traité de Cambrai qui rendit au roi ses fils otages, la seconde avec un tel empressement que l'Empereur fut reçu en France ? C'est que les choses ne sont jamais si simples. En théorie, il était facile de s'unir, pour abattre Charles Quint, à Soliman, et aux protestants d'Allemagne. Mais, en Europe, cette alliance avec les Turcs, dont les invasions montaient, avançaient sans cesse, faisait scandale. Charles-Quint exploitait ces craintes et ces répugnances contre François Ier qui devait ruser, rassurer, fournir des explications, ne pas laisser Charles Quint prendre le rôle de défenseur du catholicisme. Quant aux princes protestants d'Allemagne, confédérés à Smalkalde contre l'Empereur, il leur arrivait de se souvenir qu'ils étaient Allemands et que Charles Quint les couvrait en Autriche lorsque les Turcs menaçaient Vienne.

Ce n'est pas seulement en Europe que la position de François Ier était difficile à tenir. C'était en France. L'alliance avec les protestants allemands souleva une question de politique intérieure à partir du moment où il y eut des protestants français. Lorsque la Réforme parut chez nous, le moins qu'on puisse dire de l'attitude de François Ier, c'est que ce fut celle de l'indulgence. Sa sœur, la lettrée, la mystique Marguerite de Navarre, l'amie de Clément Marot, était sympathique à cette nouveauté. Le roi lui-même, la Réforme le servant en Allemagne, la voyait sans déplaisir en France. Il protégea et sauva plusieurs réformés, intervint pour la tolérance. Mais, nous l'avons vu, c'était l'opinion publique qui poursuivait les réformés. Et la propagande protestante grandissait, s'enhardissait, formait des iconoclastes et des fanatiques. Des statues de la Vierge furent brisées, un placard contre la messe cloué jusque sur la porte de la chambre du roi. La faute ordinaire des propagandistes, c'est de chercher à compromettre ceux qui ne les combattent pas et François Ier ne voulait pas, ne pouvait pas être compromis : on sentait déjà se former ce qui sera bientôt la Ligue catholique. Il vit que les réformés, avec maladresse, essayaient de mettre la main sur lui. Il se dégagea sans brutalité. Les historiens protestants lui ont toujours rendu justice, même quand c'est pour l'opposer à ses successeurs.

Il est facile de comprendre que ce commencement de guerre religieuse à l'intérieur ait gêné la politique étrangère du roi. Sans doute, une coalition formée du roi de France, d'Henri VIII alors en querelle avec Rome, et des protestants allemands, cette coalition eût été redoutable pour Charles Quint. Elle ne fût pas allée loin si, aux yeux de la France catholique, - l'immense majorité des Français, - François Ier fût devenu le roi de la Réforme. Prendre ouvertement le parti des hérétiques, c'était peut-être, dans la disposition des esprits, courir le risque d'une révolution. Cependant, la résistance, souvent violente, des Français à la diffusion du protestantisme, refroidissait nos alliés d'Allemagne. D'où les fluctuations que subit, à partir de 1538, la politique de François Ier.

Mais une réconciliation sincère, durable, n'était pas possible entre la maison d'Autriche et la France, tant que l'Empereur menacerait l'indépendance et la sûreté de l'Europe.

La guerre reprit et, cette fois, la partie fut nulle. Les Impériaux, pourtant battus en Italie à Cérisoles, avaient envahi la France par le nord et la paix avait dû être signée à quinze lieues de Paris, à Crépy-en-Laonnais (1544). Non pas une paix : une trêve précaire, pareille aux autres, qui ne résolvait rien et que l'opinion publique trouva humiliante. Comme son père avait fait pour le traité de Madrid, le dauphin, soucieux de sa popularité, attesta devant notaire que, devenu roi, il ne reconnaîtrait pas le traité de Crépy. À la mort de François Ier, de nouvelles hostilités se préparaient entre la France et l'Empereur.

Ce qui s'est élaboré, construit, à cette date de 1547 où Henri II devient roi, c'est une politique. Décidément, les affaires d'Allemagne sont les plus importantes. Nos frontières de l'est aussi. L'Italie n'est qu'un théâtre secondaire. Contre qui porte l'effort de la France ? Contre l'Empire germanique. C'est donc là qu'il faut agir, c'est cet Empire qu'il faut dissocier, s'il se peut. Quant aux résultats de l'inévitable guerre, où seront-ils cueillis ? Sur la ligne qui sépare l'Empire de la France, dans cette Lotharingie d'où le partage des Carolingiens nous a écartés depuis cinq cents ans. La lutte contre la maison d'Autriche, c'est-à-dire la lutte contre l'Allemagne, conduit la France à reprendre ses frontières du côté du Rhin. L'achèvement de notre unité sur les points où elle était encore le plus imparfaite devient un dessein tout à fait net sous Henri II.

Au début du nouveau règne, les nouvelles d'Allemagne étaient mauvaises pour nous. Charles Quint tentait ce que les rois de Prusse n'obtiendront que quatre siècles plus tard : devenir le maître dans une Allemagne unifiée, transformer l'Empire électif en monarchie héréditaire. L'Allemagne était alors une mosaïque de principautés et de villes libres. Sa constitution, définie par la Bulle d'Or, était à la fois aristocratique et républicaine. Charles Quint commença par priver les villes de leur indépendance, puis il passa aux princes. L'année même de l'avènement de Henri II, l'électeur de Saxe fut battu à Muhlberg. Sans un secours du dehors, les princes allemands. succombaient, la maison d'Autriche centralisait et gouvernait l'Allemagne. Alors Charles Quint eût été bien près de réaliser son rêve, de dominer l'Europe. Il fallait se hâter pour prévenir ce péril. Auprès des Turcs, auprès du pape, auprès de la République de Venise, auprès des princes italiens et des princes allemands, partout où elle put trouver des adversaires de l'Empereur, la diplomatie française fut à l'œuvre.

Une circonstance favorable pour nous, c'était que la Réforme n'avait pas encore sérieusement troublé la France, tandis que l'Allemagne et l'Angleterre étaient déchirées par le conflit des religions. Par là, l'Angleterre fut empêchée d'intervenir dans les affaires continentales. Tandis que la politique française liait partie avec les protestants d'Allemagne, elle soutenait les catholiques anglais. Une sœur des Guise, de la maison de Lorraine, cette famille déjà influente et qui va jouer un si grand rôle chez nous, avait épousé le roi d'Écosse. Sa fille, Marie Stuart, était demandée par Édouard VI. Conduite en Frauce, elle épousait le dauphin. De même Philippe II épousait Marie Tudor : la France et l'Espagne cherchent également à agir par le catholicisme sur l'Angleterre divisée à son tour par la religion. Pour nous, l'avantage de ces luttes religieuses et politiques, c'est que les Anglais ne seront plus à craindre. Boulogne, perdue à la fin du dernier règne, fut reprise en attendant que Calais le fût.

Henri II avait eu raison d'ajourner la reprise des hostilités avec l'Empereur. Le grand dessein politique de Charles Quint rencontrait des obstacles. La branche allemande de sa famille ne voulait pas que l'Empire passât à son fils Philippe II, roi d'Espagne. Les protestants d'Allemagne et leurs princes, malgré leur défaite, résistaient. Bien travaillés par nos agents, ils conclurent le traité secret de Chambord qui les rendait nos alliés. Henri II prit le titre de défenseur des libertés germaniques et Marillac avait donné la formule de cette politique : « Tenir sous main les affaires d'Allemagne en aussi grande difficulté qu'il se pourra », ce qu'Henri II traduisait d'un mot plus énergique . « le grabuge ». De leur côté, les princes protestants avaient reconnu les droits du roi sur Cambrai, Metz,

Toul et Verdun. Tout était prêt pour la guerre que chacun sentait inévitable (1552).

Le roi de France y préluda par un manifeste en français et en allemand que décorait un bonnet phrygien entre deux poignards avec cette devise : « Liberté. » La monarchie française faisait en Allemagne de la propagande républicaine. Toul ouvrit ses portes, Metz et Verdun furent pris, et l'armée française parut jusqu'au Rhin où burent ses chevaux. Cependant, Charles Quint, battu par l'électeur de Saxe, avait failli tomber entre ses mains. L'Allemagne était sur le point de lui échapper. Il se hâta de signer avec les protestants la transaction de Passau par laquelle il reconnaissait les libertés germaniques. Puis, croyant l'Allemagne pacifiée, il voulut reprendre Metz. Le duc de Guise courut s'y enfermer, mit la ville en état de défense et, après deux mois de siège, contraignit Charles Quint à se retirer (1553). Ce fut un triomphe personnel pour François de Guise, un triomphe qu'il achèvera bientôt, quand il enlèvera Calais par un coup de main audacieux. La popularité de Guise sera immense. Un soldat de génie était apparu et ce grand capitaine deviendra le chef d'un parti, une puissance politique. Il sera un moment plus puissant que le roi lui-même. Et c'est la gloire militaire qui lui donnera, ainsi qu'à son fils, une sorte de dictature lorsque viendront l'affaiblissement du pouvoir et la démagogie.

La guerre s'était prolongée cinq ans en Italie et dans le nord de la France sans que l'Empereur pût obtenir un résultat. Rien ne lui réussissait plus. En Allemagne, les protestants s'enhardissaient et lui imposaient des conditions nouvelles. La souveraineté de chaque État allemand en matière religieuse étant reconnue, l'unité devenait chimérique. C'est alors que Charles Quint, découragé, obligé de renoncer à son rêve, n'ayant même pu transmettre à son fils la couronne impériale, résolut d'abdiquer (1556). Par cette retraite volontaire, dont le roi de France se réjouit silencieusement, il avouait son échec. Sans doute son fils Philippe II possède les Pays-Bas et l'Espagne. En guise de consolation pour la perte de l'Empire, il a épousé Marie Tudor. Il reprendra les plans de son père, il tentera comme lui de dominer l'Europe, mais dans des conditions encore moins bonnes. La première partie de la lutte contre la maison d'Autriche tournait à l'avantage de la France.

Ce ne fut pas sans quelques nouveaux accidents. Philippe II avait recommencé la guerre et il avait avec lui les Anglais de Marie Tudor et le duc de Savoie. Cette fois, l'ennemi délaissa Metz et entra en France par la frontière des Pays-Bas, la grande route de l'invasion. Le duc de Savoie, par une marche rapide, arriva jusqu'à Saint-Quentin que défendait Coligny. Une tentative du connétable de Montmorency pour débloquer la ville fut malheureuse : l'armée française fut écrasée, la route de Paris était ouverte. Seule, à ce moment, l'hésitation de Philippe II, sa crainte de compromettre le fruit d'une campagne heureuse, nous sauva d'un pire désastre. Le duc de Guise, qui menait campagne en Italie, fut rappelé à la hâte et nommé lieutenant général. Ce grand capitaine avait l'esprit politique. Il vit la France inquiète, fatiguée, avec un mauvais moral. Il fallait frapper un grand coup pour relever l'opinion publique, François de Guise pensa à Calais, précieuse possession de l'Angleterre, sa dernière enclave sur notre sol. La ville fut reconquise en quelques jours (1558), avec une hardiesse, un bonheur extraordinaires. Défenseur de Metz, libérateur de Calais, Guise devint irrésistible. Cependant son rival Coligny, le vaincu de Saint-Quentin qui, avec son frère Dandelot, inclinait pour la Réforme, était tristement prisonnier. Déjà la partie n'était pas égale entre celui qui serait le champion de la cause catholique et celui qui serait le champion de la cause protestante.

Le duc de Guise ayant rétabli les affaires de la France, la paix devenait possible. Ce fut une paix de liquidation. De tous les côtés on n'en pouvait plus. Marie Tudor était morte. Avec elle Philippe II perdait l'alliance anglaise, et la reine Élisabeth, se décidant pour le protestantisme, fondait l'Église anglicane. Le roi d'Espagne était inquiété sur mer par les Turcs, comme l'était sur terre son cousin l'empereur Ferdinand qui, ayant en outre affaire aux protestants d'Allemagne, n'avait même pas pris part à la lutte. La France retrouvait Saint-Quentin, gardait

Metz, Toul, Verdun et Calais. Mais, sauf Turin, elle renonçait à l'Italie. C'est ce qui a fait que le traité de Cateau-Cambrésis n'a pas été plus glorieux. Les militaires regrettaient ces campagnes d'Italie qui rapportaient de l'avancement et du butin, et ils déclarèrent que l'abandon de tant de conquêtes était une honte. Les mémoires de Montluc sont pleins de ces protestations. Elles ont été répétées. Il est curieux que l'histoire, au lieu d'enregistrer les résultats, se laisse impressionner, même à longue distance, par des hommes qui n'ont pris la plume, comme c'est presque toujours le cas des auteurs de mémoires, que pour se plaindre on se vanter.

Henri II mourut d'accident sur ces entrefaites (1559). Aux fêtes données pour la paix, le roi prit part à un tournoi où la lance de Montgomery lui entra dans l'œil. La mort de ce prince énergique et froid tombait mal. Il ne laissait que de jeunes fils à un moment où la France se troublait. Comme toujours, de si longues années de guerre, qui avaient été pourtant des guerres de salut national, avaient été coûteuses. Elles avaient accablé les finances, atteint les fortunes privées. Il avait fallu multiplier les emprunts et les impôts, tirer argent de tout, vendre les charges publiques. Déjà, au début du règne d'Henri II les provinces du sud-ouest s'étaient soulevées contre la gabelle et l'insurrection avait pris un caractère révolutionnaire, dont témoigne le célèbre pamphlet contre les tyrans, le *Contre un* de la Boétie, l'ami de Montaigne. Ce « cri républicain » sera bientôt repris par les calvinistes, tout d'abord respectueux de l'autorité et des pouvoirs établis, comme Luther et Calvin lui-même l'avaient recommandé. Qu'il y eût, au fond de la Réforme, un levain politique, un principe d'insurrection, c'est ce qui n'est guère douteux. En Allemagne, la grande révolte des paysans de Souabe, puis le soulèvement des anabaptistes de Münster, qui professaient le communisme, avaient coïncidé avec la prédication protestante. Si la France semblait beaucoup plus réfractaire à la Réforme, qui ne s'y propageait qu'avec lenteur, toutefois l'avilissement de l'argent, la cherté de la vie, conséquences de la guerre, et peut-être aussi de l'afflux subit de l'or américain, avaient créé du mécontentement, un terrain favorable à l'opposition politique, en appauvrissant les classes moyennes. Ce fut, chez nous, le grand stimulant du protestantisme, auquel adhérèrent surtout la bourgeoisie et la noblesse, tandis que la population des campagnes, que la crise économique n'avait pas atteinte, resta indemne. Quant à ceux que leur tournure d'esprit, des raisons intellectuelles ou mystiques avaient convertis à la religion réformée, ils furent ensuite entraînés dans le mouvement de la guerre civile : la distinction entre « huguenots de religion » et « huguenots d'État » ne tarda guère à s'effacer.

François Ier avait déjà dû s'occuper des protestants dont la prédication causait des désordres. Sous Henri II, les incidents se multiplièrent. Il y en eut de graves à Paris, où la foule assaillit une réunion que les réformés tenaient au Pré-aux-Clercs. Des Églises naissaient un peu partout, à l'exemple de celle que Calvin fondait à Genève, et les persécutions, voulues par l'opinion publique, poussaient comme toujours les convertis à proclamer leur foi et à chercher le martyre. Ces symptômes étaient inquiétants. Il était clair que la France allait se couper en deux, clair aussi que la résistance du peuple catholique serait plus forte que la propagande calviniste. Contre les hérétiques, la foule exigeait des supplices, ne les trouvait jamais assez durs. Michelet doit le noter : « On s'étouffait aux potences, aux bûchers, l'assistance dirigeait elle-même et réglait les exécutions. » D'autres signes apparaissaient, propres à préoccuper un gouvernement : deux partis se formaient dans tous les corps de l'État. Dans l'armée, Guise et Coligny s'opposaient. Au Parlement, une chambre acquittait les protestants, l'autre les condamnait au feu. La magistrature se discréditait. Pour mettre fin au scandale, Henri II tint au Parlement une séance solennelle qui tourna en un scandale pire. Un des conseillers, Dubourg, nouveau converti, défia le roi, le compara bibliquement au tyran Achab. Séance tenante, Henri II fit arrêter par sa garde quelques-uns des hauts magistrats. Malgré l'énergie de la riposte, impossible de méconnaître qu'une crise de l'autorité commençait.

CHAPITRE IX

LES GUERRES CIVILES ET RELIGIEUSES REMETTENT LA FRANCE AU BORD DE LA RUINE

LA mort d'Henri II précipita les choses : le « grabuge », comme il disait, passait d'Allemagne en France. Son fils François II n'avait que seize ans et il était maladif. Son règne d'une année fut celui où les catholiques et les protestants prirent position, tandis que se dessinait un « tiers parti » qui, redressé par l'expérience de la Ligue et devenu le parti des « politiques », aurait la victoire à la longue. Ce tiers parti était en réalité celui de la couronne. S'il était représenté par le chancelier L'Hospital, libéral vénérable et verbeux, il avait pour cerveau calculateur la reine mère, Catherine de Médicis, car Henri II avait épousé cette descendante des banquiers florentins.

Le chef incontesté des catholiques était le duc de Guise. Son immense popularité, sa gloire militaire le servaient. Quant aux protestants, ils cherchaient un chef sans le trouver. Il y avait bien, en face de la maison de Lorraine, celle de Châtillon : Coligny et Dandelot. Coligny, soldat, se dérobait encore et se contentait de plaider pour la tolérance. Un prince du sang eût d'ailleurs mieux convenu aux calvinistes. Ils portèrent leurs vues sur le roi de Navarre, Antoine de Bourbon, que sa femme Jeanne d'Albret entraînait vers la Réforme, mais que ses intérêts et son caractère rendaient hésitant, et sur son frère le prince de Condé, plus résolu et que l'ambition tenta.

Nous avons ainsi le thème général des guerres de religion. « Il y a deux grands camps par la France », disait Pasquier. La monarchie, fidèle, même sous des princes débiles, a son rôle national, s'efforcera de maintenir l'équilibre et de rester au-dessus des factions. Ces événements extrêmement troubles ont encore été obscurcis par la passion qui se mêle aux récits qu'on en a fait jusqu'à nos jours. Chacun des partis accuse l'autre d'avoir commencé. Ce qui est certain, c'est que le duc de Guise, qu'il le voulût ou non, se trouvait à la tête des catholiques. Il était l'homme le plus haï des protestants et conduit par cela même, et pour se défendre, à désirer le pouvoir. Oncle du jeune roi puisque Marie Stuart était sa propre nièce, l'avènement de François II lui donna dans le gouvernement une influence d'autant plus grande que son frère, le cardinal de Lorraine, occupait ce qui correspondrait aujourd'hui aux ministères de l'Intérieur et des Finances.

Les protestants, jusque-là, avaient pu se montrer hardis en paroles et violents dans leurs pamphlets. Ils n'avaient pas encore passé à l'action. Ce grand pas fut franchi par un homme de coup de main, La Renaudie, que ses coreligionnaires semblent bien avoir approuvé tout en se réservant de le désavouer. La Renaudie, ayant réuni un certain nombre de gentilshommes réformés, leur proposa d'enlever les Guise et d'obtenir ensuite la liberté de la religion protestante, en promettant, pour ne pas les effaroucher, de ne toucher ni au roi ni à « l'état légitime du royaume ». En réalité son plan consistait à se saisir du roi en même temps que des Guise, à convoquer les états généraux et à proclamer les Bourbons. Ce fut la conspiration d'Amboise (1560). Elle fut éventée par le cardinal de Lorraine et le duc de Guise devança La Renaudie qui fut tué au moment où il rassemblait ses bandes. Par cette aventure, le parti protestant s'était mis dans un tort grave. Déjà trop fort pour s'incliner, il se jetait dans la rébellion. Il prit les armes sur divers points, à Lyon, en Dauphiné, en Provence.

Le service que les Guise ont rendu à ce moment-là a été de voir la nécessité da la répression et de se charger des responsabilités. Il leur fallait cependant, pour résister aux protestants factieux, une sorte d'approbation nationale, le chancelier L'Hospital, soutenu par la reine mère, étant pour les mesures de conciliation. C'est ainsi que, du consentement de tous, furent réunis des états généraux, le dangereux remède des temps troublés.

Mais les Guise ne livraient rien au hasard. Leur plan était de frapper tout de suite un grand coup et de placer les députés devant un fait accompli. Les états convoqués à Orléans, le roi de Navarre et Condé furent invités à s'y rendre. S'ils refusaient, ils s'avouaient coupables et se mettaient hors la loi. S'ils venaient avec des troupes, ils trahissaient une mauvaise conscience. S'ils venaient seuls, ils se livraient à leurs adversaires. C'est ce qui eut lieu. Le roi de Navarre, que son irrésolution rendait inoffensif, fut intimidé par un accueil glacial et une étroite surveillance. Quant à Condé, sommé par le roi d'expliquer sa conduite, il répondit qu'il était calomnié par les Guise. Arrêté, jugé, il fut condamné pour trahison. Les Guise avaient obtenu ce qu'ils voulaient. En frappant les princes de Bourbon, ils avaient frappé le parti protestant à la tête.

La mort de François II, dans la même année 1560, atteignit les Guise au milieu de ce succès. Cette mort changeait tout, car le nouveau roi, Charles IX, étant mineur, la reine mère et L'Hospital prenaient la haute main. On peut croire que, de ce moment, l'idée d'un changement de dynastie hanta les Guise, comme elle était dans l'esprit des protestants. Et du changement de dynastie à la suppression du régime monarchique, il n'y a qu'un pas. Un état d'esprit révolutionnaire se répandait.

Apaisement, réconciliation : c'était le programme de Catherine et de L'Hospital. Programme chimérique : les positions étaient trop nettes, les passions trop brûlantes. L'habileté de l'Italienne, le libéralisme du chancelier réussirent quelque temps à écarter les questions qui irritaient, les questions de personnes d'abord. Mais il n'était pas possible d'être si impartial que la balance ne penchât de quelque côté. Les Guise écartés du pouvoir, le roi de Navarre au conseil, Condé gracié, l'amnistie pour les calvinistes : la balance penchait du côté des protestants qui s'enhardirent, tandis que les catholiques s'alarmaient. L'Hospital s'était trompé sur la nature du problème ou plutôt il ne l'avait pas vue. Il n'avait pas distingué ce que Sainte-Beuve appelle « l'esprit républicain primitif des Églises réformées et leur dessein exprès de former un État dans l'État ». L'Hospital ne crut pas seulement contenter les calvinistes par des concessions et des édits de tolérance. Ne distinguant pas le cours des événements, il affaiblit l'État au moment le plus mauvais. Il a ainsi une lourde responsabilité dans les massacres et les guerres civiles. L'ordonnance qu'il rendit, selon l'usage, après les états généraux d'Orléans, répondait aux réformes demandées par les députés bourgeois, effrayés surtout de la dépense et du déficit qui atteignait 43 millions, chiffre énorme alors. Le chancelier fit des économies, mais de l'espèce des économies ruineuses. Il diminua la force publique, licencia la garde écossaise. Les pensions réduites firent des mécontents et des « demi-solde ». Ce n'était pas tout. Les pouvoirs des municipalités furent accrus : c'est comme si, dans des temps troublés, la police intérieure était abandonnée aux communes. L'Hospital pensait que la liberté arrangerait tout : il désarmait le gouvernement, et il armait les partis. Michelet, presque malgré lui, traite ce libéral comme un imbécile : « Aux flots de la mer soulevée, aux éléments furieux, au chaos il dit : « Soyez rois. »

Ces circonstances expliquent comment, presque d'un seul coup, la France flamba. En vain le chancelier multipliait les édits; personne ne les observait. Les calvinistes ne trouvaient pas qu'il leur donnât assez et le parti catholique trouvait qu'il leur donnait trop. Les uns troublaient la messe, les autres le prêche sans qu'on sût jamais qui avait commencé. La singulière idée qu'eut L'Hospital de convoquer à Poissy un colloque d'évêques et de ministres pour rapprocher les deux religions s'acheva par une violente querelle et laissa penser aux catholiques que le pouvoir était prêt à sacrifier leur foi. Dans son rôle de conciliatrice, Catherine de Médicis se rendait suspecte. Déjà, le duc de Guise, le vieux connétable de Montmorency et le maréchal de Saint-André avaient formé une sorte de gouvernement à côté du gouvernement, le triumvirat. Un incident plus grave que les autres, où le duc de Guise fut personnellement mêlé, donna le signal de la guerre civile. Les protestants, dont les coreligionnaires avaient eu le dessous dans la sanglante échauffourée qu'on a appelée le massacre de Vassy, crièrent à la persécution et prirent les armes. On était en mars 1562 : la véritable guerre civile commençait et un manifeste du prince de Condé l'ouvrit.

Cette guerre, François de Guise, avec sa décision ordinaire, voulut l'entreprendre dans de bonnes conditions. Il avait pour lui Paris qui restera jusqu'au bout catholique, et la résistance passionnée de la capitale annonce l'échec de la nouvelle religion, car déjà la France ne peut plus être qu'à l'image de Paris. Guise voulut encore autre chose : être sûr du gouvernement. Par un coup aussi calculé et aussi hardi que celui d'Orléans, il s'empara, à Fontainebleau, de la reine mère et du jeune roi, les conduisit à Paris, et reprit le pouvoir.

La tutelle et la surveillance que les Guise imposaient à la royauté et que Catherine subissait impatiemment, contre lesquelles Charles IX et Henri III se défendront plus tard, étaient fort illégales. Toutefois, sans cette dictature, la France eût couru de bien plus grands périls. Le coup d'œil de Guise était prompt et sûr. Il avait vu tout de suite la marche que les événements devaient suivre. Toute guerre civile introduit l'étranger dans les affaires d'un pays. Quand une guerre civile a en outre un principe religieux, elle prend un caractère international. La crainte des Guise était que les protestants de France n'eussent recours aux protestants du dehors, Comme nous avions encore de bonnes relations avec ceux d'Allemagne, les Guise cherchèrent à les convaincre qu'il y avait bien moins de différence entre luthériens et catholiques qu'entre luthériens et calvinistes. Le cardinal de Lorraine, par une politique qu'on lui a beaucoup reprochée, fit même, dans un entretien fameux sur la foi et le dogme, d'étonnantes concessions au duc de Wurtemberg. Cette politique réussit et les subsides aidant, on put voir les reîtres allemands combattre dans les rangs catholiques contre d'autres reîtres. Du côté de l'Angleterre, favorable au protestantisme, les Guise étaient sans moyens d'action. Mais une alliance s'offraient à eux, celle de l'Espagne. Philippe II avait pris position contre la Réforme en Europe. Élisabeth d'Angleterre était son ennemie. Ainsi, en France, chacun des deux camps trouvait des alliés.

Si les interventions étrangères étaient déplorables, celle de l'Espagne, semblait à ce moment la moins dangereuse. Catherine elle-même y avait recouru pour intimider le roi de Navarre, menacé dans son État, et la manœuvre avait été efficace. Ensuite l'entente du parti catholique avec l'Espagne se faisait par les voies régulières et diplomatiques, tandis que le parti protestant, parti rebelle, bien qu'il s'en défendît, était en mauvaise posture pour négocier. Élisabeth lui donna son appui moyennant des gages : la remise du Havre d'abord et plus tard la restitution de Calais. Condé et Coligny qui signèrent cette convention ont nié qu'ils eussent voulu trahir. Cependant ils livraient leur pays.

On a comparé l'année 1562 à 1793. Ce fut en effet une année de massacres et de terreur où aucun des partis n'épargna l'autre : Montluc et le baron des Adrets, dans le Midi, ont attaché leur nom à ces luttes impitoyables. Mais la Révolution a détruit moins de monuments, d'églises, de tombeaux et de statues, car les protestants s'en prenaient aux « images ». Beaucoup de lieux de France montrent encore les ruines de ce temps-là. Cependant la carte des opinions et des religions a sensiblement changé. Car si, au sud, catholiques et protestants, personnifiés par Montluc et des Adrets, sont toujours restés en présence, l'Ouest, en partie calviniste, au seizième siècle a vu la défaite de la Réforme. C'est en Normandie, où Condé et Coligny trouvaient leur appui principal, que la bataille se livra. Parti pour protéger le Havre contre les Anglais et reprendre Rouen, Guise rencontra Condé et Coligny près de Dreux et remporta une victoire difficile mais une victoire. Il lui restait à s'emparer d'Orléans, une des places du protestantisme, lorsqu'il fut assassiné par Poltrot de Méré (1563). À ce guet-apens, le fils de François de Guise répondra dans la nuit de la Saint-

Barthélemy. À la guerre civile et religieuse, ce crime ajoutait la vendetta.

En attendant, les événements avaient travaillé pour Catherine de Médicis. Le duc de Guise, ce roi non couronné, et l'incertain roi de Navarre, tué au siège de Rouen, étaient morts. Le triumvirat cessait d'exister. Le prince de Condé et les protestants étaient vaincus. Catherine, qui avait compris la force du parti catholique, mit à profit ces circonstances. Le parti calviniste était découragé, fatigué de la lutte. Elle le divisa. Elle offrit la paix à Condé et aux gentilshommes protestants, leur accordant la liberté du culte qui était refusée à quiconque ne pouvait célébrer la Cène en privé et dans son château. Ainsi l'aristocratie protestante avait satisfait son point d'honneur et semblait abandonner la plèbe. Un coup était porté au parti, mais c'était loin d'être le coup de grâce.

À peu près en ce temps, Catherine de Médicis se comparait à Blanche de Castille qui avait dissous une révolte des grands par son habileté et qui n'avait pas voulu que la monarchie fût souillée du sang des Albigeois. Pendant cette accalmie, où Charles IX atteignit sa majorité, l'autorité et les traditions royales se relevèrent. La reine mère, qui gardait la haute direction, croyait avoir trouvé cette fois la vraie formule de l'équilibre : un gouvernement catholique avec le respect de la justice légale pour les huguenots. Catherine se flattait d'avoir rétabli la tranquillité du royaume et d'avoir su mieux s'y prendre que Philippe II qui ensanglantait les Pays-Bas. Catherine de Médicis était trop optimiste. La tranquillité était fort incertaine. Le parti protestant n'était pas assez vaincu pour se contenter de la place qui lui était faite et pour ne pas se redresser. Il comptait des fanatiques qui aspiraient à reprendre la lutte et qui, pour ranimer les énergies, exploitaient tous les incidents. Ils finirent par entraîner Coligny qui, s'inspirant à la fois de La Renaudie et de François de Guise, de la conjuration d'Amboise et du coup d'État de Fontainebleau, voulut, avant de recommencer la guerre, s'emparer de la personne du roi. Se proposait-il de dominer. Charles IX ou de le remplacer par un Bourbon ? Avait-il les arrières pensées républicaines que croit découvrir

Michelet ? Son échec ne permet pas de le savoir. Malgré l'aveuglement de L'Hospital, qui ne voulait pas croire à tant d'audace, le coup de Coligny fut manqué et Charles IX, après avoir failli être pris à Meaux, put se réfugier à Paris.

Les protestants avaient commis une faute grave. Ils obligeaient la monarchie à les regarder comme des rebelles, et ils détournaient d'eux le tiers parti qui, avant tout, respectait la couronne. L'Hospital, rendu responsable de ce qui avait failli arriver, dut quitter le pouvoir. L'influence revint aux Guise et la répression commença. L'armée royale était si peu puissante qu'en deux ans, malgré des succès (à Jarnac, où le prince de Condé fut tué, et à Montcontour), elle ne parvint pas à écraser la sédition. Coligny avait pour point d'appui La Rochelle d'où il communiquait par mer avec ses alliés protestants d'Angleterre et des Pays-Bas. Parfois il réussissait à donner la main à d'autres forces calvinistes formées dans le Centre ou dans le Midi, venues de Hollande ou d'Allemagne, et il en parut jusqu'en Bourgogne. Cette troisième guerre civile finit encore par épuisement mutuel. Et puis Charles IX désirait se réconcilier avec les protestants pour des raisons de politique intérieure. Une transaction ne valait elle pas mieux que ces guerres qui ruinaient la France ? En outre, la maison de Lorraine redevenait bien puissante, bien exigeante, et le jeune Henri de Guise, le fils de François, commençait à porter ombrage à la couronne. Au-dehors, on avait à se méfier de Philippe II dont « l'alliance catholique » était peu sincère et qui n'était pas fâché que la France s'affaiblît par ses divisions. Toujours conseillé par sa mère, élevé dans la politique du tiers parti, Charles IX, qui avait même eu pour nourrice une protestante, n'avait pas de haine pour les calvinistes. Il désirait se réconcilier avec eux. Déjà il leur avait accordé la liberté de conscience. Par la paix de 1570, il leur donna encore la liberté du culte, sauf quelques restrictions en vue de l'ordre public, et quatre « places de sûreté », La Rochelle, Cognac, La Charité et Montauban.

En somme, la monarchie avait traité avec un parti rebelle comme avec des belligérants et cette politique, pour réussir, supposait un apaisement général, une vaste réconciliation de famille entre les Français. Afin de l'obtenir, Charles IX voulut commencer par en haut. Le premier prince du sang c'était le fils d'Antoine de Bourbon et de la reine de Navarre, c'était le futur Henri IV à qui revenait la couronne si le roi et ses jeunes frères mouraient sans enfants. Henri de Bourbon était protestant. Sa mère, l'ardente calviniste Jeanne d'Albret, l'avait conduit à La Rochelle et il avait fait ses premières armes sous Coligny. On pouvait prévoir une situation très grave le jour où la couronne passerait des Valois aux Bourbons, où le principe héréditaire appellerait au trône un protestant que les catholiques refuseraient de reconnaître. C'était et ce devait être la plus grande des difficultés que la monarchie eût rencontrées en elle-même depuis ses origines. Il fallait donc aider, préparer la fusion, faciliter la transmission de l'héritage. L'idée de Charles IX, idée à laquelle, malgré toutes les oppositions, il ne renonça pas, fut de donner sa sœur Marguerite en mariage à Henri de Bourbon pour rapprocher les deux branches de la famille.

En 1571, Catherine écrivait, avec la joie d'un grand succès : « Nous avons ici l'amiral à Blois. » Coligny à la cour, c'était un renversement complet de la situation. Le chef des rebelles, qui avait, quelques mois plus tôt, presque assiégé Paris, brûlé un de ses faubourgs, entra dans la ville à la droite du roi. Il devenait son conseiller. Il fit avec lui des plans de politique extérieure fondés sur une alliance avec le prince d'Orange contre Philippe II. On se réconcilia même avec la reine d'Angleterre, qui tenait pourtant Marie Stuart en prison. Un mariage entre Élisabeth et le duc d'Anjou ou, à son défaut, le duc d'Alençon, fut ébauché. Coligny rendit ses places de sûreté en témoignage que les calvinistes avaient cessé d'être les ennemis de l'État et il envoya ses bandes en avant pour délivrer les Pays-Bas des Espagnols. La « guerre d'Espagne » devait rallier tous les « bons Français », et la conquête de la Flandre détourner la nation de la guerre civile.

Par un brusque revirement, la politique de la France devenait protestante et Coligny avait manqué de mesure. Un grand et rapide succès de la diversion qu'il avait conçue eût peut-être tout entraîné. Mais ses calculs étaient chimériques.

Une entreprise de la France aux Pays-Bas inquiétait l'Angleterre et l'Allemagne. L'Espagne de Philippe II était puissante et l'on ne savait jusqu'où une guerre avec elle pouvait mener. Les esprits politiques s'alarmaient des dangers de cette entreprise et ils sentaient la population catholique s'énerver de la faveur et de l'autorité croissante des protestants. Surtout, le mariage de Marguerite de Valois et d'Henri de Bourbon, le premier « mariage mixte » et sans dispense du pape, faisait scandale. On prêchait dans Paris contre les fiançailles. Charles IX, pour qui cette union était le point capital de sa politique, persévéra. Il força même le consentement de sa sœur. À Notre-Dame elle hésitait encore, et l'on raconte que le roi, d'un geste brusque, la força d'incliner la tête pour dire oui.

C'est dans ce mariage, pourtant destiné à être le symbole de la réconciliation des Français, qu'est l'origine de la Saint-Bartlélemy. La vendetta des Guise contre Coligny ne suffit pas à expliquer cette explosion de fureur. Il est vraisemblable qu'un premier attentat dirigé contre Coligny, qui fut seulement blessé, fut inspiré par Henri de Guise en représailles du meurtre de son père. Mais l'excitation de Paris était grande. On avait annoncé que les noces d'Henri de Bourbon seraient des « noces vermeilles ». En somme le gouvernement, par sa nouvelle politique favorable aux protestants, s'était mis dans une de ces situations fausses dont on ne sort plus que par la violence. La sincérité de Charles IX ne peut être mise en doute. Après l'attentat de Maurevel contre Coligny, il avait encore pris des mesures pour la protection des calvinistes. Ce ne fut pas sans de longues hésitations qu'il finit par se ranger au parti contraire et par se rendre aux conseils de Catherine de Médicis qui, ramenée à d'autres sentiments, lui représenta qu'il mettait la monarchie en danger, que Coligny l'entraînait à sa perte, que si les Guise prenaient la direction de la réaction catholique qui s'annonçait, ils deviendraient les maîtres de l'État. L'unique ressource était de les devancer et de frapper le parti protestant à la tête.

La Saint-Barthélemy fut ainsi bien moins l'effet du fanatisme que la conséquence de la politique de bascule et de la politique de ménagements. Le roi, pour avoir penché du côté de Coligny, était dans une impasse. Les protestants étaient installés au Louvre avec son beau-frère. Comment les renvoyer ? Mais s'il continuait à gouverner avec Coligny, une révolution pouvait les renverser tous les deux. Chasser Coligny ? Autre perplexité. C'était aussi chasser Henri de Bourbon à qui le roi venait de donner sa sœur. C'était désavouer ce mariage qui avait coûté tant de peine, suscité tant d'opposition, et qui avait tant d'importance pour l'avenir du trône. Cependant un coup d'État des Guise, qui avaient refusé de quitter Paris et que la population approuvait, était imminent.

Les deux journées qui précédèrent le 24 août 1572 furent remplies par des conseils orageux où furent exprimés les avis les plus divers. Le plus curieux, celui qui peint le mieux la situation, fut donné par Catherine de Médicis qui songeait à laisser le champ libre aux Lorrains, comme on appelait les Guise, pour se retourner contre eux quand ils auraient décapité le parti calviniste. Ainsi la monarchie n'eût pas trempé dans la sanglante affaire et elle eût été affranchie de tous les grands, de tous les chefs, catholiques et protestants. Ce plan parut compliqué, dangereux, incertain, capable de donner aux Guise une autorité qu'il eût été difficile de leur reprendre ensuite. D'ailleurs le temps pressait. Il fallait se décider. Il fallait agir. On savait que les huguenots allaient venir en corps accuser les Guise devant le roi. Charles IX se vit entre deux périls et ses dernières hésitations furent vaincues.

Loin qu'il y ait eu préméditation dans la Saint-Barthélemy, on y distingue au contraire l'effet d'une sorte de panique. Les objections du roi étaient celles d'un homme qui ne voit que dangers à tous les partis qu'on lui soumet. Un autre trait révélateur c'est que Charles IX commença à se décider lorsque Gondi lui eut suggéré que le roi pourrait dire à la France : « Messieurs de Guise et de Châtillon se sont battus. Je m'en lave les mains. » Ce n'était pas héroïque, mais cette anxiété, cette prudence, ce soin de se couvrir de tous les côtés montrent que Charles IX avait le sentiment que le sort de la monarchie et de l'État se jouait. Michelet convient que, dans le conseil royal, l'hypothèse qui parut la plus redoutable (et elle se réalisera plus tard avec la Ligue) fut celle où un grand parti catholique s'organiserait et se dresserait contre la monarchie compromise avec le parti protestant. L'expérience devait prouver que la raison était forte. Par elle se décida le coup.

Il n'y eut pas besoin qu'on excitât Paris. Non seulement Coligny et les chefs, mais tous les protestants furent massacrés avec une fureur enthousiaste. Paris avait de vieilles rancunes, à la fois religieuses et politiques. Le petit commerce parisien reprochait aux huguenots de faire du tort aux « affaires » par leurs guerres civiles. Jusque dans le Louvre, on tua les gentilshommes protestants, et il y avait parmi eux les plus beaux noms de France. Charles IX eut peine à sauver son beau-frère et Condé, qu'il voulait épargner, non seulement par sentiment de famille, mais aussi pour garder quelqu'un à opposer aux Guise. Le vrai sens de la fameuse journée est là. Plus tard, dans ses *Considérations sur les coups d'État,* Gabriel Naudé écrira que celui de 1572 était resté « incomplet » parce que les princes lorrains n'avaient pas subi le même sort que les Châtillon.

Avec passion, les provinces avaient suivi l'exemple de Paris. Un peu partout les protestants furent tués en masse, comme si les catholiques n'eussent attendu que ce signal et l'autorité intervînt pour modérer cette ardeur plutôt que pour exciter au massacre. L'effet de terreur fut profond sur les calvinistes. Beaucoup abjurèrent, surtout les gentilshommes, les grands bourgeois, à l'exemple d'Henri de Bourbon, qui, une première fois, se convertit. Le protestantisme, décapité, mais privé de ses éléments conservateurs, en aura désormais des tendances plus républicaines et plus révolutionnaires. S'il s'éteint dans une partie de la France, il se réfugie, dans l'Ouest, à La Rochelle, et, dans le Midi, autour des Cévennes où le souvenir des Albigeois lui donnait une sorte de prédestination. La guerre civile n'est donc pas finie. Ce qui l'est, c'est l'expérience tentée par Charles IX, l'essai d'une collaboration avec les calvinistes. Le fait qui reste, c'est que la France n'a voulu accepter ni la Réforme ni l'influence des réformés sur le gouvernement.

Il faut reconnaître que l'horreur de la Saint-Barthélemy, répandue et répercutée par l'histoire, n'a été que modérément ressentie par les contemporains. Charles IX et sa mère, si troublés au moment de prendre leur résolution, n'étaient pas sans inquiétude après. Mais on cherche en vain la trace d'une grande réprobation de l'Europe. En somme, l'événement fut jugé au point de vue de ses résultats politiques. La monarchie française s'était tirée d'un péril pressant : Philippe II n'en eut aucun plaisir. Quant aux puissances protestantes, elles pensèrent que le roi de France serait plus fort pour maintenir l'équilibre en face du roi d'Espagne. La reine d'Angleterre, le prince d'Orange, les princes protestants d'Allemagne se rapprochèrent de la cour de France. Avec leur assentiment, le troisième fils de Catherine de Médicis, le duc d'Anjou, fut élu roi de Pologne. Louis de Nassau travaillait même pour que Charles IX fût élu empereur.

Le roi, très jeune encore, allait d'ailleurs mourir dès 1574. Avec la passion qui travestit cette période de notre histoire, on a prétendu que le remords de la Saint-Barthélemy l'avait tué. Que ces terribles scènes aient frappé son imagination, c'est à l'honneur de Charles IX. Mais sa mort - une pleurésie - fut troublée par autre chose que des souvenirs. Dans un pays où, depuis cinquante ans, des guerres civiles incessantes avaient succédé à une grande guerre étrangère, il y avait des souffrances et de l'irritation. Aux protestants insoumis du Midi et de La Rochelle, les « malcontents » s'étaient joints. Et, de même qu'il y avait les Guise avec les catholiques et les Châtillon avec les calvinistes, les malcontents avaient eux une autre grande famille, celle des Montmorency, qui représentait le tiers parti. Ainsi, il était facile d'entrevoir de nouvelles convulsions, mais aussi une nouvelle combinaison de tendances et de force, celle des catholiques modérés unis aux huguenots, regroupés sous la direction d'Henri de Bourbon, roi de Navarre.

La deuxième phase des guerres de religion, si tourmentée, presque fantastique, est un renversement curieux des situations.

La France ne sera pas protestante : c'est pour l'histoire une affaire jugée. Mais les catholiques ne sont pas encore rassurés, loin de là. Charles IX ne laisse pas de fils. Il est peu probable qu'Henri III en laisse un. Alors l'héritier du trône, ce sera Henri de Bourbon, le protestant mal converti qui est déjà retourné à la Réforme. Plutôt un autre roi, plutôt la République qu'un roi huguenot : ce sera la formule de la Ligue. Mais Charles IX, puis Henri III, ces derniers Valois décriés et injuriés plus que tous les autres souverains français, tiennent bon, à tous risques, sur le principe essentiel, le rocher de bronze de l'État : la monarchie héréditaire. C'est pour ce principe qu'Henri III, qui passe pour efféminé comme il passe pour avoir conseillé la Saint-Barthélemy, va lutter quinze ans. À la fin, il le paiera de sa vie.

Il était en Pologne à la mort de son frère et il ne rentra en France que pour trouver un royaume divisé, un trône chancelant. Son plus jeune frère, le duc d'Alençon, était contre lui, avec la coalition des mécontents et des huguenots. Rébellion coups de main, combats partout. Le roi n'était pas assez fort pour venir à bout des séditieux. Il le tenta vainement. Vainement aussi il tenta, en négociant, d'arrêter une armée allemande, vingt mille reîtres en marche pour rejoindre les rebelles de l'Ouest et du Midi. Pour empêcher cette jonction, redoutable, Henri III préféra capituler et céder de bon gré ce que lui eussent imposé les rebelles. Le duc d'Alençon reçut un apanage. Les Montmorency reprirent leurs charges. Les protestants obtinrent le libre exercice de leur culte, sans restriction d'aucune sorte, des places de sûreté, des sièges dans les Parlements, tout ce qu'ils demandaient, depuis un quart de siècle, les armes à la main, plus un désaveu de la Saint-Barthélemy, une vraie amende honorable, quatre ans après la célèbre journée. Encore une fois, la monarchie cherchait un accord avec le parti protestant.

Chez les catholiques, la réponse ne tarda pas, et elle fut violente. C'est alors que naquit la Ligue que pressentait Charles IX et dont la crainte l'avait déterminé, la veille de la Saint-Barthélemy. À l'exemple des protestants qui avaient levé des armées, formé un gouvernement, dressé un État contre l'État, les catholiques constituèrent à leur tour une association politique. Le mouvement partit de Picardie, dont les habitants refusaient de laisser Péronne comme place de sûreté aux huguenots, mais l'idée s'en était déjà répandue sur beaucoup de points lorsque le manifeste de la « Sainte-Union » fut lancé par Henri de Guise. Le *Balafré* (il venait d'être blessé au visage en combattant les reîtres) était aussi populaire que son père l'avait été. La situation qui s'était vue sous les règnes précédents avec le duc François se reproduisait : le parti catholique aurait un chef politique plus puissant que le roi lui-même.

Le manifeste d'Henri de Guise n'était pas expressément dirigé contre la monarchie. Mais il contenait déjà des indications inquiétantes. On y demandait pour les « provinces de ce royaume » le rétablissement des « droits, prééminences, franchises et libertés anciennes, telles qu'elles étaient du temps du roi Clovis, premier roi chrétien, et encore meilleures, plus profitables, si elles se peuvent inventer ». Ce bizarre souci d'archaïsme et de tradition, cachait, disait-on, la grande idée des Guise, qui prétendaient descendre de Charlemagne et qui voulaient se faire rois. En tout cas la Ligue, à peine constituée, montra sa force. Henri III s'empressa de la reconnaître et de se mettre à sa tête pour ne pas être débordé. Il était difficile de gouverner dans des conditions pareilles et la monarchie, par ses oscillations, trahissait sa faiblesse. Dans son perpétuel effort pour maintenir l'équilibre, elle suivait les impulsions et ne les donnait pas. Elle n'avait même plus d'argent pour les dépenses les plus nécessaires ni autorité pour en avoir. Afin d'obtenir les ressources indispensables, des états généraux, où la Ligue ne fit élire que des catholiques, furent tenus à Blois en 1576. Ils s'achevèrent dans la confusion de vœux et de votes contradictoires, tant sur la question de religion que sur celle des subsides. Henri de Guise n'en sortait pas vainqueur, mais le roi en sortit bien diminué.

De cette date jusqu'à 1585, le gouvernement vécut au jour le jour dans un affaiblissement extrême. L'année d'après les états de Blois, Henri III tenta un coup d'autorité et prononça la dissolution de toutes les ligues, protestantes aussi bien que catholiques. Ce fut en vain. Les moyens d'être obéi lui manquaient. Beaucoup de gens crurent alors la royauté près de la fin. C'est à peine si le roi était en sûreté dans son Louvre et sa cour ressemblait à celle d'un petit prince d'Italie entouré de complots et d'assassinats. Il lui fallait à son service, pour le protéger, des spadassins, qu'on appela les mignons et qui furent ensuite les Quarante-Cinq. Conseillé par sa mère, il essaya, pour durer, toutes les recettes de Catherine de Médicis et même celles de Charles IX, l'entente avec Élisabeth d'Angleterre et la diversion extérieure par une campagne aux Pays-Bas. L'expédition réussit mal et c'est après l'échec d'Anvers que mourut le duc d'Alençon, quatrième fils d'Henri II. Dès lors, Henri de Bourbon qui, depuis longtemps, s'était échappé de Paris et qui était retourné au calvinisme, devenait, de toute certitude, l'héritier du trône. Ce fut pour les Guise l'occasion de ranimer la Ligue en excitant les catholiques contre Henri III qui voulait laisser sa couronne à un protestant et imposer un « roi hérétique » à la France.

La Ligue, qui eut à Paris son foyer le plus ardent, était une minorité, mais une minorité active et violente. La petite bourgeoisie, les boutiquiers irrités par la crise économique, en furent l'élément principal. Aussi n'est-on pas surpris de retrouver aux « journées » de la Ligue le caractère de toutes les révolutions parisiennes, celles du quatorzième siècle comme celles de la Fronde et de 1789.

En 1576, la Ligue avait langui. Cette fois, elle mit encore plusieurs mois avant de faire explosion. L'idée d'Henri III était d'user les catholiques et les protestants les uns par les autres. Tout en affectant de se conformer aux désirs des ligueurs, il cherchait à ménager les protestants. Une maladresse dérangea ses projets. Contre ses instructions, son lieutenant, le duc de Joyeuse, chargé de contenir le roi de Navarre, redevenu chef des calvinistes, lui offrit la bataille et l'occasion de la gagner. Le Béarnais vainquit à Coutras (1587). C'était la première victoire que les protestants remportaient. Henri de Bourbon en profita modérément. Il donnait déjà l'impression qu'il se comportait en futur roi de France plutôt qu'en chef de parti et « qu'il voulait laisser entier l'héritage qu'il espérait ». Mais Coutras produisit un effet profond sur les catholiques. Henri III devint suspect de faiblesses et de ménagements calculés en faveur des ennemis de la religion et de l'État. Il fut accusé de trahir. D'innombrables libelles, d'une violence extraordinaire, furent publiés contre lui. Le cri de la Ligue devint : « Sus au roi ! » Les ligueurs réclamaient des états généraux. Ils annonçaient ouvertement que, si Henri III mourait, l'ordre de succession serait changé et que le cardinal de Bourbon serait appelé au trône et non pas le protestant Henri de Navarre. Des prêtres, en chaire, accusaient le roi de tous les vices et de tous les crimes : il n'est pas étonnant que sa mémoire nous soit arrivée si salie.

Aucun gouvernement n'eût souffert pareil scandale sans se condamner à disparaître. Henri III voulut sévir et ordonna l'arrestation des prédicateurs qui l'insultaient. Aussitôt la ville s'émut, les ligueurs prirent les armes et appelèrent le duc de Guise qui vint à Paris malgré la défense du roi et fut acclamé par la foule. La ville se remplissait de ligueurs accourus des provinces environnantes et l'insurrection se préparait devant les autorités impuissantes, puisque la commune de Paris assurait elle-même sa police. Le gouvernement devait se défendre ou abdiquer. Henri III se résolut à une sorte de coup d'État, et, violant le privilège municipal, fit entrer un régiment suisse et des gardes françaises. Alors les ligueurs crièrent à l'illégalité et à la tyrannie, des barricades se dressèrent dans toutes les rues et jusqu'autour du Louvre, où les agitateurs parlaient d'aller prendre le roi. Henri III était presque seul au milieu de Paris hostile. Il n'attendit pas d'être arrêté et s'échappa secrètement avec un petit nombre de gentilshommes et de conseillers.

Cette « journée des barricades », cette insurrection parisienne, cette fuite, les sentiments républicains de beaucoup de ligueurs, montrent comme la royauté était tombée bas. Pourtant c'est à Chartres, où Henri III s'était réfugié comme jadis Charles VII à Bourges, que s'étaient réfugiées aussi l'idée de l'État et l'idée nationale. Ce qui se battait en France à travers les partis, c'était l'étranger. Élisabeth soutenait les protestants.

Philippe II la Ligue. L'Espagne et l'Angleterre continuaient chez nous la lutte qu'elles se livraient depuis longtemps. Et c'est un bonheur pour la France qu'aucune puissance n'ait alors été en mesure de profiter de ses désordres, l'Allemagne étant divisée, l'Angleterre tenue en respect par les Espagnols, tandis que le désastre de l'*Armada* dispersée devant les côtes anglaises enlevait à Philippe II les moyens de dominer l'Europe. La France était pourtant si affaiblie que le duc de Savoie pouvait se permettre de lui enlever le marquisat de Saluces.

La royauté humiliée, obligée de subir les exigences de la « Sainte-Union » ; l'anarchie partout; la République, que les protestants n'avaient pu faire, à moitié réalisée par les catholiques : en 1588 les états généraux de Blois, triomphe de la Ligue, donnèrent ce spectacle. Des députés ligueurs demandèrent que la France se gouvernât comme l'Angleterre et la Pologne. Par une démagogie facile, les impôts furent à peu près supprimés. Plus tard, la Ligue abolira même les loyers et les rentes.

Le roi n'était plus le maître en France. La Ligue gouvernait à sa place, lui laissait à peine de quoi vivre dignement. Chassé de Paris, bafoué par les états généraux, il n'était pas plus en sûreté à Blois qu'au Louvre. On se battait jusque dans son antichambre. D'un moment à l'autre, le duc de Guise pouvait s'emparer de lui, le forcer à abdiquer, l'enfermer dans un cloître comme un obscur Mérovingien. Rien n'avait réussi à Henri III, ni l'habileté, ni les concessions, ni la tentative de coup de force dans sa capitale. Restait une suprême ressource : frapper à la tête, supprimer les Guise. Légalement ? Impossible d'y penser. Pour condamner les princes lorrains, le roi n'eût trouvé ni un Parlement ni un tribunal. Alors l'idée qui, à la Saint-Barthélemy, avait déjà été suggérée à Charles IX, s'imposa à l'esprit d'Henri III. Pour sauver la monarchie et l'État il n'y avait plus que l'assassinat politique. Henri III s'y résolut et Guise, averti, ne le crut même pas capable de cette audace, tant il se sentait puissant. Son fameux : « Il n'oserait » était l'expression de son dédain, le mot d'un homme sûr de lui. Il logeait au château même, entouré de ses gens, et le roi était presque relégué dans « son vieux cabinet ». Il fallut, pour ce drame, autant d'assurance chez Guise que d'audace chez Henri III qui ne pouvait compter que sur les quelques gentilshommes gascons qui tuèrent le duc à coups de poignard et d'épée au moment où il entrait dans la chamnbre du conseil (23 décembre 1588). Son frère le cardinal fut tué le lendemain, les autres membres de la famille de Lorraine et les principaux ligueurs arrêtés.

Cet acte de violence n'eut pas le résultat que le roi espérait, car, s'il privait la Ligue de son chef, il ne la supprimait pas. Cependant c'était un acte sauveur et qui, par ses conséquences indirectes, allait porter remède à l'anarchie. Pour Henri III, tout accommodement était devenu impossible avec la Ligue qui réclamait son abdication, gouvernait Paris par le Conseil des Seize, créait pour la France le Conseil Général de l'Union, tandis que, pour sauver les apparences, un roi était ajouté à ce régime républicain et le nom de Charles X donné au cardinal de Bourbon. Ainsi la succession par ordre de primogéniture, loi fondamentale et tutélaire du royaume, était ébranlée, presque renversée. Dans ce désordre, dans cette révolution qui ruinait l'œuvre de plusieurs siècles, il n'y avait plus qu'un moyen de salut : c'était que le roi et son successeur légitime agissent de concert. Henri III et Henri de Bourbon réconciliés le comprirent, sautèrent ce grand pas. Ils unirent leurs forces trois mois après le drame de Blois. L'assassinat du duc de Guise avait préparé la transmission régulière du pouvoir des Valois aux Bourbons. Il avait rendu possible le règne d'Henri IV. Cet inestimable service rendu à la France, désormais sauvée de l'anarchie et du démembrement, a été payé à Henri III par le régicide et par l'ingratitude des historiens qui n'ont retenu de lui que les injures des pamphlets catholiques et protestants.

Grâce à l'armée que le Béarnais apportait à la cause royale, les troupes de la Ligue furent refoulées et les deux cousins, le roi de France et le roi de Navarre, mirent le siège devant Paris. Là régnaient une passion, une frénésie, une haine indescriptibles telles que les engendre seulement la guerre civile.

Un moine fanatisé, Jacques Clément, muni d'une lettre fausse, se rendit au camp royal, à Saint-Cloud, et, introduit auprès du roi, le tua d'un coup de couteau. Les dernières paroles d'Henri III furent pour désigner Henri de Bourbon comme son héritier légitime et pour prédire sa conversion (1er août 1589).

Henri III était mort pour une idée celle de l'État, de la monarchie, de l'unité nationale. Il n'était pas mort en vain. Par Henri IV, l'homme aux deux religions, la France allait retrouver la paix intérieure. Par ce prince politique, l'heure des « politiques », l'heure du tiers parti approchait.

CHAPITRE X

HENRI IV RESTAURE LA MONARCHIE ET RELÈVE L'ÉTAT

La ligue fut une révolution catholique mais une révolution. Et Michelet a écrit ce mot qui va loin : « La Ligue donne pour deux cents ans l'horreur de la République. » Au siècle suivant, cette horreur sera renouvelée par la Fronde.

À la mort d'Henri III, la France, au fond d'elle-même, aspirait au retour de l'ordre. On se représente ce que trente ans de guerres civiles avaient déjà coûté. Quatre millions d'hommes peut-être. Et que de ruines ! « Pitié, confusion, misère partout », disait Henri IV. Le plus grand des maux, cause de tout, c'était encore l'anarchie. Qui gouvernerait ? La Ligue à Paris, et dans la plupart des grandes villes. Et l'esprit républicain des ligueurs ne le cédait guère à celui des protestants. Dans les provinces, des gouverneurs se taillaient des principautés. Le gouvernement légitime, régulier, n'était plus qu'un parti, celui des royalistes, et il s'en fallait de beaucoup qu'il fût le plus fort. Il avait pourtant l'avenir pour lui, comme le distingua tout de suite le Sénat de la République de Venise, qui fut la première puissance en Europe à reconnaître Henri IV.

Sans l'affaire de la religion, Henri de Bourbon n'aurait pas eu de peine à reconquérir son royaume. Il dut à la fin se convaincre que, si la France désirait un roi, elle ne voulait qu'un roi catholique. Choisir l'heure de la conversion, c'était la difficulté. Henri IV eût préféré ne se convertir que vainqueur, librement. S'il avait abjuré dès le lendemain de la mort d'Henri III, comme on l'en pressait, tant de hâte eût été suspecte. Il n'eût pas été sûr de désarmer les ligueurs et de rallier tous les catholiques, tandis que les protestants, qui déjà n'avaient en lui qu'une confiance médiocre, l'eussent abandonné. Pour ne pas tout perdre, il devait courir sa chance, attendre d'être imposé par les événements. La joie de Paris à la nouvelle du crime de Saint-Cloud, l'exaltation du régicide par la Ligue, l'avertissaient assez que l'heure n'était pas venue. Dans sa déclaration du 4 août, il se contenta de jurer que la religion catholique serait respectée et que, dans les six mois, un concile déciderait de la conduite à tenir. Cette demi-mesure, peut-être la seule à prendre, ne contenta pas tous les royalistes dont certains refusèrent de le servir tandis qu'un grand tiers de l'armée protestante s'en alla, reniant ce parjure. Sans la noblesse, qui lui fut généralement fidèle et mérita bien de la France, il n'eût gardé que bien peu de monde autour de lui.

Roi de France, Henri IV était plus faible que roi de Navarre, presque aussi faible que l'avait été Henri III. Il n'était en réalité qu'un prétendant et sa seule force était le principe héréditaire. Obligé de lever le siège de Paris, le voilà courant l'ouest de la France, poursuivi par l'armée de la Ligue, recevant des secours et des troupes de la reine d'Angleterre, tandis que les ligueurs étaient aidés par le roi d'Espagne : à travers nos guerres civiles, Élisabeth et Philippe II cherchaient à s'atteindre, l'étranger profitait de nos querelles, mais Henri IV s'honora en refusant à quelque prix que ce fût de promettre Calais. Mayenne, le frère d'Henri de Guise, qui commandait, d'ailleurs mal, l'armée de la Ligue, se fit battre à Arques, près de Dieppe. À Ivry (1590), le jour du « panache blanc », Henri IV remporta un autre succès. Victoires infiniment utiles à sa cause mais qui ne terminaient rien. Revenu sous les murs de Paris, la ville lui résista passionnément.

Que de sièges a subis Paris dans sa longue histoire ! Celui-là ne ressemble à aucun autre par l'obstination des assiégés. Tantôt bloqué, tantôt débloqué, Paris, de plus ou moins près, fut investi pendant près de quatre ans. Deux fois Henri IV crut y entrer de force. Il échoua deux fois. Il semblait que le roi calviniste fût rejeté par les murs eux-mêmes. Peut-être eût-il réussi enfin par le blocus et la famine, qui fut terrible, si le duc de Parme, envoyé par Philippe II à la tête d'une armée espagnole, ne l'eût obligé à s'éloigner. Toutefois Henri IV ne cédait pas et Paris non plus. Les six mois qu'il avait fixés étaient écoulés depuis longtemps et, la situation n'ayant pas changé, Henri IV jugeait toujours sa conversion humiliante et plus propre à l'affaiblir qu'à le fortifier. Pour sortir de là, il fallait que la Ligue se reconnût impuissante à donner à la France un gouvernement régulier.

Le sien était chaotique, révolutionnaire. Sans doute la Ligue avait un roi, mais ce roi, le prétendu Charles X, cardinal de Bourbon, n'était qu'une figure décorative et, par surcroît, il avait été prisonnier d'Henri III qui s'était bien gardé de le relâcher, le hasard l'ayant mis entre ses mains. Le roi de la Ligue ne devait pas tarder à mourir, et sa mort excita de nombreuses ambitions. On était tellement convaincu que jamais Henri IV ne parviendrait à se faire reconnaître, que des candidats au trône se présentèrent. Le roi d'Espagne le réclama, nonobstant la loi salique, pour sa fille Isabelle, petite-fille d'Henri II. Le duc de Savoie, petit-fils de François Ier, se mit sur les rangs : celui-là pensait que la France serait démembrée et se fût contenté du Dauphiné et de la Provence. Le duc de Lorraine était encore candidat, ainsi que Mayenne qui comptait bien que le pain cuisait pour lui. Ces ambitions s'opposaient et se paralysaient. Henri IV en profita.

Cependant, les maîtres de Paris, appuyés sur l'organisation de la Ligue, c'étaient les Seize, et ce comité de salut catholique régnait par la terreur, appliquait à ses adversaires et même aux modérés les mesures classiques des révolutions, loi des suspects, saisie des biens d'émigrés, proscription, épuration des fonctionnaires. Après un jugement sommaire, le premier président du Parlement et deux conseillers furent pendus pour « trahison ». Cet acte de terrorisme inquiéta Paris, plus encore le duc de Mayenne. Jusqu'où les obscurs tyrans iraient-ils ? Déjà ils avaient appelé une garnison espagnole, ils envoyaient des adresses de fidélité à Philippe II. Le duc de Mayenne, encouragé par les ligueurs

« politiques » qui, au fond, étaient les plus nombreux dans la population parisienne, brisa la faction des Seize dont quelques-uns furent pendus à leur tour. Ceux qui ne s'enfuirent pas furent jetés en prison.

La Ligue subsistait, mais son pouvoir politique était diminué, son organisation affaiblie. En frappant la démagogie, Mayenne rendait service à Henri IV, s'il croyait ne travailler que pour lui-même. D'ailleurs, le temps passait et, ni d'un côté ni de l'autre, on n'arrivait à rien. On couchait sur ses positions. Henri IV, repoussé de Paris, avait, dans les mêmes conditions, échoué devant Rouen qui ne voulait pas non plus de « roi hérétique » Cette impuissance des deux camps engendrait la lassitude qui elle-même conduisait à des tentatives de rapprochement. Le parti des politiques, le tiers parti, commençait à dire tout haut que la mieux serait de s'entendre avec la roi de Navarre. Mais la difficulté était toujours la même, car Henri IV voulait être reconnu sans conditions. Déjà résolu à « sauter le pas », à se convertir, il voulait que son abjuration fut volontaire. Il entendait ne devoir la couronne qu'à la légitimité et ne laisser la monarchie dépendre de rien ni de personne, ni de la religion, ni du pape, ni de l'autorité usurpés par une ligue. Toute sa manœuvre tendit à préserver l'indépendance du pouvoir royal et à éviter jusqu'aux apparences d'une constitution imposée par les ligueurs.

Pour que sa légitimité l'emportât, il fallait une dernière expérience : c'était que la Sainte-Union fût reconnue incapable de fonder un gouvernement régulier. Les états généraux de 1593, convoqués pour l'élection d'un roi, aboutirent à un échec complet. Là encore, ce fut le duc de Mayenne qui, sans le vouloir, aida Henri IV. Désireux de prendre pour lui-même la royauté vacante et d'écarter l'infante dont la candidature était posée par Philippe II, protecteur de la Ligue, Mayenne adressa un appel aux royalistes et leur demanda de participer aux états. Henri IV saisit cette occasion pour affirmer ses droits et annoncer qu'il était prêt à se convertir. Cette nouvelle, lancée à point, produisit une sensation immense. Parmi les ligueurs, le groupe des politiques fut encouragé. L'élan, la faveur publique passaient de leur côté et le pamphlet que rédigeaient quelques-uns d'entre eux, polémistes et journalistes de talent, la célèbre *Satire Ménippée*, ridiculisait les intransigeants et rendait odieux leurs alliés espagnols. Même dans les états ligueurs, la résistance à l'intervention étrangère grandit. Des voix s'élevèrent pour protester contre l'abrogation de la loi salique, et la candidature de l'infante Isabelle, présentée par Philippe II, soutenue par le légat du pape, combattue en arrière par Mayenne, souleva de nombreuses objections. L'affaire traînait dans des débats sans fin, lorsque le Parlement, conservateur des lois fondamentales, prit une initiative. Par un arrêt retentissant qui fut porté et signifié à Mayenne, la cour suprême déclara que le royaume ne pouvait être occupé par des étrangers. L'intrigue espagnole, qui languissait, fut écrasée du coup.

Les événements conspiraient pour Henri IV et les intransigeants de la Ligue perdaient du terrain. Le sentiment national s'était réveillé et ce réveil profitait au droit royal. Depuis la fin d'avril, des conférences duraient à Suresnes entre ligueurs modérés et royalistes catholiques à la recherche d'une solution. Ce rapprochement était à lui seul un résultat considérable, d'autant plus que les négociateurs, se sentant soutenus par l'opinion publique, persistaient à garder le contact malgré les difficultés qui surgissaient. Henri IV avait espéré que sa promesse de conversion suffirait pour qu'il fût reconnu. Mais il devint évident qu'il fallait céder sur ce point pour réussir et qu'il devait se convertir d'abord. D'ailleurs, la conversion précédant la reconnaissance n'avait plus les inconvénients qu'elle présentait avant les états généraux. Le désir de paix, le besoin d'un gouvernement régulier étaient devenus tels que le roi ne risquait plus, comme il l'eût risqué quelques mois plus tôt, de se convertir pour rien. Dès qu'il serait catholique, le mouvement en sa faveur serait irrésistible. Mais il fallait qu'il fût catholique pour entraîner le mouvement.

C'est en effet ce qui se passa. Le 25 juillet 1593, Henri IV abjura en l'église Saint-Denis, à deux pas de Paris où la Ligue résista encore huit mois, sans espoir. Du moins son obstination prouvait-elle la puissance de l'idée d'où elle était sortie : quinze ans plus tard c'est encore sa passion qui armera Ravaillac. Dans sa défaite, la Ligue restait victorieuse : elle avait arraché l'État au protestantisme. Elle avait détruit la chance qu'avait eue un moment la cause calviniste, la chance qui avait voulu que le légitime héritier de la couronne fût un protestant. Mais ce que la Ligue avait méconnu, c'est-à-dire le caractère héréditaire et national de la monarchie, prenait aussi sa revanche. La France n'avait pas voulu d'un roi hérétique, mais elle n'avait pas voulu d'un roi étranger ou d'un roi élu. Ses institutions étaient sorties intactes de la tempête. La restauration d'Henri IV, car ce fut, comme pour Charles VII, une restauration, consolidait la monarchie dont l'avenir, depuis cinquante ans, était devenu douteux.

Les talents politiques du roi, sa bonne humeur firent le reste. Il a plu à la France, mais sa plus grande qualité a été de lui rendre l'ordre et le repos. On lui passa, on trouva héroïque et charmant ce qu'on eût condamné chez d'autres, ses caprices, ses amours, et même des indélicatesses choquante. Ni les contemporains, ni l'histoire n'ont eu de blâme très sévère pour Gabrielle d'Estrées et Henriette d'Entraigues, et l'on admire qu'il ait mérité ce nom de Vert-Galant. Ainsi, La Vallière, Montespan, Maintenon rayonnent de la gloire de Louis XIV tandis que Louis XV est flétri, et que les vertus de Louis XVI ne lui ont pas été un titre. C'est la politique qui fait les réputations.

À partir de l'abjuration, tout réussit à Henri IV parce que les Français étaient las de l'anarchie et de l'intervention étrangère et, selon son mot, « affamés de voir un roi ». Ne pouvant aller à Reims, encore aux mains des Guise, il fut sacré à Chartres. Il négociait avec le pape pour que son excommunication fût levée. Cependant, ses forces grandissant chaque jour, il menaçait de reprendre les hostilités contre ce qui restait de rebelles tout en leur laissant espérer de l'indulgence, et la Ligue, qui avait perdu sa raison d'être, commençait à se dissoudre. Le parti des politiques l'emportait presque partout. Le duc de Mayenne, jugeant la partie perdue, quitta Paris dont les ligueurs ralliés ouvrirent bientôt les portes à Henri IV. Le 22 mars 1594, le roi fit son entrée dans la ville, presque sans résistance. Le gouvernement de la Ligue s'évanouit, la garnison espagnole sortit librement et une large amnistie fut accordée à ceux qui s'étaient compromis jusqu'au bout.

Il ne faudrait pourtant pas croire que l'ordre et la tranquillité fussent revenus et les divisions effacées du jour au lendemain. Les esprits avaient été trop émus, la France trop secouée et l'on devine ce qu'un demi-siècle de guerre civile avait laissé d'anarchie. En l'absence d'autorité publique, une sorte de féodalité s'était reconstituée. C'est elle que Richelieu devra achever d'abattre. Henri IV, jusqu'au jour de son assassinat, fin d'une longue série d'intrigues, sera entouré de haines et de complots. Avant de tomber rue de la Ferronnerie, il échappera à d'obscurs régicides comme Jean Châtel, il devra condamner à mort un haut conspirateur comme Biron. Entre les catholiques et les protestants, la balance sera difficile à tenir, les catholiques toujours en méfiance contre l'hérésie, les protestants, avec leur « esprit inquiet », toujours avides de ces « sûretés » par lesquelles ils tendaient à former un État dans l'État.

Henri IV passa encore quatre ans en opérations de police, en négociations et en marchandages de toute sorte avant de redevenir le maître dans son royaume. Il achetait ceux qu'il ne pouvait réduire et beaucoup d'anciens ligueurs, parmi lesquels les princes de la maison de Lorraine, vendirent très cher leur ralliement. Mayenne fut pardonné parce qu'il n'avait jamais accepté le démembrement de la France : l'idée du roi, celle de la réconciliation nationale, paraissait dans ce noble motif.

La Ligue n'abdiqua vraiment comme organisation politique que le jour où Henri IV eut reçu l'absolution du pape. Restait à vaincre l'obstination de Philippe II qui ne se résignait pas au relèvement de la France et qui gardait encore chez nous quelques complices. Henri IV appela le pays à s'affranchir tout à fait de l'étranger. Cette guerre de délivrance devait effacer le souvenir des guerres civiles, et le calcul était bon. Malheureusement, la France était si épuisée que, malgré un succès à Fontaine-Française, nous éprouvâmes de sérieux revers. En 1595, Amiens fut pris, Paris menacé et il fallut solliciter le secours de l'Angleterre qui se fit beaucoup prier, demanda même, ce qui lui fut de nouveau refusé, de mettre des soldats à Calais, et nous aida faiblement sur terre mais se chargea volontiers de poursuivre les Espagnols sur mer. L'Espagne ne s'était jamais remise du désastre naval de l'*Armada*. Il fallut qu'elle fût épuisée elle-même pour que Philippe II consentît à signer la paix de Vervins. Il avait perdu la partie en France et il l'avait à moitié perdue aux Pays-Bas. La Hollande s'était affranchie et le nouvel État, les « Provinces-Unies », formé par de durs combats pour sa liberté, ajoutait un élément actif à la politique de l'Europe.

Presque en même temps que la paix de Vervins fut signé l'Édit de Nantes (13 avril 1598). Les protestants avaient été aussi longs que la Ligue et l'Espagne à reconnaître le fait accompli. Depuis la conversion du roi, ils ne cessaient de s'agiter, de tenir des assemblées, d'adresser au gouvernement des plaintes et des sommations, de chercher des appuis au-dehors, et même de profiter, pour accroître leurs exigences, des embarras et des revers du gouvernement, comme ce fut le cas au désastre d'Amiens. C'est quand ils virent que la paix avec l'Espagne allait être conclue qu'ils réduisirent leurs prétentions et acceptèrent un accord. En effet, l'Édit de Nantes ne fut pas un acte gracieux, dû à la volonté du roi, dans la plénitude de sa souveraineté, mais un traité dont les articles furent débattus comme avec des belligérants. Si Henri IV l'avait pu, il n'aurait pas payé l'apaisement d'un tel prix, ni accepté des conditions aussi dangereuses. Si les calvinistes n'avaient été remplis de méfiance, s'ils avaient désiré rentrer dans la communauté au lieu de rester organisés en parti, ils se fussent contentés de la liberté de conscience. À cette liberté, il fallut, pour obtenir leur signature, ajouter les garanties non seulement politiques, mais territoriales : plus de cent villes, dont quelques-unes très importantes et capables de soutenir un siège, La Rochelle, Saumur, Montauban, Montpellier. Et ces places de sûreté devaient être entretenues aux frais du Trésor, c'est-à-dire par tous les contribuables, même catholiques. En outre, avec leur synode et leurs assemblées, les calvinistes gardaient les organes d'un gouvernement, une autonomie, ce qu'on a pu définir une « république autorisée ». Un pareil démembrement de la souveraineté publique serait inconcevable de nos jours. Même alors, quand le régime des privilèges et des franchises était couramment admis, les concessions accordées au parti protestant parurent fortes. Il ne devait pas tarder à paraître qu'elles étaient dangereuses. Ces conditions s'accordaient mal, de part et d'autre, avec l'idée de tolérance. Henri IV signa sans doute avec l'espoir que c'était un premier pas, que l'apaisement définitif viendrait... Il dut surtout considérer que le parti protestant était toujours capable de mettre sur pied vingt-cinq mille soldats et de reprendre la guerre. Les huguenots lui avaient arraché l'Édit de Nantes par la force comme la Ligue lui avait arraché sa conversion. L'opinion publique ne s'y trompa pas et l'Édit ne passa qu'avec peine : c'était l'annonce de la future révocation. Il fallut, pour obtenir l'enregistrement, que le roi négociât, que le traité subît des retouches, enfin qu'il agît sur les Parlements soit par son éloquence, soit par autorité. Celui de Rouen ne s'inclina tout à fait qu'en 1609.

Henri IV qui connaissait et craignait ses anciens coreligionnaires, ne fut tranquille que quand il eut donné une sévère leçon à leur protecteur, le duc de Bouillon, qui, par sa principauté de Sedan, alors hors de France, pouvait être redoutable. Cependant une autre leçon avait été administrée au duc de Savoie qui continuait à convoiter nos provinces du sud-est. Une brillante campagne nous valut la Bresse, le Bugey et Gex, tandis que la France, en renonçant au marquisat des Saluces, marquait qu'elle renonçait aux aventures d'Italie. La politique des agrandissements reprenait, la politique traditionnelle, patiente, mesurée, observant la loi de l'utile et du possible, celle que Richelieu définira : « Achever le pré carré. » Le roi améliora encore sa position européenne en épousant Marie de Médicis, apparentée à la maison d'Autriche et au pape Clément VIII, et la reine, en donnant un héritier au trône, abolissait la crainte d'une autre succession protestante, ainsi que d'une ligue nouvelle. Après tant de traverses, la monarchie se consolidait.

En même temps, peu à peu, revenaient le calme et l'ordre. Aux premières années du dix-septième siècle, le passif du seizième commençait à se liquider. Le relèvement économique et financier alla du même pas que le relèvement politique. Avec Sully, type nouveau de l'homme d'affaires protestant, Henri IV travailla à rétablir la fortune de la France. Le délabrement du pays, le désordre de l'administration, l'appauvrissement des familles, étaient immenses. Lorsque le roi souhaitait que chacun pût, le dimanche, mettre la poule au pot, il évoquait des années de privations. Lorsque Sully disait l'autre mot célèbre : « Labourage et pâturage sont les deux mamelles de la France », il partait de cette idée juste que l'agriculture est la source de notre richesse. On reconstruisit, comme on reconstruit toujours, avec du bon sens, par le travail et l'épargne, avec des principes paysans et bourgeois. Sur sa base agricole, sa terre qui récompense toujours le labeur, la France refit de la richesse. Comme on dit, les affaires reprirent. Des industries, encouragées par le gouvernement, se fondèrent. L'esprit d'entreprise se ranima et nos Dieppois commencèrent nos colonies.

La France se reconstituait, elle reprenait des forces au moment où l'Europe avait besoin d'elle. Ce qui nous avait sauvés, pendant nos déchirements, c'était la rivalité de l'Angleterre et de l'Espagne, c'était la lutte des Pays-Bas contre leurs maîtres espagnols, c'était l'effacement de l'Empire germanique. Depuis que Charles Quint avait disparu, les Habsbourg de Vienne, tout en gardant la couronne impériale, n'avaient plus de pouvoir réel en Allemagne. L'indépendance des princes allemands, les progrès du protestantisme, le conflit des religions avaient divisé l'Allemagne et rendu inoffensifs les Habsbourg relégués au fond du Danube. Ils pouvaient toujours redevenir dangereux par leur alliance avec les Habsbourg de Madrid et le devoir de la politique française était de surveiller la maison d'Autriche. Aux premières années du dix-septième siècle, il était visible à bien des signes qu'elle se réveillait et se préparait à reconquérir son autorité en Allemagne en prenant la tête d'un mouvement catholique avec l'appui de Philippe III. Le danger était le même que sous Charles Quint. Henri IV le vit et il encouragea les princes protestants d'Allemagne à la résistance. Cette politique, si naturelle, était encore plus difficile qu'au temps d'Henri II, car Henri IV devait, plus qu'un autre, éviter de se rendre suspect de sympathies pour la cause de la Réforme. Ses intentions pouvaient trop aisément être travesties. Une politique extérieure purement française, mais dirigée par la force des choses contre une puissance catholique, ranimait les accusations et les soupçons des vieux ligueurs.

Il fallut pourtant prendre parti lorsque se présenta l'affaire de la succession de Juliers. En revendiquant cet héritage, la maison d'Autriche cherchait à s'installer sur la rive gauche du Rhin. De là, elle eût menacé et les Provinces-Unies des Pays-Bas, et la France qui ne pouvait se dispenser d'intervenir. La politique d'Henri IV fut celle de François Ier et d'Henri II : s'opposer à la domination d'une grande puissance, protéger l'indépendance des États moyens et petits. Dans son « grand dessein », Sully n'a laissé qu'une caricature de cette vue réaliste, si conforme à la position de la France et à ses intérêts. Henri IV cherchait l'équilibre et non l'utopie.

Il était prêt à chasser les Habsbourg de Juliers, au risque d'une guerre, pour en éviter une plus grave dans l'avenir. Ces préparatifs n'allèrent pas sans murmures. On racontait que le roi s'alliait à tous les protestants d'Europe pour combattre la religion catholique et même le pape.

Propagées par l'ennemi, ces fables couraient la France. Il y avait aussi, jusqu'à la cour, un parti qui était hostile à un conflit avec l'Autriche et l'Espagne. Dans cet émoi du sentiment public, où remontaient les souvenirs des guerres de religion, il se trouva un esprit faible et exalté pour penser au régicide. En assassinant Henri IV, le 14 mai 1610, Ravaillac crut faire œuvre sainte. Son crime reproduit celui de Jacques Clément. Henri IV est tombé sous le couteau d'un revenant de la Ligue, comme Henri III sous le couteau du moine quand la Ligue était dans son ardeur.

Chapitre XI

Louis XIII et Richelieu : la lutte nationale contre la maison d'Autriche

Au lendemain de la mort d'Henri IV, tout le monde craignit le recommencement des troubles. Crainte fondée : on était encore si près des guerres civiles et de la Ligue ! « Le temps des rois est passé. Celui des princes et des grands est venu. » Voilà, selon Sully, ce qui se disait après le crime de Ravaillac. Il y eut en effet un renouveau d'anarchie aristocratique et princière, de sédition calviniste. Mais la masse du pays tenait au repos dont elle venait de goûter. Elle était hostile aux ambitieux et aux fanatiques. Grâce à ce sentiment général, on passa sans accidents graves des années difficiles.

Les ministres d'Henri IV, qui continuèrent à gouverner au nom de la régente, jugèrent bien la situation. Ce n'était pas le moment d'entrer dans des complications extérieures, encore moins dans une guerre. Villeroy liquida honorablement la grande entreprise d'Henri IV. On se contenta de prendre la ville de Juliers, de compte à demi avec les Hollandais, pour qu'elle ne restât pas aux Impériaux, et de la remettre à nos alliés d'Allemagne. Pour s'assurer de l'Espagne, on réalisa un projet de mariage qui avait déjà été envisagé du vivant du roi et le jeune Louis XIII épousa Anne d'Autriche.

Cette politique servit de prétexte à une opposition qui n'eut rien de national. Les protestants crurent ou feignirent de croire qu'ils étaient menacés par les nouvelles alliances catholiques. Les princes des deux religions, Condé, Soissons, Mayenne, Bouillon, Nevers, Vendôme, formèrent une ligue et prirent les armes. Conseillée par son homme de confiance, Concini, devenu maréchal d'Ancre, Marie de Médicis préféra négocier avec les rebelles que de courir le risque d'une guerre civile. Elle les apaisa par des places et des pensions, et, comme ils avaient réclamé des états généraux dans leur manifeste, elle les prit au mot, non sans avoir eu soin de montrer le jeune roi qui parcourut les provinces de l'Ouest encore agitées par Vendôme. Au retour de ce voyage, qui produisit une impression excellente, Louis XIII fut déclaré majeur et les états furent convoqués à un moment où, le gouvernement s'étant raffermi, la manœuvre des princes tournait contre eux.

Les états généraux de 1614 seront les derniers avant ceux de 1789. Ils discréditèrent l'institution parce que l'idée du bien général en fut absente, tandis que chacun des trois ordres songea surtout à défendre ses intérêts particuliers. La noblesse s'en prenait à la vénalité et à l'hérédité des charges qui constituaient une autre aristocratie : car le tiers état était en réalité la noblesse de robe. La célèbre querelle de la Paulette, qui remplit les débats, fut une querelle de classes qui irrita les familles parlementaires, menacées dans la propriété de leurs offices. Quant au clergé, son orateur fut le jeune évêque de Luçon, Armand du Plessis de Richelieu, l'homme de l'avenir. Richelieu se plaignit que son ordre fût éloigné des fonctions publiques alors que les ecclésiastiques étaient « plus dépouillés que tous autres d'intérêts particuliers ». Ainsi Richelieu posait adroitement sa candidature et le spectacle qu'avaient donné la noblesse et le tiers justifiait son langage. Des trois ordres, c'étaient d'ailleurs les deux premiers que le gouvernement redoutait le plus à cause de leur indépendance tandis que le tiers ; tout aux questions matérielles, était beaucoup plus docile. On s'empressa de fermer les états après avoir promis de supprimer la vénalité des charges. Ce que le gouvernement se promettait surtout à lui-même, c'était de ne plus convoquer d'états généraux.

La mauvaise réputation de Concini, qui, malgré le témoignage favorable de Richelieu, a traversé l'histoire, vient de la cabale des Parlements qui, à partir de ce moment, s'agitèrent. L'hérédité des charges était sans doute un abus. La bourgeoisie, qui en profitait, y était attachée. Pour défendre ce qu'ils considéraient comme leur bien, les Parlements firent de la politique. Dans leurs remontrances, ils attaquèrent le Florentin Concini, comme ils attaqueront plus tard Mazarin avec lequel il eut des ressemblances. Cette agitation des gens de robe, qui affectaient de parler au nom du bien public, entraîna celle des princes qui entraîna à son tour celle des protestants. C'est au milieu de ces désordres que Concini appela aux affaires des hommes énergiques, parmi lesquels Richelieu, qui fut nommé secrétaire d'État à la Guerre et se mit en mesure, comme il l'annonça aussitôt, de « châtier les perturbateurs ».

Quand ce ne serait que pour avoir inventé Richelieu, Concini ne devrait pas passer pour un si mauvais homme. Son tort fut d'aimer l'argent autant que le pouvoir et, par là, de se rendre impopulaire. Dans la haute fortune qu'il devait à la faveur de Marie de Médicis, il manqua aussi de tact et de prudence et il humilia le jeune roi en affectant de le tenir à l'écart des affaires. Louis XIII venait d'atteindre seize ans. Il se confia à un gentilhomme provençal, de sa maigre suite, Charles d'Albert de Luynes, qui n'eut pas de peine à le convaincre que son autorité était usurpée par le maréchal d'Ancre. Mais comment renverser le tout-puissant Florentin, maître du gouvernement, des finances et de l'armée ? Il n'y avait d'autre ressource que l'audace. Le 24 avril 1615, au moment où Concini entrait au Louvre, il fut arrêté au nom du roi par Vitry, capitaine des gardes, et, comme il appelait à l'aide, tué à coups de pistolet. « Je suis roi maintenant », dit Louis XIII à ceux qui le félicitaient. Et il congédia les collaborateurs du Florentin, Richelieu lui-même, auquel il adressa de dures paroles que Luynes s'empressa d'atténuer, devinant l'avenir de l'évêque de Luçon. Marie de Médicis fut éloignée.

Depuis la mort d'Henri IV, quel que fût l'homme au pouvoir, la politique ne changeait guère. Comme les autres,

Luynes voulut éviter les aventures et un conflit avec l'Espagne, au-dedans maintenir l'ordre, contenir les protestants. Cependant il se préparait en Europe des événements qui bientôt ne permettraient plus à la France de rester neutre. La lutte entre catholiques et protestants recommençait en Allemagne. À la vérité, mais on ne le vit pas tout de suite, ce n'était pas une lutte de religions, c'était une lutte politique. La maison d'Autriche reprenait les plans de Charles Quint. Elle catholicisait l'Allemagne pour la dominer. La Bohême (les Tchèques d'aujourd'hui) avait commencé la résistance par la fameuse « défenestration » des représentants de l'Empereur au château de Prague. Elle avait pris pour roi l'électeur palatin, chef de l'Union évangélique, tandis que les Hongrois, de leur côté, se révoltaient. L'empereur Ferdinand se vit en danger, chercha secours au-dehors et s'adressa à la France qu'il sollicitait à la fois au nom des intérêts de la religion catholique et au nom de la solidarité des monarchies.

Le gouvernement français avait un parti à prendre et le choix était difficile. Venir en aide à la maison d'Autriche, c'était contraire aux intérêts et à la sécurité de la France. Appuyer les protestants d'Allemagne, c'était réveiller les méfiances des catholiques français, enhardir nos propres protestants qui s'agitaient dans le Midi. Le Conseil décida de n'intervenir que pour conseiller la paix à l'Union évangélique allemande. Il craignait en somme d'être entraîné dans un grand conflit de l'Europe centrale et s'efforçait de l'empêcher par le moyen ordinaire des médiations diplomatiques. Il est rare que ce moyen arrête les grands courants de l'histoire. Bientôt les Tchèques révoltés furent écrasés à la bataille de la Montagne-Blanche : ce fut pour l'Europe le coup de tonnerre que reproduira un jour la bataille de Sadowa. La puissance de l'Empereur était accrue par cette victoire qui atteignait indirectement la France. La maison d'Autriche redevenait dangereuse. Quelle que fût la prudence du gouvernement français, sa répugnance à la guerre, il finirait par être forcé d'intervenir.

Pour reprendre la politique nationale, pour se mêler activement aux grandes affaires européennes, il fallait qu'une condition fût remplie : la tranquillité à l'intérieur. Au moment où Luynes mourut, le Midi était toujours troublé par les calvinistes, et le roi en personne, venu pour prendre Montauban, avait dû en lever le siège. La France avait besoin d'un gouvernement ferme qui rétablît l'ordre au-dedans avant de passer à l'action extérieure. Il faudrait encore préparer cette action par des alliances. La marche circonspecte que suivit Richelieu justifie l'abstention de ses prédécesseurs.

Il n'obtient le pouvoir qu'en 1624 : Louis XIII avait peine à lui pardonner d'avoir été l'homme de Concini et d'être resté le candidat de la reine mère. Devenu cardinal, son prestige avait grandi et il avait su se rendre indispensable. Au Conseil, il fut bientôt le premier et, sans tapage, par des initiatives prudentes, limitées, commença le redressement de notre politique étrangère. Le point qu'il choisit était, important mais ne risquait pas de mettre toute l'Europe en branle. C'était la vallée suisse de la Valteline par laquelle les Impériaux passaient librement en Italie. En délivrant la Valteline des garnisons autrichiennes, la France coupait les communications de l'Empereur avec l'Espagne.

Cette affaire, assez compliquée, était en cours lorsque les protestants français se soulevèrent, prenant La Rochelle comme base, et mirent Richelieu dans un grand embarras. C'était toujours la même difficulté. Pour combattre la maison d'Autriche il fallait, en Europe, recourir à des alliés protestants : princes allemands, Pays-Bas, Angleterre, et c'est ainsi qu'Henriette de France épousa Charles Ier. Mais ces alliances offusquaient ceux des catholiques français chez qui vivait encore l'esprit de la Ligue tandis qu'elles excitaient les protestants, jamais las de se plaindre. Richelieu était encore loin d'avoir le pays en main et l'intention qu'il annonçait de gouverner inquiétait les intrigants. Il fallut briser la cabale qui s'était formée autour de Gaston d'Orléans : Chalais qui, chargé de surveiller le remuant jeune prince, avait pris part au complot, eut la tête tranchée. C'est aussi vers le même temps que deux gentilshommes qui avaient bravé l'édit sur les duels allèrent à l'échafaud. Pour prévenir de plus grands désordres, Richelieu, approuvé par Louis XIII, rétablissait d'une main rude la discipline dans le royaume.

La position de la France en Europe n'en était pas moins difficile. Richelieu, inquiet de ce qui se passait à l'intérieur, s'était hâté de conclure la paix avec l'Espagne; alors les Anglais se retournèrent contre nous. Il est vrai que Richelieu, reprenant les projets d'Henri IV, avait conçu l'idée de rendre une marine à la France : depuis bientôt cent ans nous n'en avions plus et il nous en fallait une pour achever le grand dessein contre l'Espagne auquel Richelieu ne renonçait pas. Il en fallait une aussi pour que la France tînt sa place à côté des puissances maritimes, l'Angleterre, la Hollande, qui grandissaient et commençaient à se disputer les colonies. Il en fallait une enfin pour venir à bout des protestants qui, du port de La Rochelle, mettaient en échec l'État désarmé sur l'Océan.

Tout cela distrayait la France, qui ne pouvait être partout, de l'affaire essentielle, celle d'Allemagne. Jamais nous ne fûmes amant partagés entre la terre et la mer. Mais d'abord il fallait en finir au-dedans avec la rébellion calviniste, avec « ces enragés », comme les appelait Malherbe. Les Anglais, descendus dans l'île de Ré pour leur porter secours, en furent heureusement chassés. On dut encore réduire La Rochelle par un long siège, qui est resté fameux et où Richelieu montra sa ténacité. Du succès de cette entreprise, tout le reste dépendait. Lorsque La Rochelle eut capitulé, après un nouvel échec des Anglais, ce fut un jeu de prendre les dernières places rebelles du Midi. L'année 1629 marqua la défaite finale du protestantisme comme parti politique et comme État dans l'État.

Délivré de ce péril intérieur, Richelieu eut encore à défendre sa situation personnelle contre l'opposition qui se groupait autour de Monsieur et de la reine mère. Assuré de l'appui de Louis XIII après la « journée des Dupes », Richelieu n'en eut pas moins à combattre les intrigues et les cabales auxquelles le frère du roi se prêtait. Cette période offre une singulière ressemblance avec le règne de Louis XI, et Louis

XIII eut les mêmes rigueurs pour les séditieux : le maréchal de Montmorency, gouverneur du Languedoc, qui avait pris fait et cause pour Gaston d'Orléans, eut la tête tranchée. Jusqu'à la fin du règne, il y aura, avec un caractère plus ou moins grave, de ces complots et de ces rébellions que l'Espagne encourageait et qui sont, pour ainsi dire, inséparables de toute grande action à l'extérieur, car c'est un moyen d'attaque ou de défense de l'ennemi. La défaite du parti protestant était pourtant le soulagement principal. Les autres agitations, les autres diversions, aristocratiques et princières, en étaient rendues moins dangereuses. Et nous qui jugeons l'œuvre de Richelieu par les résultats, nous pensons que le grand ministre, qui est venu à bout de telles difficultés, a dû vivre au milieu du respect, de l'admiration et de la gratitude. Mais si la prise de La Rochelle fut populaire, on est surpris des murmures qu'excita l'exécution de Montmorency, comme plus tard celle de Cinq-Mars et de son complice de Thou. De même que les victimes de Louis XI, celles de Richelieu ont paru touchantes. Elles sont devenues des figures de roman. « Le peuple, disait le cardinal, blâme quelquefois ce qui lui est le plus utile et même nécessaire. »

L'ordre se trouva enfin à peu près rétabli (et ce concours de circonstances explique les succès futurs) au moment où nous ne pouvions plus nous dispenser d'intervenir en Allemagne. Contre les progrès de la maison d'Autriche, qui reprenait l'œuvre d'unification de Charles Quint, les princes protestants avaient d'abord été secourus par les Danois. Le Danemark vaincu, la Suède prit sa place. Gustave-Adolphe, champion du protestantisme, remporta sur les armes impériales d'éclatantes victoires qui retardaient d'autant l'heure où la France elle-même devrait s'en mêler. Cependant Gustave-Adolphe donnait à cette guerre un caractère de religion qui ne plaisait qu'à demi à Richelieu. Il apparaissait comme le champion de la Réforme et si Richelieu cultivait contre l'empereur Ferdinand les alliances protestantes, il ne se souciait pas d'accroître en Europe la puissance politique du protestantisme et de réunir tout ce qui était catholique autour de la maison d'Autriche. Il y avait une balance à tenir. Pourtant, lorsque Gustave-Adolphe eut été tué dans sa dernière victoire, celle de Lutzen, en 1632, un précieux auxiliaire disparut. Richelieu répugnait toujours à entrer directement dans la lutte : il en coûtait moins d'entretenir les ennemis de l'Empereur par des subsides. Pendant deux années encore, Richelieu recula le moment de prendre part à la guerre. La ligue protestante d'Allemagne, appuyée par les Suédois, tenait toujours. Le grand et puissant général des Impériaux, le célèbre Wallenstein, était en révolte contre Ferdinand et presque roi au milieu de son armée. Richelieu espérait qu'à la faveur de ces événements il avancerait jusqu'au Rhin et réaliserait ce qu'il appelait son « pré carré ». En effet la Lorraine, dont le duc se prêtait aux intrigues de Gaston d'Orléans, fut occupée. Richelieu mit des garnisons en Alsace dont les habitants avaient réclamé la protection de la France, craignant que leur pays ne servît de champ de bataille aux deux partis qui se disputaient l'Allemagne. Mais Wallenstein fut assassiné et l'autorité impériale se raffermit. L'Espagne mit sa redoutable infanterie à la disposition de l'Empereur. Les Suédois commencèrent à reculer. La ligue protestante fut battue à Nordlingue. La France devait s'en mêler ou abandonner l'Europe à la domination de la maison d'Autriche.

On était en 1635. Il y avait vingt-cinq ans que la France écartait la guerre. Cette fois, elle venait nous chercher et Richelieu dut s'y résoudre. Et l'on vit, comme au siècle précédent, quelle grande affaire c'était que de lutter contre la maison d'Autriche. Après quelques succès, dans les Pays-Bas, nos troupes furent débordées et l'ennemi pénétra en France. La prise de Corbie par les Espagnols en août 1636 rappela que notre pays était vulnérable et Paris dangereusement voisin de la frontière. Louis XIII et Richelieu restèrent dans la capitale, ce qui arrêta un commencement de panique et aussitôt il se produisit un de ces mouvements de patriotisme dont le peuple français est coutumier, mais qu'on avait cessé de voir pendant les guerres civiles. L' « année de Corbie » a beaucoup frappé les contemporains. La France y donna en effet une preuve de solidité. Elle prit confiance en elle-même. C'est l'année du Cid, l'année où Richelieu fonde l'Académie française. L'annonce du siècle de Louis XIV est là.

Cependant l'ennemi était sur notre sol. Il fallut le chasser de Picardie et de Bourgogne avant que Richelieu pût se remettre à sa grande politique d'Allemagne. Surtout il était apparu que, contre les forces organisées dont la maison d'Autriche disposait, la France ne pouvait pas pratiquer cette politique sans avoir une armée et une marine. Richelieu travaillait sans relâche à les lui donner. Il fut un grand homme d'État non pas tant par ses calculs et ses desseins que par l'exacte appréciation des moyens nécessaires pour arriver au but et des rapports de la politique et de l'administration intérieures avec la politique extérieure. C'est ainsi qu'il finit par réussir dans une entreprise où la France se heurtait à plus fort qu'elle.

Des campagnes difficiles mais heureuses et marquées par la prise de Brisach et celle d'Arras, les succès de nos alliés protestants en Allemagne, la révolte des Catalans et des Portugais contre le gouvernement espagnol, circonstance dont sut profiter la politique de Richelieu : ces événements favorables à notre cause rétablirent peu à peu l'égalité des forces. Jusque chez lui, le roi d'Espagne reculait. C'est alors que le Roussillon fut occupé et nous n'en sortirons plus. Envahie en 1636, la France, en 1642, avait avancé d'un large pas vers ses frontières historiques du Rhin et des Pyrénées. Rien n'était pourtant achevé, la guerre continuait du côté allemand et du côté espagnol, lorsque, cette année-là, le cardinal mourut. Cinq mois après Louis XIII le suivit dans la tombe. Ces deux hommes unis par la raison d'État, on peut dire par le service et non par l'affection, ne peuvent plus, pour l'histoire, être séparés.

Ce qu'ils avaient demandé à la France, pendant près de vingt ans, c'était un effort considérable de discipline, d'organisation, d'argent même. Richelieu, appuyé sur le roi, avait exercé une véritable dictature que le peuple français avait supportée impatiemment, mais sans laquelle l'œuvre nationale eût été impossible. Les grands n'étaient plus seuls à se révolter. Plus d'une fois les paysans se soulevèrent à cause des impôts, les bourgeois parce que la rente n'était plus payée. La grandeur du résultat à atteindre, la France au Rhin, la conquête des « frontières naturelles », la fin du péril allemand, l'abaissement des Habsbourg, c'étaient des idées propres à exalter des politiques. Comment la masse eût-elle renoncé joyeusement à ses commodités pour des fins aussi lointaines et qui dépassaient la portée des esprits ? Plus tard les Français ont eu un véritable culte pour la politique de Richelieu, devenue une tradition, un dogme national, respecté même par les révolutionnaires. De son vivant, les contemporains ne se disaient pas tous les jours qu'aucun sacrifice n'était de trop pour abattre la maison d'Autriche. À la vérité, la mort du grand cardinal fut ressentie comme un soulagement.

Pour la sécurité de la France, il fallait pourtant continuer sa politique et l'on retombait dans les faiblesses et les embarras d'une minorité. Un roi de cinq ans, une régente espagnole, un ministre italien : mauvaises conditions, semblait-il, mais corrigées par une chose importante. Richelieu laissait une doctrine d'État, et, pour la réaliser, une administration, une organisation, une armée aguerrie, des généraux expérimentés. Choisi, formé par Richelieu, Mazarin connaissait ses méthodes et il avait la souplesse qu'il fallait pour les appliquer dans des circonstances nouvelles. Cet étranger, cet Italien, avide d'argent et de profits, si prodigieusement détesté, a pourtant fait pour le compte de la France une politique que la plupart des Français ne comprenaient même pas. Il eut le talent de plaire à Anne d'Autriche, au point qu'on a cru à leur mariage secret. Il lui inspira confiance, et, malgré les cabales, malgré une véritable révolution, elle ne l'abandonna jamais, pas plus que Louis XIII n'avait abandonné son ministre. C'est ainsi que cette régence troublée mena au terme l'œuvre de Richelieu. Sans doute il n'y avait plus qu'à récolter. Encore fallait-il ne pas arrêter en chemin l'entreprise nationale.

Sur tous les fronts, la guerre continuait, cette guerre qui, pour l'Allemagne, fut de trente ans. En 1643 une victoire éclatante à Rocroy, où la redoutable infanterie espagnole fut battue par Condé, donna aux Français un élan nouveau.

L'Empire n'en pouvait plus. L'Espagne faiblissait. Le chef-d'œuvre de Richelieu avait été de retarder l'intervention, de ménager nos forces. La France, avec ses jeunes généraux, donnait à fond au moment où l'adversaire commençait à être las.

Dès le temps de Richelieu on avait parlé de la paix. L'année d'après Rocroy, des négociations commencèrent. Le lieu choisi pour la conférence était Munster, en Westphalie. Mais la paix n'était pas mûre. Quatre ans se passèrent encore avant qu'elle fût signée, sans que la guerre cessât. On négociait en combattant et Mazarin comprit que, pour obtenir un résultat, il fallait conduire les hostilités avec une nouvelle énergie. Les campagnes de Turenne en Allemagne, une éclatante victoire du Grand Condé à Lens sur les Impériaux unis aux Espagnols décidèrent enfin l'Empereur à traiter. La paix de Westphalie fut signée en octobre 1648.

Cette paix, qui devait rester pendant un siècle et demi la charte de l'Europe, couronnait la politique de Richelieu. C'était le triomphe de la méthode qui consistait à achever la France en lui assurant la possession paisible de ses nouvelles acquisitions. Il ne suffisait pas d'ajouter l'Alsace au royaume. Il fallait encore que cette province ne fût pas reprise au premier jour par les Allemands. Il ne suffisait pas d'humilier la maison d'Autriche, de lui imposer une paix avantageuse pour nous. Il fallait encore, pour que cette paix fût respectée, pour que le résultat d'une lutte longue de plus d'un siècle ne fût pas remis en question, que l'Empire fût affaibli d'une façon durable et qu'il ne pût se réunir « en un seul corps ». Au traité de Westphalie, la politique qui avait toujours été celle de la monarchie française, celle des « libertés germaniques », reçut sa consécration. Notre victoire fut celle du particularisme allemand. La défaite de l'Empereur fut celle de l'unité allemande. Mosaïque de principautés, de républiques, de villes libres, l'Allemagne, au lieu d'un État, en formait plusieurs centaines. C'était l'émiettement, l'impuissance, le libre jeu laissé à notre diplomatie, car ces trois cent quarante-trois États indépendants, de toutes les tailles et de toutes les sortes, étaient maîtres de leurs mouvements et de leurs alliances. Leurs rapports avec l'Empire devenaient extrêmement vagues et s'exprimaient par une Diète, un véritable Parlement, où, avec un peu de savoir-faire, nos agents pouvaient intervenir de façon à tenir le « corps germanique » divisé. Le principe de l'équilibre européen, fondé par le traité de Westphalie, reposait sur une véritable élimination de l'Allemagne, ce qui resta notre doctrine constante, parce que c'était notre plus grand intérêt, jusqu'à la fin du dix-huitième siècle. Enfin pour conserver ces résultats, pour empêcher qu'il y fût porté atteinte et que l'Allemagne fût conduite par une seule main la France, ainsi que la Suède, avait un droit de garantie au nom duquel elle pouvait s'opposer à tout changement de la Constitution de l'Empire, à toute redistribution des territoires, en d'autres termes aux ambitions de la maison d'Autriche on de tout autre pouvoir qui reprendrait son programme de domination des pays germaniques. L'Allemagne n'était plus, comme disait plus tard Frédéric II, qu'une « République de princes », une vaste anarchie sous notre protectorat. Ruinée, dépeuplée par la guerre de Trente Ans, réduite à l'impuissance politique, elle cessait pour longtemps d'être un danger. Nous aurions encore à nous occuper d'elle. Nous n'avions plus à craindre ses invasions : la grandeur de la France date de cette sécurité.

Il est rare qu'on puisse fixer des moments où la politique a obtenu ce qu'elle cherchait, où elle l'a réalisé, dans la mesure où les choses humaines comportent les réalisations. Le traité de Westphalie est un de ces moments-là.

Il ne terminait pas tout parce que, dans l'histoire, rien n'est jamais terminé, parce que chaque progrès, pour être conservé, demande un effort. Il ne terminait pas tout non plus parce que le roi d'Espagne ne se tenait pas pour battu et continuait la guerre. Il avait en effet des raisons de croire que le triomphe de Mazarin était fragile. En France, la paix de Munster n'avait excité ni enthousiasme ni reconnaissance. Elle était restée presque inaperçue. À l'heure où elle fut signée, la France était depuis trois mois en état de révolution et le gouvernement français à peine maître de Paris.

Chapitre XII

La leçon de la Fronde

On a pris l'habitude de regarder la Fronde comme un épisode romanesque et même galant à cause des belles dames qui s'en mêlèrent. Ce fut, en réalité, la poussée révolutionnaire du dix-septième siècle. Ce « grand siècle » n'est devenu celui de l'ordre qu'après avoir passé par le désordre. Il a eu, vers son milieu, une fièvre, une éruption répandue sur plusieurs pays d'Europe. Nous avons déjà vu le roi d'Espagne aux prises avec des mouvements d'indépendance en Catalogue et au Portugal. À Naples, le pêcheur Masaniello prit le pouvoir et son histoire frappa les imaginations. À Paris, dans les rues, au passage d'Anne d'Autriche, on criait : « À Naples ! » Mais rien ne saurait se comparer à l'impression que produisit la révolution d'Angleterre. L'exécution de Charles Ier, beau-frère de Louis XIII, semblait annoncer la fin des monarchies. Le rapport de ces événements avec les troubles qui éclatèrent en France n'est pas douteux.

On retrouve dans la Fronde les éléments ordinaires dont les révolutions se composent. L'effort et la fatigue de la guerre de Trente Ans y entrèrent pour une part. Richelieu avait demandé beaucoup au pays et tout ce qui avait été contenu sous sa main de fer se libéra sous Mazarin. Il se fit une alliance des grands qu'il avait contraints à la discipline nationale, et de la bourgeoisie qui avait souffert dans ses intérêts d'argent. Pour une autre part, et non la moindre, il y eut le jansénisme, cette Réforme sans schisme, qu'on a pu appeler « la Fronde religieuse ». Les pamphlets contre Mazarin et les polémiques avec les jésuites, les « mazarinades » et les Provinciales (bien que légèrement postérieures) partent du même esprit. Un admirateur de la Fronde l'a appelée « la guerre des honnêtes gens contre les malhonnêtes gens ». Si elle avait réussi, on lui aurait certainement reconnu les caractères intellectuels et moraux d'une révolution véritable.

Lorsque les troubles éclatèrent, au commencement de 1648, l'année du traité de Westphalie, le gouvernement était depuis plusieurs mois en conflit avec le Parlement qui déclarait illégales quelques taxes nouvelles. La raison du mécontentement était toujours la même : la guerre, l'action extérieure, l'achèvement du territoire coûtaient cher. Le Trésor était vide. Il fallait emprunter, imposer, quelquefois « retrancher un quartier » de la rente, ce que les bourgeois prenaient mal comme on s'en douterait si la satire de Boileau ne l'avait dit. Mazarin, tout aux grandes affaires européennes, laissait les finances et la fiscalité au surintendant. Lorsque les choses se gâtaient, il se flattait de les arranger par des moyens subtils. Il eut le tort, quand le Parlement adressa au pouvoir ses premières remontrances, de ne pas voir qu'il s'agissait de quelque chose de plus sérieux que les cabales d'*Importants* dont il était venu à bout au début de la régence. La résistance du Parlement faisait partie d'un rnouvement politique. On demandait des réformes. On parlait de liberté. Surtout on en voulait à l'administration laissée par Richelieu, à ces intendants qu'il avait créés et qui accroissaient l'autorité du pouvoir central. Les hauts magistrats recevaient des encouragements de tous les côtés. Les concessions par lesquelles Mazarin crut les apaiser furent donc inutiles. Le Parlement s'enhardit, et bien qu'il n'eût que le nom de commun avec celui de Londres, l'exemple de la révolution anglaise ne fut pas sans échauffer les imaginations. En somme le Parlement de Paris, le plus souvent soutenu par ceux des provinces, prétendait agir comme une assemblée souveraine et, au nom des antiques institutions et libertés du royaume, limiter l'autorité de la monarchie, singulièrement renforcée sous la dictature de Richelieu. Les Parlements deviennent dès ce moment-là ce qu'ils seront encore bien plus au dix-huitième siècle : un centre de résistance au pouvoir et d'opposition aux réformes, d'agitation et de réaction à la fois, un obstacle à la marche de l'État.

Le gouvernement avait fini par s'apercevoir du danger. Il voulut couper court et profiter de l'impression produite par la victoire de Lens. L'arrestation de quelques conseillers fut ordonnée et, parmi eux Broussel, devenu populaire par son opposition acharnée aux impôts. Ce fut le signal de l'insurrection et des barricades. Devant le soulèvement de Paris, le gouvernement céda. Broussel, « le père du peuple », fut remis en liberté. L'abolition ou la réduction des taxes fut accordée ainsi que diverses réformes, en particulier des garanties pour la liberté individuelle, que le Parlement réclamait. Le pouvoir avait capitulé devant cette ébauche de révolution.

La reine Anne s'en rendit si bien compte qu'elle ne se crut plus en liberté à Paris et emmena le jeune roi à Rueil. Elle n'en revint qu'après la signature de la paix dans l'idée que ce grand succès national changerait les esprits. Mais les traités de Westphalie, si importants pour l'avenir, si importants pour l'histoire, firent à peine impression. Comme la guerre continuait avec l'Espagne, Mazarin, qui devenait l'objet de l'animosité publique, fut accusé de l'entretenir. L'opposition reprit de plus belle. La campagne des pamphlets et des chansons contre le cardinal et la régente s'envenima. Pour la seconde fois, le gouvernement jugea plus prudent de quitter Paris pour Saint-Germain, mais de nuit et secrètement, tant la situation était tendue. À ce départ, le Parlement répondit en exigeant le renvoi de Mazarin et la ville se mit en état de défense. La première Fronde éclatait.

C'était la manifestation d'un désordre général. Grands seigneurs et belles dames, noblesse toujours indépendante généraux même, clergé avec Gondi (le cardinal de Retz), Parlement, bourgeoisie, peuple : l'effervescence était partout. Il s'y mêlait des souvenirs de la Ligue, des rancunes protestantes (ce qui explique le cas de Turenne), l'impatience de la discipline que Richelieu avait imposée : tout ce qui fait balle dans les temps où il y a des sujets de mécontentement nombreux et où l'on sent que l'autorité n'est plus très ferme. Cependant cette confusion de tant d'intérêts et de tant de « mondes » divers semble avoir été une des causes de faiblesse de la Fronde. Dès le premier choc avec les troupes régulières, l'armée levée par les Parisiens subit un échec devant Charenton. La discorde se mit chez les Frondeurs et l'on finit par négocier avec la Cour une paix ou plutôt une trêve.

Il serait trop long de raconter par le détail les intrigues et les troubles dont furent remplis et le reste de l'année 1649 et les années qui suivirent. Ce temps ne peut se comparer qu'à celui de la Ligue. Le désordre s'était étendu aux provinces. La Normandie et Bordeaux furent un moment en révolte ouverte. Cependant nous étions toujours en guerre avec l'Espagne et ni Condé ni le glorieux Turenne n'hésitaient à marcher avec l'ennemi qui avança jusqu'à la Marne. Il fallut que l'Espagne fût bien affaiblie pour ne pas tirer meilleur parti de ces avantages.

Au milieu de cet immense gâchis, la détresse devint extrême. Les rentiers qui avaient commencé la Fronde eurent à s'en repentir, les premiers. On n'est surpris que d'une chose, c'est que, dans cette confusion, la France ne se soit pas dissoute. Ce qui sauva encore la monarchie, ce fut l'absence d'une idée commune chez les séditieux. Une assemblée de la noblesse réclama les états généraux, selon l'usage des temps de calamités. Elle prétendit, invoquant toujours les anciennes traditions féodales que nous avons vues renaître sous la Ligue, rendre au second ordre un droit de contrôle sur le pouvoir. Ce langage, bien qu'il fût accompagné de formules libérales, inquiéta le Parlement qui se réservait ce rôle pour lui-même et se souvenait des états de 1614, de l'affaire de la Paulette et de la rancune des gens d'épée contre les gens de robe. L'échec de la nouvelle Fronde était en germe dans ce conflit.

La nouvelle était pourtant bien plus grave que l'ancienne. Mazarin et la reine Anne, ne pouvant rien par la force, avaient essayé de diviser leurs adversaires et obtenu l'arrestation de Condé et des princes de sa famille par des promesses au clan de Gondi. La manœuvre ayant réussi, Turenne et les Espagnols ayant en outre été battus à Rethel, Mazarin voulut profiter de la circonstance pour ramener la Cour à Paris et raffermir son autorité. C'en fut assez pour que tous les Frondeurs s'unissent contre lui. Le duc d'Orléans, le président Molé, Gondi, les parlementaires et les nobles, tout le monde se dressait contre Mazarin. À la fin, le Parlement n'exigea pas seulement la libération des princes mais le bannissement du ministre. Mazarin n'attendit pas l'arrêt : il s'enfuit de Paris et se réfugia chez notre allié l'électeur de Cologne, après avoir convenu avec la régente qu'il la conseillerait de loin en attendant son retour.

La situation était véritablement révolutionnaire. La reine Anne, ayant voulu à son tour quitter Paris, en fut empêchée par les Frondeurs. Les milices bourgeoises furent convoquées et elle ne les apaisa qu'en leur montrant le jeune roi endormi ou qui feignait de dormir : il n'oublia jamais ces scènes humiliantes. En somme, la famille royale était prisonnière, Beaufort, Gondi, la Grande Mademoiselle, tous les agités, les étourneaux et les doctrinaires de cette étrange révolution maîtres de Paris. Par bonheur, ce beau monde, uni à celui de la rue, ne tarda pas à se déchirer. Avant de prendre la fuite, Mazarin avait ouvert les portes de la prison de Condé, avec l'idée que cet orgueilleux ne s'entendrait pas longtemps avec les autres frondeurs. Mazarin avait vu juste. Monsieur le Prince mécontenta tout le monde. Son alliance avec l'Espagne devint un scandale et le Parlement, qui dénonçait en Mazarin l'étranger, ordonna que l'on courût sus à Condé, rebelle et traître et qui avait livré les places à l'ennemi. La circonstance, qu'il avait calculée, parut propice au cardinal pour rentrer en France : sur-le-champ, l'union se refit contre lui-même, et comme le jeune roi, dont la majorité avait été proclamée sur ces entrefaites, était à la poursuite de Condé, la Fronde régna sans obstacle à Paris. Lorsque l'armée royale, commandée par Turenne qui s'était soumis (car on passait avec facilité d'un camp dans l'autre), voulut rentrer dans la capitale, elle fut arrêtée à la porte Saint-Antoine et c'est là que Mademoiselle, du haut de la Bastille, tira le canon contre les troupes du roi.

On était en 1652, et ce fut pour l'État le moment le plus critique de la Fronde. Le roi était arrêté devant Paris, avec des provinces soulevées dans le dos. Un gouvernement de princes et de princesses du sang et de démagogues se formait : c'était le retour aux pires journées de la Ligue. Le bon sens, par l'organe d'un tiers parti, revint aussi pour les mêmes raisons. Les bourgeois parisiens ne tardèrent pas à sentir que ce désordre ne valait rien pour les affaires. Une émeute, accompagnée de tuerie et d'incendie à l'Hôtel de Ville, effraya les uns et commença à dégoûter les autres. Après trois mois de ce gâchis, Paris, devenu plus sage, fut mûr pour le retour du jeune roi et Mazarin rentra lui-même en février de l'année suivante.

La France était tout endolorie de cette stupide aventure. D'une guerre civile, aggravée par la guerre étrangère et qui avait duré quatre ans, était sorti ce qu'un contemporain appelait « la ruine générale des peuples ». On a décrit « la misère au temps de la Fronde ». Misère telle que les missions de saint Vincent de Paul parcouraient le royaume pour porter secours aux affamés et aux malades. D'ailleurs, comme après la Ligue, le pays fut long à se remettre de la secousse. L'indiscipline ne disparut pas du jour au lendemain. Il fallut négocier et réprimer, payer les uns et punir les autres. Des provinces étaient en pleine anarchie, exploitées et tyrannisées par des brigands à prétentions féodales. Ce fut le cas de l'Auvergne où il fallut encore, dix ans plus tard, tenir des « grands jours » et faire des exemples par une procédure extraordinaire. Et quand on se demande comment l'État français a néanmoins résisté à cet ébranlement, on doit se souvenir que l'armée, en général, resta dans le devoir et que tout se serait dissous sans ces « quelques officiers inconnus de vieux régiments », dont parle M. Lavisse et dont « la ferme fidélité sauva le roi et la France ».

Sainte-Beuve a écrit, à propos d'une autre période troublée de notre histoire : « Nous nous imaginons toujours volontiers nos ancêtres comme en étant à l'enfance des doctrines et dans l'inexpérience des choses que nous avons vues ; mais ils en avaient vu eux-mêmes et en avaient présentes beaucoup d'autres que nous avons oubliées. » La Fronde fut une de ces leçons, leçon pour la nation française, leçon pour le roi qui se souvint toujours, dans sa puissance et dans sa gloire, des mauvais moments que la monarchie avait passés pendant son adolescence.

La Fronde vaincue, Mazarin rentré à Paris, l'ordre ne se rétablit pas comme par enchantement. L'ordre, la France y aspirait. Cornment, par quelle forme de gouvernement se réaliserait-il ? On ne le voyait pas encore. Mais un point restait acquis et se dégageait de ces agitations, de ces campagnes de pamphlets et de presse, des paroles audacieuses du Parlement : l'opposition à Mazarin était née de l'opposition à Richelieu, plus violente encore parce que le pouvoir était plus faible et que le deuxième cardinal était un étranger. Depuis trente années et même plus, car l'origine remonte à Concini, le régime de la France avait été celui du « ministériat », le gouvernement, au nom du roi, par un ministre. Ce régime a été bon pour la France puisque, sous deux hommes de premier ordre, il nous a donné frontières, sécurité, prestige en Europe. Cependant les Français ne s'en sont pas accommodés. Ce régime leur déplaît, les froisse. Et puisqu'il n'est pas supporté, puisqu'il cause de si violentes séditions, il est dangereux, il ne faut pas qu'on y retombe. D'autre part si la France dit ce qu'elle ne veut pas, elle ne dit pas non plus ce qu'elle veut. Le mot de République, quelquefois prononcé pendant la Fronde, reste sans écho. Puisque la France est exténuée par l'anarchie, puisqu'elle a eu peur d'un autre abîme, comme au temps de la Ligue, puisqu'elle veut un gouvernement qui gouverne et qui ne soit pas celui d'une sorte de grand vizir, il ne reste qu'une solution : le gouvernement personnel du roi. Voilà comment le règne de Louis XIV est sorti de la Fronde.

De 1653 à 1661, cette pensée mûrit. Louis XIV, qui devient homme, réfléchit, forme ses idées. C'est une transition où se prépare ce qui va suivre. Le calme revient, l'autorité se rétablit et cette autorité sera celle du roi. Le changement qui se produit et le besoin de l'époque ont été admirablement rendus par la légende. Louis XIV n'est pas entré au Parlement un fouet à la main. Il n'a pas dit : « L'État c'est moi. » C'est pourtant le sens de son avertissement aux magistrats, toujours démangés de désobéissance, lorsque, ayant appris qu'ils refusaient d'enregistrer des édits présentés par lui le même jour, il revint en hâte de la chasse et leur parla un langage sévère. Mais le mot : « l'État c'est moi », était celui de la situation. Il sera vrai quelques années plus tard. Il ne l'était pas encore lorsque le Roi n'avait que dix-sept ans et Mazarin dut calmer le Parlement, toujours pénétré de son importance et fâché de l'algarade.

L'étonnant, c'est que, dans sa grande faiblesse, la France ait pu continuer sa politique et en finir avec la guerre d'Espagne. Il est vrai que, prêté pour rendu, Mazarin soutenait la révolution du Portugal comme les Espagnols aidaient la Fronde. Et puis, le traité de Westphalie jouait en notre faveur. Plus d'inquiétude du côté de l'Allemagne. Si Mazarin ne put empêcher l'élection de Léopold de Habsbourg après la mort de Ferdinand, il noua avec une douzaine de princes allemands l'alliance connue sous le nom de Ligue du Rhin qui suffisait à paralyser l'Empire. Enfin Mazarin rechercha l'amitié de Cromwell bien que la France eût donné asile aux Stuarts. Après l'exécution de Charles Ier, oncle de Louis XIV, ni la monarchie française ni la monarchie espagnole n'avaient protesté ni même rompu les relations diplomatiques parce que l'une et l'autre désiraient le concours de l'Angleterre. L'indifférence aux idées et aux régimes était telle que ce fut même la Hollande républicaine qui, pour ses intérêts maritimes, entra en lutte avec la République anglaise. Dans le conflit de la France et de l'Espagne, l'Angleterre, comme au siècle précédent, était l'arbitre. Cromwell opta pour la France parce qu'il trouva bon de ruiner la marine des Espagnols et de leur prendre des colonies : les rivalités coloniales commençaient à exercer leur influence sur la politique de l'Europe.

Le concours anglais, bien que très faible au point de vue militaire, fit pencher la balance en notre faveur. La guerre avec l'Espagne, cette guerre de plus de vingt ans, qui languissait, se ranima, surtout en Flandre. Turenne se retrouva en face de Condé, toujours au camp espagnol, et le battit près de Dunkerque aux dunes. Ce fut la fin. Le traité des Pyrénées fut signé entre la France et l'Espagne en 1659. Et cette paix, autant que la différence des situations le permettait, fut calquée sur celle de Westphalie. Nos acquisitions étaient importantes : le Roussillon et la Cerdagne, une partie de l'Artois, quelques places en Flandre, en Hainaut et en Luxembourg. Mais, dans cette politique de progression modérée qui était la vraie tradition capétienne reprise par Richelieu, l'accroissement de la sécurité ne comptait pas moins que celle du territoire. Il s'agissait toujours d'empêcher la réunion de l'Autriche et de l'Espagne. En manœuvrant pour que Louis XIV épousât l'aînée des infantes, Mazarin empêchait le mariage de Marie-Thérèse avec l'empereur Léopold, mariage qui eût ramené le vieux péril de Charles Quint. Léopold épousa une autre fille de Philippe IV, mais il n'était plus que cohéritier d'Espagne avec le roi de France. En outre, par une clause du contrat, Marie-Thérèse n'abandonnait ses droits à la succession de la couronne d'Espagne que « moyennant » une dot qui ne devait jamais être payée. Nos espérances sur la Flandre, à laquelle nous avions dû renoncer pour la plus grande part, restaient donc ouvertes, et nous pourrions, si le cas se présentait, - et il se présentera, - nous opposer au transfert à l'Autriche de la succession espagnole. Ainsi, onze ans après le traité de Westphalie, celui des Pyrénées ne nous laissait plus sur le continent d'ennemi redoutable, et, par cette élimination des deux dangers, l'allemand et l'espagnol, plus que par ses conquêtes, la France devenait ce qu'elle n'avait jamais été jusque-là, c'est-à-dire la première des puissances d'Europe.

Il est aussi vain de contester la part de Mazarin dans ce succès que de chercher à la calculer exactement. Il a continué Richelieu. Il avait compris sa pensée. Il a réussi dans des conditions difficiles, malgré la France, et cet Italien a été plus constamment Français que Turenne et Condé. On ne lui a pas pardonné d'avoir aimé l'argent et d'avoir empli ses poches. Des services qu'il rendait, il se payait lui-même, Ce n'était pas délicat. D'une autre façon, des ministres intègres mais maladroits ont coûté plus cher.

En 1661, lorsque Mazarin meurt et que la véritable majorité du roi commence, tout est réuni au-dedans et au-dehors pour un grand règne. Cependant les choses, en France, étaient encore loin d'aller pour le mieux. Comme disait le préambule d'une ordonnance du temps, le désordre était « si universel et si invétéré que le remède en paraissait presque impossible ».

Dans ce désordre, si les puissances féodales avaient été abaissées, les puissances d'argent avaient grandi. Les financiers, les traitants, habiles à mettre les gens de lettres de leur côté, et, par eux, l'opinion publique, étaient devenus un pouvoir inquiétant pour l'État : le procès de Fouquet sera l'acte par lequel Louis XIV, à son début, établira son autorité. Il s'agit, pour le roi, de gouverner lui-même, comme la nation, qui ne veut plus du « ministériat », le demande. Il s'agit, à l'extérieur, de conserver les progrès réalisés, ce qui sera aussi difficile qu'il l'a été de les obtenir, de même qu'il est plus difficile de garder une fortune que de la gagner. À la fin, et dans l'ensemble, Louis XIV aura été égal à ces tâches. Et pour expliquer son œuvre, sa politique, son esprit, son caractère, un mot suffit et ce mot est encore du sagace Sainte-Beuve : « Louis XIV n'avait que du bon sens, mais il en avait beaucoup. » C'est pourquoi l'école classique, l'école de la raison, qui s'épanouit au moment où il devient le maître, s'est reconnue en lui. On dirait que, dans tous les domaines, la leçon de la Fronde a porté.

CHAPITRE XIII

LOUIS XIV

Le long règne de Louis XIV - plus d'un demi-siècle -, qui ne commence vraiment qu'à la mort de Mazarin, a un trait principal dominant : une tranquillité complète à l'intérieur. Désormais, et jusqu'à 1789, c'est-à-dire pendant cent trente années, quatre générations humaines, c'en sera fini de ces troubles, de ces séditions, de ces guerres civiles dont le retour incessant désole jusque-là notre histoire. Ce calme prolongé joint à l'absence des invasions, rend compte du haut degré de civilisation et de richesse, auquel la France parvint. L'ordre au-dedans, la sécurité au-dehors - ce sont les conditions idéales de la prospérité. La France en a remercié celui qu'elle appela le grand roi par une sorte d'adoration qui a duré longtemps après lui. Voltaire, avec son Siècle de Louis XIV, est dans le même état d'esprit que les contemporains des années qui suivirent 1660. Il souligne, comme le fait qui l'a le plus frappé et qui est aussi le plus frappant : « Tout fut tranquille sous son règne. » Le soleil de Louis XIV illuminera le règne de Louis XV. Et ce n'est que plus tard encore, après quinze ans du règne de Louis XVI, que le charme sera rompu, que nous entrerons dans un nouveau cycle de révolutions.

Avec Louis XIV, le roi règne et gouverne. La monarchie est autoritaire. C'est ce que souhaitent les Français. Puisqu'ils ne veulent ni des Ligues, ni des Frondes, ni du « ministériat », le gouvernement personnel du roi est l'unique solution. Dès que l'idée du jeune souverain fut comprise, elle fut populaire, elle fut acclamée. De là ce concert de louanges que la littérature nous a transmis, cet enthousiasme, qui étonne quelquefois, chez les esprits les plus libres et les plus fiers, et qu'on prend à tort pour de la flatterie. La France, comme sous Henri IV, s'épanouit de bonheur dans cette réaction. Sous toutes les formes, dans tous les domaines, elle aima, elle exalta l'ordre et ce qui assure l'ordre : l'autorité. Du comédien Molière à l'évêque Bossuet, il n'y eut qu'une voix. C'est ainsi que, dans cette seconde partie du dix-septième siècle, la monarchie eut un prestige qu'elle n'avait jamais atteint.

L'originalité de Louis XIV est d'avoir raisonné son cas et compris comme pas un les circonstances dans lesquelles son règne s'était ouvert et qui lui donnaient en France un crédit illimité. Il l'a dit, dans ses *Mémoires* pour l'instruction du Dauphin, en homme qui avait vu beaucoup de choses, la Fronde, les révolutions d'Angleterre et de Hollande : il y a des périodes où des « accidents extraordinaires » font sentir aux peuples l'utilité du commandement. « Tant que tout prospère dans un État, on peut oublier les biens infinis que produit la royauté et envier seulement ceux qu'elle possède : l'homme, naturellement ambitieux et orgueilleux, ne trouve jamais en lui-même pourquoi un autre lui doit commander jusqu'à ce que son besoin propre le lui fasse sentir. Mais ce besoin même, aussitôt qu'il a un remède constant et réglé, la coutume le lui rend insensible. » Ainsi Louis XIV avait prévu que le mouvement qui rendait la monarchie plus puissante qu'elle n'avait jamais été ne serait pas éternel, que des temps reviendraient où le besoin de liberté serait le plus fort. Désirée en 1661 pour sa bienfaisance, l'autorité apparaîtrait comme une tyrannie en 1789 : déjà, sur la fin de son règne, Louis XIV a pu s'apercevoir que la France se lassait de ce qu'elle avait appelé et salué avec enthousiasme et reconnaissance. Il avait prévu cette fatigue, annoncé ce retour du pendule, et, par là, il a été meilleur connaisseur des hommes que ceux qui prétendent qu'il a donné à la monarchie le germe de la mort en concentrant le pouvoir.

Ce règne de cinquante-quatre années, si chargé d'événements au-dehors, ne compte au-dedans que deux faits, la condamnation de Fouquet au début et, plus tard, la révocation de l'Édit de Nantes. Deux faits d'accord avec le sentiment général, approuvés ou réclamés par l'opinion publique.

Si un homme semblait devoir succéder à Mazarin, c'était le surintendant Fouquet, plus riche, presque aussi puissant que le roi lui-même. Fouquet avait édifié une immense fortune aux dépens des finances publiques, à l'exemple du cardinal qui avait au moins, pour excuse à ses voleries, les services rendus à la nation. Louis XIV, au lendemain de la mort de Mazarin, avait pris lui-même la direction des affaires, travaillant avec ses ministres, ne déléguant son autorité à aucun d'eux. Il redoutait le surintendant qui avait de grands moyens financiers, une nombreuse clientèle, un cortège de protégés, des amis partout, dans l'administration, dans le monde, chez les gens de lettres. De plus, Fouquet selon une habitude qui remontait au temps des guerres civiles, avait acquis à Belle-Isle un refuge, une place forte d'où il pouvait, en cas de disgrâce et de malheur, tenir tête au gouvernement. C'est ce dangereux personnage politique, aspirant au rang de premier ministre, que le roi voulut renverser. Ce serait le signe qu'il n'y aurait plus ni maire du palais ni grand vizir et que nul n'aurait licence de s'enrichir à la faveur du désordre et aux frais de l'État. La dissimulation et la ruse avec lesquelles Louis XIV procéda avant d'arrêter le surintendant montrent qu'il le craignait et qu'il n'était pas sûr de réussir. Fouquet brisé plus facilement qu'on n'avait cru, la chute, acclamée par la France, de cette puissance d'argent qui aspirait à la puissance politique : l'exemple fut retentissant et salutaire. Rien désormais ne s'opposa plus à Louis XIV.

Vingt-cinq ans plus tard, le même courant conduisait, poussait à la révocation de l'Édit de Nantes. On ne saurait séparer cette affaire des autres affaires religieuses du même temps. Ce qui devint peu à peu persécution du protestantisme s'apparente étroitement aux conflits avec la papauté, conflits qui aboutirent à la fameuse déclaration des droits de l'Église gallicane, en 1682, tandis que la révocation est de 1685. Les contemporains étaient hantés par le souvenir des guerres de religion. En mémoire de la Ligue, l'autorité du pape, hors les choses de la foi, leur semblait un péril. Le jansénisme, qui avait trempé dans la Fronde, était mal vu. Pour la même raison, la dissidence des Protestants, qui vivaient cependant en repos, éveillait des appréhensions constantes. C'est une erreur de croire que le besoin d'unité morale, qui mena à la révocation, ait été d'essence uniquement religieuse. Il fut surtout politique. À cet égard, l'Angleterre et les pays protestants du Nord, en supprimant les restes du catholicisme, en persécutant les catholiques et en les écartant des emplois, avaient donné l'exemple. Les Anglais étaient restés sous l'impression de la Conspiration des Poudres et regardaient les papistes comme des traîtres et des ennemis publics. Pour les Français, le protestantisme représentait, avec le mauvais souvenir de l'État dans l'État et du siège de La Rochelle, une possibilité de retour aux guerres civiles et aux révolutions. Il est très remarquable que Bossuet ait conduit de front ses controverses avec les ministres de la religion réformée et la défense des libertés de l'Église gallicane, que les querelles de Louis XIV avec Innocent XI aient coïncidé avec les mesures contre les protestants.

C'est par des conversions qu'on s'était flatté d'abord de les ramener. Il y en avait eu de retentissantes, celle de Turenne entre autres, qui laissaient croire que le zèle était mort, que l'hérésie « démodée », comme disait Mme de Maintenon (elle-même convertie), consentirait à disparaître. La résistance des réformés, surtout dans les communautés compactes du Midi, irrita les convertisseurs. On passa insensiblement à des procédés plus rudes. Les protestants répondirent par l'émigration. D'autres, en Dauphiné, dans les Cévennes, vieux foyers de la Réforme, prirent les armes. Alors la France vit rouge, crut au retour des désolations de l'autre siècle, à des complots avec l'étranger, d'autant plus qu'on était à la veille de la guerre de la ligue d'Augsbourg. On voulut obtenir de force ce qui avait échoué par la persuasion. Toute l'histoire de la révocation est là et le gouvernement de Louis XIV fut entraîné à des extrémités qu'il n'avait pas prévues et introduit dans des embarras qu'il avoua lui-même en déclarant que, s'il supprimait la liberté du culte pour des raisons de police, il entendait respecter la liberté de conscience. L'émigration priva la France d'un grand nombre d'hommes généralement industrieux (les évaluations vont de cent cinquante à quatre cent mille), et le gouvernement, qui s'efforça bientôt de ramener les réfugiés, fut plus sensible à cette perte que le public, qui aurait volontiers crié « bon débarras ». Par un curieux retour des choses, ces émigrés, bien accueillis dans les pays protestants, surtout en Hollande, contribuèrent à répandre en Europe notre langue et nos arts en même temps qu'une rancune que nos ennemis d'alors ne manquèrent pas d'exploiter. C'est plus tard seulement qu'en France même on en a fait grief à Louis XIV.

La condamnation de Fouquet, la révocation, telles furent les seules affaires intérieures du règne. Rien ne trouble donc l'œuvre magistrale d'organisation que Louis XIV entreprit avec ses ministres, mais sans varier de la règle qu'il s'était fixée, c'est-à-dire sans jamais déléguer le pouvoir à aucun d'eux, fussent-ils les plus grands. Colbert, disciple de Richelieu, formé par Mazarin, désigné par lui au Roi, eut la besogne de plusieurs des plus gros ministères, les finances, la marine, le commerce, l'agriculture, les travaux publics, les colonies. Pourtant il n'eut jamais le titre ni l'emploi de premier ministre, pas plus que Louvois, réorganisateur de l'armée.

Le duc de Saint-Simon s'est plaint de ce règne de vile bourgeoisie. Sous Louis XV, d'Argenson dira avec le même dédain : « satrapie de roture ». Les collaborateurs directs de Louis XIV sortaient en effet de la classe moyenne, en quoi ce règne ne se distingue pas des autres règnes capétiens. Il y eut seulement, dans la génération de 1660, un zèle, un enthousiasme, une ardeur au travail, un goût de tout ce qui était ordonné et grand qui se retrouve dans l'administration comme dans la littérature. L'idée était claire pour tous. La France avait un gouvernement ferme et stable. Elle avait la première place en Europe depuis que ni l'Allemagne divisée, ni l'Espagne vaincue, ni l'Angleterre affaiblie par ses révolutions ne la menaçaient plus. Cependant la France n'était pas achevée. Bien des choses lui manquaient encore : Lille, Strasbourg, Besançon, par exemple. C'était le moment d'acquérir nos frontières, de réaliser de très vieilles aspirations. Pour cela, il fallait que la France fût forte par elle-même et non seulement de la faiblesse des autres, faiblesse qui ne durerait pas toujours et à laquelle des coalitions remédieraient. Il fallait donner au pays les moyens qu'il n'avait pas, restaurer ce qui s'était englouti dans les désordres et les misères de la Fronde : des finances, de la richesse, une industrie, une marine, une armée, tout ce qui était tombé dans le délabrement. Quelques années de travail et de méthode suffirent à lui rendre des navires et des régiments, des ressources de toutes sortes, cet argent aussi, sans lequel, disait Colbert, un État n'est pas vraiment fort. Le moment de passer à l'action extérieure, c'est-à-dire d'achever la France, était venu.

Pour l'intelligence de ce qui va suivre, et qui est fort compliqué, on doit se représenter ce que l'Europe était alors. La puissance, que tout le monde avait crainte jusque-là, c'était l'Espagne. La Hollande, qui s'était affranchie de la domination espagnole, en souffrait avec inquiétude le voisinage dans le reste des Pays-Bas. Comme ce voisinage nous était également pénible, l'alliance franco-hollandaise se nouait naturellement. D'autre part, l'Angleterre et la Hollande, nations maritimes et commerçantes, rivalisaient entre elles et aussi avec l'Espagne, la grande puissance coloniale de ce temps-là. Tant que la France n'eut ni marine, ni commerce, ses relations avec l'Angleterre et la Hollande furent amicales ou aisées. Tout changea lorsque, sous l'impulsion de Colbert, la France devint un concurrent commercial, lorsqu'une guerre de tarifs commença. Tout changea encore plus, tout s'aigrit lorsque, l'armée française marchant à la conquête de la Flandre espagnole, les Hollandais virent qu'ils auraient pour voisin le puissant État français devenu plus redoutable pour eux que l'Espagne lointaine.

L'achèvement de la France, la réalisation du grand dessein national si souvent compromis, si longtemps entravé, repris par Richelieu, demandait pour réussir, et ne pas coûter trop cher, que l'Angleterre au moins restât neutre. Chose difficile : il n'était ni dans ses traditions, ni dans ses intérêts de nous voir avancer en Flandre, du côté d'Ostende et d'Anvers, tandis que notre pavillon grandissait sur mer. Deux circonstances favorables permirent à la politique française d'avoir pendant plusieurs années l'Angleterre dans son jeu. D'abord la rivalité anglo-hollandaise, ensuite la restauration des Stuarts, qui s'était accomplie avec l'appui de la France : la France tenait Charles II, dont le trône était fragile, par l'aide qu'elle lui donnait et par l'inquiétude des « restes de la faction de Cromwell » que Louis XIV, dans ses *Mémoires,* se vante, avec le réalisme du siècle, d'avoir entretenu en même temps que l'autre parti, celui qui voulait ramener l'Angleterre au catholicisme. Notre situation fut bonne et nos succès faciles aussi longtemps que cette combinaison réussit, que l'Angleterre, affaiblie par ses luttes intérieures, fut dans nos intérêts et méconnut les siens. Les difficultés commencèrent à partir du jour où l'Angleterre et la Hollande se réunirent et où Guillaume d'Orange ayant commencé par renverser la République hollandaise, renversa aussi les Stuarts, prit le trône de son beau-père Jacques II et devint roi d'Angleterre en 1689.

Après cette révolution, la fortune de Louis XIV changea. L'Angleterre deviendra notre principale ennemie, l'âme des coalitions qui s'opposeront au développement de la France sur la mer comme sur le continent. On comprend que Louis XIV se soit intéressé à la cause des Stuarts autant que sa mère et Mazarin avaient été indifférents à la mort de Charles Ier, il ne cherchait qu'à « annuler » l'Angleterre. Cette politique, qui réussit pendant vingt-cinq ans, permit à Louis XIV de poursuivre l'œuvre de Richelieu, d'effacer les plus graves effets, toujours présents, du mariage de Maximilien et de Marie de Bourgogne, et de donner à la France les territoires et la couverture qui, au nord et à l'est, lui manquaient cruellement. Après cela, Louis XIV devra défendre ses conquêtes. On peut dire que son histoire a deux parties distinctes et comme deux versants : avant et après la chute de Jacques II.

Ces brèves explications permettent de suivre plus aisément les cours des guerres, qui eurent l'acquisition de la Flandre pour point de départ, jusqu'à l'affaire de la succession d'Espagne, qui remplit la fin du règne. Si l'on blâme chez Louis XIV le goût des conquêtes, si on lui reproche son ambition, alors il faut trouver les premiers Capétiens ambitieux parce qu'ils ont voulu s'avancer au-delà de Dreux et d'Étampes. Si l'on estime que Louis XIV a voulu aller trop loin, il faudrait dire à quels signes se fussent reconnues les limites auxquelles il devait s'arrêter. L'objet essentiel étant de protéger la France contre les invasions, de lui donner une ceinture solide, il était aussi rationnel d'avoir Mons, Namur et Maëstricht, que les places de l'Escaut et de la Sambre, Valenciennes ou Maubeuge, qui mettent à l'abri la vallée de l'Oise. Ce qu'on appelle les conquêtes de Louis XIV partait d'un plan stratégique et de sécurité nationale. Elles étaient en harmonie avec le système de Vauban et pour ainsi dire dictées par lui. Nous ne nous étonnons plus que des pays de langue flamande soient incorporés à la France. C'est ainsi que nous avons gardé Hazebrouck et Cassel. Il s'agissait, dit Auguste Longnon, de « fermer le plat pays compris entre la mer et la Lys ». L'invasion de 1914, les batailles de Charleroi et de l'Yser nous rendent ces raisons plus sensibles. Le véritable conquérant, c'était donc le technicien Vauban qui désignait les lieux et les lignes d'où la France était plus facile à défendre. C'est par des tâtonnements, des expériences, après des résistances vaincues ou reconnues insurmontables que notre frontière du nord et du nord-est s'est fixée où elle est. Rien ne l'indiquait sur la carte des Pays-Bas espagnols, où ont été mêlées si longtemps nos villes du Nord et les cités belges d'aujourd'hui.

Quand le roi d'Espagne fut mort, les réformes de Colbert avaient porté leur fruit, la France avait des finances saines, une armée, les moyens de sa politique. Le moment était venu de passer à l'action extérieure et l'argument était tout prêt : la dot de Marie-Thérèse n'avait pas été payée. La renonciation subordonnée au paiement de cette dot était donc nulle et Louis XIV revendiqua l'héritage de son beau-père : toute cette procédure avait été réglée d'avance. Du point de vue militaire comme du point de vue diplomatique, l'affaire fut d'ailleurs longuement préparée, puisque, le roi d'Espagne étant mort en 1665, Turenne n'entra en campagne que deux ans plus tard. Elle fut menée ensuite avec une prudence extrême, au point qu'on s'étonna, au-dehors, du « défaut d'audace » des Français. Cependant l'Espagne était incapable de défendre ses provinces excentriques.

En 1667, notre armée entra en Flandre comme elle voulut, puis l'année suivante, en Franche-Comté, mais par une action si mesurée qu'on aurait cru que l'Espagne était encore redoutable. Il faut avouer que cette modération, destinée à n'inquiéter ni la Hollande ni l'Angleterre, ne servit de rien et c'est peut-être ce qui, par la suite, rendit Louis XIV moins ménager de l'opinion européenne. Turenne n'avait même pas osé pousser jusqu'à Bruxelles. Cependant, parce que nous avions pris quelques places flamandes, les Hollandais, jusque-là nos alliés, se crurent perdus et ameutèrent l'Europe contre le roi de France qu'ils accusaient d'aspirer à la « monarchie universelle ». Notre diplomatie, habilement conduite par Hugues de Lionne, prit ses précautions. Le nouveau roi d'Espagne était maladif et débile. Il était probable qu'il ne laisserait pas d'enfants et que son héritage serait revendiqué par les maris de ses deux sœurs, l'une ayant épousé un Bourbon, l'autre un Habsbourg. Si l'empereur Léopold n'était pas pour le moment un compétiteur dangereux, il pouvait le devenir : ainsi la succession d'Espagne était déjà préoccupante. Un traité de partage éventuel fut signé avec Léopold pour prévenir ces difficultés futures et nous assura, sur les possessions espagnoles qui resserraient la France et la tenaient éloignée de ses frontières naturelles, des droits beaucoup plus étendus que les modestes conquêtes de la récente campagne.

Informée de cette transaction, la Hollande offrit alors à Louis XIV un arrangement sur la base des résultats acquis. Il eût donc fallu que Louis XIV, pour conserver l'amitié des Hollandais, abandonnât le traité de partage, se liât les mains pour l'avenir et que la France renonçât à parfaire son territoire. Le sage Lionne lui-même conseilla de ne pas signer un pareil engagement qui détruisait la transaction conclue avec l'empereur et qui n'eût profité qu'à la maison d'Autriche. Alors la Hollande, comnme si elle n'avait attendu que ce prétexte, se réconcilia avec l'Angleterre, chercha même à entraîner notre vieille alliée la Suède dans une coalition contre la France.

Sur ces entrefaites, notre armée s'était emparée de la Franche-Comté presque sans coup férir. Louis XIV ne voulut pas aller trop vite et, au grand mécontentement des militaires, préféra ne rien hasarder. L'opposition qu'il avait rencontrée en Europe, cette ébauche de triple alliance hollando-anglo-suédoise à laquelle il ne s'était pas attendu, le rendaient circonspect. Il se hâta en 1668, de signer la paix d'Aix-la-Chapelle avec l'Espagne, à qui il restitua la Franche-Comté, ne gardant que ce qu'il avait pris en Flandre : Lille et Douai n'étaient pas des acquisitions négligeables. Aussitôt Vauban fortifia les places nouvelles, donnant ainsi leur sens à ces conquêtes destinées à mettre la France, sur son côté le plus vulnérable, à l'abri des invasions.

Les historiens aiment tant à blâmer et contredire qu'ils reprochent en général à Louis XIV d'avoir été trop timide à ce moment-là, avant de lui reprocher d'avoir été plus tard téméraire. Ils disent qu'en 1668 la France pouvait s'étendre d'un coup jusqu'à Anvers, c'est-à-dire écraser dans l'œuf la future Belgique. Louis XIV jugea mieux qu'eux. Il savait que l'Angleterre n'avait renoncé à Calais qu'à contre cœur et nous souffrait difficilement à Dunkerque. À Anvers, c'était une hostilité certaine et la politique française avait besoin que l'Angleterre restât neutre pour exécuter un plan qui n'était en somme, que le plan de sécurité de Vauban. Les Français de cette époque rêvaient peu, ou leur imagination était réaliste. Ils se souciaient moins d'agrandir leur pays que de le protéger. La possession de Lille leur apparaissait surtout comme celle d'une bonne place de couverture. À chaque ville prise, Vauban creusait des fossés, construisait des courtines et des demi-lunes, et, depuis, ses travaux ont servi chaque fois que nous avons été attaqués. On comprend que Louis XIV ait écouté distraitement Leibniz qui lui conseillait de laisser les bicoques de la Meuse et de l'Escaut pour conquérir l'Égypte et l'Inde. On a même écrit avec dédain que la politique de Louis XIV avait été d'esprit terrien, c'est-à-dire terre à terre. On veut dire que, malgré le style ample du siècle et la manière majestueuse dont Louis XIV a parlé de sa gloire, cette politique était celle du bonhomme Chrysale, qui préférait la bonne soupe au beau langage.

Nous nous sommes étendu sur la première grande opération politique et militaire que Louis XIV ait entreprise parce que le reste y est en germe. Que résultait-il de cette expérience ? Que, pour compléter la France du nord, il fallait venir à bout des Hollandais. Pour venir à bout des Hollandais, il fallait d'abord dissoudre leurs alliances. Le Stuart fut repris, en main. Pour la Suède, on mit l'enchère sur les florins de la Hollande. Les princes allemands furent en grand nombre gagnés par des subsides et nous étions comme chez nous chez notre allié l'électeur de Cologne. C'est ainsi qu'en 1672 la Hollande put être envahie par une puissante armée française. Cette campagne, qui s'annonçait comme facile, fut pourtant le début d'une grande guerre qui dura six ans.

Tout eût peut-être été fini en quelques semaines si, par un excès de prudence, nous n'étions arrivés trop tard à Muyden où se trouvaient les principales écluses. La Hollande s'inonda pour se sauver et mettre Amsterdam hors d'atteinte. Elle fit plus : elle renversa la République bourgeoise, où nous gardions encore des amis, pour donner le stathoudérat, c'est-à-dire la monarchie, à Guillaume d'Orange, notre adversaire obstiné. Tout changea par la résistance de cette petite nation passée du régime républicain au régime monarchique et militaire. La France fut tenue en échec. Guillaume d'Orange s'appliquait partout à lui susciter des ennemis. Il travaillait l'Angleterre protestante contre Charles II. Il s'alliait à l'électeur de Brandebourg (la Prusse de demain), à l'empereur, à l'Espagne même, à tout ce qui avait des rancunes contre nous, à ceux qui auraient bien voulu détruire les traités de Westphalie et des Pyrénées. Ainsi se forma une première coalition, encore faible et chancelante, à laquelle la France résista victorieusement et sans grande difficulté. L'abstention de l'Angleterre ne nous créait pas de péril maritime et, sur le continent, il nous était facile de lancer la Suède et les Polonais contre les Brandebourgeois, les Hongrois contre l'empereur, et de nourrir des insurrections contre le roi d'Espagne, sans compter les États allemands qui nous restaient fidèles, comme la Bavière, ou qui le redevenaient soit par crainte des Habsbourg, soit à prix d'argent.

Il n'en est pas moins vrai que la situation était renversée la France dut se mettre sur la défensive. Un moment, l'Alsace, que l'empereur rêvait de nous reprendre, fut envahie et c'est là que périt Turenne. Mais la France était forte sur terre et sur mer et elle était riche. Notre armée progressait, lentement, mais sûrement, dans la Flandre, qui restait notre objet principal. Notre marine, l'œuvre de Colbert, s'aguerrissait et l'illustre Ruyter était battu par Duquesne. Malgré la ténacité du stathouder, les Hollandais se lassaient, commençaient à prendre peur et nos amis du parti républicain demandaient la paix. De son côté, Louis XIV désirait en finir. Il ne cessait d'avoir les yeux fixés sur l'Angleterre qui nous échappait : Charles II, cédant peu à peu à l'opinion publique, venait de donner sa nièce Marie en mariage à Guillaume d'Orange. Enfin, la paix étant mûre fut signée à Nimègue en 1678 et Louis XIV put y imposer ses conditions, toujours inspirées des mêmes principes : des agrandissements calculés en vue de la sécurité de nos frontières. Des places trop avancées furent restituées à l'Espagne : Gand, Charleroi, Courtrai. Mais nous gardions Valenciennes, Cambrai, Saint-Omer, Maubeuge, soit la moitié de la Flandre, plus la Franche-Comté qui couvrait la France à l'est. La France prenait ainsi sa figure et ses dimensions modernes. D'autres dispositions du traité, subies par l'empereur, préparaient l'annexion du duché de Lorraine. D'autres encore, mettant à notre discrétion la rive gauche du Rhin, nous protégeaient, de ce côté vulnérable, contre les invasions. Tout cela était conforme à un système de prévoyance et de prudence auquel la postérité a bien mal rendu justice. On honore le nom de Vauban sans savoir que les conquêtes de Louis XIV, conquêtes de sûretés et de places fortes, ont été pour ainsi dire réglées par lui.

La ceinture de la France était à la fois élargie et mieux fermée : ce résultat avait été acquis grâce aux traités de

Westphalie et des Pyrénées qui nous avaient affranchis de la pression allemande et de la pression espagnole, grâce encore, c'est un point sur lequel on ne saurait trop insister, aux circonstances soignées et exploitées par notre action diplomatique, qui avaient tenu l'Angleterre à l'écart. Si l'Angleterre s'était tournée contre nous un peu plus tôt, il n'est pas certain que notre entreprise de Flandre eût mieux réussi que sous les Valois. Mais nous approchons du moment où l'Angleterre s'opposera à la politique française, prendra la tête des coalitions et les rendra redoutables. Nous entrerons alors dans une période de difficultés et de périls, une sorte de nouvelle-guerre de Cent Ans, qui ne sera pas plus que l'autre une guerre de tous les jours, mais qui ne se terminera qu'au dix-neuvième siècle, à Waterloo.

Il y eut, en attendant, un répit pendant lequel l'État français, ayant en somme dicté ses conditions à Nimègue, parut dans toute sa puissance. Louis XIV en profita pour fermer encore quelques trouées, supprimer les enclaves gênantes et choquantes qui subsistaient au milieu de nos possessions nouvelles. La méthode adoptée fut de prononcer l'incorporation au royaume par des arrêts de justice fondés sur l'interprétation des traités existants et appuyés au besoin par des démonstrations militaires. C'est ainsi qu'il fut procédé en Franche-Comté, en Alsace et en Lorraine. C'est ainsi qu'en 1681 Strasbourg devint français, par arrêt de justice avant de l'être de cœur, ce qui ne tarda pas.

Ces annexions en pleine paix, selon une méthode fort économique pour nous, et que l'on appela d'un mot très juste des « réunions », causèrent du mécontentement en Europe. L'Allemagne s'émut. Mais ni l'empereur, menacé par les Turcs jusque sous les murs de Vienne, ni les pacifiques bourgeois hollandais, revenus à leur négoce, n'étaient en état ou en humeur d'entreprendre la guerre. L'Angleterre était toujours neutre, notre diplomatie dissuada les princes allemands d'intervenir, et, par la trêve de Ratisbonne, les « réunions » furent provisoirement acceptées par l'Europe. C'était encore un succès, mais fragile. Le péril d'une coalition était apparu et l'on découvrait que l'Europe n'acceptait pas les agrandissements de la France, qu'à la première occasion elle s'efforcerait de nous ramener à nos anciennes limites. Dans cette situation, les ressources diplomatiques n'étaient pas négligées mais elles s'épuisaient. Louis XIV pensa que le seul moyen était d'imposer, car « si la crainte qu'il inspirait venait à cesser, toutes les puissances se réuniraient contre lui ». C'est ainsi que, dans plusieurs affaires qui se présentèrent alors (par exemple le bombardement de Gênes, qui mettait ses navires au service de l'Espagne), on reproche au roi d'avoir bravé l'Europe, de même qu'on lui reproche d'avoir manqué d'audace dans la première campagne de Flandre. Il est facile de blâmer à distance. Sur le moment, le parti à prendre n'est pas si commode. On dit que Louis XIV a provoqué la coalition. Est-on sûr qu'il ne l'eût pas encouragée en donnant une impression de timidité et de faiblesse ? Déjà Guillaume d'Orange et l'empereur Léopold s'entendaient secrètement. La révocation de l'Édit de Nantes, sur ces entrefaites, donna un aliment à la propagande anti-française dans les pays protestants. Mais les protestants n'étaient pas nos seuls ennemis. L'empereur, de son côté, se chargeait d'exciter les. pays catholiques en accusant Louis XIV d'être l'allié des Turcs. Le roi eut même un grave conflit avec le pape Innocent XI. Avignon fut occupé et il s'en fallut de peu que le marquis de Lavardin, entré à Rome avec ses soldats, n'imitât Nogaret : c'est la curieuse ressemblance, que nous avons déjà signalée, de ce règne avec celui de Philippe le Bel.

La ligue d'Augsbourg se forma dans ces circonstances. Elle fut loin, au début, de comprendre toute l'Allemagne et toute l'Europe. Elle devait bientôt se compléter. La chose la plus grave était en voie de s'accomplir : l'Angleterre tournait du côté de nos ennemis. L'opposition contre Jacques II grandissait et sept membres de la Chambre des lords avaient pris l'initiative d'offrir le trône à Guillaume d'Orange. Quand Louis XIV proposa à Jacques II de le soutenir, il eut la désagréable surprise d'être repoussé par le Stuart, qui, de crainte d'être définitivement compromis par l'alliance française, se priva de son unique secours. Ne pouvant plus compter sur Jacques II,

Louis XIV prit le parti de laisser faire, dans l'idée que l'usurpation de Guillaume d'Orange entraînerait une longue guerre civile et immobiliserait l'Angleterre et la Hollande à la fois. Ce calcul se trouva faux. Le prince d'Orange débarqua en Angleterre et détrôna son beau-père, sans difficultés. (1688) Les efforts des Stuarts pour reprendre leur couronne seront vains. Désormais l'Angleterre nous est hostile. Elle ne fait plus qu'un avec la Hollande. Toute la politique de l'Europe est changée.

Louis XIV, qui pressentait ces événements, n'avait pas voulu les attendre. Étant donné l'attitude qu'il avait prise, son dessein était d'user d'intimidation et de précaution. Sans déclarer la guerre, il annonça qu'il était obligé d'occuper la rive gauche du Rhin et une partie de la rive droite afin que l'Empire ne pût s'en servir comme d'une base militaire contre la France. En dévastant le Palatinat de l'autre côté du Rhin, ravage que les Allemands nous reprochent encore comme s'ils n'en avaient pas commis bien d'autres, Louvois suivit brutalement la logique de cette conception défensive : pour se donner un glacis plus sûr, il mit un désert entre l'Empire et nous. Louis XIV blâma ces violences contraires à notre politique d'entente avec les populations germaniques. Par le fait, pendant toute la guerre, qui dura de 1689 à 1697, le glacis fut infranchissable, malgré le nombre de nos ennemis, et l'importance des forces qui nous attaquaient. D'ailleurs ces préparatifs en pays rhénan étaient accompagnés de grands travaux sur les autres parties de la frontière. La politique de Louis XIV restait fidèle à son principe : entourer la France de forteresses et de tranchées, fermer toutes les trouées, barrer les routes d'invasion. C'est pourquoi le roi voulut, dès le début de la campagne, s'emparer de Mons et de Namur, qui couvrent la vallée de l'Oise. Ne pouvant emporter de front ce système imprenable, l'ennemi songea à le tourner par la Suisse. Les traités d'amitié conclus avec les cantons nous mirent encore à l'abri de ce côté-là.

L'Empire, l'Angleterre, la Hollande, la Savoie, l'Espagne : dans cette guerre, dite de la ligue d'Augsbourg, nous avions presque toute l'Europe contre nous. Le but des coalisés ? Annuler les agrandissements de Louis XIV, ramener la France aux limites des traités de Westphalie et des Pyrénées. Après quoi, ces traités eux-mêmes eussent été bien compromis. Malgré huit ans de campagnes où, de part et d'autre, on évita les grandes batailles décisives, la coalition (d'ailleurs souvent désunie, bien que Guillaume d'Orange en fût le chef) n'obtint pas le résultat qu'elle cherchait. Partout, sur terre, la France lui avait tenu tête. On ne s'était pas battu sur notre sol et nous avions été vainqueurs à Steenkerke et à Neerwinden, à Staffarde et à la Marsaille.

La guerre se serait terminée entièrement à notre avantage si, sur mer, nous n'avions eu le dessous. Pourtant les débuts de la campagne maritime avaient été brillants. La flotte puissante qu'avait laissée Colbert ne craignait pas les forces réunies des Anglo-Hollandais. Nous débarquions librement en Irlande pour y soutenir Jacques II et l'idée vint de débarquer en Angleterre même. Mais la difficulté pour la France était toujours de tenir l'Océan et la Méditerranée, le Ponant et le Levant. De plus, il y avait à Paris deux écoles, celle qui croyait à l'importance de la mer, celle qui ne croyait qu'aux victoires continentales. Après le désastre de la Hougue, les « continentaux » l'emportèrent sur les maritimes. Cette défaite navale n'était pas irrémédiable. Si elle ruinait l'espoir de réduire l'Angleterre en la menaçant jusque chez elle, notre marine n'était pas détruite. La confiance l'était. L'opinion publique cessa de s'intéresser aux choses de la mer. La dépense qu'exigeait l'entretien de puissantes escadres servit de prétexte. Colbert était mort, son oeuvre ne fut pas poursuivie, et la décadence commença. De longtemps, nous n'aurons plus de forces navales capables de s'opposer aux Anglais à qui reviendra la maîtrise des mers.

La défaite de la Hougue, en 1692, fut loin de terminer la guerre. Elle nous empêcha seulement de la gagner tout à fait. Tourville et Jean Bart portèrent encore de rudes coups aux amiraux anglo-hollandais. Sur terre, la coalition s'épuisait, mais la France se fatiguait aussi. Sur le Rhin, les Alpes, les Pyrénées, elle n'avait été entamée nulle part, mais elle avait souffert. Cet immense effort avait été coûteux. Les ressources créées par Colbert avaient fondu et Louis XIV voyait approcher l'heure, chargée de soucis, où la succession d'Espagne s'ouvrirait. Il cherchait depuis longtemps une paix de compromis, à la fois avantageuse et honorable. Cette paix réfléchie, modérée, fut celle de Ryswick (1697). Si la France restituait beaucoup de choses, elle gardait Strasbourg. Et surtout ces restitutions s'inspiraient du plan qui consistait à nous donner des frontières solides. Le système de Vauban avait subi victorieusement l'épreuve de la guerre. Mais Vauban avait peut-être tendance à étendre un peu trop son système. Louis XIV pensa qu'on ne perdrait rien à le resserrer. Il n'en fut pas moins blâmé pour n'avoir pas tiré meilleur parti des victoires de Luxembourg et de Catinat, les militaires se plaignirent hautement de cette paix et Louis XIV, au nom duquel on attache aujourd'hui des idées d'excès et d'orgueil, a passé de son temps pour avoir, par timidité, sacrifié les intérêts et la grandeur de la France. Ces contradictions sont la monnaie courante de l'histoire; quand on l'a un peu pratiquée on ne s'en étonne même plus.

Ce qui avait le plus coûté à Louis XIV, c'était de reconnaître Guillaume d'Orange comme roi d'Angleterre et de renoncer à la cause des Stuarts, car c'était aussi reconnaître que l'Angleterre échappait à notre influence. Mais un intérêt supérieur exigeait de grands ménagements de beaucoup de côtés. L'événement prévu depuis les débuts du règne, depuis le mariage avec Marie-Thérèse, approchait. Le roi d'Espagne Charles II, beau-frère de Louis XIV et de l'empereur Léopold, allait mourir sans enfant. Selon que Charles II laisserait sa succession à l'un ou à l'autre de ses neveux, le sort de l'Europe serait changé. Le danger, pour nous, c'était que l'héritage revînt aux Habsbourg de Vienne, ce qui eût reconstitué l'empire de Charles Quint. D'autre part Charles II ne se décidait pas. D'innombrables intrigues se croisaient autour de son testament. Louis XIV pensait aussi, et avec raison, que si un Bourbon était désigné, ce ne serait pas sans peine et peut-être sans guerre qu'il recueillerait le magnifique héritage : Espagne, Flandre belge, une grande partie de l'Italie, le Mexique et presque toute l'Amérique du Sud. Pour un homme aussi sensé, c'était trop beau. Il savait maintenant que, dans tous ses projets, il devait compter avec les puissances maritimes. En outre, il était clair que l'Angleterre convoitait les colonies de l'Espagne. Louis XIV préféra donc négocier un traité de partage de la succession espagnole et, pendant près de trois ans, la carte de l'Europe fut maniée et remaniée de façon à donner satisfaction à tous les compétiteurs, Habsbourg et Bourbon, Bavière et Savoie. Les plans de Louis XIV étaient toujours dirigés par le principe des frontières et c'était en Lorraine, dans les Alpes, à Nice, qu'il cherchait des compensations à ses abandons de l'héritage espagnol. La mauvaise foi de Guillaume d'Orange, au cours de ces pourparlers, est certaine, car seule l'Angleterre, dans ces projets, ne recevait rien.

Un premier partage fut annulé par la mort du prince électoral de Bavière auquel l'Espagne, pour n'inquiéter personne, avait été attribuée. Tout fut à recommencer. La bonne volonté de Guillaume d'Orange manquait parce qu'une solution pacifique enlevait à l'Angleterre l'espérance de s'enrichir des dépouilles de l'Espagne dans les pays d'outre-mer.

Ce qui manquait encore, c'était le consentement de l'empereur Léopold qui travaillait pour que le testament fût en faveur de sa famille. C'était le consentement des Espagnols eux-mêmes qui ne voulaient pas que leur État fût démembré. Le testament de Charles II, toujours hésitant et qui n'aimait pas à prévoir sa mort, lui fut enfin imposé par les patriotes espagols qtui désignèrent le second des petits-fils de Louis XIV, le duc d'Anjou, un prince de la puissante maison de Bourbon leur paraissant plus capable qu'un autre de maintenir l'indépendance et l'intégrité de l'Espagne.

Peu de délibérations furent plus graves que celles où Louis XIV, en son conseil, pesa les raisons pour lesquelles il convenait d'accepter ou de repousser le testament de Charles II, qui mourut en 1700. Accepter, c'était courir les risques d'une guerre, au moins avec l'empereur, très probablement avec l'Angleterre dont le gouvernement n'attendait que le prétexte et l'occasion d'un conflit pour s'attribuer la part coloniale de l'héritage espagnol. Ainsi, l'acceptation, quelques précautions que l'on prît, c'était la guerre. Mais s'en tenir au traité de partage, c'était ouvrir à l'empereur le droit de revendiquer l'héritage entier, car tout partage était exclu par le testament. Alors, et selon l'expression du chancelier Pontchartrain que rapporte Saint-Simon, « il était au choix du roi de laisser brancher (c'est-à-dire élever) une seconde fois la maison d'Autriche à fort peu de puissance près de ce qu'elle avait été depuis Philippe II ». C'était la considération capitale. Elle emporta l'acceptation. Un des ministres présents fut pourtant d'avis que nous ne gagnerions pas grand-chose à installer à Madrid un Bourbon, « dont tout au plus loin la première postérité, devenue espagnole par son intérêt, se montrerait aussi jalouse de la puissance de la France que les rois d'Espagne autrichiens ». Et il est vrai que le duc d'Anjou devint très vite Espagnol. Mais le grand point gagné, ce n'était pas seulement qu'il y eût à Madrid une dynastie d'origine française. C'était qu'il n'y eût plus de lien entre l'Espagne et l'Empire germanique et que la France ne fût plus jamais prise à revers : soulagement, sécurité pour nous. Le mot célèbre et arrangé, « il n'y a plus de Pyrénées », traduisait ce grand résultat, la fin d'une inquiétude et d'un péril qui avaient si longtemps pesé sur la France.

Ainsi, refuser le testament, c'était laisser l'Espagne à la maison d'Autriche, malgré la nation espagnole qui appelait le duc dAnjou. L'accepter, c'était, en revanche, renoncer aux acquisitions que le traité de partage nous promettait. Il fallait opter. Un intérêt politique supérieur, la considération de l'avenir l'emportèrent. À distance, les raisons qui déterminèrent le choix paraissent encore les meilleures et les plus fortes. Par la suite, nous nous sommes félicités en vingt occasions d'avoir soustrait l'Espagne à l'influence allemande.

À partir du moment où un petit-fils de Louis XIV succédait à Charles II sous le nom de Philippe V, il était inévitable qu'il y eût en Europe de violentes oppositions. Celle de l'empereur évincé fut immédiate. Quant à Guillaume d'Orange, d'avance son parti était pris. Toutefois il devait compter avec le Parlement anglais et avec les États-Généraux de Hollande, également las de la guerre. Eût-il été possible à Louis XIV d'échapper au conflit ? On lui reproche des fautes qui donnèrent à Guillaume III le prétexte qu'il cherchait pour exciter l'opinion publique en Angleterre et aux Pays-Bas. En réalité, Louis XIV devait s'attendre à des hostilités et ses mesures de précaution étaient aussitôt traduites en provocations. Son petit-fils régnant en Espagne, le roi de France était comme chez lui à Anvers et à Ostende et c'était ce que l'Angleterre ne pouvait supporter. Elle ne pouvait supporter non plus que, par son association avec l'Espagne, la France dominât la Méditerranée, devînt peut-être la première des puissances maritimes et coloniales. La Chambre des Communes n'hésita plus lorsqu'elle eut compris, selon l'expression d'un historien, que cette guerre était une « guerre d'affaires » dont l'enjeu serait le commerce des riches colonies espagnoles. Comme dans tous les grands conflits, les considérations économiques se mêlaient aux considérations politiques.

Guillaume III mourut avant d'avoir déclaré la guerre et sans qu'elle en fût moins certaine, tant il est vrai que les hommes n'y pouvaient et n'y changeaient rien. La situation était plus forte qu'eux. Il suffit de penser à une chose : que dirait l'histoire si Louis XIV avait laissé tomber l'Espagne aux mains de l'empereur germanique ? Que dirait-elle d'un gouvernement britannique qui se serait désintéressé de l'opulente succession ?

Il vient sans doute à l'esprit que Louis XIV eût pu rassurer des puissances inquiètes en marquant avec netteté que la France et l'Espagne ne se confondraient pas. Mais déjà l'empereur revendiquait par les armes ce qu'il appelait son héritage et l'Espagne était si faible, si peu capable de se défendre elle-même (sans compter les embarras qui résultaient du changement de dynastie) que nous dûmes la porter à bout de bras, mettre nos armées, nos généraux, nos ressources au service de Philippe V. Dans ces conditions, nos ennemis avaient beau jeu à prétendre que l'État français et l'État espagnol ne faisaient plus qu'un et les accusations d'impérialisme redoublaient.

Louis XIV, prévoyant que la lutte serait difficile, s'était muni d'alliances : l'électeur de Bavière et celui de Cologne, le duc de Savoie, le Portugal. La tactique de la coalition fut de mettre hors de combat. Le duc de Savoie, adepte de la « versatilité réfléchie » lâcha pied le premier. Au Portugal, les Anglais imposèrent les traités de Lord Methuen qui plaçaient en quelque sorte ce pays sous leur protectorat. Ils profitèrent aussi des circonstances pour s'installer à Gibraltar où ils sont restés depuis, et à Port-Mahon. L'Angleterre se servait, elle assurait sa domination maritime, tout en affectant de mener le bon combat pour la liberté de l'Europe. D'ailleurs, sur terre et sur mer, elle conduisait de plus en plus vigoureusement la lutte, maintenait entre les coalisés une union difficile, ne marchandait pas les subsides à l'empereur et reconnaissait comme roi d'Espagne l'archiduc Charles que sa flotte débarqua en Catalogne. Marlborough et le prince Eugène étaient des adversaires redoutables, nos généraux moins bons et moins heureux, notre marine, négligée depuis la Hougue, réduite à la guerre de corsaires. Après la défaite de l'armée franco-bavaroise à Hœchstœdt, la Bavière fut réduite à merci, l'Allemagne perdue pour nous. Le Milanais et la Flandre belge le furent à leur tour. En 1706, après quatre ans de guerre, les armées françaises étaient refoulées sur nos frontières qu'il fallait défendre en même temps que l'Espagne envahie. Énorme effort où s'épuisait la France, qui arrivait à peine à contenir l'ennemi sur les lignes préparées par Vauban. Les mauvaises nouvelles se succédaient, Le territoire fut entamé et la prise de Lille fut ressentie comme un coup terrible. À la fin de l'année 1708, les coalisés se crurent certains que la France était perdue. Louis XIV avait tenté de bonne heure d'ouvrir des négociations, craignant que les résultats acquis dans la première partie de son règne ne fussent compromis : c'était au fond ce que la coalition voulait. À chacune de ses offres elle répondait par des exigences plus fortes. L'empereur avait d'abord demandé Strasbourg, puis toute l'Alsace. Louis XIV fût allé jusqu'à abandonner Philippe V : la coalition voulut en outre qu'il s'engageât à combattre son petit-fils pour l'obliger à laisser l'Espagne à l'archiduc Charles. Encore, à ce prix, la France n'eût-elle obtenu qu'une suspension d'armes de deux mois, « un armistice misérable et incertain ».

L'intention de ruiner et de démembrer notre pays était évidente. Il fallait résister jusqu'au bout, quels que fussent le désir et le besoin de la paix, et, pour cela, expliquer à l'opinion publique que nos ennemis nous obligeaient à continuer la guerre. On conseillait à Louis XIV de convoquer les états généraux : il ne voulut pas de ce remède dangereux. Il préféra écrire une lettre, nous dirions aujourd'hui un message, dont lecture fut donnée dans tout le royaume et les Français y répondirent par un nouvel élan. Cette faculté de redressement qui leur est propre parut encore à ce moment-là. Les récriminations ne manquèrent pas non plus, ni les gens qui réclamaient des réformes et à qui les revers fournissaient l'occasion de se plaindre du régime.

La résistance ne fut pas inutile, car nos ennemis à leur tour se fatiguaient. En somme, sauf au nord, la France n'était pas envahie et, sur nos lignes de défense, nous ne reculions que pied à pied. La journée de Malplaquet, en 1709, l'année terrible, fut encore malheureuse pour nous, mais elle coûta horriblement cher aux Alliés. Les négociations recommencèrent avec un plus vif désir d'aboutir chez les Anglais, las de soutenir la guerre continentale par des subsides aux uns et aux autres. Les tories, c'est-à-dire approximativement les conservateurs, arrivèrent au pouvoir et le parti tory nous était moins défavorable que le whig, c'est-à-dire les libéraux. Il comprit que le moment était venu pour l'Angleterre de consolider les avantages maritimes et coloniaux que la guerre lui avait rapportés. De plus, un événement considérable s'était produit en Europe : par la mort inopinée de l'empereur Joseph, l'archiduc Charles avait hérité de la couronne d'Autriche. En continuant la guerre à leurs frais pour lui donner l'Espagne, les Anglais auraient travaillé à reconstituer l'Empire de Charles Quint non plus par métaphore mais dans la réalité. La combinaison que Louis XIV acceptait, c'est-à-dire la séparation des deux monarchies de France et d'Espagne, n'était-elle pas préférable ? Il se trouvait qu'au total Louis XIV, en acceptant la succession, avait sauvé l'Europe d'un péril et combattu pour cet équilibre européen, dont la doctrine, pour être moins claire chez les Anglais que chez nous, était mieux comprise du parti tory. Ces nouvelles réflexions furent mûries à Londres par un soulèvement de l'Espagne en faveur de Philippe V et la victoire franco-espagnole de Villaviciosa. Dès lors les pourparlers avancèrent et un armistice franco-anglais fut conclu en 1711. Les Hollandais et les Impériaux restaient intransigeants mais privés de leur appui principal. Il était temps pour nous. La place de Landrecies succombait et les dernières ligues de la « frontière artificielle » qui nous avait permis de contenir l'invasion cédaient à leur tour. Les Hollandais et les Impériaux appelaient leurs retranchements le « chemin de Paris ». Villars réussit à les arrêter et à les battre à Denain, puis à reprendre l'offensive et à délivrer les places du Nord déjà tombées au pouvoir de l'ennemi. Les traités d'Utrecht (1713) ne tardèrent plus. Débarrassée d'un vain détail et de louanges aussi superflues que les reproches, l'histoire de Louis XIV revient à ceci : les conséquences heureuses qui étaient contenues dans les traités de Westphalie et des Pyrénées ayant été tirées, une partie de l'Europe s'était liguée pour anéantir ces résultats. À la fin de cette longue lutte, une sorte de balance s'était établie. La France avait perdu la partie sur les mers. Sur le continent, elle conservait à peu de chose près les frontières qu'elle avait acquises, des frontières légèrement plus étendues, en certains points (nous gardions par exemple Landau) que celles d'aujourd'hui, si l'on excepte le duché de Lorraine, qui n'était pas encore réuni au royaume bien qu'il fût sous le contrôle de la France. Mais nous étions écartés de la Flandre belge. Là-dessus, la volonté fixe de l'Angleterre l'avait emporté. La clause principale du traité d'Utrecht était celle qui enlevait la Belgique à l'Espagne pour la donner à l'empereur sous couleur de compensation. Pas plus de Belgique française que de Belgique espagnole sous un prince d'origine française : le motif le plus profond de l'opposition des Anglais à Philippe V avait été celui-là. Si la maison d'Autriche reçut les Pays-Bas, ce fut à la condition de ne jamais pouvoir en disposer en faveur de personne, et personne voulait dire la France. La Hollande, devenue, par Guillaume d'Orange, une simple annexe de l'Angleterre, fut chargée de veiller à l'exécution de cette clause essentielle et elle eut droit de tenir garnison dans un certain nombre de places belges. Le traité dit « de la Barrière » (c'était en effet une barrière contre la France) organisait un condominium austro-hollandais, assez semblable à la neutralité sous laquelle la Belgique a vécu de nos jours. En exigeant que le port de Dunkerque fût comblé, ses fortifications rasées, l'Angleterre montrait l'importance qu'elle attachait à nous désarmer sur la côte qui lui fait face, comme à nous tenir éloignés d'Anvers. La question de la Flandre-Belgique, si longtemps débattue entre la France et l'Angleterre, est une des clefs de notre histoire. Nous l'avons vu et nous le verrons encore.

Ce n'était pas tout ce que l'Angleterre obtenait. Elle eut sa part de la succession d'Espagne. Maîtresse de la mer, elle devait l'être aussi des colonies. Dans l'Amérique du Nord, où nous avions pris pied depuis Henri IV, des territoires peuplés par des Français, Terre-Neuve, l'Acadie, furent perdus pour nous, et le Canada menacé. Dans l'Amérique du Sud, le privilège du commerce, enlevé à l'Espagne, fut transféré à l'Angleterre à qui la suprématie maritime et coloniale revint : la Hollande elle-même, « chaloupe dans le sillage de l'Angleterre », cessa de compter.

Au regard de celles-là, les autres conditions du traité d'Utrecht et de ceux qui le complétèrent peuvent sembler secondaires. La séparation formelle des couronnes de France et d'Espagne, la renonciation de Philippe V à ses droits de prince français allaient de soi. D'autres dispositions eurent toutefois de grandes conséquences que tout le monde n'aperçut pas. Pour obtenir une paix durable par une sorte d'équilibre, tentative que les congrès européens recommencent au moins une fois tous les cent ans, on procéda à de nombreux échanges de territoires. La physionomie de l'Europe en fut transformée.

L'Empereur surtout, pour le dédommager de la couronne d'Espagne, reçut, outre les Pays-Bas, des compensations considérables : la Lombardie, la Toscane, le royaume de Naples. Par ces agrandissements, le centre de gravité de l'Autriche fut brusquement déplacé vers l'Italie et l'Orient, éloigné du « corps germanique ». Les possessions de l'empereur furent désormais disséminées, d'une défense difficile. Alanguie par son extension, impuissante en Allemagne, la maison d'Autriche cessait d'être dangereuse pour nous. Elle devenait en Europe une puissance conservatrice, comme la France elle-même, qui n'avait aucun intérêt à remettre en question des résultats péniblement acquis. Cependant deux États s'étaient élevés, deux États qui auraient leur fortune à faire. L'électeur de Brandebourg était devenu roi en Prusse, et il était écrit que les Hohenzollern, les plus actifs et les plus ambitieux des princes allemands, chercheraient à dominer l'Allemagne et à reconstituer à leur profit l'unité allemande, manquée par les Habsbourg. Le duc de Savoie allait également prendre le titre de roi et sa position était la même vis-à-vis des Habsbourg et de l'Italie. C'était un grand changement dans le système des forces européennes. Louis XIV, tout près de sa mort, comprit que la lutte contre la maison d'Autriche était un anachronisme. Selon le véritable esprit de la politique française et des traités de Westphalie, il fallait surveiller l'État, quel qu'il fût, qui serait capable d'attenter aux « libertés du corps germanique », et, pour un œil exercé, cet État était la Prusse. Tel fut le testament politique de Louis XIV qui n'avait reconnu le nouveau roi de Berlin qu'après une longue résistance. Mais Louis XIV ne devait pas être écouté. C'est sa véritable gloire d'avoir compris que la rivalité des Bourbons et des Habsbourg était finie, qu'elle devenait un anachronisme, que des bouleversements continentaux ne pourraient plus se produire qu'au détriment de la France et au profit de l'Angleterre pour qui chaque conflit européen serait l'occasion de fortifier sa domination maritime et d'agrandir son empire colonial. L'Autriche n'était plus dangereuse, la Prusse ne l'était pas encore, tandis que l'Angleterre, victorieuse sur les mers, nous menaçait d'étouffement. Pour maintenir notre position sur le continent, nous avions dû lui céder de ce côté-là. C'est de ce côté-là aussi que devait se porter un jour, après des erreurs et des diversions malheureuses, notre effort de redressement. Car, ce que cette longue guerre avait encore enseigné, c'était que nous ne pouvions pas lutter victorieusement contre les Anglais si nos forces maritimes n'étaient pas en mesure de tenir tête aux leurs.

La France était très fatiguée lorsque Louis XIV mourut, en 1715. Encore une fois, elle avait payé d'un haut prix l'acquisition de ses frontières et de sa sécurité. Était-ce trop cher ? Il ne manqua pas de Français pour le trouver. Les souffrances avaient été dures. L'année 1709, avec son terrible hiver et sa famine, se passa tout juste bien. On murmura beaucoup. Il se chanta contre le roi et sa famille des chansons presque révolutionnaires. Un jour, des femmes de Paris se mirent en marche sur Versailles pour réclamer du pain. La troupe dut les arrêter.

Il y eut aussi d'honnêtes gens et de « beaux esprits chimériques » pour exposer des plans de réformes. La mort du jeune duc de Bourgogne avait dispersé un petit groupe, qu'inspiraient Fénelon, Saint-Simon, Boulainvilliers. On y formait des plans de retour à un passé imaginaire, une sorte de roman politique que traduit en partie le *Télémaque*. On y rêvait, contre l'expérience de notre histoire, d'une harmonie délicieuse entre la royauté patriarcale et des états généraux périodiques où la noblesse aurait retrouvé un grand rôle. Ce mouvement « néo-féodal » ou de « réaction aristocratique » n'est pas négligeable parce qu'il reparaîtra sous la Régence, se confondra avec la théorie des « corps intermédiaires » de Montesquieu, se perpétuera dans la famille royale jusqu'à Louis XVI, qui aura été nourri de ces idées.

En même temps, Vauban recommandait la « dîme royale », c'est-à-dire un impôt de dix pour cent sur tous les revenus, sans exemption pour personne. Son système d'un impôt unique, si souvent repris, était enfantin, mais la forme seule de son livre fut condamnée. Dès 1695, Louis XIV avait créé la capitation qui frappait tous les Français sauf le roi et les tout petits contribuables, mais qui rencontra une vaste opposition, tant elle heurtait les habitudes et les intérêts. En

1710, fut institué l'impôt du dixième qui ressemblait fort à la « dîme » de Vauban, et dont se rachetèrent aussitôt à qui mieux mieux, par abonnement ou d'un seul coup, par forfait ou « don gratuit », tous ceux qui le purent, tant était grande, l'horreur des impôts réguliers. Telle avait déjà été l'origine de bien des privilèges fiscaux. Car ce serait une erreur de croire que les privilégiés, sous l'ancien régime, fussent seulement les nobles et le clergé, qui avaient d'ailleurs des charges, celui-ci l'assistance publique et les frais du culte, ceux-là le service militaire. Les privilégiés c'étaient aussi les bourgeois qui avaient acquis des offices, les habitants des villes franches ou de certaines provinces, en général nouvellement réunies, qui possédaient leur statut, leurs états, leurs libertés et qu'on tenait à ménager spécialement. De ces droits, de ces privilèges, les Parlements, « corps intermédiaires », étaient les défenseurs attitrés. Lorsque, après Louis XIV, les « cours souveraines » sortiront de leur sommeil, leur résistance aux impôts sera acharnée. De là, sous Louis XV, ces luttes entre le pouvoir, qui s'efforcera de restaurer les finances, et les magistrats opposés aux « dixièmes » et aux « vingtièmes ». Ainsi les idées dans lesquelles Fénelon avait élevé le duc de Bourgogne allaient contre celles de Vauban. Elles mettaient l'obstacle sur la route. Il importe de noter dès à présent cette contradiction essentielle pour saisir le caractère des difficultés intérieures qui se poursuivront tout le long du dix-huitième siècle.

C'est pour d'autres raisons que Louis XIV, à la fin de son règne, pensa que le retour des désordres qui en avaient rendu les débuts si incertains n'était pas impossible. Dans son esprit, ce qui était à redouter, c'était une nouvelle Fronde. Une minorité viendrait après lui. Son fils et son petit-fils étaient morts. L'héritier ? Un « enfant de cinq ans qui peut essuyer bien des traverses », disait le roi à son lit de mort. Il dit aussi : « Je m'en vais, mais l'État demeurera toujours. »

Si Louis XIV n'a pas fondé l'État, il l'a laissé singulièrement plus fort. Il en avait discipliné les éléments turbulents. Les grands ne songeaient, plus à de nouvelles ligues ni à de nouvelles frondes. Pendant cinquante ans, les

Parlements n'avaient ni repoussé les édits ni combattu les ministres ou le pouvoir. Il n'y avait plus qu'une autorité en France. Les contemporains surent parfaitement reconnaître que la force de la nation française, ce qui lui avait permis de résister aux assauts de l'Europe, venait de là, tandis que le roi d'Angleterre devait compter avec sa Chambre des Communes, l'empereur avec la Diète de Ratisbonne et avec l'indépendance des princes allemands garantie par les traités de Westphalie.

Tout ne marchait pas aussi bien dans le royaume de France que l'avait rêvé Colbert dont les vastes projets d'organisation n'avaient pu être réalisés qu'en partie, les grandes tâches extérieures s'étant mises en travers. Du moins la France avait l'ordre politique sans lequel elle n'eût pas résisté à de si puissantes coalitions, ni résolu à son profit les questions d'Allemagne et d'Espagne. On a dit que Louis XIV n'avait laissé que les apparences de l'ordre, parce que, trois quarts de siècle après sa mort, la révolution éclatait. Ce qui est étonnant c'est qu'après les cinquante-quatre ans de calme de son règne, il y en ait eu encore soixante-quinze. Notre histoire moderne ne présente pas de plus longue période de tranquillité. C'est ainsi qu'on put passer par une minorité et une régence qui ne justifièrent qu'en partie les inquiétudes du vieux roi mourant.

Voilà, dans ce règne, ce qui appartient à la haute politique. Nous avons laissé de côté tout ce qui est le domaine de la littérature et de l'anecdote. Et pourtant, Louis XIV a sa légende, inséparable de son histoire et de la nôtre. Versailles, la Cour, les maîtresses du roi, la touchante La Vallière, l'altière Montespan, l'austère Maintenon qui devint sa compagne légitime, sont encore un fonds inépuisable, pour le roman, le théâtre et la conversation. Tour à tour, si ce n'est en même temps, les Français ont admiré ou blâmé cette vie royale, commencée dans le succès et la gloire, achevée dans les deuils de famille et les revers. Ils ne se sont pas lassés de s'en répéter les détails, partagés entre le respect et l'envie qu'inspirent les grands noms et les grandes fortunes. Cette curiosité n'est pas épuisée de nos jours, tant la France, à tous les égards, a vécu du siècle de Louis XIV, tant les imaginations ont été frappées par le Roi-Soleil. Versailles est resté un lieu historique, non seulement pour nous, mais pour l'Europe entière. Ce palais, dont la coûteuse construction arrachait des plaintes à Colbert, où Louis XIV se plaisait d'autant plus que les souvenirs de la Fronde lui avaient laissé une rancune contre Paris, a été le point que des millions d'hommes regardaient, l'endroit d'où partait une imitation presque générale. Versailles symbolise une civilisation qui a été pendant de longues années la civilisation européenne, notre avance sur les autres pays étant considérable et notre prestige politique aidant à répandre notre langue et nos arts. Les générations suivantes hériteront du capital matériel et moral qui a été amassé alors, la Révolution en héritera elle-même et trouvera encore une Europe qu'un homme du dix-huitième siècle, un étranger, l'Italien Caraccioli appelait « l'Europe française ».

Chapitre XIV

La Régence et Louis XV

On a dit, dès le dix-huitième siècle, que la Régence avait été « pernicieuse à l'État ». Elle le fut, en effet, pour des raisons qui tenaient moins au caractère du Régent qu'à la nature des circonstances.

La grande affaire de la monarchie, c'était toujours d'assurer la succession au trône, et Louis XIV, avant de mourir, avait vu disparaître son fils, le Grand Dauphin, ses petits-fils, le duc de Bourgogne et le duc de Berry, tandis que le duc d'Anjou, roi d'Espagne, avait perdu ses droits. L'héritier était un jeune enfant qui, avant longtemps, n'aurait pas de descendance. Le premier prince du sang, régent naturel, c'était le duc d'Orléans contre lequel Louis XIV nourrissait de l'antipathie parce qu'il avait intrigué en Espagne contre Philippe V, et surtout à cause de la méfiance qu'inspiraient les membres de la famille royale en souvenir des anciennes séditions : il est à remarquer que Louis XV et Louis XVI, par un véritable système, écarteront les princes des emplois importants.

Louis XIV avait donc toutes sortes de raisons de ne pas aimer son neveu dont la réputation n'était pas bonne et qui passait pour un esprit frondeur, nous dirions aujourd'hui un esprit avancé. De plus, les rangs étaient très éclaircis dans la maison de France. Que la mort frappât encore aussi durement, il faudrait chercher, pour régner, de lointains collatéraux. De là l'idée qui vint à Louis XIV et qu'il mit à exécution en 1714 et en 1715, sans que personne osât protester, de renforcer sa famille. Les deux fils qu'il avait eus de Mme de Montespan, le duc du Maine et le comte de Toulouse, furent déclarés légitimes et aptes à succéder. Le Parlement enregistra docilement les édits. Par son testament, Louis XIV institua un conseil de régence dont le duc d'Orléans aurait la présidence seulement et où entreraient les Légitimés.

Ce fut la cause initiale des difficultés et des scandales qui allaient survenir. Le duc d'Orléans ne devait avoir de cesse que les Légitimités, concurrents possibles, fussent remis à leur place. Ce n'était pas tout. Il avait à redouter Philippe V qui persistait à revendiquer ses droits et qui, au cas où le jeune roi Louis XV fût mort, eût pu les faire valoir contre le duc d'Orléans. Cette situation compliquée allait peser pendant plusieurs années sur toute notre politique. En voulant borner l'autorité du Régent, Louis XIV l'avait poussé à mettre toute son activité à l'affermir.

Le premier soin de Philippe d'Orléans fut d'annuler le testament de Louis XIV et de se débarrasser du conseil de régence. C'est au Parlement qu'il demanda de lui rendre ce service. Les hauts magistrats retrouvaient un rôle politique qu'ils avaient perdu depuis plus d'un demi-siècle et auquel ils ne pensaient plus. On rappela à cette occasion que le Parlement, au temps de la Ligue, avait sauvé la monarchie en s'opposant à la candidature espagnole. On reprit aussi la maxime d'après laquelle le Parlement était faible quand le roi était fort, et fort quand le roi était faible. Flatté, il accorda à Philippe les pouvoirs d'un véritable régent et le testament de Louis XIV resta lettre morte. En échange, le droit de remontrances fut reconnu aux Parlements. Ils ne tarderont pas à abuser de l'importance qui leur était rendue.

L'opération n'était pas bonne puisque le pouvoir, en cherchant à se fortifier d'un côté, s'affaiblissait de l'autre. Mais ce ne fut pas le seul prix dont le duc d'Orléans paya la régence. Il chercha la popularité à la façon d'un candidat qui craignait des rivaux. Ayant des amis à récompenser et des partisans à gagner, il créa sept conseils de dix membres chacun chargés de ce qui correspond aux affaires d'un département ministériel. Les secrétaires d'État étaient remplacés par de petites assemblées, selon un système que Saint-Simon recommanda et qui avait été mis en circulation quelques années plus tôt par l'entourage du duc de Bourgogne sous l'influence de Fénelon ; le Régent ordonna même que le *Télémaque* fût imprimé, pour marquer qu'il entendait s'inspirer des réformateurs qui étaient apparus à la fin du dernier règne et inaugurer un gouvernement libéral d'un genre nouveau, bizarre mélange de féodalité et de libéralisme, d'imitation de l'Angleterre et d'antiquité mérovingienne. D'autres mesures furent prises, notamment l'abolition des rigueurs contre les jansénistes auxquels Louis XIV n'avait jamais pardonné d'avoir participé à la Fronde. C'était en tout le contre-pied du défunt roi, et par des moyens faciles, car on était fatigué de l'austérité dans laquelle avait fini par s'enfermer la cour de Versailles. La Régence fut une réaction contre la piété, les confesseurs, les jésuites, et le duc d'Orléans, homme d'ailleurs agréable et généreux, devint l'idole d'une grande partie du public jusqu'au jour où, par une autre exagération et une autre injustice, on s'est mis à le peindre comme un monstre de débauche.

L'inconvénient des conseils, de ce gouvernement à tant de têtes, ne tarda pas à être senti et ils furent supprimés. Il n'en est pas moins vrai que ces changements, ces prétendues réformes brusquement annulées, le retour des Parlements à l'activité politique, puis le coup de force par lequel, en 1718, le Régent, toujours avec l'aide des hauts magistrats, retira aux Légitimés la qualité de princes du sang, ébranlèrent la machine de la monarchie telle que Louis XIV l'avait réglée.

Le trouble fut peut-être pire dans la politique extérieure. La pensée, le testament de Louis XIV n'y furent pas plus respectés que ne l'avaient été ses dispositions de famille. En face de l'Angleterre, sortie du traité d'Utrecht toute-puissante, la France avait sans doute la paix à sauvegarder, mais aussi son indépendance et son avenir. L'Espagne, l'Autriche, qui ne nous menaçaient plus, pouvaient entrer avec nous dans un système d'équilibre continental et maritime : il y avait encore les restes d'une marine espagnole et l'empereur, aux Pays-Bas, allait tenter de s'en créer une par la compagnie d'Ostende. Ces possibilités n'échappaient pas à la politique anglaise qui mit en jeu, pour les détruire, les ressorts que lui offraient les circonstances : effrayer le Régent par la menace d'une guerre à laquelle d'ailleurs elle ne songeait pas, et lui garantir, avec le pouvoir, la succession qui, au cas où le jeune roi disparaîtrait, lui serait disputée par Philippe V. Duclos affirme qu'un an avait la mort de Louis XIV, Stair, ambassadeur d'Angleterre, avait eu avec le duc d'Orléans des conférences secrètes. « Il persuada ce prince que le roi George et lui avaient les mêmes intérêts. Pour gagner d'autant mieux sa confiance, il convenait que George était un usurpateur à l'égard des Stuarts ; mais il ajoutait que si le faible rejeton de la famille royale en France venait à manquer, toutes les renonciations n'empêcheraient pas que lui, duc d'Orléans, ne fût regardé comme un usurpateur à l'égard du roi d'Espagne. Il ne pouvait donc, disait Stair, avoir d'allié plus sûr que le roi George. »

Telle fut la raison secrète de la triple alliance anglo-franco-hollandaise, du pacte par lequel le Régent et son ministre Dubois se livrèrent même à l'Angleterre. Le motif avoué, auquel des historiens se sont laissé prendre, c'était de garantir la paix d'Utrecht qui n'avait pourtant aucun besoin d'être garantie, comme le remarquait Albéroni, le ministre du roi d'Espagne. Le Régent et Dubois s'abandonnèrent aux Anglais qui les conduisirent droit à la guerre. Et la guerre avec qui ? Avec l'Espagne, aux côtés de laquelle nous venions de lutter contre l'Angleterre pour y établir un Bourbon. Que Philippe V ait commis des fautes en se mêlant des affaires de France, en s'obstinant à maintenir ses droits, au cas où Louis XV mourrait, ce n'est pas douteux. Mais on a beaucoup exagéré la « conspiration » de son ambassadeur Cellamare avec la duchesse du Maine, et cette intrigue, plus mondaine que politique, servit surtout de prétexte à la guerre contre l'Espagne (1718). Les fautes de Philippe V n'excusent pas celle qui consista, pour le seul profit de la politique anglaise, à détruire le système naturel de nos alliances, tel qu'il résultait de la guerre de succession. Les prétentions de Philippe V étaient platoniques tant que le jeune roi vivait. Il était facile de rassurer l'Angleterre, puisqu'elle s'alarmait encore de la réunion des deux couronnes, ou feignait de s'en alarmer. Si les projets d'Alberoni sur la Sicile étaient aventureux, ce n'était pas une raison pour aider l'Angleterre à détruire la marine espagnole, ce dont se chargea l'amiral Byng. Ce n'était pas une raison non plus pour envahir l'Espagne avec une armée française et pour y détruire de nos propres mains les vaisseaux en chantier et les arsenaux, c'est-à-dire pour assurer la suprématie maritime des Anglais. Cette guerre, avantageuse à l'Angleterre seulement, finit par le renvoi d'Alberoni qui avait voulu « ranimer le cadavre de l'Espagne » et par la renonciation de Philippe V à la Sicile ainsi qu'à ses droits à la couronne de France. Pouvons-nous tant nous offusquer à distance, que les Bourbons d'Espagne aient gardé de l'attachement, même inconsidéré, pour leur pays d'origine ? Nous ne les avions pas installés à Madrid pour qu'ils oubliassent tout de suite qu'ils étaient Français.

Cette inutile guerre d'Espagne, qu'on a pu appeler fratricide, avait déjà troublé l'esprit public, Philippe V ayant adressé aux Français un manifeste qui ne resta pas sans écho, où il rappelait qu'il était le petit-fils de Louis XIV. Un autre événement, en France même, eut des conséquences encore plus graves parce qu'il fit des victimes, des ruines et qu'il engendra un durable mécontentement.

Le nom de Law et celui de son Système sont restés fameux. Chacun les connaît, ils ont traversé deux siècles, et l'on en parle encore comme on parle des assignats. C'est le signe de l'impression profonde qu'avait produite cette aventure financière. Pour comprendre comment le Régent fut conduit à donner sa confiance et sa protection à l'Écossais Law, banquier ingénieux et hardi, il faut encore se rendre compte de son désir de plaire. Nous avons déjà vu qu'à la mort de Louis XIV, nos finances, rétablies par Colbert, étaient retombées dans un état critique. Il y a de la monotonie à constater que nos grandes entreprises extérieures, l'achèvement ou la défense du territoire, ont, à toutes les époques, consommé d'énormes capitaux et laissé de difficiles questions d'argent à résoudre. Pour trouver des ressources et rétablir l'équilibre par les moyens ordinaires, il fallait demander des sacrifices aux contribuables, supprimer les privilèges, quelle qu'en fût l'origine, faire payer tout le monde et beaucoup, obliger les enrichis de la guerre à rendre une partie de leurs bénéfices, réduire les rentes et les pensions. C'est ce que le duc de Noailles tenta honnêtement, tout en s'efforçant d'éviter la pleine banqueroute que certains, comme Saint-Simon, conseillaient, car on a toujours conseillé les mêmes choses, dans les mêmes occasions. Pour ces mesures, pour ces réformes, il eût fallu, le mot est de Michelet, « un gouvernement fort, bien assis ». Celui du Régent ne l'était pas. Il craignait tout. Il avait rétabli dans leur ancien pouvoir les Parlements toujours hostiles aux taxes. Soumettre de grands seigneurs, des personnages influents, à l'impôt du dixième, c'était peut-être les faire passer au parti de Philippe V et des Légitimés. Saigner la bourgeoisie, le peuple, c'était créer de l'irritation et le Régent avait besoin de popularité. Il fut conquis par le Système de Law, très séduisant en apparence, et qui consistait à créer une richesse artificielle et des ressources fictives, sans avoir l'air de rien demander à personne, en imprimant du papier-monnaie.

Le Système de Law a gardé des défenseurs qui assurent, sans preuve, qu'il fut ruiné par la jalousie des Anglais, ce qui achèverait d'ailleurs, si c'était vrai, de condamner Dubois et la politique de complaisance envers l'Angleterre. Le fait est qu'après une période brillante, un coup de fouet donné au commerce, à l'industrie, à la colonisation (la fondation du port de Lorient date de là), la débâcle survint. Il y avait eu des mois d'agiotage, dont le souvenir est resté légendaire, où des fortunes s'édifiaient en un jour. Tout à coup, l'échafaudage de Law vacilla. Il reposait sur la Compagnie des Indes, communément appelée Mississippi, dont les actions servaient à garantir les billets de la banque de Law, devenue banque de l'État. La baisse de ces actions entraîna donc celle des billets, puis, la baisse de ceux-ci précipitant la baisse de celles-là, ce fut un effondrement. Il y eut des ruines subites, un vaste déplacement des fortunes, sans compter l'atteinte au crédit, la perte de la confiance publique, bref un ébranlement social qui vint aggraver cet ébranlement moral dont nous avons relevé les premières traces à la fin du règne de Louis XIV.

Ce changement est bien marqué par la littérature. Après l'école de 1660, l'école de l'ordre et de l'autorité, celle de l'irrespect. Il est très significatif que la chute du Système soit de 1720 et la publication des *Lettres persanes* de l'année suivante.

Les contemporains se sont étonnés qu'une révolution n'ait pas éclaté à ce moment-là. Mais, une nouvelle Fronde n'était plus possible. L'État, tel que l'avait formé Louis XIV, était trop régulier, trop discipliné, trop puissant. Il fallait renverser toute la machine, comme il arrivera à la fin du siècle, et personne n'y tenait. Le prestige de la monarchie, élevé si haut, la défendait et la défendra encore. Tout l'espoir allait au règne de Louis XV.

Le jeune roi avait quatorze ans, il avait atteint l'âge de la majorité légale, lorsque Dubois, puis le Régent, disparurent, en 1723, à quelques mois de distance. En l'espace de huit ans, par le malheur de leur situation et la force des choses plutôt que par des intentions mauvaises, ils avaient commis des dégâts incontestables. Surtout, ils avaient perdu de vue la situation de la France dans une Europe transformée, compliquée, où de nouveaux éléments apparaissaient, tendaient à changer le rapport des forces : ce n'était pas seulement la Prusse, mais, avec Pierre le Grand, la Russie. L'avance que nous avions conquise au dix-septième siècle nous donnait une grande place que nous avions à défendre contre l'Angleterre, dès lors tournée vers la suprématie économique, vers la conquête des marchés et des colonies. À la suite de la paix d'Utrecht, jamais le choix entre la terre et la mer, la mesure à garder entre des intérêts complexes afin de les concilier pour le bien du pays, n'avaient imposé plus de réflexion. Il se trouvait que, par l'initiative de Français entreprenants, qu'avaient approuvés successivement Henri IV, Richelieu, Colbert, nous avions jeté les bases d'un empire colonial qui devait exciter la jalousie de l'Angleterre, gêner son développement, autant que l'empire colonial espagnol. Notre domaine, c'était presque toute l'Amérique du Nord, du Canada jusqu'au golfe du Mexique, les plus belles des Antilles, des comptoirs en Afrique et dans l'Inde, amorces de vastes établissements. Sur tous ces points, nous avions précédé les Anglais, distraits pendant la plus grande partie du dix-septième siècle par leurs révolutions, nous leur barrions l'avenir. Nous devions nous attendre à leur jalousie et à leur hostilité et leur intérêt était de nous voir engagés dans de stériles entreprises en Europe tandis que nous négligerions la mer, car un pays qui oublie sa marine ne garde pas longtemps ses colonies.

Après le désastre de la Hougue, le public français s'était dégoûté des choses navales. Il se dégoûta des choses coloniales après la faillite « du Système de Law » fondé sur l'exploitation des richesses d'outre-mer, et cet état d'esprit, personne ne l'a mieux exprimé que Voltaire par son mot célèbre sur les arpents de neige du Canada. L'intérêt allait toujours aux mêmes questions, pourtant réglées successivement par les traités de Westphalie, des Pyrénées et d'Utrecht. On était sûr d'exciter une fibre chez les Français en leur parlait de la lutte contre la maison d'Autriche. Cette lutte n'avait plus de raison d'être, mais la tradition était plus forte que la raison. Il y avait un parti nombreux, éloquent, pour qui l'ennemi n'avait pas changé et le gouvernement qui recommençait à combattre les Habsbourg était sûr d'être populaire. À cet égard aussi, la Régence, en cherchant, pour les raisons que nous avons vues, les bonnes grâces de l'opinion, greva le règne de Louis XV.

Au moment où ils moururent, le Régent et le cardinal Dubois avaient changé de front. Ils étaient entrés dans une nouvelle triple alliance, franco-anglo-espagnole, celle-là, contre l'empereur Charles VI qu'il s'agissait de chasser d'Italie pour y installer les Bourbons d'Espagne. L'Angleterre s'était mise de la partie, sans respect pour le traité d'Utrecht, afin de ruiner les entreprises maritimes de Charles VI à Ostende, à Trieste et à Fiume. Habilement, elle avait marchandé son concours et l'avait donné à condition que la France renonçât à son commerce en Espagne. Ainsi la politique anglaise suivait son dessein, qui était de supprimer toutes les concurrences navales et commerciales en exploitant les divisions, les ambitions et les erreurs des puissances européennes. Ce projet, arrêté par la mort de ceux qui, en France, l'avaient conçu, ne fut pas mis à exécution, mais il ne manqua pas de conséquences. Pour sceller la réconciliation des maisons de France et d'Espagne, Dubois et le Régent avaient arrangé un mariage entre Louis XV et une infante de cinq ans. Exprès ou non, c'était retarder le moment où la couronne aurait un héritier. Il est donc difficile de blâmer sur ce point le duc de Bourbon qui, devenu premier ministre après la mort du Régent, défit ce que celui-ci avait fait, renvoya à Madrid la jeune infante, ce dont se fâcha Philippe V qui se réconcilia avec l'empereur : mais cette réconciliation était plus conforme à nos intérêts qu'une guerre où l'Espagne et l'Autriche, qui nous étaient utiles l'une et l'autre, se seraient épuisées, et nous avec elles, au bénéfice de l'Angleterre seule. On a dit qu'en choisissant pour Louis XV un parti modeste, en lui donnant pour femme Marie Leczinska, fille du roi détrôné de Pologne, le duc de Bourbon et Mme de Prie se proposaient de dominer la future reine. Il y a du vrai dans cette imputation, mais le choix était difficile puisqu'on avait en vain demandé la main d'une princesse anglaise. De plus Marie Leczinska avait vingt-deux ans et elle ne devait pas tarder à être mère, ce qui, en assurant la succession, abolissait les intrigues qui avaient rempli la minorité de Louis XV, dont la santé frêle excitait tant d'espérances et de jalousies. Il n'est que trop sûr, en tout cas, et c'est la conclusion à tirer de la Régence, que la monarchie a subi un dommage considérable et qui compte peut-être parmi les causes lointaines de la Révolution, lorsque la mort ayant rompu l'ordre naturel des générations, Louis XIV n'ayant laissé qu'un arrière-petit-fils, un enfant eut pris la suite d'un vieillard. Nous avons déjà observé que, si de pareils malheurs étaient arrivés chez les premiers Capétiens, leur dynastie n'eût probablement pas bravé les siècles.

En général, les historiens reprochent à Louis XV son indolence et son apathie. Il est vrai qu'il n'imposa pas toujours sa volonté, même quand il avait raison, et il était sensé. Pourtant, et c'est en quoi il diffère de Louis XVI, il ne doutait pas de son autorité et il l'a montré en plusieurs occasions. Les historiens regrettent donc en somme qu'il n'ait pas exercé le pouvoir d'une manière aussi personnelle que son arrière-grand-père. Peut-être ne réfléchit-on pas que les circonstances au milieu desquelles Louis XV atteignit sa majorité ne ressemblaient pas à celles de 1660. Le besoin de commandement que l'on ressentait alors n'existait plus. Ce qui dominait, au contraire, c'était l'esprit critique. La vogue des institutions anglaises, développée par Montesquieu et par Voltaire, favorisée par les essais de réforme de la Régence, commençait. Autant la situation avait été nette et simple à l'avènement de Louis XIV, autant la tâche du gouvernement redevenait difficile.

C'est cependant par un acte d'autorité que débuta Louis XV, à seize ans, lorsqu'il renvoya le duc de Bourbon, à peu près comme Louis XIII avait secoué la tutelle de Concini. Le jeune roi avait donné sa confiance à son précepteur Fleury, évêque de Fréjus. Choix heureux : ce sage vieillard dirigea les affaires avec prudence. Il y eut, pendant quinze ans, une administration intelligente, économe, qui remit les finances à flot et rétablit la prospérité dans le royaume, preuve qu'il n'était pas condamné à la banqueroute depuis la guerre de succession d'Espagne et le Système de Law. De tout temps, la France n'a eu besoin que de quelques années de travail et d'ordre pour revenir à l'aisance et à la richesse. Notre éclatante civilisation du dix-huitième siècle ne s'expliquerait pas sans cette renaissance économique qui fut singulièrement aidée par les traditions bureaucratiques que le siècle précédent avait laissées. Il ne faut pas dire trop de mal des bureaux : leurs abus ne les empêchent pas d'être indispensables. Orry, dont le nom est resté obscur, fut un digne successeur de Colbert dans la gestion des deniers publics. D'Aguesseau, qui est illustre, continua l'œuvre législative que Colbert avait commencée, et, pour une large part, ses ordonnances ont été reproduites par le Code civil, car la Révolution a continué au moins autant qu'elle a innové.

Appliqué au relèvement de la France, Fleury, au-dehors, évitait les aventures. Il n'avait pas de grandes vues de politique européenne mais un sens assez juste de l'utile et du nécessaire. Le point noir de l'Europe, à ce moment-là, c'était la succession d'Autriche qui se présentait d'ailleurs autrement que la succession d'Espagne. L'Empereur Charles VI, n'ayant que des filles, se préoccupait de laisser ses États héréditaires à l'archiduchesse Marie-Thérèse et il cherchait à faire signer et garantir ses dispositions testamentaires, sa « Pragmatique sanction », par toutes les puissances. En France, un parti déjà nombreux représentait que la maison d'Autriche était l'ennemie du royaume, que nous n'avions pas intérêt à la perpétuer et que l'occasion de l'abattre définitivement ne devait pas être perdue. On était antiautrichien au nom de la tradition et des principes de Richelieu. Ainsi naissait, sur une question de politique étrangère, une controverse qui devait dégénérer en conflit, un conflit qui, un jour, deviendrait fatal à la monarchie elle-même.

Fleury se contentait de surveiller les événements et de déjouer les intrigues qui pouvaient mettre la paix en danger, tout en refusant de signer la « Pragmatique sanction » de Charles VI pour échapper à des difficultés intérieures et peut-être en calculant aussi qu'il tenait l'empereur par l'espoir de sa signature. Quelle que fût sa prudence, Fleury, qui était accusé de pusillanimité par l'opinion publique, comme Louis-Philippe le sera cent ans plus tard, se vit, bien malgré lui, obligé d'intervenir en 1733, lorsque l'indépendance de la Pologne fut en danger. La France a toujours eu besoin d'un allié qui pût prendre l'Allemagne à revers, et la Suède, qui avait rempli cette fonction au dix-septième siècle, s'en était d'autant plus détournée qu'elle était aux prises avec la Russie rénovée par Pierre le Grand : l'apparition de la puissance russe a été dans le système européen le principe de bouleversements dont la France a eu à souffrir. L'intangibilité et l'alliance de la Pologne étaient alors des préceptes que la politique française a retrouvés depuis 1918 et qui lui ont causé d'immenses embarras au dix-huitième siècle. Ce ne fut donc pas pour soutenir le beau-père de Louis XV que Fleury intervint en faveur de Stanislas contre la candidature au trône de Pologne de l'électeur de Saxe, mais parce que l'indépendance de la Pologne était menacée à la foi par l'Empire et par la Russie qui voulaient imposer Auguste III. Seulement on s'aperçut vite qu'il n'était pas facile de défendre la Pologne, prise entre les Allemands et les Russes, si elle n'était pas capable de se défendre elle-même : Plélo périt dans sa vaine tentative pour délivrer Dantzig. Nous fûmes réduits à une diversion contre l'Empire dans laquelle le parti antiautrichien se jeta avec joie, Villars, cet ancêtre, et le chevalier de Belle-Isle, petit-fils de Fouquet, étant les plus ardents. Fleury modéra tant qu'il put ces vieux et ces jeunes fous. Déjà la cause de Stanislas était perdue, les Polonais n'ayant pas su rester unis en face des envahisseurs. Fleury avait eu soin de limiter les risques et de ne pas rendre la guerre générale, en obtenant la neutralité de l'Angleterre par l'engagement de ne pas attaquer les Pays-Bas. Il ne songea plus qu'à sortir de ce mauvais pas avec profit et il négocia le traité de Vienne (1738), par lequel il garantissait le Pragmatique. En échange, et à titre de dédommagement, Stanislas, évincé de Pologne, recevait la Lorraine qui, à sa mort, retournerait à la couronne de France, tandis que le duc François de Lorraine, pour épouser Marie-Thérèse, renonçait à ses droits sur le duché. C'était la solution élégante et avantageuse de plusieurs difficultés à la fois. Jusqu'alors on n'avait pas trouvé le moyen de réunir cette province française et, malgré de perpétuels conflits avec les princes lorrains, malgré une occupation, même prolongée, de leur territoire, la monarchie n'avait jamais voulu annexer la Lorraine par la violence et contre le vœu de ses habitants.

La raison exigeait qu'on s'en tînt là et tel était le sentiment de Fleury, légitimement fier d'avoir atteint ces résultats en évitant la médiation intéressée de l'Angleterre. Mais, en France, le parti antiautrichien se plaignait qu'il eût trop cédé à l'Autriche et regrettait qu'au lieu de brèves campagnes sur le Rhin et en Italie une armée n'eût pas été envoyée jusqu'en Bohême. Le ministre des affaires étrangères Chauvelin était le plus belliqueux des austrophobes. Fleury, pour pouvoir signer la paix de Vienne, avait obtenu de Louis XV la disgrâce et le renvoi de Chauvelin. Ce fut le premier épisode de ce grand conflit d'opinions. Il avait été bien réglé et sans dommages pour la France.

Les deux hommes les plus importants de l'Europe, à ce moment-là, Fleury et Walpole, étaient pacifiques tous deux. On pouvait donc penser que, quand l'empereur mourrait, sa succession se réglerait sans encombre. On ne comptait pas avec les forces qui travaillaient à la guerre.

Walpole fut débordé le premier. L'Angleterre, qui ne cessait de développer son commerce, convoitait âprement les colonies espagnoles. L'Espagne s'étant mise en défense contre une véritable expropriation, les négociants et les armateurs anglais s'exaspérèrent, le Parlement britannique les écouta et Walpole céda, préférant, selon un mot connu, une guerre injuste à une session orageuse. La guerre maritime durait depuis un an entre l'Angleterre et l'Espagne qui, du reste, se défendait avec succès, et la France, demeurée neutre, commençait à comprendre qu'elle était menacée derrière les Espagnols et qu'il serait prudent de s'armer sur mer, lorsque l'empereur Charles VI mourut au mois d'octobre 1740. Il avait eu, lui aussi, une illusion semblable à celle de Walpole et de Fleury. Il avait cru que des actes notariés suffiraient à garantir l'héritage de sa fille et la paix. Tout se passa bien d'abord. Seul l'électeur de Bavière, qui prétendait à la couronne impériale, élevait une contestation, lorsque, sans avertissement, violant toutes les règles de la morale publique, le roi de Prusse envahit une province autrichienne, la Silésie.

Depuis le jour où l'électeur de Brandebourg avait pris le titre de roi, la Prusse avait grandi dans le silence. Frédéric-Guillaume, le Roi-Sergent, avait constitué à force d'application, d'organisation et d'économie un État et une armée solides. Son fils Frédéric II, qui venait de lui succéder, avait donné le change sur ses ambitions par une jeunesse orageuse, l'étalage de ses goûts pour notre littérature et le soin qu'il avait pris de conquérir une véritable popularité parmi les Français en protégeant et en flattant nos écrivains et le plus célèbre de tous, Voltaire. Frédéric II passait pour un prince éclairé, ami du progrès et des idées qu'on appelait nouvelles et dont la vogue continuait à se répandre. Son coup de force, qui aurait dû soulever l'indignation, fut accueilli au contraire par des applaudissements parce qu'il était dirigé contre l'Autriche, toujours considérée comme l'ennemie traditionnelle de la France.

À ce même moment, Fleury, malgré sa prudence, se voyait obligé d'intervenir dans la guerre anglo-espagnole dont le développement menaçait nos intérêts maritimes de la manière la plus grave. Belle-Isle et les antiautrichiens lièrent habilement les deux affaires. Ils diront que l'Autriche était l'alliée des Anglais, que l'heure de la détruire était venue et qu'en la frappant on frapperait l'Angleterre. Ce raisonnement omettait deux choses : la mer et la Prusse. Mais Frédéric II passait pour un de ces princes allemands qui avaient été jadis, comme le Bavarois ou le Palatin, nos associés contre les Impériaux. De plus il était sympathique. Le courant devint si fort en faveur de l'alliance prussienne et de la guerre que Fleury, vieilli, fatigué, craignant, s'il résistait, de perdre le pouvoir comme Walpole l'avait craint, finit par céder. Louis XV céda lui-même. Il eut tort puisqu'il n'approuvait pas cette guerre et disait qu'il eût été préférable pour la France de « rester sur le mont Pagnotte », c'est- à-dire de regarder les autres se battre et de se réserver. Il voyait juste : par malheur pour nous, il n'imposa pas son avis. C'était peut-être de l'indolence, peut-être aussi le sentiment que la monarchie, diminuée depuis la Régence, n'était pas assez forte pour combattre l'entraînement général.

On entra ainsi, en 1741, dans une guerre continentale dont le premier effet fut de nous détourner de la guerre maritime où, de concert avec l'Espagne, nous pouvions porter à l'Angleterre des coups sensibles qui l'auraient peut-être arrêtée dans sa poursuite de l'hégémonie, car, à sa grande déception, ses escadres insuffisamment organisées avaient subi de mortifiants échecs. Mais, en France, tout était à l'entreprise d'Allemagne que Fleury, du moins, s'efforça de limiter, préoccupé surtout que l'Angleterre n'entrât pas dans ce nouveau conflit, l'expérience de la succession d'Espagne ayant appris ce que coûtait une guerre de coalitions à laquelle l'Angleterre était mêlée.

Cependant on s'indignait de la prudence de Fleury. Elle semblait sénile. Les Français eurent l'illusion, habilement entretenue par Frédéric, qu'ils étaient les maîtres de l'Europe. Pendant la première année de leur campagne, tout réussit au maréchal de Belle-Isle, qui conduisit ses troupes jusque sous les murs de Vienne, remonta en Bohême et s'empara de Prague par une escalade hardie. En janvier 1742, notre allié l'électeur de Bavière fut élu empereur à Francfort et ce fut en France un cri de triomphe : enfin la couronne impériale était enlevée à la maison d'Autriche ! On se réjouissait au moment où la fragilité de ces succès allait apparaître. Marie-Thérèse n'avait pas plié devant les revers. Elle avait pour elle les plus guerriers de ses sujets, les Hongrois. Elle savait qu'elle pouvait compter sur l'Angleterre. Elle avait déjà négocié avec Frédéric, compagnon peu sûr pour la France et qui ne songeait qu'à tirer son épingle du jeu en consolidant ses profits. Trois semaines après le couronnement du nouvel empereur, la Bavière fut envahie par les Autrichiens : elle n'était plus qu'un poids mort pour nous. En même temps, les Anglais se préparaient à intervenir activement en faveur de l'Autriche, et le roi de Prusse, peu soucieux d'encourir leur inimitié, se hâta d'accepter le marché que lui offrait Marie-Thérèse, c'est-à-dire presque toute la Silésie pour prix de sa défection.

En vain Fleury avait-il conseillé la paix, dès le mois de janvier, après l'élection de Francfort. Il comprit aussitôt la gravité de la situation où nous mettait la trahison de la Prusse. Se fiant au prestige de la raison, il eut l'idée d'adresser à Marie-Thérèse une lettre confidentielle où il lui représentait qu'il n'était ni de l'intérêt de la France ni de l'intérêt de l'Autriche, de continuer la lutte. Marie-Thérèse, par rancune, commit la faute de publier cette lettre, soulevant en France l'indignation contre Fleury et contre elle-même, rendant la réconciliation plus difficile puisque son mauvais procédé, son orgueil accroissaient chez nous l'impopularité de la maison d'Autriche. Il est vrai qu'à ce moment elle comptait sur une victoire complète. Belle-Isle, isolé en Bohême, dut ramener son armée en plein hiver avec de lourdes pertes. Chevert, bloqué à Prague, capitula. Les brillants succès du début tournaient au désastre et ce fut en

France un concert de récriminations qui s'adressaient à tout le monde et qui accrurent le trouble de l'opinion publique.

Le pire était que nous ne pouvions plus sortir de cette guerre. Les diversions classiques qui furent tentées, par la Suède, par l'Italie, ne réussirent pas. Au commencement de 1743, lorsque Fleury mourut, accablé de chagrin et d'années, nos affaires allaient mal. L'Angleterre avait en Allemagne une armée, constituée d'autant plus facilement que le roi George était en même temps électeur de Hanovre. Les Anglo-Hanovriens réussirent à donner la main aux Autrichiens après la bataille de Dettingen. Nos troupes durent évacuer l'Allemagne, repasser le Rhin, et, repliées sur les défenses de Vauban, protéger nos frontières.

Il y eut alors un véritable redressement de la politique française. L'échec ouvrit les yeux. La véritable ennemie de la France, ce n'était pas l'Autriche, c'était l'Angleterre, que nous finissions toujours par trouver devant nous. C'était elle l'âme des coalitions. La France s'était donc trompée en portant la guerre en Allemagne, en travaillant directement pour l'électeur de Bavière, inférieur au rôle qu'on avait conçu pour lui, et indirectement pour le roi de Prusse, perfide et dangereux. Il fallait revenir, dans les pays allemands, à nos traditions véritables, celles du traité de Westphalie, n'y paraître qu'en protecteurs des libertés germaniques et de l'équilibre, tourner nos forces contre l'Angleterre, et, pour la chasser du continent, l'atteindre là où son alliance avec l'Autriche et la Hollande l'avait installée mais la rendait vulnérable : dans les Flandres. Alors il nous deviendrait possible de liquider honorablement l'aventure et d'obtenir la paix.

Ce plan réfléchi, proposé par le maréchal de Noailles, fut accepté par Louis XV. On se prépara à l'exécuter pendant l'hiver et, au printemps, une forte armée, accompagnée par le roi, envahit la Flandre maritime et s'empara d'Ypres et de Furnes. Il est vrai que, pendant ce temps, les Autrichiens par une marche hardie, entraient en Alsace. Frédéric II, qui surveillait les événements pour tenir la balance égale entre les adversaires, craignit que l'Autriche ne devînt trop forte. Il rompit sa neutralité et opéra une rapide diversion en Bohême. Les Autrichiens durent alors sortir d'Alsace aussi vite qu'ils y étaient entrés. C'est à ce moment que Louis XV, ayant suivi Noailles à Metz, y tomba dangereusement malade. Sa guérison causa en France un enthousiasme extraordinaire : le danger que courait le pays avait excité le sentiment national exprimé par la monarchie et rarement, dans notre histoire, a-t-on vu se manifester un loyalisme aussi ardent, signe des attaches puissantes que la royauté avait acquises sous le règne de Louis XIV : comment oublier que, cent ans plus tôt, on était à la veille de la Fronde ?

Nous étions accrochés à un coin de la Flandre, nous avions repoussé une invasion, mais les choses n'avançaient guère lorsqu'une éclaircie apparut au commencement de 1745. Charles VII, l'empereur bavarois, mourut. La couronne impériale était libre pour l'archiduc lorrain, époux de Marie-Thérèse, et une transaction devenait possible. Pour l'obtenir, il fallait poursuivre le plan de Noailles, porter l'effort en, Flandre, y battre les Anglais. Maurice de Saxe, capitaine expérimenté, un de ces Allemands d'autrefois qui servaient volontiers la France, fut mis à la tête d'une armée considérable, marcha hardiment sur Tournai, et, les Anglais ayant voulu délivrer cette place importante de la barrière hollandaise, la barrière dressée au traité d'Utrecht contre la France, furent battus à Fontenoy, en présence de Louis XV (1745). Cette victoire fameuse, presque légendaire (« Messieurs les Anglais, tirez les premiers »), suivie de plusieurs autres succès, nous donnait bientôt toute la Belgique. Louis XV entrait triomphalement à Anvers. Les Hollandais, qui avaient de nouveau renversé la République et rétabli le stathoudérat, comme au siècle précédent, étaient mis à la raison par la prise de Berg-op-Zoom. Mais il ne nous suffisait pas d'être victorieux aux Pays-Bas. Le théâtre de la guerre était plus vaste. Nous étions battus en Italie, et, comme au seizième siècle, la Provence était envahie par les Impériaux. Frédéric II achevait ce qu'il avait à faire en Allemagne, battait les Saxons, entrait à Dresde, puis, nous trahissant de nouveau, s'arrangeait avec l'Autriche qui lui laissait la Silésie tandis qu'il reconnaissait le nouvel empereur François de Lorraine. Enfin et surtout les Anglais, maîtres de la mer, avaient pu un moment débarquer sur les côtes de Bretagne. La lutte s'était étendue aux colonies et nous nous défendions de notre mieux au Canada et aux Indes où Dupleix édifiait avec de faibles moyens une œuvre grandiose. Qu'arriverait-il donc si la guerre continuait ? Peut-être garderions-nous les Pays-Bas autrichiens. Mais alors aucune paix avec l'Angleterre ne serait possible. Nous perdrions nos colonies. Les hostilités se perpétueraient avec l'Autriche et nous savions désormais qu'il ne fallait pas compter sur Frédéric. Mieux valait liquider tandis que nous tenions des gages. Ainsi cette première guerre de Sept Ans s'acheva par une paix blanche (1748).

Le traité d'Aix-la-Chapelle a passé pour un monument d'absurdité. C'est de lui qu'il devint proverbial de dire : « Bête comme la paix. » Mais, quand le principe de la guerre a été mauvais, comment la paix pourrait-elle être bonne ? Tout ce que nous avions gagné, au dix-huitième siècle, à reprendre contre les Habsbourg la politique qui était opportune au dix-septième, c'était d'avoir agrandi la Prusse et détruit l'équilibre de l'Europe. De la faute commise par la France en 1741, Frédéric fut le bénéficiaire. Déjà, pendant la campagne, il avait été l'arbitre de la situation, nous prêtant son concours autant qu'il y avait intérêt et pas une minute de plus. L'arbitre il le serait encore bien mieux puisqu'il était plus fort qu'avant. Dès ce moment, il était clair que la Prusse aspirait à prendre en Allemagne la place de l'Autriche et que cette ambition n'était plus démesurée. Alors, si la France s'obstinait dans une politique antiautrichienne, elle travaillait pour Frédéric. Si nous changions de système, si nous renversions nos alliances, nous devions avoir Frédéric pour ennemi. Dans les deux cas, l'Angleterre, avec qui nous n'avions rien réglé, avec qui notre rivalité coloniale continuait, trouvait un soldat sur le continent. Voilà ce que nous avait coûté l'erreur du parti de Belle-Isle, l'anachronisme de la lutte contre la maison d'Autriche. La politique française avait perdu sa clarté. Elle avait cessé d'être intelligible à la nation et elle l'était à peine, dans cette masse de contradictions, pour ceux qui dirigeaient les affaires et qui avaient besoin avant tout de retrouver une ligne de conduite. L'extrême complexité d'une Europe et d'un monde qui se transformaient tous les jours aggravait le conflit des opinions et des théories, et ce conflit rendait lui-même plus difficile la tâche de notre politique, ouvrait la porte aux intrigues et aux intrigants. C'est dans cette confusion que se forma le célèbre « secret du roi », superposition d'une diplomatie à une autre, surveillance d'une diplomatie par une autre. Il faudra encore du temps avant que le désordre causé par la folle guerre de la succession d'Autriche soit réparé et que la politique française retrouve une méthode.

Rien de plus singulier d'ailleurs que l'état des esprits en France au milieu du dix-huitième siècle. Jamais il n'y a eu autant de bien-être chez nous qu'en ce temps-là. Jamais la vie n'a été aussi facile. Nous pouvons en juger par la peinture, le mobilier, les constructions, les monuments et les travaux publics eux-mêmes. Si l'État, à la suite de la guerre, est tombé dans de nouveaux embarras financiers, ces embarras n'ont rien de tragique et la France en a vu de pires. Dans l'ensemble, ce dont les Français ont à se plaindre n'est que le pli d'une feuille de rose en comparaison de tant de calamités qu'ils ont subies ou qu'ils subiront. On est frappé de l'insignifiance de leurs sujets de mécontentement. Mais on est frappé d'autre chose. Les écrivains demandent des réformes. L'administration, qui devient tous les jours plus régulière, travaille à les accomplir, et elle se heurte à une opposition générale parce qu'il est impossible de rien réformer sans froisser des intérêts. Le Parlement résiste à l'autorité, refuse d'enregistrer les impôts, comme sous la Fronde. Et ces impôts quels sont-ils ? Ce sont des taxes de guerre, c'est, après le « dixième » provisoire, le « vingtième » permanent institué par le contrôleur général Machault et qui doit atteindre tout le monde, comme Louis XIV l'avait déjà voulu, sans connaître ni privilèges ni privilégiés. À deux reprises, en 1753 et en 1756, il faudra exiler, emprisonner, briser les parlementaires qui ne cèdent pas parce qu'ils se regardent comme chargés de défendre les « coutumes du royaume » parmi lesquelles les immunités fiscales des gens de robe sont les premières à leurs yeux. C'est donc, comme en politique extérieure, l'opposition qui s'attache au passé et le gouvernement qui lutte pour le progrès. On a ainsi de l'ancien régime une image fort différente de celle qui le représente comme le défenseur des privilèges fiscaux. La vérité est que l'histoire a retenu les plaintes, les colères, les mots à effet de ceux qui ne voulaient pas payer. Déjà, à la fin du règne de Louis XIV, Saint-Simon, indigné par la capitation et le dixième, qui n'épargnaient pas les grands seigneurs, les avait qualifiés d' « exactions monstrueuses ». Il avait écrit que « le roi tirait tout le sang de ses sujets, et en exprimait jusqu'au pus ». Sous Louis XV, Mme du Deffand dira : « On taxe tout, hormis l'air que nous respirons », ce qui viendra d'ailleurs sous la Révolution, avec l'impôt des portes et fenêtres. Il faut donc prendre pour ce qu'elles valent ces lamentations que la littérature a transmises jusqu'à nous. Elles émanent des nombreuses catégories de personnes, presque toutes riches ou aisées, qui jusque-là échappaient à l'impôt ou ne payaient que ce qu'elles voulaient bien payer. Et, parmi ces personnes, les plus nombreuses appartenaient à la bourgeoisie, au tiers état, détenteur de ces offices et de ces charges de magistrature qui procuraient l'exemption. Dans les protestations contre le vingtième, la plus juste était sans doute celle où les Parlements, afin de colorer leur opposition d'un prétexte honorable, prenaient fait et cause pour la noblesse pauvre des campagnes, astreinte au service militaire.

On comprend alors les difficultés que l'ancien régime a rencontrées au dix-huitième siècle pour mettre de l'ordre dans les finances. On comprend d'où est venu le déficit persistant. Les contemporains ont donné le change en accusant uniquement les prodigalités de la Cour. De là vient que, dans un temps où les mœurs étaient peu rigides, on se soit offusqué des favorites, Mme de Pompadour ou Mme du Barry, comme jamais on ne s'était plaint de Mme de Montespan. Alors, il parut beaucoup de livres, avec un immense succès, contre l'absolutisme. En pratique, le pouvoir, loin d'être absolu, était tenu en échec par les Parlements dont l'opposition aux réformes financières paralysait le gouvernement et lui rendait impossible l'administration du royaume.

Louis XIV, au début de son règne, avait, d'autorité, ramené les Parlements à leur rôle judiciaire, et, comme on était au lendemain de la Fronde, l'opinion l'avait approuvé. Nous avons vu comment la Régence, ayant eu besoin des magistrats pour casser le testament de Louis XIV, les avait rappelés à la vie politique. Ils n'en profitaient pas seulement pour refuser d'enregistrer les impôts. Ils intervenaient aussi, avec une égale passion, dans les controverses religieuses. Il y avait de longues années que durait en France une dispute autour de la bulle *Unigenitus,* qui n'était que la vieille dispute pour et contre le jansénisme, et les parlementaires étaient généralement jansénistes. Ces agitations de robes, ces guerres de doctrines et de plume n'avaient rien de nouveau. Elles mettaient aux prises des tendances éternelles qui s'étaient heurtées bien plus violemment au Moyen Âge et au temps de la Réforme. Quelle que fût l'illusion des contemporains, qui s'imaginaient que tout cela était sans précédents, ce qu'on a appelé les grands débats du dix-huitième siècle portait sur des sujets fort anciens.

Il s'y ajoutait toutefois un élément nouveau : la campagne des philosophes et des encyclopédistes contre la religion catholique. Il se trouva donc que les Parlements jansénistes eurent l'appui des philosophes déistes ou incrédules dans la lutte contre la bulle *Unigenitus* et l'Ordre des jésuites. Les Cours, conservatrices et réactionnaires quand il s'agissait des privilèges, attachées aux anciens usages, y compris la torture, se trouvèrent, pendant une quinzaine d'années, les alliées des écrivains qui, en toutes choses, demandaient des réformes et l'abolition du passé. D'autre part, le gouvernement se trouvait en présence du clergé et des catholiques qui tenaient pour la bulle, du Parlement qui associait sa résistance à la bulle à sa résistance aux réformes et aux impôts, et des philosophes qui agitaient l'opinion contre les abus dont le Parlement était le protecteur et contre la bulle qui mettait en cause la religion. On conviendra que la tâche du pouvoir n'était pas aisée. Il avait à trouver son chemin entre tous ces courants et l'on est frappé de voir à quel point il se montra dépourvu de préjugés et de partis pris. En effet, si pour obtenir la paix religieuse, il finit par imposer aux magistrats l'enregistrement de la bulle, il finit aussi par leur accorder l'expulsion des jésuites pour obtenir l'enregistrement des impôts. Et pas plus que la monarchie n'avait persécuté le protestantisme à ses débuts, elle n'a cherché à étouffer les philosophes et l'Encyclopédie. Elle a même eu des ministres qui les ont protégés et qui se sont servis d'eux et de leur influence sur l'opinion soit pour composer avec les Parlements, comme Choiseul, soit pour les briser comme Maupeou.

Pour rendre encore plus grave la question des impôts et, par contrecoup, le conflit avec les Parlements, il ne manquait qu'une nouvelle guerre. Au milieu du dix-huitième siècle, elle était fatale avec les Anglais. Aux colonies, elle n'avait jamais cessé. Dupleix fut désavoué dans l'Inde où il nous taillait un empire : ce sacrifice à la paix fut inutile. En Amérique, les colons anglais de l'Est attaquaient nos Canadiens et recevaient des secours de la métropole. Lorsque le gouvernement français alarmé voulut envoyer des renforts au Canada, nos navires furent arrêtés et saisis par la flotte anglaise. Aux observations qu'il fit à Londres, on lui répondit que les hostilités étaient déjà ouvertes. En mai 1756, la déclaration de guerre de la France devint la carte forcée par la volonté de l'Angleterre. À son corps défendant, la France se trouva engagée dans une grande lutte pour ce qu'elle ne désirait pas, ce qu'elle regardait comme secondaire : les intérêts maritimes et coloniaux, devenus les premiers du peuple anglais.

Mais notre conflit avec l'Angleterre engendrait nécessairement une guerre générale. C'est ici que les funestes conséquences du coup de tête de 1741 apparurent. La Prusse ne songeait qu'à conserver la Silésie, l'Autriche à la reprendre. Le rapt de cette province dominait la politique de l'Europe. Dès le mois de janvier 1756, Frédéric avait signé avec George II, électeur de Hanovre, en même temps que roi d'Angleterre, un traité qui lui garantissait ses conquêtes. Dans le conflit qui s'annonçait entre la France et l'Angleterre, il prenait parti pour nos adversaires et se déclarait notre ennemi. Bon gré, mal gré, l'Autriche et la France se trouvaient rapprochées. Par le premier traité de Versailles, le mois même de notre rupture avec les Anglais, une alliance défensive était conclue entre Bourbons et Habsbourg. Un an plus tard, cette alliance se resserrait, Frédéric ayant envahi la Saxe Comme il avait envahi la Silésie et dévoilé l'ambition de la Prusse qui était de mettre sous sa dépendance tout le corps germanique.

Le « renversement des alliances » est un événement considérable dans notre histoire. Tout naturellement les austrophobes, les partisans aveugles de la tradition se récrièrent, et le pire fut que, bientôt, aux yeux du public, le résultat malheureux de la guerre parut leur donner raison. De l'alliance autrichienne date le divorce entre la monarchie et la nation et sera encore, trente-cinq ans plus tard, le grief le plus puissant des révolutionnaires, celui qui leur donnera le moyen de renverser et de condamner Louis XVI.

La légende fut que la royauté n'avait renoncé à ses anciennes maximes, abandonné la lutte contre la maison d'Autriche que par une intrigue de cour. Frédéric fit de son mieux pour accréditer cette version et, comme il avait déjà une femme, Marie-Thérèse, pour adversaire (en attendant l'impératrice de Russie), il accusa Mme de Pompadour, « Cotillon II », d'avoir sacrifié les intérêts de la France au plaisir vaniteux d'être en correspondance avec la fille des Habsbourg. Il est vrai que Marie-Thérèse, son ministre Kaunitz et son ambassadeur Stahremberg, ne négligèrent rien pour flatter la favorite. Il est vrai aussi que la maison de Babiole où eurent lieu les pourparlers, la part qu'y prit, avec Mme de Pompadour, l'abbé de Bernis, homme de cour auteur de vers galants, donnent au renversement des alliances un air de frivolité. Ce fut pourtant une opération sérieuse et réfléchie. Par le premier traité de Versailles, le gouvernement français n'avait conclu qu'une alliance défensive. Elle fut étendue après l'accession et les succès de Frédéric, mais, par un second traité, nous prêtions notre concours militaire à l'Autriche contre la promesse d'étendre notre frontière dans la partie méridionale des Pays-Bas autrichiens, d'Ostende à Chimay, le reste devant former un État indépendant, esquisse de la future Belgique, qui serait attribué à l'infant de Parme, gendre de Louis XV. Connues de nos jours seulement, les instructions de Bernis, devenu ministre des affaires étrangères, à Choiseul, nommé ambassadeur à Vienne, ont montré que l'alliance avec l'Autriche avait été l'effet du calcul et non du caprice. L'expérience, disait Bernis, a prouvé que nous avions eu tort de contribuer à l'agrandissement du roi de Prusse. L'intérêt de la France est qu'aucune puissance ne domine l'Allemagne et que le traité de Westphalie soit respecté. Or Frédéric a saisi l'occasion de notre conflit avec l'Angleterre pour s'allier avec cette puissance dans l'idée que nous serions trop occupés sur les mers pour nous opposer à ses entreprises dans les pays germaniques. Si nous laissions le roi de Prusse en tête-à-tête avec l'Autriche, il serait à craindre qu'il n'arrivât à ses fins et que le système de l'Allemagne fût bouleversé à notre détriment. Il ne restait d'autre parti que de répondre aux avances de l'Autriche et de s'associer à elle pour défendre l'équilibre européen.

En 1756 et en 1757, Bernis a donc compris que le danger en Allemagne était prussien. Il a vu aussi combien notre tâche devenait lourde, puisque, au moment où l'Angleterre nous provoquait à une lutte redoutable, nous étions engagés par Frédéric dans une guerre continentale et dans la complexité des affaires de l'Europe centrale et orientale. Cette complexité s'accroissait du fait que l'impératrice de Russie entrait dans la coalition contre la Prusse, car nous avions à protéger notre autre et ancienne alliée, la Pologne, contre les convoitises de l'Autriche et de la Russie, nos associées, sans compter que, pour avoir le concours des Russes, il avait fallu conseiller à la Pologne de ne pas se mêler du conflit. On a ainsi l'idée d'un véritable dédale où la politique française se perdit plusieurs fois. La diplomatie secrète embrouilla souvent les choses en cherchant à résoudre ces contradictions. Mais on ne peut pas incriminer à la fois le « Secret du roi » et le renversement des alliances puisque le « secret » était polonais et cherchait à réserver l'avenir de nos relations avec la Pologne malgré nos liens avec la Russie et l'Autriche.

La guerre maritime avait bien commencé malgré l'infériorité de nos forces navales. Le maréchal de Richelieu avait débarqué à Minorque, pris Port-Mahon, et ce succès, qui libérait la Méditerranée, et permit notre installation en Corse, nous donnait en outre la promesse de l'alliance espagnole. Pour l'Angleterre, c'était un échec dont elle fut profondément irritée.

Rien ne montre le caractère impitoyable de la lutte qu'elle avait entreprise contre nous comme la fureur avec laquelle la foule anglaise exigea la condamnation et l'exécution de l'amiral Byng.

En dépit de ce début brillant, l'état des esprits était mauvais en France. Le conflit avec les Parlements durait toujours. Il s'aggrava lorsqu'il fallut leur demander d'enregistrer les édits qui prorogeaient des impôts temporaires et en créaient de nouveaux. Il était pourtant indispensable de trouver des ressources pour soutenir la guerre sur terre et sur mer. Dans les « pays d'états », c'est-à-dire dans les provinces qui votaient elles-mêmes leurs contributions, les assemblées et les Parlements résistèrent, et ce fut le commencement du conflit, qui devait être si long et si grave, avec les états de Bretagne. En même temps les querelles religieuses, les interminables querelles sur la bulle *Unigenitus*, renaissaient. Le pouvoir dut être énergique et il le fut. Il y eut un lit de justice pour les impôts, un autre pour les affaires ecclésiastiques. Le Parlement de Paris répondit par des démissions en masse qui causèrent une grande agitation : l'attentat de Damiens, quelques jours après, en fut le symptôme (janvier 1757). Le danger que le roi avait couru eut du moins pour effet d'inspirer la crainte d'un bouleversement en France. Il y eut de grandes manifestations de loyalisme. Les démissions furent reprises. Mais si l'ordre ne fut pas troublé, le désordre moral persista. Les revers de la guerre de Sept Ans allaient tomber sur un mauvais terrain, et cette double guerre contre l'Angleterre et la Prusse, si grave par ses conséquences, qui eût exigé un si grand effort de tous, fut à peine comprise. La littérature témoigne que la portée en échappait aux guides de l'opinion publique. L'état le plus général était tantôt l'indifférence, et tantôt le dénigrement.

La guerre maritime est une affaire d'organisation. Elle veut une préparation de longue haleine. Elle veut aussi beaucoup d'argent. Trois ministres laborieux, Maurepas, Rouillé, Machault, avaient fait ce qu'ils avaient pu sans réussir à porter remède à notre infériorité navale. Cependant, avec une implacable volonté que personnifia le premier Pitt, le père du grand adversaire de Napoléon, les Anglais, après notre succès de Port-Mahon, redevinrent maîtres de la mer et purent s'emparer de nos colonies, avec lesquelles nos communications étaient coupées. Malgré une glorieuse résistance, Montcalm succomba au Canada, Lally-Tollendal aux Indes. Une à une, nos autres possessions furent cueillies par les Anglais.

Il est plus difficile de s'expliquer que la guerre n'ait pas mieux tourné pour nous en Allemagne. On se rend compte des fautes militaires que nos généraux commirent. Mais il leur manquait, à eux aussi, le feu sacré, la conviction : on soupçonne d'Estrées d'avoir été hostile à l'alliance autrichienne, et si Frédéric II, dont cette guerre fit un héros germanique, finit par échapper à la quadruple alliance, à la formidable coalition qui l'attaquait, il ne dut pas son salut à ses talents militaires seuls mais à l'espèce de popularité que la mode philosophique et littéraire, habilement soignée, lui avait donnée jusque chez ses adversaires.

En 1757, la Prusse, attaquée de quatre côtés à la fois, semblait sur le point de succomber. Nous avions mis hors de combat les Anglo-Hanovriens qui avaient capitulé à Closterseven. Les Anglais avaient perdu leurs moyens d'agir sur le continent, mais ils ne se sont jamais inclinés devant une défaite continentale tant qu'ils ont été maîtres de la mer. Les États de Frédéric étaient envahis par les Suédois, les Russes et les Autrichiens qui venaient d'entrer à Berlin. L'armée française, avec un contingent important que les princes allemands avaient fourni, s'avançait vers la Saxe. Frédéric, à Rosbach, bouscula les vingt mille hommes de troupes auxiliaires allemandes qui se débandèrent et battit Soubise.

Nous avons, dans notre histoire, subi des défaites plus graves. Il n'en est pas qui aient été ressenties avec plus d'humiliation que celle de Rosbach. À cette sorte de honte, un sentiment mauvais et nouveau se mêla chez les Français : le plaisir d'accuser nos généraux d'incapacité, d'opposer le luxe de nos officiers aux simples vertus du vainqueur. Jamais l'admiration de l'ennemi n'alla si loin : elle a duré, elle a profité à la Prusse jusqu'à la veille de 1870. Frédéric de Hohenzollern passa pour le type du souverain éclairé. Ses victoires, pour celles du progrès et même, ou peu s'en faut, de la liberté. C'était pourtant un despote, un souverain absolu et plus autoritaire que tous les autres. Sa méthode c'était le militarisme, le caporalisme, le dressage prussien, le contraire du gouvernement libéral. Il a fallu plus d'un siècle pour qu'on s'en aperçût.

Après Rosbach, Bernis eut l'intuition que la guerre d'Allemagne était perdue, et que mieux vaudrait nous en retirer. Au conseil, l'avis opposé prévalut. La campagne fut continuée toute l'année 1758, mélangée pour nous de succès et de revers, sans résultats. Frédéric tenait toujours tête aux Autrichiens et aux Russes. Il semblait pourtant impossible qu'à la fin il ne fut pas écrasé. Encore un effort, et la coalition viendrait à bout de la Prusse. Ce fut la thèse que soutint Choiseul, partisan de l'alliance autrichienne, et il quitta son ambassade pour succéder à Bernis découragé.

Résolu à poursuivre la guerre, Choiseul eut une idée juste. Rien ne serait obtenu tant que nous serions impuissants sur mer. Pour cesser de l'être, il ne fallait pas seulement renforcer nos escadres autant qu'on le pouvait au milieu des hostilités, mais acquérir des alliés maritimes. L'Espagne, quoique déchue, comptait encore, Naples était une bonne position dans la Méditerranée et des Bourbons régnaient à Madrid et à Naples comme à Paris. En aidant à leur donner ces royaumes, la France ne devait pas avoir travaillé en vain. Le *pacte de famille* ajouté à l'alliance autrichienne, ce fut la politique de Choiseul.

Si l'idée était juste, elle venait trop tard. Choiseul eut aussi le tort de voir trop grand. Il organisa une descente en Angleterre, mais la flotte anglaise, qui bloquait nos côtes depuis longtemps, battit à Lagos l'escadre de Toulon qui tentait de rejoindre Brest et, dans le Morbihan, la « journée de M. de Conflans » fut un désastre égal à celui de la Hougue. Une diversion de nos corsaires en Irlande fut inutile. Et le pacte de famille lui-même, signé en 1761, ne servit à rien pour cette fois. L'Espagne n'était pas prête et les Anglais en profitèrent pour s'emparer des colonies espagnoles. Ayant les mains pleines, maîtres de nos îles bretonnes, ils commençaient cependant à se lasser, comme en 1711, des lourdes dépenses de la guerre. Pitt tomba et les tories pacifiques revinrent au pouvoir. Cependant le cercle de ses ennemis se resserrait autour de Frédéric. Sa perte semblait certaine. Une circonstance, celle que l'Allemagne a encore calculée en 1917, le sauva : Élisabeth étant morte en 1762, la Russie de Pierre III fit défection à ses alliés, se rapprocha de la Prusse, et l'Autriche, renonçant à la lutte, conclut à Hubertsbourg une paix par laquelle elle abandonnait la Silésie à Frédéric. Quelques jours avant, par le traité de Paris, la France s'était résignée elle-même à signer la paix que l'Angleterre avait voulue (1763).

Ainsi, avec l'Angleterre comme avec la Prusse, nous avions perdu la partie, mais c'était sur mer surtout que nous avions eu le dessous. La preuve était faite depuis longtemps qu'aucun conflit avec les Anglais ne pouvait bien tourner pour nous si notre marine était incapable de tenir tête à la leur. Au traité de Paris, cette leçon fut payée de notre domaine colonial presque entier. Le Canada, la rive gauche du Mississippi, le Sénégal sauf Gorée, l'Inde sauf les quelques comptoirs que nous y possédons encore : le prix de notre défaite était lourd, d'autant plus lourd que les bases de l'Empire britannique étaient désormais jetées. Cependant ce n'en étaient que les bases. Cette grande victoire, l'Angleterre aurait encore à en défendre les résultats et, tout de suite, elle le sentit, elle reprocha à son gouvernement de n'avoir pas mis la France aussi bas que Pitt s'y était engagé. Car si le public français prit légèrement la perte de nos colonies, il commença aussi à sentir que la domination de la mer par les Anglais constituerait une tyrannie insupportable, un danger dont il était nécessaire de s'affranchir. Déjà, pendant la guerre de Sept Ans, nous avions construit des navires de guerre par souscription publique. Après le traité de Paris, Choiseul dirigea toute sa politique vers une revanche sur ceux qu'on appelait les « tyrans des mers ». Restauration de notre puissance navale, consolidation du pacte de famille, acquisition de la Corse, poste avancé dans la Méditerranée qui annulait la présence des Anglais à Minorque, ce fut l'œuvre de Choiseul.

Pour ses vastes projets, il avait besoin d'argent et la guerre de Sept Ans en avait déjà coûté beaucoup. Pour avoir de l'argent, il avait besoin des Parlements qui autorisaient les impôts. Pour gagner les Parlements, dont le conflit avec le clergé durait toujours, dont la tendance était toujours janséniste, Choiseul obtint de Louis XV que l'Ordre des jésuites leur fût sacrifié. La condamnation de l'Ordre, qui avait en France de nombreux collèges et auquel il fut interdit d'enseigner, fut en même temps une victoire pour le parti de l'Encyclopédie, pour les philosophes et les gens de lettres qui attaquaient la religion et l'Église. Choiseul calcula qu'il flatterait par là, outre les parlementaires, une partie remuante de l'opinion. Choiseul y acquit sans doute une popularité qui lui permit de poursuivre son œuvre nationale, sa réforme de l'armée et de la marine. Mais il ne désarma pas l'opposition. Celle des Parlements contre les impôts reprit, particulièrement violente en Bretagne, dont les états étaient attachés à leurs privilèges, et soutenus par le Parlement de Rennes. Le Parlement de Paris prit fait et cause pour ses confrères de Rennes, pour La Chalotais contre d'Aiguillon, qui faisait office de gouverneur, et il s'ensuivit toute une série d'incidents, de « lettres de jussion », de lits de justice qui se succédèrent de 1766 à 1771. Choiseul qui passait, non sans raison, pour être favorable aux magistrats, tomba au cours de cette lutte. Maupeou fit comprendre au roi que l'opposition des parlementaires devenait un péril pour le gouvernement. En même temps, Louis XV fut alarmé des projets de Choiseul qui, tout à l'idée de revanche, poussait l'Espagne à la guerre avec les Anglais pour y entraîner la France. La chute de Choiseul fut encore un des événements retentissants du règne. Le jour où il fut renvoyé dans ses terres, il y eut des manifestations en son honneur : par une singulière contradiction, la foule acclamait l'homme de cette alliance autrichienne qu'elle avait détestée, l'homme qui venait encore de donner pour femme au dauphin, au futur Louis XVI, Marie- Antoinette d'Autriche.

Le départ de Choiseul fut suivi du coup d'État de Maupeou. On néglige trop, d'ordinaire, cet événement dans le règne de Louis XV. Les Parlements, dont les attributions s'étaient grossies au cours des âges, étaient devenus un obstacle au gouvernement. L'opposition des Cours souveraines, celles des provinces marchant d'accord avec celle de Paris, devenait un grand péril politique. Les Cours étaient allées jusqu'à proclamer leur unité et leur indivisibilité. Elles agissaient de concert, repoussaient les édits sous la direction du Parlement de Paris, décernaient même des prises de corps contre les officiers du roi. « Cette étonnante anarchie, dit Voltaire, ne pouvait pas subsister. Il fallait ou que la couronne reprît son autorité ou que les Parlements prévalussent. » C'était un pouvoir qui se dressait contre le pouvoir et, en effet, l'un ou l'autre devait succomber. Depuis le temps de la Fronde, la monarchie avait eu à compter avec cette magistrature indépendante, sa propre création, presque aussi vieille qu'elle même et qui, peu à peu, lui avait échappé. Louis XIV avait résolu la difficulté par la méthode autoritaire et grâce à son prestige. Pendant son règne, les Parlements avaient été soumis. Ranimés par la Régence, ils s'étaient enhardis peu à peu, et leur opposition, fondée sur le respect des droits acquis, était devenue plus nuisible à mesure que l'État et l'administration s'étaient développés, avaient eu besoin d'organiser et de rendre moderne une France constituée pièce à pièce, reprise, pièce à pièce aussi, sur le vieux chaos de l'Europe féodale. Les ministres du dix-huitième siècle, jusqu'au malheureux Calonne, ne tarissent pas sur la difficulté de gouverner un pays qui avait mis huit cents ans à former son territoire, à réunir des villes et des province dans les circonstances et aux conditions les plus diverses, où l'on se heurtait, dès que l'on voulait changer, simplifier, améliorer quelque chose, à des exceptions, à des franchises, à des privilèges stipulés par contrat. À la fin du règne de Louis XV, il apparut que les Parlements, en s'opposant aux changements, par conséquent aux réformes et aux progrès, mettaient la monarchie dans l'impossibilité d'administrer, l'immobilisaient dans la routine, et, par un attachement aveugle et intéressé aux coutumes, la menaient à une catastrophe, car il faudrait alors tout briser pour satisfaire aux besoins du temps. La résistance que la monarchie avait toujours rencontrée dans son œuvre politique et administrative, résistance qui avait pris la forme féodale jusqu'au temps de Richelieu, prenait alors une forme juridique et légale, plus dangereuse peut-être, parce que, n'étant pas armée, elle n'avait pas le caractère évident et brutal d'une sédition.

Choiseul avait essayé de gouverner avec les Parlements en leur donnant les jésuites en pâture, en flattant leurs sentiments jansénistes, en tirant même de leur sein des ministres et des contrôleurs généraux. L'effet de cette politique était déjà usé. Il ne restait plus qu'à recourir aux grands moyens. En 1771, Maupeou, chargé de l'opération, supprima les Parlements et la cour des aides. À leur place furent institués des « conseils supérieurs ». La vénalité des charges était abolie, la justice devenait gratuite. C'était une des réformes les plus désirées par le pays. La suppression des Parlements, acte d'une politique hardie, permettait de continuer cette organisation rationnelle de la France qui, depuis des siècles, avait été entreprise par la monarchie. La voie était libre. Ce que Bonaparte, devenu Premier Consul, accomplira trente ans plus tard, pouvait être exécuté sans les ruines d'une révolution. De 1771 à 1774, l'administration de Terray, injustement décriée par l'histoire, mieux jugée de nos jours, commença de corriger les abus. Elle adoucit d'abord, avec l'intention de les abolir ensuite, les impositions les plus vexatoires; elle organisa ces fameux vingtièmes qui avaient soulevé tant de résistances; elle s'occupa enfin de créer des taxes équitables, telle que la contribution mobilière, reprise plus tard par l'Assemblée constituante, en un mot tout ce qui était rendu impossible par les Parlements.

Si nous pouvions faire l'économie d'une révolution, ce n'était pas en 1789, c'était en 1774, à la mort de Louis XV. La grande réforme administrative qui s'annonçait alors, sans secousses, sans violence, par l'autorité royale, c'était celle que les assemblées révolutionnaires ébaucheraient mais qui périrait dans l'anarchie, celle que Napoléon reprendrait et qui réussirait par la dictature : un de ses collaborateurs, le consul Lebrun, sera un ancien secrétaire de Maupeou. Il y a là dans notre histoire une autre sorte de continuité qui a été malaperçue.

Nous allons voir comment ces promesses furent anéanties dès le début du règne de Louis XVI par le rappel des Parlements. Alors seulement la révolution deviendra inévitable.

Lorsque Louis XV mourut, s'il y avait du mécontentement, il n'était pas incurable. S'il y avait de l'agitation, elle était superficielle. L'ancien régime avait besoin de réformes, il le savait, et l'immobilité n'avait jamais été sa devise. Que de fois il s'était transformé depuis Hugues Capet ! Sans doute le succès allait aux faiseurs de systèmes parce qu'il est plus facile de rebâtir la société sur un plan idéal que d'ajuster les institutions, les lois, l'administration d'un pays aux besoins de nouvelles générations. De là l'immense succès de Jean-Jacques Rousseau, le simplificateur par excellence. Mais, depuis le bienfaisant coup d'État de 1771, il n'existait plus d'opposition organisée. Le pouvoir s'était bien défendu, n'avait pas douté de lui-même. Jamais Louis XV n'avait consenti à convoquer les états généraux, comprenant que, ce jour-là, la monarchie abdiquerait. On la blâmait, on la critiquait, ce qui n'était pas nouveau, mais elle ne donnait pas de signes de faiblesse. Les « affaires » du temps, celles de Calas, du chevalier de la Barre, de Sirven, de Lally-Tollendal, causes retentissantes que Voltaire plaida au nom de la justice et de l'humanité, n'eurent d'autres répercussions politiques que d'aider au discrédit des parlementaires par qui les condamnations avaient été prononcées. Choiseul fut renvoyé, les parlements cassés sans qu'il y eût seulement des barricades comme sous la Fronde. Quant aux autres plaintes, aux autres accusations, elles étaient de celles auxquelles bien peu de gouvernernents échappent. Les réductions de rentes et de pensions, réductions si nécessaires, auxquelles Terray procéda sous Maupeou, furent appelées banqueroutes; d'une disette et de spéculations sur les blés, sortit la légende du « pacte de famine » ; les favorites du roi, Mme de Pompadour et Mme du Barry, furent trouvées scandaleuses. Cependant il y avait eu à d'autres époques des moments plus graves pour la royauté, plusieurs fois chassée de Paris. Si des esprits sombres annonçaient des catastrophes, on ne distinguait nulle part les préparatifs ni le désir véritable d'une révolution.

Gouverner est toujours difficile, mais ne l'était pas plus pour la monarchie à ce moment-là qu'à un autre. Quand on y regarde de près, la situation était plus complexe à l'extérieur qu'à l'intérieur. Louis XV avait encore accru le royaume de la Lorraine et de la Corse. Mais les deux guerres de Sept Ans avaient montré que le problème était de moins en moins simple. Il fallait conserver sur le continent les avantages que nous avait légués le dix-septième siècle, empêcher des bouleversements en Allemagne, nous méfier des ambitions de la Prusse.

Cependant, avec l'apparition de la Russie, la question d'Orient prenait un nouvel aspect. La Turquie était menacée de démembrement; la Pologne notre alliée nécessaire, était menacée de ruine (le premier partage est de 1772). Enfin nous avions à effacer les plus graves des effets du traité de Paris si nous ne voulions pas renoncer aux colonies et à la mer, au nouveau genre d'expansion que les grands peuples européens recherchaient, si nous ne voulions pas abandonner les océans et le monde à l'Angleterre Questions maritimes et coloniales, question d'Allemagne, question d'Orient : voilà ce qui va occuper le règne de Louis XVI et, par une grave faute initiale, le rappel des Parlements, provoquer le drame de 1789.

Chapitre XV

Louis XVI et la naissance de la Révolution

AU moment où Louis XVI, à vingt ans, devient roi, il ne faut pas seulement regarder l'état de la France. Il faut regarder l'état de l'Europe. Cette Europe est sinistre. C'est un âge de grands carnassiers. Frédéric de Prusse et Catherine de Russie, une Allemande, ont commencé le partage de la Pologne auquel ils ont associé l'Autriche. L'Angleterre, digérant ses conquêtes ne pense qu'aux intérêts de son commerce et à garantir contre les concurrences sa suprématie maritime. Tel était le monde lorsque la plus grande partie des Français rêvait d'une rénovation de l'humanité et d'un âge d'or.

Les différences des doctrines et des écoles n'empêchaient pas qu'il y eût en France un fond commun d'aspirations et d'illusions. Il en est ainsi à toutes les époques, et le jeune roi n'eût pas été de la sienne s'il n'en avait, dans une certaine mesure, partagé les idées. On s'est souvent demandé ce qui serait arrivé si le duc de Bourgogne, l'élève de Fénelon, avait succédé à Louis XIV. Peut-être l'a-t-on vu sous Louis XVI. Les conceptions, d'ailleurs vagues, exprimées par le douceâtre *Télémaque*, qui étaient apparues aux dernières années du dix-septième siècle, mélange d'esprit traditionnel et d'esprit réformateur, celles que la Régence avait appliquées un moment avec ses conseils aristocratiques, ces conceptions s'étaient conservées dans la famille royale. Le vertueux dauphin, fils de Louis XV, y était attaché et Louis XVI avait été élevé dans ce souvenir. « Qu'ont donc fait les grands, les états de province, les Parlements, pour mériter leur déchéance ? » écrivait-il de sa main peu après son avènement, condamnant ainsi l'évolution poursuivie depuis 1660. Les mesures les moins intelligibles, à première vue, de son règne, ainsi quand le ministre de la guerre Ségur voudra que les officiers soient nobles, partent de là. Le bien public, par le moyen de la monarchie agissant comme une autorité paternelle et respectant les vieux droits, les libertés, franchises et garanties, les trois ordres et les grands corps, le retour à l'ancienne constitution de la monarchie, telle qu'on l'imaginait : c'était moins des principes qu'une tendance qui paraissait se confondre sur certains points - sauf la question religieuse - avec celle des philosophes, mais qui en était l'opposé. Car, pour les philosophes, le progrès devait se réaliser par l'abolition du passé, par une législation uniforme, en un mot par le « despotisme éclairé », celui de Frédéric, de Catherine, de Joseph II, celui que concevaient un Choiseul et un Maupeou, les hommes les plus étrangers du monde à la tradition.

Sous Louis XV, la grande affaire avait été celle des Parlements. Choiseul avait gouverné avec eux, Maupeou sans eux. Le coup d'État de Maupeou - on disait même sa révolution - était encore tout frais en 1774 et les avis restaient partagés. Mais la suppression des Parlements avait été un acte autoritaire et Louis XVI, comme le montre toute la suite de son règne, n'avait ni le sens ni le goût de l'autorité. Le nouveau roi donna tort à son grand-père.

« Il trouva, dit Michelet, que le Parlement avait des titres, après tout, aussi bien que la royauté ; que Louis XV, en y touchant, avait fait une chose dangereuse, révolutionnaire. Le rétablir, c'était réparer une brèche que le roi même avait faite dans l'édifice monarchique. Turgot, en vain, lutta et réclama... Le Parlement rentra (novembre 1774) hautain, tel qu'il était parti, hargneux, et résistant aux réformes les plus utiles. »

Ainsi, pour l'école de la tradition, la suppression des Parlements avait été une altération de la monarchie, l'indépendance de la magistrature étant une des lois fondamentales du royaume. Mais le recours aux états généraux en était une aussi. Il y avait plus d'un siècle et demi que la monarchie avait cessé de convoquer les états généraux, parce qu'ils avaient presque toujours été une occasion de désordre. L'indépendance des Parlements avait été supprimée à son tour, parce que l'opposition des parlementaires redevenait aussi dangereuse qu'au temps de la Fronde et paralysait le gouvernement. Le conflit, qui n'allait pas tarder à renaître entre la couronne et le Parlement, rendrait inévitable le recours aux états généraux. Bien qu'on ne l'ait pas vu sur le moment, il est donc clair que le retour à la tradition, qui était au fond de la pensée de Louis XVI et qui s'unissait dans son esprit à un programme de réformes, sans moyen de les réaliser, ramenait la monarchie aux difficultés dont elle avait voulu sortir sous Louis XIV et sous Louis XV.

Ces difficultés politiques décupleraient les difficultés financières nées des deux guerres de Sept Ans, qui ne pouvaient être résolues que si la méthode de Maupeou était continuée et qui seraient accrues par les tâches que la France allait rencontrer à l'extérieur où grandissaient des forces hostiles. Qu'on y joigne l'état de l'esprit public, nourri d'utopies par la littérature, et d'une société qui, du haut jusqu'en bas, désirait changer les choses ou aspirait vaguement à changer quelque chose ; qu'on y joigne encore, jusque sur le trône, l'affaiblissement de l'idée d'autorité, et l'on aura les éléments de la Révolution qui approchait. Force est à l'histoire de noter qu'elle est venue quinze ans après le rappel des Parlements et dès le jour où furent réunis les états généraux.

« Louis XVI, dit admirablement Sainte-Beuve, n'était qu'un homme de bien exposé sur un trône et s'y sentant mal à l'aise. Par une succession d'essais incomplets, non suivis, toujours interrompus, il irrita la fièvre publique et ne fit que la redoubler. » Car, ajoutait Sainte-Beuve, « le bien, pour être autre chose qu'un rêve, a besoin d'être organisé, et cette organisation a besoin d'une tête, ministre ou souverain... Cela manqua entièrement durant les quinze années d'essai et de tâtonnements accordées à Louis XVI. Les personnages, même les meilleurs, qu'il voulut se donner d'abord pour auxiliaires et collaborateurs dans son sincère amour du peuple étaient imbus des principes, des lumières sans doute, mais aussi, à un haut degré, des préjugés du siècle, dont le fond était une excessive confiance dans la nature humaine. »

Il eût fallu Un roi « pratique et prudent » et Louis XVI n'avait que de bonnes intentions, avec des idées confuses. Son premier ministère fut ce que nous nommerions un « grand ministère ». Il était composé de « compétences », d'hommes travailleurs, intègres, populaires pour la plupart. Le jeune roi n'avait écouté ni ses sentiments ni ses préférences, puisqu'il avait même appelé Malesherbes, célèbre pour la protection qu'il avait accordée aux philosophes lorsqu'il avait été directeur de la librairie, c'est-à-dire de la presse. Maurepas, homme d'État d'une vieille expérience, Miromesnil, garde des sceaux, Vergennes, notre meilleur diplomate, plus tard, Saint Germain à la guerre, enfin et surtout Turgot, l'illustre Turgot, dont Voltaire baisait les mains en pleurant : il y avait dans ce personnel ce qui donnait le plus d'espoir.

Cependant ce ministère ne réussit pas. Il est impossible de dire si les réformes de Turgot auraient préservé la France d'une révolution. Ses plans avaient une part de réalisme et une part de chimère. Ils s'inspiraient d'ailleurs des idées qui avaient cours, ses successeurs les ont suivis, et les assemblées révolutionnaires les reprendront. Mais, par ce choix même, l'inconséquence de Louis XVI éclatait. Turgot s'était fait connaître comme intendant et les intendants représentaient le « progrès par en haut » dans les pays qui relevaient directement de la couronne. Leur esprit était à l'opposé de l'esprit des Parlements que le roi restaurait. Il y avait là, dans le nouveau règne, une première contradiction. De toute façon, le temps a manqué à Turgot pour exécuter son programme et, s'il avait obtenu, dans l'intendance du Limousin, des résultats qui l'avaient rendu célèbre, c'est parce qu'il était resté treize ans à son poste. Il ne resta que deux ans ministre. Ce ne fut pas seulement à cause de l'opposition qu'il rencontra et à laquelle on devait s'attendre. Turgot ne pouvait combattre les abus sans blesser des intérêts et rencontrer des résistances, celle du

Parlement en premier lieu, qui, à peine réintégré avec promesse de ne pas retomber dans son ancienne opposition, manifestait de nouveau son bizarre esprit, à la fois réactionnaire et frondeur. Le plan de Turgot pour assainir les finances n'était pas nouveau et l'on a rendu justice aux contrôleurs généraux qui l'ont précédé. Il s'agissait toujours de faire des économies, de mieux répartir l'impôt entre les contribuables, de supprimer les exemptions et les privilèges, et ces projets soulevaient toujours les mêmes tempêtes. D'autre part, Turgot, convaincu comme l'avait été Sully, que l'agriculture était la base de la richesse nationale, cherchait à la favoriser de diverses manières et en même temps à remédier au fléau des disettes par la liberté du commerce des blés. Là, il ne se heurta pas seulement aux intérêts, mais aux préjugés. Il fut accusé, lui, l'honnête homme, de faire sortir le grain du royaume comme Louis XV l'avait été du « pacte de famine ». Dans son programme de liberté, Turgot touchait d'ailleurs à d'autres privilèges, ceux des corporations de métiers, ce qui provoquait les colères du petit commerce. Ses préférences pour l'agriculture lui valaient aussi le ressentiment de l'industrie et de la finance. « Turgot, dit Michelet, eut contre lui les soigneurs et les épiciers. » Il faut ajouter les banquiers dont le porte-parole était Necker, un Genevois, un étranger comme Law, et qui avait comme lui une recette merveilleuse et funeste : l'emprunt, l'appel illimité au crédit.

Les inimitiés que Turgot s'était acquises, à la Cour et dans le pays, étaient celles que devait rencontrer tout ministre des Finances réformateur. Elles contribuèrent sans doute à le renverser. La vraie cause de sa chute fut d'une autre nature. Pour remplir son programme, Turgot avait besoin de la paix. Il disait que le premier coup de canon serait le signal de la banqueroute. Mais que répondait le ministre des Affaires étrangères ? En 1776, un événement considérable venait de se produire : les colonies anglaises de l'Amérique du Nord s'étaient insurgées. C'était pour la France l'occasion d'effacer les conséquences du traité de Paris, de s'affranchir et d'affranchir l'Europe des « tyrans de la mer ». Cette occasion pouvait-elle être perdue ? À cet égard, les pensées qui divisaient le gouvernement français divisent encore les historiens selon le point de vue auquel ils se placent. L'historien des finances juge que cette guerre a été funeste, parce qu'elle a en effet coûté un milliard cinq cents millions ou deux milliards et, comme Turgot l'avait annoncé, précipité la banqueroute. L'historien politique estime que le résultat à atteindre valait plus que ce risque. Ce fut l'avis de Vergennes et c'est parce qu'il l'emporta que Turgot préféra se retirer.

Nous sommes ici à la jointure des difficultés extérieures et des difficultés politiques et financières auxquelles la monarchie devait bientôt succomber. Nous avons vu se développer un état de l'esprit public qui avait quelque chose de morbide : Michelet n'a pas tort de souligner l'importance du magnétisme de Mesmer et de l'invention des ballons qui fortifièrent la foi dans les miracles humains, les miracles du progrès. Nous avons vu d'autre part que le pouvoir avait perdu de son énergie et qu'il s'était mis lui-même sur la voie qui devait le conduire à convoquer les états généraux, c'est-à-dire à déterminer l'explosion. La guerre d'Amérique, dont il n'aurait pu se dispenser sans compromettre les intérêts de la France et se résigner pour elle à un effacement irréparable (qu'on pense à ce que serait aujourd'hui l'empire britannique s'il comprenait en outre les États-Unis), la guerre d'Amérique donna le choc par lequel la révolution fut lancée.

Disons tout de suite que Necker, appelé aux finances sous le couvert d'un homme de paille, parce qu'il était étranger, trouva les moyens de financer la guerre contre les Anglais. Mais à quel prix ! Par ses combinaisons d'emprunt, terriblement onéreuses pour le Trésor, il légua à ses successeurs un fardeau écrasant dont ils ont porté l'impopularité. Ici encore, quelle peine on a à choisir : s'il n'est pas juste d'accuser Calonne et Brienne des fautes de Necker, l'est-il de reprocher à Necker, chargé de trouver de l'argent pour la guerre, de s'en être procuré par des moyens faciles, qui avaient l'avantage de ne soulever l'opposition de personne, mais par lesquels, bientôt, nos finances devaient culbuter ?

L'engouement du public pour la cause de l'indépendance américaine aida Necker à placer ses emprunts et Vergennes à réaliser ses projets. L'Amérique, en se soulevant contre l'Angleterre, faisait écho à l'idée de liberté que le dix-huitième siècle avait répandue. Le « bonhomme Franklin », au fond un assez faux bonhomme, qui vint à Paris plaider pour son pays, sut flatter la sensibilité à la mode et fut reçu comme un personnage de Jean-Jacques Rousseau. Cet enthousiasme se traduisait par le départ, sur lequel le gouvernement ferma les yeux, de La Fayette et de ses volontaires. Un peu plus tard, la France envoya, en Amérique, avec de nombreux subsides, des troupes régulières sous Rochambeau. Il n'est pas douteux que, sans notre concours militaire et pécuniaire, les insurgés américains eussent été écrasés.

Cependant l'expérience de la guerre de Sept Ans n'avait pas été perdue. Vergennes savait que pour lutter avec avantage contre l'Angleterre, la France devait avoir les mains libres sur le continent. Partisan de l'alliance autrichienne, il refusait d'en être l'instrument et de la détourner de son objet véritable qui était de maintenir en Allemagne, contre la Prusse, l'équilibre créé par le traité de Westphalie. L'empereur Joseph II, esprit brillant et inquiet, que les lauriers de Frédéric empêchaient de dormir, crut que les hostilités entre la France et l'Angleterre s'accompagneraient d'une nouvelle guerre continentale favorable à ses ambitions. Vergennes se hâta de le détromper : l'Autriche ne devait pas devenir, à nos frais, comme la Prusse, une cause de désordres en Allemagne. Joseph II, à la mort de l'électeur de Bavière, ayant voulu s'emparer de ses États, la France intervint au nom de son droit de garantie sur l'Empire germanique et, par la convention de Teschen (1779), imposa sa médiation à l'Autriche et à la Prusse, prêtes à en venir aux mains. Sans rompre l'alliance autrichienne, sans se rejeter du côté de la Prusse, dans le véritable esprit de notre politique d'Allemagne, fondée sur la tradition bien comprise de Richelieu, Louis XVI et Vergennes ne s'étaient pas laissé détourner de la guerre maritime par une guerre terrestre, la preuve était faite que l'Angleterre ne pouvait être atteinte que sur les mers. La paix conservée en Europe eut un autre avantage : non seulement l'Angleterre n'eut pas d'alliés, mais les peuples, menacés par son avidité et las de sa tyrannie navale, se rangèrent de notre côté, comme l'Espagne et la Hollande, tandis que les autres, sur l'initiative de la Russie, formaient une ligue des neutres, ligue armée, décidée à imposer aux Anglais la liberté de leur navigation.

Ces circonstances, dues à une sage politique, ont permis à la monarchie expirante de prendre sa revanche du traité de Paris. La guerre de l'Indépendance américaine n'a été par le fait qu'un épisode de la rivalité anglo-française. L'Angleterre renonça à vaincre les insurgés (qui traitèrent d'ailleurs sans nous attendre) le jour où elle eut renoncé à nous vaincre sur mer. Notre flotte n'avait pas été reconstruite et fortifiée en vain. L'argent qu'elle avait coûté n'avait pas été inutile. Si un projet de débarquement en Angleterre avorta, comme avortera celui de Napoléon, partout, de l'Océan Atlantique à l'Océan Indien, nos escadres avaient tenu les Anglais en échec, et le bailli de Suffren s'illustra comme un de nos plus grands marins. L'Angleterre n'était plus la maîtresse incontestée des mers. Elle avait convoité les colonies espagnoles et hollandaises pour compenser la perte de l'Amérique : elle dut s'en passer, et, si elle garda Gibraltar, rendit Minorque à l'Espagne. Nous-mêmes, par le traité de Versailles (1783), nous affranchissions Dunkerque des servitudes laissées par le traité d'Utrecht, nous retrouvions le Sénégal, sans lequel notre empire africain d'aujourd'hui n'existerait pas. Notre prestige restauré en Extrême-Orient nous permettait de pénétrer en Annam et d'amorcer notre établissement dans l'Indochine par laquelle, un jour, nous remplacerions l'Inde. Grand enseignement qui ne doit pas être négligé : nous avions perdu nos colonies sur la mer ; c'était aussi sur la mer que nous commencions à réparer cette perte.

Le défaut du traité de Versailles, c'était d'être une sorte de paix sans vainqueurs ni vaincus. Elle prouvait que nous étions capables de tenir tête à l'Angleterre. Elle ne résolvait rien. Le compromis de 1783 était un résultat, mais fragile.

L'équilibre pouvait toujours être rompu par l'effort maritime de l'un ou de l'autre pays et c'est ce que l'Angleterre craignait de notre part et préparait de son côté. Vergennes, prudent et modéré, voulut consolider la situation acquise. La rivalité de la France et de l'Angleterre lui apparaissait comme un malheur et il disait que les incompatibilités entre les nations n'étaient qu'un préjugé. En 1786, par un traité de commerce qui sera un des griefs des états généraux contre la monarchie (on lui reprochait d'avoir inondé la France de marchandises anglaises), le gouvernement de Louis XVI voulut réconcilier les deux pays, les unir, les associer par les échanges, par leur participation à une prospérité, qui, des deux côtés de la Manche, grandissait tous les jours. Dans toutes les affaires qui se présentèrent jusqu'à la Révolution (en Hollande, par exemple, où nos amis les républicains furent renversés par les orangistes, à l'instigation de la Prusse et de l'Angleterre), la France évita ce qui pouvait conduire à un conflit. Elle laissa faire. Elle fut volontairement « conciliante et pacifique ». Pourtant l'Angleterre observait nos progrès avec jalousie. Elle ne consentait pas à partager la mer avec nous, et plus son industrie et sa population se développaient, plus elle dépendait de son commerce, plus elle redoutait notre concurrence. Au fond du peuple anglais l'idée montait que la paix blanche de 1783 avait démontré la nécessité d'arrêter la renaissance maritime de la France. La rivalité, longue déjà de près d'un siècle, à laquelle Vergennes avait espéré mettre un terme, devait éclater bientôt avec une nouvelle violence, et les Anglais, cette fois, seraient résolus à mener la lutte jusqu'au bout. On comprend ainsi que la Révolution française ait été pour l'Angleterre ce que la révolution d'Amérique avait été pour la France : un élément de leur politique, une occasion et un moyen.

Le gouvernement de Louis XVI avait de nombreuses raisons de tenir à la paix. D'abord, trop heureux d'avoir effacé les suites funestes de la guerre de Sept Ans, il voulait s'en tenir là, ne pas compromettre les résultats acquis et il avait l'illusion que la France lui en saurait gré. En outre, l'état de l'Europe n'était pas bon. La question d'Orient, apparue avec les progrès de la Russie, mettait en danger deux clients de la France, l'État polonais, notre allié politique, et l'Empire ottoman où nos intérêts matériels et moraux accumulés depuis deux cent cinquante ans étaient considérables. Protéger à la fois l'intégrité de la Turquie et l'indépendance de la Pologne, déjà atteinte par un premier partage ; se servir de l'alliance autrichienne pour empêcher l'empereur de succomber aux tentations de Catherine de Russie qui offrait à Vienne et à Berlin leur part des dépouilles turques et polonaises ; mettre en somme, l'Europe à l'abri d'un bouleversement dont l'effet eût été - et devait être - de faire tomber la France du rang qu'elle occupait, de la situation éminente et sûre qu'elle avait acquise sous Richelieu et Louis XIV : tels furent les derniers soucis de la monarchie française. On conçoit le soulagement avec lequel les autres monarchies en apprirent la chute, puisqu'elle était le gendarme qui maintenait l'ordre en Europe et empêchait les grandes déprédations.

Une autre raison vouait le gouvernement à la prudence la question d'argent, considérablement aggravée par les frais de la guerre d'Amérique et qui devenait une des grandes préoccupations du public autant qu'elle était celle du pouvoir. L'ensemble et l'enchaînement de tous ces faits rendent compte de la manière dont s'est produite la Révolution.

Par les exemples que nous avons sous les yeux et par l'expérience de la guerre et des années qui l'ont suivie, où mille choses du passé ont été revécues, nous comprenons aujourd'hui qu'une mauvaise situation financière puisse accompagner la prospérité économique. Tous les témoignages sont d'accord : la prospérité était grande sous le règne de Louis XVI. Jamais le commerce n'avait été plus florissant, la bourgeoisie plus riche. Il y avait beaucoup d'argent dans le pays. Tout considérable qu'il était, le déficit pouvait être comblé avec un meilleur rendement des impôts. Malheureusement, les ministres réformateurs se heurtaient aux vieilles résistances, qui n'étaient pas seulement celles des privilégiés, mais celles de tous les contribuables dont le protecteur attitré était le Parlement. La prodigieuse popularité de Necker tint à ce qu'il eut recours non à l'impôt, mais à l'emprunt. Habile à dorer la pilule, à présenter le budget, comme dans son fameux *Compte rendu*, sous le jour le plus favorable, mais aussi le plus faux, il n'eut pas de peine, en fardant la vérité, à attirer des capitaux considérables. De là deux conséquences : les porteurs de rente devinrent extrêmement nombreux et une banqueroute frapperait et mécontenterait désormais un très grand nombre de personnes; d'autre part, Necker, ayant donné l'illusion qu'on pouvait se passer d'impôts nouveaux, eut la faveur de tous les contribuables, notamment du clergé, à la bourse duquel on avait coutume de s'adresser en cas de besoin, mais il rendit par là les Français de toutes les catégories encore plus rebelles à la taxation.

Necker était tombé en 1781, deux ans avant la fin de la guerre, sur une question de politique intérieure. Emprunter ne suffisait pas. Il fallait trouver des ressources par une réforme financière. Aucune n'était possible si les Parlements s'y opposaient. C'est pourquoi Necker avait entrepris de créer dans toutes les provinces, quels qu'en fussent le régime et les droits, des assemblées provinciales à qui seraient en partie transférés les pouvoirs des Parlements et des intendants. Dès qu'on sut que Necker voulait « attacher les Parlements aux fonctions honorables et tranquilles de la magistrature et soustraire à leurs regards les grands objets de l'administration », il eut les parlementaires contre lui. En somme, Necker en revenait par un détour à Maupeou. Quelque répugnance qu'eût Louis XVI à se séparer de Necker après s'être séparé de Turgot, il n'eut pas de peine à écouter Maurepas, qui lui montra le danger de ce nouveau conflit, sans compter l'inconséquence qu'il y aurait eu à humilier ou à briser de nouveau les Parlements après les avoir restaurés.

Il était bien difficile de sortir de ces difficultés et de ces contradictions, et Louis XVI commençait à être prisonnier de ses principes et à tourner dans un cercle vicieux. Cependant, sous ses artifices, Necker avait caché d'énormes trous. Son successeur, Joly de Fleury, révéla la vérité : c'est à lui qu'on imputa le déficit. Il tomba à son tour avec le conseil des finances qu'il avait institué pour rétablir l'ordre dans les comptes. Après lui, le roi crut qu'un administrateur de carrière, un honnête homme remplirait la tâche : Lefèvre d'Ormesson prit des mesures nettes et franches qui n'eurent d'autre effet que de porter un coup au crédit et de causer une panique. Deux ministres avaient été usés en deux ans. Un homme habile se présenta : c'était Calonne.

Il est resté célèbre parce qu'on l'a regardé comme le fossoyeur de l'ancien régime. À son nom est resté attaché le mot célèbre de Beaumarchais, dont le Figaro faisait fureur. « Il fallait un calculateur, ce fut un danseur qui l'obtint. » De nos jours, on a presque réhabilité Calonne. En tout cas, on a compris ses intentions. C'était un homme adroit, séduisant, qui comptait sur les ressources de son esprit pour dénouer les situations les plus difficiles. Devant le vide du Trésor, il affecta un optimisme qu'il n'avait pas. Connaissant la nature humaine, il pensa que, pour ne pas se heurter aux mêmes oppositions que ses prédécesseurs, il fallait avoir l'économie aimable et non hargneuse : des générosités bien placées, agréables à des personnes influentes, supprimeraient les criailleries et permettraient de sérieuses réformes. En même temps, au prix de quelques millions, il donnerait l'impression de la richesse, il restaurerait le crédit, un délai serait obtenu et les ressources de la France étaient assez grandes pour que l'État fût hors d'embarras au bout de quelques années. Voilà le secret de ce qu'on a appelé les prodigalités de Calonne : elles partaient d'une méthode assez voisine de celle de Necker. Il est établi d'ailleurs que la grande « mangerie » de la cour a été exagérée, parce qu'elle était visible, mais que, tout compte fait, les « profusions » de Calonne, les dépenses qu'il permit à la reine et aux frères du roi n'excèdent pas ce que Turgot lui-même avait consenti. « C'est dépasser toutes les bornes, écrit le plus récent et le plus impartial scrutateur de notre histoire financière, que de voir dans ses complaisances pour les gens de cour la cause capitale de la ruine des finances. » En somme, pour durer, gagner du temps, seul remède à son avis, Calonne jetait de la poudre aux yeux et quelque pâture aux mécontents.

Mais, comme les autres, il éprouva l'hostilité des Parlements dont le rôle, devant la restauration financière, fut entièrement négatif. Ardents à prêcher la nécessité des économies, ils continuaient par principe de refuser impôts, emprunts et réformes. Là était l'obstacle à tout. On peut donc soutenir de nouveau et avec plus de force ce que nous indiquions tout à l'heure : en relevant les Parlements, Louis XVI a empêché un rajeunissement de l'État, qui ne pouvait avoir lieu sans désordre que par le pouvoir lui-même agissant d'autorité. C'est ainsi que, par sa fidélité aux idées de son aïeul le duc de Bourgogne, Louis XVI a provoqué la Révolution.

En effet, si, sous Louis XV, Choiseul avait flatté les Parlements, si Maupeou les avait brisés, c'était pour ne pas avoir à recourir, dans un conflit insoluble entre la couronne et ces corps indépendants, à l'arbitrage des états généraux. La couronne devait s'en tenir au coup d'État de 1771, ou bien s'appuyer sur la représentation nationale. Louis XVI, hostile au coup d'État, était conduit à adopter le second terme d'une alternative à laquelle il était, depuis vingt-cinq ans, impossible d'échapper. Calonne interpréta correctement la pensée du roi, lorsque, après deux ans de conflits avec les Parlements, il lui suggéra de convoquer une assemblée des notables, un des rouages de la monarchie constitutionnelle et aristocratique qu'avait déjà conçue Fénelon.

Dès ce moment-là (février 1787) la Révolution est en marche. Qu'apporte Calonne aux notables ? Un mélange des idées de Necker et de Turgot, celles qu'on agitait vaguement un peu partout, le programme que la Constituante, en grande partie, reprendra. Rien ne serait plus faux que de regarder Calonne comme un réactionnaire. C'est un réformateur qui parle à ces représentants des trois ordres, choisis parmi des personnalités considérables ou populaires. La Fayette en était, ainsi que de grands seigneurs renommés pour leur « philanthropie » et leur attachement aux idées nouvelles. Dans les secrétariats, Mirabeau et Talleyrand débutent. Calonne croyait prendre appui sur cette assemblée pour obtenir les réformes que repoussait le Parlement. Il se figurait, avec l'optimisme de son temps accru par son optimisme naturel, qu'en invoquant le bien public il obtiendrait ce qu'il cherchait : un nouveau système d'impôts, votés par des assemblées provinciales, avec suppression des « exemptions injustes ». C'est-à-dire que Calonne s'adressait au bon cœur des privilégiés et aux aspirations égalitaires du tiers état. Avec une véritable naïveté, pour mieux agir sur les esprits, il mit à nu la détresse du Trésor. Les notables, au lieu d'ouvrir leur bourse, en profitèrent pour le charger de tous les péchés. Les accusations d'impéritie et de profusion qui pèsent sur sa mémoire datent de là. Il devint le bouc émissaire de l'ensemble des causes qui avaient ruiné nos finances. Le scandale fut tel que le roi dut lui signifier son congé. La première assemblée, cette assemblée triée sur le volet, avait pour ses débuts renversé un ministre haï des Parlements.

Elle ne fit pas autre chose. Loménie de Brienne, un prélat ami de Choiseul et des philosophes et qu'on disait même athée, succéda à Calonne et reprit ses projets. Il n'obtint rien de plus des notables, pressés surtout de ne pas payer. Pour renvoyer à plus tard le quart d'heure de Rabelais, ils se rejetèrent sur l'idée qu'une grande réforme des impôts devait être approuvée par les états généraux ou même, comme disait La Fayette, par « mieux que cela », par une assemblée nationale. On y allait désormais tout droit.

La fin de l'année 1787 eut ceci de particulièrement funeste pour la monarchie qu'elle mit Louis XVI en contradiction avec lui-même : il fut obligé d'entrer en lutte ouverte avec les Parlements qu'il avait rétablis. Refus d'enregistrer les édits qui créaient les nouvelles taxes, refus de reconnaître les nouvelles assemblées provinciales : sur tous les points, les Cours souveraines se montraient intraitables. Elles invoquaient, elles aussi, ces lois fondamentales, ces antiques traditions du royaume en vertu desquelles le roi les avait restaurées : respect des anciennes coutumes provinciales, indépendance et inamovibilité des magistrats, vote des subsides par les états généraux. Devant cette opposition opiniâtre, il fallut revenir aux lits de justice, à l'exil des Parlements, aux arrestations de parlementaires : le gouvernement était ramené aux procédés du règne de Louis XV sans pouvoir les appliquer avec la même énergie et en ayant, cette fois, l'opinion publique contre lui. La résistance des Parlements, désormais liée à la convocation des états généraux, était populaire. L'idée de consulter la nation était lancée dans la circulation et s'associait à l'idée de liberté : l'école philosophique du despotisme éclairé, celle qui avait soutenu Choiseul et Maupeou, avait disparu; le libéralisme mis en vogue par la littérature et propagé par l'exemple américain la remplaçait.

Brienne, un « Maupeou impuissant » ou plutôt inconscient, ne fut pas heureux dans sa lutte contre les parlementaires. Ils revendiquaient la tradition. Il voulut remonter plus haut qu'eux inventa une cour plénière, « rétablie », disait-il, sur le modèle donné par les premiers Capétiens, sinon par Charlemagne. Le Parlement, féru d'antiquité, serait réduit aux modestes fonctions qu'il remplissait à ses origines. En somme, Brienne jouait un tour aux magistrats. Son système, artificiel, n'eut qu'une conséquence. Que voulait-il ? Le roi dans ses conseils, le peuple en ses états ? Donc, plus de pouvoirs intermédiaires, appel direct à la nation. Ainsi, bien qu'il les promît seulement pour plus tard, Brienne à son tour annonçait des états généraux. En jouant à l'archaïsme, le gouvernement et les Parlements hâtaient également l'heure d'ouvrir les écluses. À ce jeu, on se blessa à mort. La famille royale elle-même s'y déchira : le duc d'Orléans, entré dans l'opposition, fut exilé à Villers-Cotterets pour avoir publiquement reproché à Louis XVI d'agir contre la légalité, le jour de l'enregistrement forcé des nouveaux édits.

Le gouvernement devenait impossible, parce qu'il avait multiplié les obstacles sur sa route, placé un piège devant chacun de ses pas, à un moment où il n'y avait plus de bonne volonté nulle part. Au fond, le plus grand sujet de mécontentement et d'inquiétude, c'était la question d'argent. Les privilégiés redoutaient les impôts : une assemblée du clergé, réunie par Brienne qui en espérait un subside, le refusa net, déclara, tant le prétexte était commode, que le peuple français n'était pas imposable à volonté. D'autre part, les nombreux créanciers de l'État et porteurs de rentes s'alarmaient. Personne ne voulait payer, les rentiers voulaient l'être. Tout le monde comptait sur les états généraux, soit pour échapper à la taxation, soit pour garantir le paiement de la dette publique : autant de Gribouilles impatients de se jeter à l'eau de peur d'être mouillés. Cependant les impôts existants rentraient mal, parce que le nouveau mécanisme des assemblées provinciales ne fonctionnait pas encore bien. Les ressources du Trésor étaient taries, parce que, la confiance étant ébranlée, sinon détruite, on ne souscrivait plus aux emprunts, tandis que les banquiers refusaient des avances. Le gouvernement, non sans courage, lutta encore pendant quelques mois contre vents et marées, ne renonçant pas aux réformes, persistant à se montrer plus libéral que le Parlement, le forçant à donner aux protestants un état civil. En mettant tout au mieux, il eût fallu au pouvoir cinq ans de tranquillité pour rétablir un peu d'ordre dans les finances. Ce répit, il était trop tard pour l'obtenir. Les Parlements avaient parlé, plus fort que tout le monde, d'états généraux, de liberté individuelle, d'abolition des lettres de cachet. L'opinion publique prenait le parti des Parlements dont la résistance paralysait l'État et l'acculait à la faillite par le refus des impôts. La Révolution commença ainsi comme avait commencé la Fronde, avec cette différence que, cette fois, la province donna le signal du mouvement, Paris n'ayant vu encore que quelques manifestations sans portée.

En Bretagne, en Dauphiné, en Béarn, les mesures de rigueur prises contre les Parlements réfractaires déterminèrent une sérieuse agitation. Il y avait, dans ces provinces réunies plus ou moins tardivement au royaume, un bizarre mélange, celui qui se retrouvait jusque dans l'esprit du roi, d'idées anciennes et nouvelles, d'attachement aux vieilles franchises, diminuées ou menacées, et d'enthousiasme pour les principes libéraux. L'extrême complexité de la situation politique et morale ne peut être sentie que si l'on observe, par exemple, qu'à Rennes la noblesse prit la défense de son Parlement, que des gentilshommes bretons envoyés à Paris pour protester auprès du roi tinrent un langage si insolent qu'ils furent mis à la

Bastille, où ils illuminèrent, aux applaudissements du peuple de Paris, le jour de la chute de Brienne. En Dauphiné, la noblesse comptait peu, se confondait avec la bourgeoisie. Là toutes les classes s'unirent pour la défense du Parlement dauphinois. Une assemblée des trois ordres se tint spontanément, et, le gouvernement lui ayant interdit Grenoble, siégea à Vizille, d'où partit, le 21 juillet, une déclaration qui retentit à travers la France. Programme clair, complet, dont le juge Mounier était l'auteur, frappant résumé des idées qui flottaient partout depuis dix ans, que les ministres eux-mêmes avaient lancées ; pas de réformes, pas de subsides, sans le vote préalable des états généraux; élection de tous les députés ; double représentation du tiers état; enfin, vote par tête et non par ordre, c'est-à-dire possibilité pour le troisième ordre d'avoir la majorité sur les deux autres. La formule courut la France, eut un immense succès. La vieille outre des états généraux, remise en honneur par les amateurs d'anciennetés, allait s'emplir de vin nouveau. Chose curieuse, qui n'étonne plus après ce que nous avons vu déjà : des retardataires comptaient sur les états pour y faire de la politique, y défendre habilement leurs intérêts, comme à ceux de 1614. Certains « cahiers » montrent que la noblesse espérait rejeter le poids des impôts sur le clergé et réciproquement. Il n'y aura qu'un grand balayage, où disparaîtront privilèges, exemptions, vieilles franchises provinciales, Parlements eux-mêmes, gouvernement et monarchie, tout ce qui avait cru, par le retour à l'antique institution, se conserver ou se rajeunir.

Lorsque fut lancée la proclamation de Vizille, Brienne avait déjà, le 5 juillet, annoncé les états sans toutefois fixer de date pour les réunir. L'assemblée du clergé, en refusant de fournir un secours d'argent, avait porté le coup de grâce à cet évêque-ministre. Dans tout ceci, les questions financières épousent les questions politiques. Le Trésor était vide, réduit aux expédients. On était sur le point de suspendre le service des rentes. Il devenait difficile de payer les fonctionnaires. Afin d'amortir le coup, Brienne, le 8 août, convoque décidément les états généraux pour le 1er mai 1789. Le 16, il annonce que l'État est à bout de ressources et il donne de cette demi-banqueroute la raison qui reste la vraie : « La confiance publique a été altérée par ceux mêmes qui auraient dû conspirer à la soutenir; les emprunts publics ont été contrariés comme s'ils n'eussent pas été nécessaires. » Alors, sous le haro général, comme naguère Calonne, Brienne tomba.

 Ainsi la plaie d'argent, dont l'ancien régime souffrait depuis longtemps, était devenue mortelle. Et la racine du mal était dans les libertés, franchises, immunités, héritage historique de la difficile constitution de la France, garanties qui rendaient l'individu ou le groupe plus fort et l'État plus faible. Nous n'avons plus l'idée d'exemptions fiscales attachées à des terres ou à des villes ; de Cours souveraines dont les magistrats, indépendants du pouvoir puisqu'ils ont acheté leurs charges comme une propriété, prennent systématiquement la défense des contribuables ; de provinces privilégiées ou récemment conquises qui jouissent de leur autonomie financière : un quart de la France vivait sous un autre régime que le reste du royaume. Le clergé, également autonome, a son budget, sa dette, ses charges, mais, vis-à-vis de l'État, il accorde ou refuse à volonté son « don gratuit ». Sous la coalition de ces droits, les finances de l'ancien régime ont succombé et l'ancien régime a succombé avec elles pour avoir abandonné la politique que lui avaient tracée Richelieu, Louis XIV et Louis XV, pour avoir incliné son pouvoir devant des pouvoirs qu'il aurait fallu dominer et discipliner. Et qu'est-il arrivé après lui ? Quelle qu'ait été l'œuvre fiscale de la Révolution, la simplification qu'elle a obtenue, l'unification qu'elle a réalisée dans l'État, elle ne s'en est pas mieux tirée que la monarchie, parce qu'en même temps elle a provoqué le désordre et qu'elle a été impuissante à le réprimer. Aussi est-elle tombée tout de suite dans une faillite irrémédiable, celle des assignats. L'ordre financier ne reviendra qu'avec la dictature de Napoléon. D'où cette conclusion, dont l'apparence seule est paradoxale, que ce qui a le plus manqué à la monarchie, c'est l'autorité, au moment même où on se mettait à l'accuser de despotisme.

 Puisqu'elle a péri par la question d'argent, il faut donc savoir si cette question était insoluble. Deux faits vont répondre : le déficit, d'après le compte rendu de Brienne, était de 160 millions sur une dépense d'un demi-milliard. La France comptait alors environ 25 millions d'habitants : c'était une affaire de 6 à 7 francs par tête. D'autre part, le service des emprunts absorbait la moitié des recettes. Une proportion pareille a semblé excessive et irrémédiable jusqu'au jour où nos budgets d'après-guerre ont montré une proportion encore plus forte. On ne peut donc pas dire que la situation fût désespérée. Elle n'était sans issue, répétons-le, que par l'incapacité où se trouvait l'État de créer les ressources suffisantes et de percevoir des impôts calculés sur ses besoins. À cet égard, la Révolution ne sera pas plus heureuse et la liberté ne lui réussira pas mieux que les libertés n'ont réussi au roi. Quant aux frais de la famille royale et de la Cour, quant aux faveurs et aux pensions, dont on a tant parlé, outre que beaucoup récompensaient des services rendus à l'État et constituaient des retraites, on ne peut rien en dire de plus juste que ceci : « Il n'existe pas et il ne peut exister de statistiques pour ce genre de dépenses ou de ressources taries, pas plus qu'il n'en existe, pour des temps plus voisins de nous, des économies empêchées, des sinécures établies et maintenues, des dépenses inutiles imposées par les influences parlementaires et les servitudes électorales. » (Marion, *Histoire financière de la France.*)

Cependant, il fallait vivre jusqu'à cette convocation des états généraux où chacun mettait son espoir. Louis XVI rappela le magicien, le prestidigitateur, Necker, l'homme par qui le crédit renaissait. Cette fois, Necker eut tous les pouvoirs d'un ministre et il se remit à l'œuvre, plein de confiance dans ses talents. Il prêta deux millions de sa fortune personnelle au Trésor, obtint des avances des banquiers, paya tout à guichets ouverts. Mais le grand défaut de Necker, surtout dans un temps comme celui-là, était de voir les choses du point de vue financier et non du point de vue politique. Il ne comprit pas ce qui se préparait, c'est-à-dire une révolution dont il fut encore plus étonné que bien d'autres. Son excuse est dans un malentendu à peu près général. On le vit bien lorsque le Parlement, retrouvant son esprit réactionnaire, décida que les états généraux seraient tenus dans les mêmes formes que ceux de 1614. Au fond, tout le monde comptait sur ces états pour y défendre ses intérêts, comme dans ceux des autres siècles. La couronne elle-même pensait que, comme autrefois, les ordres, les classes, les corps s'y combattraient et qu'elle serait l'arbitre de cette lutte. Ce n'était plus cela du tout. La réclamation du tiers état, celle du vote par tête, formulée à Vizille, devenait irrésistible. Pour l'avoir repoussée, le Parlement perdit sa popularité en un jour. Necker ayant eu l'idée, comme Calonne, de consulter les notables, ceux-ci qui, en 1787, avaient demandé des états généraux pour éviter un sacrifice d'argent, devinrent hostiles du moment que ces états ne répondaient plus à leurs calculs et s'annonçaient comme devant diminuer les deux premiers ordres au profit du troisième. Notables, Parlements regrettèrent alors d'en avoir tant appelé à la représentation nationale. Il était trop tard. Mais déjà, dans la France naguère unanime, se découvrait la prochaine scission.

Le malentendu n'était pas seulement là. On a beaucoup parlé, et avec admiration, des « cahiers » qui, selon la coutume, furent rédigés dans tous les bailliages et qui devaient résumer les vœux de la nation. En réalité, ils sont ou bien contradictoires ou bien vagues. Ils soulèvent tous les problèmes sans en résoudre aucun. Il est bien vrai qu'on n'y trouve pas un mot contre la monarchie, et la France tout entière y paraît royaliste. Mais ce qu'ils demandent équivaut à un bouleversement du gouvernement et de la société. Ils manifestent un vif attachement aux anciennes libertés et aux privilèges locaux en même temps que le désir d'unifier les lois. Surtout, et là-dessus les trois ordres sont d'accord, le principe très vieux, très naturel, que les impôts doivent être consentis, leur emploi contrôlé par ceux qui les paient, est affirmé avec vigueur. Le souci des finances, la haine du déficit et de la banqueroute, sentiments louables, s'accompagnent d'une critique impitoyable des impôts existants. On y voit que les privilégiés tiennent d'autant plus à leurs exemptions qu'elles les mettent à l'abri de la taille, c'est-à-dire de l'inquisition fiscale. Plus d'impôts personnels, plus de la taille détestée ; là-dessus, l'accord est parfait. Cette réforme sera réalisée. Réforme plus que légitime : excellente. Pour plus d'un siècle, jusqu'à nos jours, les Français seront délivrés de l'impôt sur le revenu, le secret de leurs affaires, auquel ils tiennent tant, sera respecté. Mais ce besoin non plus n'est pas neuf. On reconnaît ici l'esprit de la vieille France, sa longue lutte contre le fisc. Ce que les « cahiers » montrent surtout, c'est le désir de ne pas payer ou de payer le moins possible. Le genre d'imposition que l'on demande est le plus léger qui se conçoive parce, que le bon sens dit que, tout de même, il en faut un. Mais on n'en voudrait pas d'autre. Les impôts indirects sont proscrits, les droits sur les boissons non moins que la gabelle. En résumé, l'État aura des charges accrues et des ressources diminuées. Aussi les gouvernements révolutionnaires, esclaves de cette démagogie, seront-ils rapidement conduits à des embarras financiers et à des expédients pires que ceux dont on avait voulu sortir, sans compter que, l'anarchie étant très vite venue, les contribuables traduiront tout de suite les vœux des « cahiers » : ils se mettront en grève et ne paieront plus rien. Sévèrement, Carnot dira plus tard : « Toutes les agitations du peuple, quelles qu'en soient les causes apparentes ou immédiates, n'ont jamais au fond qu'un seul but, celui de se délivrer du fardeau des impositions. »

Les députés qui, le 5 mai 1789, se réuniront à Versailles, ne se doutaient pas des difficultés qui les attendaient. Bientôt les responsabilités de la direction vont peser sur le tiers état qui mènera une lutte persévérante pour arracher le pouvoir à la monarchie. En racontant l'histoire, telle qu'elle a été, nous allons voir le gouvernement passer en de nouvelles mains sans que la nature de la tâche ait changé.

Le langage du temps, particulièrement déclamatoire, les mots célèbres, parfois arrangés, ont donné à ces événements un caractère héroïque et fabuleux. À la vérité, ils surprirent tout le monde et il arriva ce que personne n'avait voulu. Le gouvernement, c'est-à-dire Necker, se proposait seulement d'obtenir des députés les moyens de contracter des emprunts et de rétablir les finances. Il n'avait ni plans ni même conceptions politiques : il laissa les choses aller à la dérive. La noblesse fut tout de suite irritée, la tactique des anciens états généraux ayant été jetée par terre dès le début, c'est-à-dire dès que le clergé eut passé du côté de la bourgeoisie, le tiers ayant tenu bon sur le principe du vote par tête et déclaré qu'il ne s'agissait pas d'états généraux, mais d'une Assemblée Nationale où les trois ordres délibéreraient en commun. Le roi et le gouvernement ne furent pas moins déconcertés par cette nouveauté que tout, cependant, annonçait. Quant aux députés du tiers et du clergé, ils ne se doutaient pas qu'ils allaient être entraînés fort loin, puis dépassés par la force populaire en mouvement. Personne ne semblait même avoir remarqué les émeutes, souvent sanglantes, qui s'étaient produites à Paris dans l'hiver de 1788-89 et que la disette ou la crainte de la disette avaient provoquées, non plus que les incidents violents qui, en beaucoup d'endroits, avaient marqué la campagne électorale. En tout cas, la très grande imprudence du gouvernement avait été de convoquer les états à Versailles, c'est-à-dire à deux pas d'une vaste capitale où l'émeute fermentait.

Le tiers mit deux mois à remporter sa première victoire la transformation des états en Assemblée. Il pouvait craindre une dissolution : le 20 juin, par le serment du Jeu de Paume, six cents députés jurent de ne pas se séparer avant d'avoir « établi la constitution du royaume ». Cruel embarras du gouvernement. Sans doute il a des troupes. Il peut dissoudre : Necker représente qu'on a convoqué les députés pour obtenir de l'argent et qu'on va retomber plus bas que la veille. On ne dissout pas. Le gouvernement (règlement du 23 juin) reconnaît que les impôts et les emprunts doivent être votés, admet la participation des états aux réformes législatives, mais ne cède pas sur la division des ordres. Donc il n'admet pas la transformation des états généraux en Assemblée Nationale, transformation pour laquelle se sont déjà prononcés le tiers, la majorité du clergé, quelques membres de la noblesse. Tous ces députés décident de rester en séance et, quand le marquis de Dreux-Brézé vient leur rappeler que les trois ordres doivent siéger séparément, Mirabeau répond par le mot fameux où il oppose à la volonté du roi la volonté du peuple : « Nous ne sortirons que par la force. » Provocation habile : Mirabeau sait bien que le gouvernement étranglé parla question d'argent, prisonnier de ses principes, guetté par le Parlement, son ennemi, ne peut pas renvoyer les états. Le tiers a partie gagné. Il est rejoint par le clergé au complet. Une grosse fraction de la noblesse lui vient avec le duc d'Orléans, et le reste suit, moins par conviction que par prudence : à Paris, à Versailles même, l'émeute grondait déjà. Mounier, Mirabeau s'en inquiétaient et le gouvernement fit ce que tout gouvernement aurait fait à sa place : il prit des mesures pour maintenir l'ordre. Aussitôt le bruit se répandit que l'Assemblée allait être dissoute, l'agitation grandit à Paris et s'accrut encore lorsque Necker, qui désapprouvait la présence des troupes eut quitté le ministère (11 juillet). Le 12, on apprit que le roi avait choisi pour ministres Breteuil et ceux qu'on appelait déjà les hommes du parti de la cour ou du parti de la reine. Ce n'était qu'une velléité de coup d'État et elle aggravait la capitulation, certaine pour le lendemain.

L'insurrection qui éclata alors à Paris et qui fut pleinement victorieuse n'était pas ce que rêvaient les modérés, les bourgeois qui formaient la majorité de l'Assemblée et qui avaient conduit dans le pays le mouvement en faveur des réformes. Ce n'était pas la partie la plus recommandable de la population, ce n'étaient même pas des électeurs qui s'étaient emparés de fusils et de canons à l'Hôtel des Invalides, qui, le 14 juillet, avaient pris la Bastille, massacré son gouverneur de Launay et promené sa tête à, travers les rues ainsi que celle du prévôt des marchands Flesselles. D'ordinaire, la bourgeoisie française a peu de goût pour les désordres de ce genre et il faut avouer qu'aux premières nouvelles qu'on en eut, l'Assemblée de Versailles fut consternée. C'est après seulement que la prise de la Bastille est devenue un événement glorieux et symbolique. Mais il n'est guère douteux que cette insurrection, qui déchaînait des passions dangereuses, ait été à tout le moins encouragée par ceux qu'on appelait déjà des « capitalistes », par des hommes qui, au fond, tenaient surtout à l'ordre, représenté pour eux par le paiement régulier de la rente et pour qui le départ de Necker était synonyme de banqueroute. Necker fut rappelé, puisque son nom était pour les rentiers comme un fétiche. Mais déjà la matière avec laquelle on les paie s'envolait.

La prise de la Bastille était bien un symbole. Elle ne retentit pas seulement jusqu'à Kœnigsberg où Kant en dérangea sa promenade. Elle fut en France le point de départ d'une anarchie qui ne demandait qu'à éclater. Le désaveu des mesures d'ordre, l'interdiction de tirer sur le peuple, la fraternisation de certaines troupes (les gardes françaises) avec la foule, l'absence de toute répression après l'émeute, eurent leurs conséquences nécessaires et des suites prolongées. Après le 14 juillet, une vaste insurrection éclate en France. Contre qui ? Contre le vieil objet de la haine générale, contre le fisc. Dans les villes, on démolit les bureaux d'octroi, on brûle les registres, on moleste les commis, manière sûre de se délivrer des impôts. Vaste jacquerie dans les campagnes, et ce n'est pas un phénomène nouveau : ainsi se traduisent les vœux, de forme si raisonnable, qu'ont exprimés les « cahiers ». L'ambassadeur de la République de Venise, observant comme toujours d'un œil aigu, écrivait : « Une anarchie horrible est le premier fruit de la régénération qu'on veut donner à la France... Il n'y a plus ni pouvoir exécutif, ni lois, ni magistrats, ni police. »

Cette explosion, nommée par Taine « l'anarchie spontanée », n'échappa pas à l'Assemblée. Elle en fut effrayée et elle se comporta avec la foule comme le roi se comportait avec elle : par à-coups et sans réflexion. Un rapport sur le brigandage, qui concluait dans les mêmes termes que l'ambassadeur vénitien, répandit l'alarme. On se dit qu'il fallait faire quelque chose afin de calmer les populations pour qui la promesse d'impôts justes et régulièrement votés était une maigre satisfaction. Le 4 août, dans une séance du soir, un député de la noblesse, le vicomte de Noailles, proposa de supprimer les droits féodaux. Ce qui restait de ces droits était naturellement fort détesté. À la vérité, beaucoup avaient disparu, d'autres étaient tombés en désuétude. La féodalité déclinait depuis bien longtemps. Le sacrifice n'en était pas moins méritoire. Il l'aurait été encore plus si les propriétaires de droits féodaux ne s'étaient en même temps délivrés des charges féodales, dont la plus lourde était le service militaire. Surtout, ce sacrifice aurait gagné à ne pas être consenti sous le coup de la peur et, en tout cas, très étourdiment. En effet, dans une sorte de vertige, ce fut à qui proposerait d'immoler un privilège. Après les droits seigneuriaux, la dîme, qui avait cependant pour contrepartie les charges de l'assistance publique; après la dîme, les privilèges des provinces, des communes, des corporations. Dans cette nuit de panique plutôt que d'enthousiasme, on abolit pêle-mêle, sans discernement, les droits, d'origine historique, qui appartenaient à des Français nobles et à des Français qui ne l'étaient pas, ce qui était caduc et ce qui était digne de durer, toute une organisation de la vie sociale, dont la chute créa un vide auquel, de nos jours, la législation a tenté de remédier pour ne pas laisser les individus isolés et sans protection. Mirabeau, absent cette nuit-là, fut le premier à blâmer cette vaste coupe, ce « tourbillon électrique », et à en prévoir les conséquences : on avait, disait Rivarol, déraciné l'arbre qu'il eût fallu émonder. Déjà il était impossible de revenir en arrière et un mal du moins, mal immédiat, était irréparable. Car si l'on avait rendu la France uniforme, en supprimant d'un trait toutes les exceptions qui rendaient si malaisée l'administration financière, l'État prenait aussi des charges qui, en bien des cas, étaient la contrepartie des redevances abolies. Quant à la masse du public, elle interpréta cette hécatombe dans le sens de ses désirs, c'est-à-dire comme une délivrance de toutes ses obligations. Il arriva donc que, du jour au lendemain, personne ne paya plus. La perception des impôts, qu'on avait crue rétablie en proclamant la justice pour tous, n'en devint que plus difficile. On avait cru « arrêter l'incendie par la démolition ». La violence de l'incendie redoubla.

À la fin de ce même mois d'août 1789, Necker, devant l'Assemblée, poussa un cri de détresse. Plus que jamais le Trésor était vide. Les revenus publics s'étant taris, les recettes ne couvraient déjà plus que la moitié des dépenses. Necker demandait à l'Assemblée de rétablir l'ordre sans lequel le recouvrement des impôts était impossible et d'autoriser un emprunt. Les impôts ne rentrèrent pas mieux, l'emprunt rentra mal. Le 24 septembre, Necker annonça cet échec. Il montra la pénurie grandissante de l'État, le danger de le laisser sans ressources lorsque la disette causait déjà des troubles et demanda le vote d'une contribution extraordinaire, dite taxe patriotique, d'un quart du revenu net à partir de 400 livres.

L'Assemblée fut atterrée par cette conclusion plus encore que par la peinture des désordres où achevaient de sombrer les finances. Venue pour porter remède au déficit et pour alléger les impôts, elle se trouvait devant un déficit agrandi et devant la nécessité de créer un impôt plus lourd que tous ceux qui existaient avant elle. Pour ces représentants de la classe moyenne, c'était un coup terrible. Assurément ce n'était pas cela que le tiers avait espéré. Il apparaissait, à travers les paroles de Necker, paroles de financier toujours, qu'une révolution n'était pas un bon moyen de résoudre la question d'argent dont la France, s'était tant alarmée et tant plainte. L'Assemblée craignit le désaveu qu'elle sinfligerait à elle-même sur cette partie de son programme, puisque le gouvernement constitutionnel qu'elle voulait fonder avait promis de faire mieux que la monarchie absolue. Elle fut sur le point de repousser la taxe. Alors Mirabeau, doué plus que les autres du sens de l'État et du gouvernement, intervint et entraîna la majorité en lui montrant qu'elle périrait encore plus sûrement par la « hideuse banqueroute ». C'est elle, en effet, qui devait tuer la Révolution peu d'années plus tard.

Dans l'histoire, la division des chapitres est le plus souvent artificielle, les coupures sont arbitraires, parce que les événements ne s'arrêtent jamais. Quand la Révolution a-t-elle commencé ? À quel moment le règne de Louis XVI a-t-il vraiment pris fin ? On peut donner des dates diverses. Il nous paraît rationnel de fixer les journées d'octobre pour les raisons que nous allons dire.

Les états généraux s'étaient ouverts selon des principes et avec un cérémonial également traditionnel. Puis la distinction des trois ordres, distinction essentielle, avait disparu. Les états étaient devenus une Assemblée Nationale qui s'était proclamée Constituante. Pendant qu'elle s'occupait à donner une Constitution au royaume, c'est-à-dire une nouvelle forme à la société et au gouvernement, non seulement elle avait été impuissante à porter remède à la maladie financière, en raison de laquelle avaient été convoqués les états, mais encore elle l'avait aggravée. Il y avait donc eu des surprises et des déconvenues pour tout le monde. Mais si le roi, comme l'Assemblée, comprenait, beaucoup mieux qu'on ne l'a dit, qu'il s'agissait bien d'une révolution, on était encore trop près du point de départ pour ne pas croire que tout s'arrangerait. On en était trop près aussi pour qu'on se crût dans une situation entièrement neuve. Et de fait elle ne l'était pas. Que fallait-il pour qu'elle le devînt ? Que le débat ne fût plus entre le roi et l'Assemblée seulement, qu'une autre force, vraiment révolutionnaire celle-là, intervînt, pesât sur ces deux pouvoirs et prît désormais plus d'influence qu'eux. C'est ce qui se produisit à partir des journées d'octobre, c'est-à-dire au moment où l'autorité royale était déjà diminuée par l'Assemblée et où le prestige de l'Assemblée était affaibli par son impuissance à maintenir l'ordre et à améliorer les finances.

Depuis le mois de juillet, l'Assemblée discutait la constitution. Louis XVI avait laissé naître ce débat. Mais il était la loi vivante. Il dépendait de lui d'accepter et de repousser les atteintes portées à son autorité. L'Assemblée craignait donc toujours son refus et elle était tentée de voir à la Cour ou dans l'armée des complots pour encourager le roi à la résistance. Répandre la peur de ces complots, les dénoncer à toute minute, c'était d'autre part le rôle des agitateurs qui n'avaient pas tardé à paraître, dont la prise de la Bastille et les désordres qui l'avaient suivie avaient été le triomphe, Camille Desmoulins, Marat, Loustalot, qui excitaient Paris par des discours et par la presse. L'Assemblée se méfiait de Paris où la nouvelle loi municipale, loi infiniment dangereuse, principe de tout ce qui allait survenir, avait créé une Commune de trois cents membres, encore modérée, mais servie par une garde nationale, qui, sous la direction de La Fayette, esprit chimérique et avide de popularité, était une médiocre garantie pour l'ordre. Les agitateurs parisiens ne manquaient pas une occasion de soulever la rue, et le désarroi grandissant de l'Assemblée, qu'ils menaçaient sans cesse et qu'ils intimidaient, ne leur échappait pas. Dans les premiers jours d'octobre, le bruit fut répandu qu'à Versailles, à un banquet de gardes du corps, la nouvelle cocarde tricolore avait été foulée aux pieds et qu'un coup de force se préparait. Le 5, le pain ayant manqué dans quelques boulangeries de Paris, dont l'approvisionnement commençait à souffrir de la désorganisation générale, il y eut une émeute de femmes qui grossit rapidement et le mot d'ordre : « À Versailles ! » circula aussitôt. La Fayette, après une hésitation, eut l'insigne faiblesse de céder et la garde nationale suivit le tumultueux cortège au lieu de lui barrer la route. La foule se porta alors sur Versailles, envahit l'Assemblée et le château, égorgea les gardes du corps, réclama la présence du roi à Paris. La Fayette le promit et, le 6 octobre, toujours accompagné de l'émeute, ou plutôt son prisonnier, conduisit dans la capitale, roi, reine, dauphin et députés. On se consola en répétant le mot idyllique : « Nous amenons le boulanger, la boulangère et le petit mitron. » La vérité, très grave, c'était que la royauté et l'Assemblée (qui, regardant l'armée comme une force contre-révolutionnaire, n'avait pas admis un instant la résistance) avaient également capitulé. Désormais, l'émeute tenait ses otages. Le jour où les plus violents seraient maîtres de Paris et de sa municipalité - de sa Commune, - ce jour-là, ils seraient les maîtres du gouvernement. L'histoire, le mécanisme, la marche de la Révolution jusqu'au 9 thermidor tiennent dans ces quelques mots.

Chapitre XVI

La Révolution

Le sens des journées d'octobre, dont on ne punit même pas les excès, fut compris : cent vingt députés, estimant que l'Assemblée n'était plus libre, se retirèrent. Parmi eux était Mounier, l'homme du programme de Vizille. Dès le mois de juin, l'émigration avait d'ailleurs commencé. De la fraternité on allait à la guerre civile comme de l'amour du genre humain on irait à la guerre étrangère.

La première émigration n'eut pas seulement pour conséquence d'affaiblir à l'intérieur les éléments de résistance au désordre. Pour la plupart, ces émigrés étaient non pas des timides qui avaient peur de la révolution, mais des hommes énergiques qui voulaient la combattre et qui trouvaient aussi naturel de passer à l'étranger que, sous la Fronde, l'avaient trouvé Condé et Turenne. Ils furent ainsi amenés à prendre les armes contre leur pays et s'aperçurent trop tard que les monarchies européennes n'étaient disposées à aucun sacrifice pour restaurer la monarchie française. La première émigration entraîna de graves conséquences à l'intérieur. Elle causa de redoutables embarras à la royauté à laquelle les émigrés ne pardonnaient pas ses concessions au mouvement révolutionnaire et qui fut prise entre deux feux. Les députés du tiers qui, comme Mounier, s'éloignèrent par dépit et renoncèrent tout de suite à la lutte n'eurent pas un tort moins grave. Les uns et les autres, en tout cas, avaient vu qu'il s'agissait bien d'une révolution. On ne peut pas en dire autant de beaucoup qui gardèrent leurs illusions ou ne s'aperçurent de rien. À cet égard, un des incidents de haute comédie qui marquèrent ces temps déjà tragiques, fut celui que soulevèrent les Parlements lorsqu'ils prétendirent, comme s'il n'y avait rien de changé, enregistrer les décrets de l'Assemblée Nationale de la même façon qu'ils enregistraient les édits royaux. On leur fit voir qu'ils rêvaient. Ils furent supprimés et l'on n'en parla plus.

Vers la fin de l'année 1789, bien peu de mois s'étaient écoulés depuis que les états généraux s'étaient réunis. Déjà tant de choses avaient été transformées qu'un simple retour en arrière n'était plus possible. La résignation de Louis XVI aux événements a paru inexplicable. Son invincible aversion pour la manière forte n'est même pas l'unique raison de sa passivité. Mais l'auteur de Télémaque et le sage Mentor en personne, eussent été aussi embarrassés que lui. Imaginons qu'à un moment quelconque un coup de force eût chassé l'Assemblée. Quelle sorte de gouvernement y aurait-il eu ? Le roi eût-il relevé ces Parlements, restauré ces provinces à privilèges, ces pays d'états dont l'opposition ou les résistances avaient tant gêné la monarchie ? Les anciennes institutions d'origine, historique ranimées par le roi lui-même, avaient été renversées par les états généraux institution d'origine historique aussi. Comment sortir de là ? Cette difficulté, cette contradiction paralysaient Louis XVI depuis le début de son règne. Peut-être avait-il fini par penser, comme le pensèrent des hommes qui avaient vu les embarras du gouvernement avant 1789, qu'après tout ce qui disparaissait avait voulu et appelé son sort. Cependant, il fallait remplacer ce qui était détruit. La constitution que l'Assemblée élaborait devait tenir lieu des coutumes, des droits traditionnels, des lois fondamentales dont se composait ce que les légistes appelaient l'ancienne constitution du royaume. On comptait y ménager le rôle et l'avenir de la monarchie, dont le principe n'était même pas discuté. En 1789, selon le mot de Camille Desmoulins, il n'y avait pas dix républicains avoués en France.

Mais il ne s'agissait pas seulement de donner au royaume une forme de gouvernement et de choisir entre les théories constitutionnelles à la mode. Il s'agissait aussi de gouverner en constituant. Tout en construisant les étages de sa constitution, l'Assemblée gouvernait et les mesures qu'elle prenait devaient avoir des répercussions qu'elle ne calculait pas, De plus, il fallait compter avec les ambitions personnelles, les hommes qui aspiraient au pouvoir, les partis, déjà apparus, et qui lutteraient pour le conquérir. La constitution monarchique que l'on préparait serait éphémère. Pour les mêmes raisons, celles qui la suivirent ne devaient pas l'être moins.

Pour se guider à travers ces événements confus, il faut s'en tenir à quelques idées simples et claires. Tout le monde sait que, jusqu'au 9 thermidor, les révolutionnaires les plus modérés, puis les moins violents furent éliminés par les plus violents. Le mécanisme de ces éliminations successives fut toujours le même. Il servit contre les Constitutionnels, contre les Girondins, contre Danton. Le système consistait à dominer la Commune de Paris, à s'en emparer, à tenir les parties turbulentes de la capitale dans une exaltation continuelle par l'action de la presse et des clubs et en jouant de sentiments puissants comme la peur de la trahison et la peur de la famine, par laquelle une grande ville s'émeut toujours, puis à intimider par l'insurrection des assemblées remplies d'hommes hésitants et faibles. La politique financière, la politique religieuse, la politique étrangère des deux premières Assemblées, la Constituante et la Législative, aidèrent singulièrement au succès de cette démagogie qui triompha sous, la Convention.

Le pouvoir exécutif était suspendu et les ministres ne comptaient pas. Souverainement, l'Assemblée légiférait sans trêve. Elle remaniait la France, simplifiait jusqu'à la carte, divisait les provinces en départements de taille à peu près égale, mettait l'uniformité où était la diversité. Cette toute-puissance s'arrêtait devant le déficit. L'Assemblée aggravait même la détresse du Trésor par des innovations qui ouvraient de nouvelles dépenses en obligeant à des rachats et à des remboursements en même temps qu'elles tarissaient d'anciennes ressources sans en apporter de nouvelles ; l'abolition des privilèges fiscaux ne donna rien, parce que ceux qui payaient déjà demandèrent et obtinrent d'être dégrevés dans la mesure où les ci-devant privilégiés paieraient à l'avenir. Quant au recouvrement des impôts, nous avons déjà vu que l'anarchie en rendait les résultats presque dérisoires. Ils étaient et ils devaient être de plus en plus inférieurs aux prévisions en raison du relâchement de l'autorité, de la désorganisation générale et du bouleversement des fortunes.

Dès l'automne, l'Assemblée s'était trouvée devant un véritable gouffre. Necker, avec ses vieilles recettes, n'était plus écouté. Le magicien d'hier avait perdu son prestige. Il fallait trouver quelque chose. On trouva ceci. Le clergé possédait des propriétés foncières considérables. Il consentit à les « mettre à la disposition de la nation » pour une opération de crédit assez semblable à celles qui avaient lieu sous l'ancien régime où l'État empruntait volontiers par l'intermédiaire des grands corps et des municipalités. Le clergé fut dépouillé vainement. Dès que l'Assemblée put « disposer » de cet énorme capital, la tentation lui vint de le monnayer pour sortir d'embarras d'argent pires que ceux auxquels elle s'était flattée de remédier. Les biens ecclésiastiques, grossis bientôt de ceux de la couronne et de ceux des émigrés, formèrent les biens nationaux qu'on mit en adjudication. Les assignats furent d'abord des obligations hypothécaires garanties par les biens nationaux et qui représentaient une avance sur le produit des ventes. Seulement, la valeur des terres à aliéner étant considérable (on a pu l'estimer environ deux milliards), on voulut éviter un échec et, afin d'attirer les acquéreurs, on stipula qu'ils auraient douze ans pour se libérer. Ces dispositions eurent des conséquences d'une portée historique auxquelles personne ne s'attendait.

En effet, les 400 millions d'assignats-titres émis au mois de décembre 1789 furent rapidement absorbés : les besoins du Trésor étaient immenses et toujours croissants. Dès le mois d'avril 1790, l'Assemblée franchissait une autre étape. Le clergé était purement et simplement dépossédé, en échange de quoi l'État se chargeait des frais du culte et de l'assistance publique. Les richesses dont l'Assemblée s'était emparée devaient mettre fin à toutes les difficultés financières en procurant. des ressources qu'on imaginait presque inépuisables. Elles servirent à gager de nouveaux assignats qui furent, cette fois, du papier-monnaie. Les avertissements, dans l'Assemblée même, ne manquèrent pas. On rappela l'exemple désastreux de Law. Certains orateurs annoncèrent tout ce qui devait arriver, l'avilissement progressif des assignats, la misère qui s'ensuivrait. Le moyen était trop tentant et l'Assemblée n'en avait pas d'autres pour tenir ses promesses. Dès lors, la maladie de l'inflation suivit son cours fatal : dépréciation constante, incoercible, appelant des émissions de plus en plus fortes, ce que nous avons vu de nos jours en Russie et en Allemagne. Partie de 400 millions, la Révolution, au bout de quelques années, en sera à 45 milliards d'assignats lorsqu'il faudra avouer la faillite monétaire.

Le système du papier-monnaie, en bouleversant les fortunes, en provoquant la vie chère, la spéculation et la panique, n'a pas peu contribué à entretenir, à Paris surtout, cet état d'esprit insurrectionnel qui était indispensable aux meneurs. Mais, par un phénomène tout aussi naturel, les assignats, dont les villes ne tardèrent pas à souffrir, furent une aubaine pour les campagnes. En effet, c'est en assignats qui se dépréciaient tous les jours, mais dont ils recevaient, en échange de leurs produits, des quantités de plus en plus grandes, que les acquéreurs de biens nationaux, paysans pour la plupart, achevèrent de se libérer. En 1796, bien avant l'expiration du délai de douze ans, un assignat de cent livres valait tout juste six sous. Cependant l'État recevait au pair son propre papier. Il arriva donc que beaucoup achevèrent de devenir propriétaires pour le prix de quelques poulets. Les nouvelles aliénations de biens nationaux furent faites à des conditions aussi avantageuses, assignats et mandats s'étant effondrés de plus en plus vite. Ainsi s'engloutit, sans profit pour l'État, mais au bénéfice des ruraux, l'énorme capital qui devait rétablir les finances. L'opération fut désastreuse pour le Trésor public, les rentiers, les habitants des villes. Elle fut magnifique, inattendue pour les cultivateurs. Et moins leurs acquisitions leur avaient coûté, plus ils tenaient à la durée du régime qui leur avait permis de s'enrichir. Comme, dans la plupart des cas, ils avaient eu la terre pour presque rien, ils craignaient qu'elle ne leur fût reprise ou bien ils redoutaient d'être appelés à rendre des comptes, à rapporter le complément du prix. Ils devinrent donc des partisans intéressés de la Révolution qui rencontra dans le papier-monnaie une attraction égale et même supérieure à la répulsion causée par les souffrances et les vexations (loi du maximum, réquisitions, poursuites) auxquelles la vie atrocement chère ne tarda pas à donner lieu. On peut dire que, sans les assignats, la vente des biens nationaux n'eût pas valu à la Révolution ce qui a peut-être fait le plus solide de sa popularité.

En se vouant au papier-monnaie, l'Assemblée ouvrait ainsi toute une série de conséquences. La confiscation des biens ecclésiastiques en ouvrit une autre. Il est difficile de ne pas voir un lien entre cette mesure et celle que prit l'Assemblée au mois de juillet 1790 lorsqu'elle vota la Constitution civile du clergé. On avait dépossédé le clergé, en partie pour qu'il fût moins fort. On devait redouter qu'il restât fort, parce qu'on l'avait dépossédé. Le second ordre, celui de la noblesse, avait été supprimé, les titres nobiliaires abolis. Le premier ordre (il s'en aperçut un peu tard) devait disparaître à son tour. Pour que le clergé cessât d'être un corps politique, l'Assemblée voulut le mettre dans la dépendance du pouvoir civil. Pour le subordonner au pouvoir civil, elle porta la main sur l'organisation de l'Église. Par là elle attenta aux consciences et créa une nouvelle sorte de conflit. Presque partout, les ecclésiastiques qui avaient prêté serment à la Constitution civile, non reconnue par le Pape, furent reniés par les fidèles, le prêtre « insermenté » fut le vrai prêtre. En voulant prévenir la contre-révolution, les constituants lui donnèrent un aliment redoutable. Ils allumèrent la guerre religieuse.

Pour renverser tant de choses, pour toucher à tant d'intérêts de traditions et de sentiments, la majorité, combattue par la droite qui comptait des hommes de talent comme Maury et Cazalès, avait besoin d'un appui au-dehors. Elle s'était condamnée, dès la première heure, à demander secours à la démagogie et à ne pas connaître d'ennemis à gauche. Elle regardait Camille Desmoulins et Marat lui-même comme d'utiles auxiliaires par l'impulsion qu'ils donnaient. Aussi ne voulut-elle jamais arrêter les excès de la presse, fût-ce la presse sanguinaire de *l'Ami du Peuple*. Elle ne voulut pas non plus renoncer à la publicité des séances, interdire les manifestations des tribunes et les défilés, souvent scandaleux, de députations à la barre. Elle ne voulut pas davantage fermer les clubs, les sociétés populaires qui étaient le levain de la Révolution. Elle-même avait pour centre le club des Jacobins d'où partait toute sa politique : ceux qui se sépareront de cette cellule-mère, les Feuillants, les Girondins, seront isolés, puis écrasés. La majorité avait besoin de la rue : elle laissa toujours des possibilités à l'émeute. La garde nationale, confiée à La Fayette, avait été fondée pour conserver à la fois l'ordre et la Révolution : les deux tiers des sections dont elle se composait à Paris étaient plus favorables à la Révolution qu'à l'ordre et elles eurent pour chefs Danton et Santerre. Le reste de la France avait été divisé en districts dont les comités électoraux, ouverts en permanence, étaient des foyers d'agitation : ils ne furent jamais dissous ni leurs locaux fermés.

Les deux hommes qui, par leur situation personnelle et leur popularité, pouvaient prétendre à un grand rôle, La Fayette et Mirabeau, se jalousaient et ne s'entendaient pas. Tous deux se servirent des mêmes moyens, flattèrent la foule, jouèrent à la fois de la Cour et des agitateurs pour arriver au pouvoir. Par là, ils poussèrent aussi au désordre. Seulement, doué d'esprit politique, Mirabeau vit le premier sur quelle pente l'Assemblée s'engageait. Il voulut arrêter, retenir, endiguer la Révolution. Depuis le mois de mars 1790, il était en relation avec le roi et la reine. Il leur prodiguait ses conseils. C'était le moment d'une accalmie, et Louis XVI lui-même eut l'illusion que ses concessions, dont certaines avaient étonné jusqu'à ses adversaires, ne seraient pas inutiles. La fête de la Fédération, au Champ-de-Mars, sembla marquer un apaisement. Pour réunir les délégués des gardes nationales et les députations de tous les départements, pour célébrer la nouvelle unité de la France, on choisit le jour anniversaire de la prise de la Bastille, déjà passée à l'état de symbole et de légende, épurée, dépouillée de ses souvenirs d'insurrection et d'émeute. Les gardes nationales, les fédérés, soixante mille hommes venus de toutes les ci-devant provinces, représentaient la bourgeoisie française. À Paris même, les électeurs, tous bourgeois et payant le cens, venaient de maintenir Bailly et la municipalité modérée. Tout le monde, le roi en tête, prêta serment à la Fédération devant « l'autel de la patrie ». Ce fut le triomphe des classes moyennes. Camille Desmoulins et Marat n'en furent que plus ardents à exciter les vrais « patriotes », à dénoncer la réaction, la « grande trahison de M. de Mirabeau », à demander des pendaisons et des massacres. La majorité de l'Assemblée, fidèle à sa politique refusa de sévir contre les démagogues. Le résultat fut qu'un an plus tard, sur ce même Champ-de-Mars, où il avait été acclamé, où les Français s'étaient embrassés, La Fayette faisait tirer sur la foule...

Depuis la fête de la Fédération, depuis cette halte illusoire jusqu'en 1791, le désordre, en effet, ne cessa de s'aggraver. Ce n'étaient plus seulement des bureaux d'octroi qui étaient mis au pillage. Il n'y avait plus seulement la jacquerie. Les mutineries militaires apparurent. Elles avaient déjà commencé depuis longtemps dans les ports de guerre, et notre ambassadeur à Londres signalait qu'il était agréable à l'Angleterre que notre marine fût désorganisée par des troubles. L'Assemblée avait fermé les yeux sur ces désordres, même sur ceux, particulièrement graves, qui étaient survenus à Toulon. Au mois d'août 1790, il fallut reconnaître que l'indiscipline gagnait l'armée. Trois régiments s'étant révoltés à Nancy, l'Assemblée cette fois s'émut et chargea de la répression Bouillé qui commandait à Metz. La répression fut sévère et, pour les journaux « patriotes », les mutins du régiment de Châteauvieux : devinrent des martyrs. L'exemple de Nancy, l'énergie de Bouillé arrêtèrent la décomposition de l'armée, mais l'Assemblée intimidée n'osa plus sévir. Une insurrection générale des équipages, qui éclata bientôt à Brest, n'eut pas de sanction. En peu de temps, la discipline fut ruinée dans les escadres et dans les arsenaux. Des attentats eurent lieu contre les officiers eux-mêmes dont une grande partie émigra, abandonnant « des postes où il n'y avait plus ni honneur ni sécurité ». Bientôt la Révolution sera en guerre contre l'Angleterre, et sa marine ne pourra plus, comme le *Vengeur*, que se faire couler. Bouillé a du moins rendu le service de conserver debout l'ancienne armée dont la Révolution ne devait pas tarder à avoir besoin.

« Cent folliculaires dont la seule ressource est le désordre, une multitude d'étrangers indépendants qui soufflent la discorde dans tous les lieux publics, une immense populace accoutumée depuis une année à des succès et à des crimes. » C'est Mirabeau qui peignait en ces termes l'état de Paris à la fin de l'année 1790, trois mois après la retraite définitive de Necker, le sauveur d'autrefois parti sous les huées. Mirabeau entreprit alors de modérer la Révolution sans rompre avec elle, en restant même affilié aux Jacobins. Il voulait utiliser le prestige que la royauté possédait encore, préparer de prochaines élections pour obtenir une Assemblée d'opinions moins avancées, reviser la constitution dans un sens raisonnable et qui ne diminuât pas à l'excès le pouvoir. Mirabeau n'était pas seul à former des projets de cette nature. Pour les exécuter, il fallait s'appuyer sur quelque chose, puisque les Jacobins s'appuyaient sur l'émeute. Mirabeau songeait depuis longtemps à arracher le roi et l'Assemblée à la pression de la démagogie parisienne. On n'y parviendrait qu'en protégeant cette espèce de retraite par une force armée, mais on ne pouvait pas compter sur la garde nationale et, d'ailleurs, La Fayette, pressenti, avait refusé. Restait l'armée régulière. Bouillé, le chef que la répression de Nancy avait mis en évidence, proposa un plan d'après lequel Louis XVI viendrait le rejoindre à Montmédy, après quoi il serait possible de réunir ailleurs qu'à Paris une Assemblée nouvelle.

Personne ne peut dire ce que ce plan aurait donné si Mirabeau avait vécu. Aurait-il obtenu de l'Assemblée l'autorisation de laisser partir le roi, sous un prétexte quelconque, pour une place de la frontière ? Aurait-il même persisté dans ses projets ? Le secret n'avait pu être gardé, et les Jacobins, mis en éveil, réclamaient déjà des mesures contre l'émigration et les émigrés. En tout cas, Mirabeau mourut, après une brève maladie, le 2 avril 1791. Ses relations avec la Cour étaient connues. On lui reprochait tout haut d'en avoir reçu de l'argent pour payer ses dettes. Malgré les funérailles solennelles qui lui furent faites, son crédit commençait à baisser sous les violentes attaques de Desmoulins et de Marat. Il est probable qu'il aurait été bientôt réduit à se défendre : il avait prévu lui-même « l'ostracisme ». Il disparut. Ses plans, déjà peu sûrs lorsque son influence s'exerçait, devenaient bien aventureux. Cependant Louis XVI et Bouillé y persistèrent, virent même dans la mort de Mirabeau une raison de plus d'échapper à la tyrannie parisienne : le 18 avril, une émeute avait empêché le roi d'aller à Saint-Cloud, et un bataillon de la garde nationale, celui de Danton, avait tenu en échec La Fayette accouru pour dégager les Tuileries. Le roi, malgré la constitution, n'était plus libre. Le parti constitutionnel était impuissant à protéger sa liberté. Cet événement acheva de déterminer Louis XVI. Il quitta les Tuileries dans la nuit du 20 juin avec sa famille pour rejoindre Bouillé à Montmédy. Reconnu à Varennes, le roi fut arrêté et ramené à Paris.

Cette fête avait été bien mal calculée. Bouillé était à peine sûr de ses troupes, travaillées par les Jacobins qui le haïssaient et le soupçonnaient. Si Louis XVI avait voulu sortir de France, émigrer comme Monsieur - le futur Louis XVIII, - qui gagna sans encombre la Belgique, il aurait pu échapper aisément. Revenu à Paris, plus que jamais prisonnier, il lui restait la ressource d'abdiquer, de sauver sa tête en renonçant au trône. Cette idée ne lui vint à aucun moment ; un roi de France n'abdiquait pas. Ni Charles VII ni Henri III, dans des circonstances peut-être pires, n'avaient abdiqué.

D'ailleurs l'épisode de Varennes avait eu pour effet de rendre Louis XVI plus précieux à ceux qu'on appelait les Constitutionnels. Sans roi, quelque réduit qu'ils eussent rendu le rôle de la royauté, la constitution qu'ils achevaient tombait par terre et ils tombaient avec elle. La fuite du roi avait accru l'audace des extrémistes qui demandaient la déchéance de Louis XVI. Si la monarchie disparaissait, ce serait le triomphe des plus violents. Les Constitutionnels, qui croyaient toucher au port et fermer l'ère des révolutions, craignirent une anarchie sans fin. Ils commencèrent aussi à redouter que l'extrême gauche, dont ils s'étaient jusque-là servis comme d'une avant-garde, fût victorieuse. Ils eurent donc plus d'égards pour la royauté, moins de complaisances pour la démagogie. Ce fut comme une halte de quelques mois, un essai de réaction contre le désordre, sans lendemain.

Le 15 juillet, la majorité de l'Assemblée avait décidé que, le roi étant inviolable, l'affaire de Varennes ne comportait pas de suites. Le 16, des Jacobins déposèrent au Champ-deMars, sur l'autel de la patrie, une pétition qui réclamait la déchéance, et ils organisèrent contre l'Assemblée une manifestation que les meneurs se chargeaient de tourner en émeute. Cette fois, qui fut la seule, l'Assemblée tint tête. Elle proclama la loi martiale. La Fayette lui-même ordonna de tirer sur la foule qui refusait d'obéir aux sommations. Il y eut trois ou quatre cents morts et blessés à l'endroit même où l'on fraternisait un an plus tôt.

Ce jour-là, les meneurs tremblèrent et crurent bien la partie perdue pour eux. Encore un peu de vigueur et les démagogues rentraient sous terre. Ils furent rassurés quand ils virent que les Constitutionnels ne recherchaient pas les responsables, n'osaient même pas fermer le club des Jacobins qu'ils abandonnèrent pour en ouvrir un autre, celui des Feuillants. L'énergie des modérés s'était arrêtée après la fusillade du Champ-de-Mars et il est facile de comprendre pourquoi les membres de la droite, les émigrés eux-mêmes, vers lesquels les Constitutionnels se tournèrent alors, ne répondirent pas à leurs ouvertures : ces velléités de résistance ne donnaient confiance à personne. En effet, il ne demeura que six députés aux Jacobins, mais le club resta l'âme de la Révolution. Il fallait abattre l'extrême gauche ou en subir le joug. La gauche constitutionnelle, une fois séparée de l'extrême gauche sans l'avoir écrasée, n'eut pas plus de jours à vivre que sa constitution.

Il est donc inutile de s'arrêter à cette œuvre mort-née qui fut pourtant acceptée par Louis XVI et à laquelle il prêta serment. Ce serment, il le tint. Ceux qui avaient dans l'esprit de conduire la Révolution jusqu'au bout, c'est-à-dire de détruire la monarchie, devront trouver un autre prétexte pour la renverser.

Barnave avait dit au mois de juillet 1791 : « Si la Révolution fait un pas de plus, elle ne peut le faire sans danger. » Le 30 septembre, la Constituante tint sa dernière séance devant Louis XVI à qui le président Thouret adressa cette parole mémorable, monument des illusions humaines : « Sire, Votre Majesté a fini la Révolution. » Seul le premier acte en était fini. La Constituante, avant de se séparer, avait pris une résolution par laquelle le drame allait rebondir : elle avait décidé que ses membres ne seraient pas rééligibles. Étrange sacrifice, qu'on attribue au désintéressement, à une affectation de vertu, à de la naïveté, mais dont la raison véritable était sans doute que cette Assemblée, issue des états généraux où les trois ordres étaient représentés, signifiait qu'ayant détruit ces ordres, elle coupait le dernier lien qui la rattachait à l'ancien régime. Ayant fait table rase du passé, elle-même devait disparaître à son tour. Tout cela était rationnel, comme l'était l'œuvre entière de la Constituante. Mais les réalités prendraient vite le dessus. C'était une chimère d'établir une constitution pour arrêter une révolution à laquelle on donnait des aliments chaque jour. Et elle en apportait, cette nouvelle Assemblée, dont le personnel n'avait rien de commun avec celui qui venait de se retirer. Le vrai nom de l'Assemblée législative, c'est celui de deuxième poussée révolutionnaire.

Les élus, tous des hommes nouveaux, la plupart très jeunes, presque tous obscurs, sortaient d'un suffrage restreint, censitaire, de cette bourgeoisie française, nombreuse, instruite, aisée, qui s'était encore développée depuis cent ans par la prospérité de la France, et qui venait de voter sous le coup de l'affaire de Varennes. Parmi ces députés, peu ou pas de nobles, pas de prêtres, sauf quelques « assermentés ». La droite, ce sont les Constitutionnels, les « Feuillants », la gauche de la veille. Cette Assemblée est homogène. Les hommes qui la composent sont à peu près de même origine, de même formation aussi. Ils ont en philosophie, en politique, les idées que les écrivains du dix-huitième siècle ont répandues. Sur le monde, sur l'Europe, ils ont des théories qui se rattachent aux systèmes, aux traditions qui avaient déjà conduit l'opinion sous Louis XV : les frontières naturelles, la lutte contre l'Autriche, l'alliance avec la Prusse. Enfin cette bourgeoisie, depuis 1789 ; avait suivi les événements. Elle avait entendu Sieyès lui dire qu'elle n'était rien jusque-là, ce qui, en tout cas, était exagéré, et que désormais elle serait « tout », ce qui n'avait de sens que si elle s'emparait du pouvoir.

Pour s'emparer du pouvoir, il fallait achever la Révolution, renverser la monarchie, et la monarchie, qui tenait encore à la France par tant de liens, ne pouvait en être arrachée que par une grande commotion nationale : pour avoir la République, il faudrait passer par la guerre. Mais quand la République serait faite, il faudrait encore savoir qui la dirigerait, à qui elle appartiendrait : d'où les partis, leurs luttes acharnées. Pas plus que l'Empire allemand, selon la formule de Bismarck, la République ne serait créée par des lois et des discours, mais par le fer et par le feu.

Les événements de France avaient été accueillis avec flegme par les gouvernements européens. Pour les chancelleries, les révolutions n'étaient pas chose nouvelle, et l'usage, qui ne s'est pas perdu, était d'en souhaiter à ses ennemis. La nôtre fut considérée partout comme une cause d'affaiblissement et l'on s'en réjouit à Londres, à Berlin, à Vienne et à Pétersbourg. « L'Angleterre se persuade qu'elle n'a plus rien à redouter de la France », écrivait notre ambassadeur à Londres. Elle s'en convainquit encore mieux lorsque la Constituante qui, à la différence de la Législative, était pacifique, eut refusé de tenir les engagements du pacte de famille envers l'Espagne, à qui les Anglais voulaient prendre, en 1790, la baie de Nootka, en Californie. Rien ne pouvait d'ailleurs leur être plus précieux que l'émeute dans nos ports militaires, la désorganisation de notre marine. Toutefois Pitt tenait à rester neutre pour surveiller la Russie : Catherine calculait notre déchéance pour réaliser ses desseins, non seulement sur la Pologne, mais sur Constantinople. La Prusse était la plus joyeuse. « C'est le moment, écrivait Hertzberg à Frédéric-Guillaume, dès le mois de juillet 1789. Voilà une situation dont les gouvernements doivent tirer parti. » La

Prusse comptait bien être délivrée de la surveillance que la monarchie française exerçait en Europe en vertu des traités de Westphalie et elle jouait deux cartes : un agrandissement sur le Rhin ou le partage final de la Pologne. Il n'est pas douteux que des agents prussiens aient pris part aux journées révolutionnaires. « Le roi de Prusse, à Paris, travaillait les révolutionnaires contre l'Autriche, armait Léopold II à Vienne contre les Français. » (Émile Bourgeois.) L'empereur, frère de Marie-Antoinette, en dépit des relations des deux cours, de la politique commune que les Habsbourg et les Bourbons pratiquaient depuis une quarantaine d'années, n'était pas le dernier à peser la situation : « Il ne s'agit pas de prodiguer notre or et notre sang pour la remettre (la France) dans son ancien état de puissance. » Et ce ne fut pas le seul jour où le frère de Marie-Antoinette dit le fond de sa pensée. Albert Sorel a traité d' « auguste comédie » les gestes et les paroles des rois en face de la Révolution. Comédie fort sinistre, action changeante et double : l'émigration fut un jouet entre leurs mains et ils s'en servirent pour exciter la France révolutionnaire, préférant que ce fût d'elle que la guerre vînt. Ils ont délibérément sacrifié la famille royale de France à leurs intérêts, comme les émigrés, ardents à confondre la cause de la contre-révolution avec la cause de l'étranger, l'ont sacrifiée à leurs passions. Les émigrés s'aperçurent un peu tard qu'ils avaient secondé à la fois les ennemis de la France et la manœuvre des Girondins.

Dans la nouvelle Assemblée, composée surtout de médiocres les hommes les plus brillants, groupés autour de quelques députés du département de la Gironde dont le nom resta à leur groupe, étaient républicains sans l'avouer encore. Parce qu'ils étaient éloquents, ils avaient une haute idée de leurs talents politiques. Ils croyaient le moment venu pour leur aristocratie bourgeoise de gouverner la France; l'obstacle, c'était la Constitution monarchique de 1791 dans laquelle les Feuillants pensaient bien s'être installés. La Gironde était l'équipe des remplaçants. Les Constitutionnels se figuraient qu'ayant détruit l'ancien régime avec l'aide des Jacobins, la Révolution était fixée. Les Girondins s'imaginèrent qu'ils pourraient recommencer à leur profit la même opération avec le même concours. Et pour abolir ce qu'il restait de la royauté, pour en « rompre le charme séculaire », selon le mot de Jean Jaurès, ils n'hésitèrent pas à mettre le feu à l'Europe.

Si l'on avait le choix entre les adversaires, il fallait, pour discréditer la monarchie, pour la tuer moralement, que cet adversaire fût l'Autriche, alliée officielle du gouvernement français, alliée de famille du roi et de la reine. On était sûr d'atteindre mortellement la royauté en poussant à la guerre contre l'Autriche, en excitant des sentiments toujours vivaces, en invoquant, comme sous Louis XV, les traditions de la politique nationale, les traditions de Richelieu. « La rupture de l'alliance autrichienne, disait un Girondin, est aussi nécessaire que la prise de la Bastille. » En effet, cette rupture portait la Révolution dans le domaine de la politique étrangère, et, par un calcul terriblement juste, elle allait mettre la royauté en conflit avec la nation.

Pour allumer cette guerre, les difficultés étaient toutefois nombreuses. La France n'y avait aucun intérêt. Il fallait en trouver le prétexte. Il s'en était présenté un après la nuit du 4 août. Des princes allemands protestaient contre la suppression des droits féodaux qu'ils possédaient en Alsace : litige qui pouvait s'arranger sans peine par un rachat et de l'argent. Toutefois quand on veut la guerre, on l'a. Les Girondins passèrent même sur une objection capitale. La guerre qu'ils voulaient contre l'Autriche supposait, pour être conforme au type classique, que, la Prusse serait notre alliée ou resterait neutre. Or, dès le mois d'août 1791, Frédéric-Guillaume et Léopold s'étaient rapprochés. Ils étaient, d'accord pour observer les événements de France, pour adopter à leur égard une politique d'attente, une politique ambiguë, qui réservait toutes les éventualités et qui se traduisit par l'équivoque déclaration de Pillnitz que les émigrés, avec une coupable imprudence, interprétèrent publiquement comme un appui donné à leur cause, comme une menace des rois à la Révolution et comme la condamnation du régime constitutionnel accepté par Louis XVI. Mais le vrai sens de la déclaration de Pillnitz, c'était que, pour faire la guerre à l'Autriche, il faudrait la faire aussi à la Prusse, donc à toute l'Allemagne, détruire la politique française d'équilibre germanique, renoncer au traité de Westphalie. Voilà ce qui portait en Europe une véritable révolution, beaucoup plus sérieuse que les déclarations de fraternité des peuples contre les tyrannies dont avait déjà retenti la Constituante. C'était pour la France un saut dans l'inconnu, gros de dangers, Il suffisait de connaître un peu l'Europe et notre histoire pour pressentir un ébranlement du système européen constitué depuis un siècle et demi au profit de la France, un ébranlement dont les conséquences seraient encore plus irrésistibles que celles de la Révolution intérieure, car celle-là, un jour ou l'autre, trouverait des limites et son point d'arrêt dans la nature même de notre pays. Tout suggérait donc à Louis XVI, averti des choses d'Europe par son éducation, de s'opposer à cette aventure, de maintenir le contact avec l'Autriche, de s'unir à elle pour conserver l'équilibre européen : de là l'idée, à laquelle le roi s'attachait comme à une dernière ressource, d'un congrès où la situation générale serait ramenée, congrès où l'Autriche égoïste espérait bien recueillir quelque profit et dont le projet ne tarda pas à être imputé à Louis XVI comme une trahison.

Les quelques mois pendant lesquels les Girondins, par une opiniâtre volonté, firent triompher le parti de la guerre sont décisifs dans notre histoire. Nous en supportons encore les effets. La condition des Français en a été changée dans la mesure où l'a été le rapport des forces européennes, où notre sécurité, acquise péniblement, a été compromise. Ce que la Révolution avait valu aux Français, son reflux lointain le leur enlèverait par morceaux. Ses frontières naturelles, un moment conquises, seraient reperdues. La liberté individuelle serait réduite un jour par la servitude militaire. L'impôt, sous sa forme si longtemps odieuse, la forme personnelle renaîtrait, ayant changé le nom de taille pour celui d'impôt sur le revenu. Ce cercle ouvert en 1792 s'est refermé sous les yeux de la génération présente et à ses frais.

Mirabeau avait aperçu, il avait prophétisé à la Constituante que notre âge serait celui de guerres « plus ambitieuses, plus barbares » que les autres. Il redoutait le cosmopolitisme des hommes de la Révolution, qui tendait à désarmer la France; leur esprit de propagande qui tendait à la lancer dans les aventures extérieures; leur ignorance de la politique internationale qui les jetterait tête baissée dans un conflit avec toute l'Europe; leurs illusions sur les autres et sur eux-mêmes, car, s'imaginant partir pour une croisade, ils confondraient vite l'affranchissement et la conquête et provoqueraient la coalition des peuples, pire que celle des rois. Mirabeau avait vu juste. Brissot, le diplomate de la Gironde, payait l'Assemblée de paroles. Il comptait que les nations refuseraient de Combattre la France révolutionnaire. Il assurait que la Hongrie était prête à se soulever contre les Habsbourg, que le roi de Prusse n'avait pas d'argent pour la guerre, que le sentiment de la nation anglaise sur la Révolution n'était pas douteux, qu'elle « l'aimait » et que le gouvernement britannique avait « tout à craindre, impossibilité d'acquitter sa dette, perte de ses possessions des Indes... » Moins d'un an après la déclaration de guerre à l'Autriche, l'Angleterre entrait, dans la lutte, et cette guerre, la grande la vraie, qui recommençait dans les conditions les plus défavorables pour nous elle continuerait encore quand la Révolution serait déjà arrêtée.

Il régnait alors en France une extrême confusion dans les idées, les sentiments, le vocabulaire. Les « patriotes » étaient ceux qui prêchaient la guerre aux tyrans pour l'amour de l'humanité et qui, en même temps, provoquaient l'indiscipline et encourageaient les soldats mutins. On proclamait à la fois le désintéressement de la France et le droit naturel de réunir à la nation les populations affranchies. Lorsque le Comtat et Avignon, terres du Pape, s'étaient soulevés la Constituante avait hésité à les accueillir, parce que les annexions et les conquêtes étaient contraires à ses principes. Ces scrupules furent vaincus par des hommes de gauche qui demandèrent si la Révolution refuserait d'achever la France et si elle serait plus timide que la monarchie. Cette idée, la vieille idée des frontières naturelles, de l'achèvement du territoire, continuait de travailler et d'exciter les Français. Ainsi, pour les jeter dans la guerre, bien des portes étaient ouvertes aux ambitieux de la Gironde. Mais ce furent les Jacobins qui passèrent : la Gironde n'eût rien fait sans leur concours et elle acheva de leur livrer la Révolution.

Dès le début de la Législative, réunie le 1er octobre 1791, les Girondins s'étaient prononcés pour une politique belliqueuse. Robespierre, qui n'appartenait pas à la nouvelle Assemblée, restait tout-puissant au grand club. Il fut d'abord opposé à la guerre, se moqua, non sans justesse, des illusions de Brissot, suivant l'esprit de la Constituante qui craignait le militarisme et les dictateurs militaires. Il s'y rallia lorsqu'il eut compris le parti qu'on pouvait en tirer contre la monarchie, l'élan nouveau que la Révolution allait en recevoir. Cosmopolite et humanitaire, le jacobinisme, moyennant quelques précautions oratoires, devenait guerrier : il suffisait de dire qu'on ne combattrait que la tyrannie.

Toutes les mesures auxquelles Brissot et ses amis poussaient l'Assemblée avaient pour objet de mettre Louis XVI en désaccord avec elle et de conduire à un conflit avec la royauté : menaces contre les émigrés, même et surtout contre les frères du roi, pénalités pour les prêtres qui refusaient le serment. Attaqué dans sa famille et dans ses sentiments religieux, le roi était provoqué plus gravement dans ce qui ne mettait pas en cause l'homme, mais le gardien des grands intérêts de la France au-dehors. Par tous les moyens on cherchait à le placer dans une situation intenable, à l'enferrer sur son propre rôle de souverain constitutionnel. C'est à quoi la Gironde, sans s'apercevoir qu'elle travaillait pour les Jacobins et qu'elle conspirait sa propre perte, parvint avec une insidieuse habileté.

Avant d'exposer la suite de ces rapides événements, il faut montrer où en était la France à la fin de l'année 1791, lorsque les orateurs de la Législative défiaient déjà l'Europe. L'état général était de moins en moins bon. Les assignats se dépréciaient, le numéraire se cachait, la vie devenait toujours plus chère et l'Assemblée recourait à des émissions continuelles en accusant les spéculateurs et les contre-révolutionnaires du discrédit croissant de son papier-monnaie. Dans les provinces, surtout celles de l'Ouest, la question religieuse soulevait une grande émotion. Enfin, la désorganisation du pays, loin de s'arrêter, s'aggravait. Voici le tableau qu'en trace un historien qui a regardé de près les réalités : « Une foule de gens sans travail, de contrebandiers privés de leur gagne-pain par la disparition même des impôts qu'ils fraudaient, de condamnés imprudemment amnistiés et aussi, pour employer les expressions du député Lemontey, cette nuée d'oiseaux de proie étrangers qui sont venus fondre sur la France révolutionnaire, la remplissent d'éléments de désordre, habiles à entraîner au pillage et à l'incendie des populations imbues de l'idée que tout fermier ou marchand de grains conspire pour les affamer, tout marchand pour accaparer, tout noble pour ramener l'ancien régime, tout prêtre réfractaire pour détruire la Révolution. » Et pourtant, plus encore que la Constituante, la Législative répugne à la répression, à l'emploi de la force armée. Elle laisse l'anarchie grandir. Elle la favorise même. Deux faits importants se sont produits à Paris : La Fayette, qui n'a plus la confiance de personne, a quitté le commandement de la garde nationale, et la municipalité parisienne est livrée aux Jacobins sous l'hypocrite Petion qui autorise les insurrections prochaines en armant de piques les « sans-culottes ». C'est dans ces conditions, qui réunissaient toutes les difficultés et les multipliaient les unes par les autres, que les Girondins lançaient la France dans une vaste guerre.

Le temps des Constitutionnels, des Feuillants, était déjà passé. Sans influence sur la Législative, ils n'avaient que le ministère d'où ils allaient être chassés bientôt. D'accord avec le roi, le ministre des Affaires étrangères, de Lessart, s'opposait à la guerre. Il fut dénoncé sans relâche à la tribune et dans la presse comme le protecteur des émigrés et le chef d'un « comité autrichien » dont l'inspiratrice aurait été la reine. Jusqu'alors rien n'avait réussi à compromettre sérieusement la famille royale. Ni l'affaire du collier avant 1789 ni la fuite à Varennes n'avaient détruit l'antique prestige, fondé sur l'union de la

France et de la famille qui, depuis huit cents ans, se confondait avec elle. L'accusation lancée contre la reine, l'« Autrichienne », de servir les intérêts de l'ennemi et de tourner la monarchie contre la nation, fut l'arme empoisonnée des Girondins. Pour en finir avec la royauté, il ne fallait pas moins que la dire coupable, de trahison... Au mois de mars 1792, la Gironde remporta sa première victoire : Brissot obtint la mise en accusation de Lessart. C'était déjà celle du roi.

Constitutionnel jusqu'au bout, fidèle à son serment, Louis XVI se conforma au vote de l'Assemblée. Il prit pour ministres des Girondins, sous la présidence de Dumouriez, homme à tout faire, ami de tous, capable du bien comme du mal, qui se flattait, comme naguère Calonne, d'arranger les choses par son adresse et qui n'empêcha rien. Les Girondins, une fois dans la place, menèrent les choses rondement. Le 20 avril, ils obtenaient de l'Assemblée presque unanime, la déclaration de guerre à l'Autriche, prélude de la guerre générale. Cette date historique n'a tout son sens que si l'on rappelle que, cinq jours avant, la Législative avait autorisé l'apothéose « ignominieuse et dégradante » des soldats rebelles de Nancy, châtiés par Bouillé et amnistiés par la suite. La Législative les avait reçus à sa barre. La Commune jacobine de Paris organisa en leur honneur des fêtes qui arrachèrent à André Chénier une ode indignée. Cette exaltation de l'indiscipline au moment où ils défiaient la moitié de l'Europe mesure l'esprit politique des Girondins. Ils jetaient dans la guerre un pays ravagé par la démagogie et qui n'avait pas de gouvernement. Ils préparaient ainsi la Terreur. Ils en rendaient la dictature inévitable et même nécessaire.

La guerre de 1792 ressemblait à celle de 1740 par la tradition antiautrichienne dont elle se réclamait. À d'autres égards, heureusement pour la France, c'était encore une de ces guerres d'autrefois où les armées étaient peu nombreuses, où les campagnes traînaient, où les batailles étaient d'ordinaire de simples engagements, où l'on se portait peu de coups décisifs. C'est quand les guerres seront tout à fait nationales, de peuple à peuple, qu'elles deviendront vraiment terribles, comme

Mirabeau l'avait annoncé. Cependant, sous Louis XV, les conflits auxquels nous avions pris part avaient eu lieu en terre étrangère, la supériorité de la France lui permettant de porter dès le début les hostilités au-dehors. Il n'en fut pas de même en 1792. Les discours de Brissot et de Vergniaud ne suffisaient pas à remporter la victoire : il faudrait l'organiser. Trois ans d'anarchie furent payés cher. Le plan consistait à entrer d'abord en Belgique : on espérait que la population se soulèverait en notre faveur. Non seulement elle ne se souleva pas, mais deux de nos corps, qui marchaient l'un sur Mons, l'autre sur Tournai, furent repoussés par les Autrichiens dans une telle panique que le général Dillon fut assassiné par les fuyards. Les causes et les responsabilités de cet échec humiliant étaient trop visibles. Les Girondins s'en déchargèrent en les rejetant sur la trahison du « comité autrichien », ce qui voulait déjà dire clairement de la reine et du roi. Dès lors, c'est à ciel ouvert qu'ils travaillèrent au renversement de la monarchie, en poussant Louis XVI à bout. Ils voulurent le contraindre à signer un décret qui condamnait à la déportation les prêtres insermentés. Un autre décret ordonna la dissolution de sa garde de sûreté personnelle. Enfin, comme les Girondins et les Jacobins craignaient la garde nationale depuis l'affaire du Champ-de-Mars, ils exigèrent la création à Paris d'un camp où seraient appelés 20 000 fédérés pour remplacer les troupes régulières et combattre la contre-révolution, c'est-à-dire, et tout le monde le comprit, pour préparer un coup de main. Louis XVI refusa de sanctionner les décrets et renvoya les ministres girondins le 12 juin. Le roi persistant dans son *veto*, Dumouriez l'abandonna et partit le 18. Les régiments avaient été éloignés, la garde constitutionnelle licenciée. Les fédérés marseillais, arrivés les premiers à Paris, furent autorisés, après une intervention favorable de Vergniaud, à prendre la tête d'une manifestation populaire contre le double *veto*. Le 20 juin, un cortège tumultueux, portant une pétition pour le rappel des ministres girondins, défila devant l'Assemblée consentante, puis viola les Tuileries, sans défense. C'est ce jour-là que Louis XVI, à la foule, qui l'insultait et le menaçait, opposa son courage résigné et tranquille et coiffa le bonnet rouge qui lui était tendu.

Les Girondins, qui avaient tout permis, sinon tout organisé, triomphaient de cette humiliation de la monarchie. Mais chacune de leurs victoires sur la monarchie en était une bien plus grande pour les Jacobins. Avec son aveuglement et sa fatuité, la Gironde ne manquait pas une occasion de préparer sa perte avec celle du roi. Des journées d'octobre jusqu'à celle du 20 juin, la puissance et les proportions de l'émeute n'avaient cessé de grandir. Personne ne se dissimulait plus qu'on allait à des convulsions violentes. Les Prussiens, à leur tour, étaient en guerre avec nous : la Gironde avait réalisé ce chef-d'œuvre d'unir la Prusse et l'Autriche, les deux rivales traditionnelles. Alors, sur la proposition de Vergniaud, l'Assemblée décréta que la patrie était en danger. Elle l'était, en effet, par sa faute qui était celle des Girondins : ils n'avaient bien calculé qu'une chose, c'était que la guerre renverserait la monarchie.

En proclamant la patrie en danger, l'Assemblée faisait appel au patriotisme français. En décrétant des enrôlements, elle prenait une décision d'extrême urgence, puisque la France était sur le point d'être envahie. Après tant d'accusations, lancées contre le « comité autrichien », pour retomber sur le roi et la reine, dans l'émotion causée par le péril extérieur et par une mesure aussi extraordinaire que la levée en masse, l'idée que la monarchie avait trahi la nation devait monter avec une force irrésistible. Dans la rue, dans l'Assemblée même, la déchéance de Louis XVI fut demandée. Le résultat que la Gironde avait cherché était atteint, mais c'était le moment que les Jacobins attendaient pour le dépasser. Le roi est coupable, déclara Robespierre : l'Assemblée l'est aussi puisqu'elle l'a laissé trahir. Il ajouta, avec sa tranchante logique, que l'Assemblée, n'ayant pas renversé la royauté quand il le fallait, s'était rendue suspecte et qu'elle ne la renverserait plus que pour usurper la souveraineté du peuple. Il fallait donc la dissoudre, élire une Convention nationale qui réunirait en elle tous les pouvoirs et qui serait aussi inaccessible aux aristocrates qu'aux intrigants. Ce discours, qui ouvrit la Terreur, annonçait une double condamnation à mort : celle de Louis XVI et celle des Girondins. Un frisson passa. Alors, trop tard, les Girondins essayèrent de se rapprocher du roi, de reprendre le rôle des Constitutionnels qui, eux-mêmes, en étaient à conseiller à Louis XVI de monter à cheval et de quitter Paris, autrement dit de recommencer Varennes, tandis que La Fayette était à la veille d'émigrer. Mais Louis XVI qui avait fait, peut-être trop facilement, le sacrifice de lui-même, n'espérait plus rien. Dégoûté de ces palinodies, las de ces factions qui, tour à tour, après avoir poussé plus loin la Révolution, en prenaient peur, il n'avait plus confiance en personne. Il n'avait jamais été, enclin à l'action et il ne la croyait pas possible. Les Constitutionnels et les Girondins ne s'entendaient pas. Il n'y avait même pas d'espoir qu'ils s'entendissent entre eux pour former un parti de l'ordre. Jusque dans le panier à son, ils ne seraient pas réconciliés. D'ailleurs, n'était-il pas trop tard ? Toutes les fureurs de la guerre civile s'unissaient pour perdre la royauté. Le manifeste du général prussien Brunswick, publié sur ces entrefaites, était, avec ses menaces insolentes de détruire Paris, conçu dans les termes les plus propres à blesser la fierté des Français, à les convaincre qu'ils n'avaient plus qu'à se battre ou à périr et à les pénétrer de l'idée que l'ennemi et le roi conspiraient contre eux. Si comme on le croit, le marquis de Limon a lancé ce défi sous la signature de Brunswick, on peut dire que c'est de l'émigration que Louis XVI a reçu son dernier coup.

Tandis que le roi se résignait à son sort, les Girondins essayaient vainement de retarder sa déchéance, voyant enfin, que ce serait la leur. Une autre émeute, organisée par Danton et Robespierre, leur força la main, le 10 août : ils avaient désarmé le roi et l'Assemblée, livré Paris aux Jacobins en y appelant les fédérés. On ne pouvait compter à peu près, pour protéger les Tuileries, que sur la garde nationale : Mandat, homme sûr, qui la commandait ce jour-là, fut assassiné sur l'ordre de Danton. Depuis les journées d'octobre, jamais la méthode n'avait changé. La Révolution arrivait à son terme comme elle avait progressé : par l'émeute. En même temps que la famille royale, menacée de mort, quittait les Tuileries et se réfugiait au milieu de l'Assemblée, l'insurrection s'emparait par la violence de la Commune de Paris. Les Jacobins étaient pleinement victorieux. Le lendemain du 10 août, Robespierre se rendit à l'Hôtel de Ville et reprit d'un ton plus haut ses menaces aux Girondins. Dès lors, la Commune insurrectionnelle fit la loi et ce fut elle la véritable « Législative ». Elle avait conquis le pouvoir. Siégeant en permanence; elle imposa la suspension du roi, ce qui était la déchéance moins le mot. Elle se fit livrer la famille royale qui fut conduite au Temple, prisonnière. Danton devint Ministre de la Justice. Le tribunal du peuple, le tribunal révolutionnaire, fut créé. Enfin l'Assemblée, toujours sous la pression de la Commune insurrectionnelle, abdiqua tout à fait en votant une nouvelle loi électorale pour la nomination d'une Convention souveraine qui cumulerait tous les pouvoirs, telle que Robespierre l'avait réclamée.

Tant de coups de théâtre, de scènes tragiques, de sang répandu, ont frappé à juste titre les imaginations et les frappaient encore davantage, dans un pays comme la France où la tranquillité, depuis près d'un siècle et demi, n'avait plus été sérieusement troublée, où la vie était brillante et douce. Il en est résulté une tendance à grossir ces événements et à en grandir les personnages. En réalité, ces parvenus de l'émeute étaient à tour de rôle étonnés, puis effrayés de leur victoire. Ils en sentaient la fragilité, doutant d'être suivis par l'ensemble des Français, ils craignaient une réaction et ils avaient raison de la craindre, puisque déjà Thermidor n'était pas loin. De là une infinité d'intrigues obscures dont l'histoire est mal connue, mais que révèlent les accusations de trahison que les hommes des clubs échangeaient entre eux. M. Lenotre a déduit du mystère qui persiste sur le sort de Louis XVII que les plus farouches Conventionnels avaient pu prendre des précautions et des garanties dans l'éventualité d'une contre-révolution. En tout cas, il est clair qu'ils se méfiaient les uns des autres. Il est naturel aussi qu'ayant conquis le pouvoir par l'audace et la violence, en courant des risques certains, ils aient pensé qu'ils ne pouvaient le garder qu'avec « toujours de l'audace », comme disait

Danton, et toujours plus de violence. La psychologie de la Terreur est là, puisque le terrorisme s'est exercé à la fois sur les contre-révolutionnaires et à l'intérieur du monde révolutionnaire. Il n'y avait personne qui ne fût « suspect », parce que personne n'était sûr ni du lendemain ni de son voisin. Dantonistes et robespierristes disputent encore entre eux sans que le sens de bien des paroles énigmatiques échappées à Danton et à Robespierre ait été percé, sans que leurs arrière-pensées, leurs secrets soient connus. Les vingt-quatre mois de convulsions qui séparent le 10 août du 9 thermidor sont le paroxysme de cette vie des clubs à laquelle les Constitutionnels, puis les Girondins, dans le même calcul et par la même nécessité, avaient laissé libre cours, parce que c'était la vie même de la Révolution.

Après le 10 août, les Jacobins, malgré leur victoire, n'étaient pas rassurés : l'armée prussienne envahissait la France. On n'était pas sûr du résultat des élections, et surtout, avant la réunion de l'Assemblée nouvelle, les Girondins voulaient que l'usurpation de la Commune eût pris fin. Danton, lié au sort de la Commune insurrectionnelle, ne vit qu'une ressource : terroriser. Ce n'est pas par hasard que les massacres du 2 septembre, précédés de perquisitions domiciliaires et d'arrestations en masse ordonnées par le ministre de la Justice, eurent lieu le jour même où se réunissaient les électeurs parisiens du second degré, et après que, le 30 août, la Législative eût voté que le Conseil de la Commune devait se soumettre à la légalité. Par cette horrible besogne, qui fut leur œuvre, Danton, la Commune insurrectionnelle, les Jacobins se défendaient et prenaient une hypothèque sur la Convention qui, en effet, comme la Législative, représenta une France plus modérée que Paris. Comme la Législative aussi, cette troisième Assemblée fut composée en majorité d'hommes timides, plutôt favorables à la Gironde, mais qui, arrivant peu de jours après les massacres des prisons, étaient d'avance épouvantés. Danton, élu à Paris avec Robespierre et Marat, lui-même, quitta le ministère après y avoir préparé la prochaine débâcle des Girondins.

Ces événements, vus du dehors, ne manquaient pas de donner l'impression que la France se consumait dans l'anarchie et qu'elle courait à sa perte. En mettant bout à bout les manifestations hideuses ou banales de la démagogie, depuis les massacres en règle jusqu'aux pillages de boutiques et de marchés, on pouvait rédiger des rapports effroyables pareils à celui où Roland exposerait bientôt les effets de ce qu'il appelait avec pudeur une « propension désorganisatrice ». On pouvait s'y tromper et il est certain que l'étranger s'y trompa. Il ne calcula pas que, dans le désordre, il survivait des éléments d'ordre, que tout n'avait pas été détruit en France dans l'espace de trois ans, qu'il y subsistait de grandes ressources, que des hommes consciencieux étaient restés à leur poste, continuaient à faire leur métier, travaillaient de leur mieux à maintenir ou à rétablir une organisation. La France possédait encore des administrateurs et des officiers. Cette armature la sauva. Les volontaires qui arrivaient aux armées y portaient au moins autant d'insubordination que d'enthousiasme. Ils y trouvèrent d'anciennes troupes, des cadres, des chefs instruits, une discipline qui reprit peu à peu le dessus. Cet « amalgame » finit par donner des régiments solides et par mettre en valeur le tempérament militaire de la nation. C'est ce que les Prussiens n'attendaient pas. Ayant jugé la France encore plus bas qu'elle n'était, encouragés par la reddition de Longwy et de Verdun, ils furent déconcertés à la première résistance. Quoique Brunswick fût maître de la route de Châlons, il ne voulut pas s'y engager après le combat de Valmy, affaire médiocre en elle-même, puisqu'il n'y eut pas huit cents hommes hors de combat de chaque côté, mais grosse de conséquences. Les Prussiens, ayant trouvé le morceau plus dur qu'ils ne croyaient, car ils comptaient sur une promenade militaire, s'en tinrent là. Ils ne se souciaient pas d'être retenus en France tandis que l'Autriche et la Russie se partageraient la Pologne, et il leur suffisait que la Révolution fût incapable d'empêcher ce nouveau partage, qui, en effet, eut lieu. D'ailleurs, Dumouriez, trop heureux de son succès de Valmy, se garda de poursuivre Brunswick et d'exposer son armée, dont il connaissait la faiblesse, à un retour offensif de l'adversaire. Il proposa même la paix à la Prusse et une alliance, qu'elle repoussa, contre la maison d'Autriche, tant était puissante chez les hommes du dix-huitième siècle l'illusion que le pays du grand Frédéric ne pouvait être que notre ami.

Valmy est du 20 septembre 1799. La Convention s'ouvrait le 21. Elle proclama aussitôt la République. Mais, cette République, qui la gouvernerait ? Quel parti aurait le pouvoir ? Dès le premier jour, la lutte éclata entre la gauche et les Girondins, devenus la droite de la nouvelle Assemblée. Ceux-ci, comptant sur la sympathie des députés des départements, attaquèrent aussitôt les Jacobins, leur reprochèrent l'usurpation de la Commune de Paris et les massacres de septembre. Louvet demanda la mise en accusation de Robespierre et des septembriseurs. La majorité n'osa pas le suivre. Ses amis de la Gironde eux-mêmes l'abandonnèrent, parce qu'ils sentirent que, pour une pareille réaction, la force leur manquait. Ainsi, dès le début, les Girondins avaient commis une faute grave : ils avaient menacé leurs alliés de la veille, leurs adversaires d'aujourd'hui, et ils avaient montré qu'ils n'avaient pas les moyens d'exécuter leur menace. Un mois après l'ouverture de la Convention, leur cause était déjà perdue. Les Jacobins, qui avaient commencé par se défendre, prenaient l'offensive. Accusés de meurtre et d'anarchie, ils accusèrent à leur tour. L'accusation qu'ils avaient encourue était capitale. Leur riposte, pour les sauver, devait l'être aussi. L'accusation qu'ils lancèrent était celle dont les Girondins s'étaient servis contre les ministres constitutionnels et contre la royauté : trahison, incivisme, complicité avec les contre-révolutionnaires. La Gironde avait inventé le « comité autrichien ». Sur de semblables apparences, on imagina contre eux le crime de fédéralisme, d'attentat à la République une et indivisible. Ainsi, en tout, les Jacobins manœuvraient la Gironde, la tenaient par sa peur de ne pas sembler assez républicaine, la repoussaient de position en position. La mise en accusation de Robespierre avait été manquée. La riposte des Jacobins fut la mise en jugement de Louis XVI. Le régicide serait l'épreuve de toutes les sincérités républicaines. Tombés dans ce piège, les Girondins n'en sortirent pas. Ils avaient condamné les effusions de sang; ils étaient mis en demeure de faire tomber la tête du roi ou de se rendre suspects. Ils n'évitèrent ni l'un ni l'autre. Répugnant au crime, ils proposèrent l'appel au peuple en guise d'échappatoire. Aussitôt la rue, les sections, les tribunes menacèrent la Convention qui céda à la même pression que les précédentes Assemblées. Elle repoussa l'appel au peuple. Sur la mort, les Girondins en déroute se divisèrent. La direction leur échappait. Ils n'étaient même plus un parti. La mort sans sursis, enjeu de cette bataille pour le pouvoir, fut votée par 361 voix sur 721 députés présents. Le duc d'Orléans, conventionnel de gauche sous le nom de Philippe-Égalité, la vota avec la Montagne. Mais déjà le régicide lui-même ne pouvait plus sauver personne. La guillotine était en permanence sur la place de la Révolution.

La déclamation de ce temps-là a laissé croire que la Convention avait lancé à l'Europe la tête du roi comme un défi. Le 21 janvier 1793, jour de l'exécution de Louis XVI, l'Autriche, la Prusse et la Russie étaient occupées à partager la Pologne. L'émotion dans les cours ne fut pas plus grande qu'elle ne l'avait été après l'exécution de Charles Ier. À la vérité, son défi le plus grave, la Révolution l'avait déjà jeté, et à qui ? À l'Angleterre. Et ce n'était pas la tête du roi.

On s'est demandé souvent comment la Révolution était devenue conquérante et l'on a donné beaucoup d'explications qui contiennent une part de vérité. L'esprit de propagande, de croisade révolutionnaire, la tradition des frontières naturelles, le souvenir, resté si puissant, de la politique de Richelieu et de la lutte nationale contre la maison d'Autriche : ces éléments de la vie morale du peuple français ont contribué pour une large part à rendre la Révolution guerrière et à lui donner des motifs d'annexer des peuples sous prétexte de les libérer. Cependant, si nouveaux qu'ils fussent dans les affaires, les Conventionnels n'ignoraient pas tous les grandes lois de la politique européenne. Ils tenaient à la neutralité de l'Angleterre et il était une chose que jamais l'Angleterre ne devait permettre : c'était que la France fût maîtresse des Pays-Bas. Pourquoi avaient-ils accepté les plans de Dumouriez sur la Belgique, que la victoire de Jemmapes venait de lui ouvrir ? Ici, il faut se rappeler que la Révolution tombait chaque jour plus bas dans la détresse financière, qu'elle était écrasée sous le flot des assignats. Les conquêtes furent un espoir. Puisque nos armées, où Dumouriez rétablissait la discipline, avaient délivré la République de l'invasion, pourquoi ne la délivreraient-elles pas de la pauvreté ? Il fallait à tout prix sortir d'une impasse, trouver, disait Cambon, « un moyen d'écoulement pour diminuer la masse des assignats circulant en France » et « augmenter le crédit de ces assignats » par l'hypothèque que fourniront les biens mis sous la garde de la République. Pour une très large part, cette nécessité détermina les politiques et les financiers à approuver l'occupation et l'exploitation de la Belgique, sous des prétextes tirés de la philosophie révolutionnaire, malgré le risque d'une intervention anglaise que l'on essaierait de détourner, tandis que Custine passait le Rhin. D'abord bien reçu par les populations rhénanes, depuis longtemps francisées, Custine les souleva contre nous, dès qu'il eut frappé d'une grosse contribution la ville de Francfort d'où il fut bientôt chassé par les Prussiens. Aussitôt après notre victoire de Jemmapes (6 novembre 1792), l'Angleterre était d'ailleurs résolue à la guerre plutôt que de laisser les Français en Belgique. L'exécution de Louis XVI ne fut que l'occasion d'un conflit devenu inévitable : les Anglais se seraient peu souciés de l'exécution de Louis XVI si, le 21 janvier, nous n'eussions déjà occupé Anvers.

Alors commença la guerre véritable, celle de l'Angleterre et de la France, l'éternelle guerre pour les Pays-Bas, la même sous la Révolution que sous Philippe le Bel, la vieille guerre pour la suprématie maritime de la Grande-Bretagne, la même que sous Louis XIV, Louis XV et Louis XVI. Il ne s'agissait plus d'une guerre continentale avec des adversaires comme la Prusse et l'Autriche, sur lesquels la France pouvait encore remporter des succès. La coalition retrouvait sa tête et sa caisse. Cette fois, l'Angleterre allait mener la lutte jusqu'au bout, d'autant plus résolue à liquider son vieux compte avec la France qu'elle la voyait privée de ses forces navales par la Révolution, puis rendue incapable de les reconstituer par sa détresse financière. La Révolution, et ce fut une de ses fautes les moins visibles et les plus choquantes, se mit en conflit avec la plus grande puissance maritime du monde, sans avoir elle-même d'escadre et sans espoir d'en retrouver. Car une marine, instrument de précision, ne s'improvise pas, la nôtre était ruinée par l'anarchie, et, comme disait Villaret-Joyeuse, « le patriotisme ne suffit pas à diriger les vaisseaux ». Profitant de cette situation unique, l'Angleterre ne devait plus quitter la partie qu'elle ne l'eût gagnée. Lente comme toujours à entrer en pleine action, longue à se décider et à se préparer, par la nature de son gouvernement parlementaire, elle étendit elle-même la durée et la gravité de cette guerre, parce qu'elle n'y mit que peu à peu toutes ses ressources, tandis que la France, retrouvant sa supériorité sur terre, s'enfonçait dans l'illusion déjà ancienne que des victoires terrestres suffiraient à mettre l'Angleterre à genoux. L'illusion ne prendra fin qu'à Waterloo.

On a voulu voir dans les événements révolutionnaires, dans la Terreur elle-même, des raisons profondes et une ligne de conduite calculée. L'extrême confusion de cette période montre plutôt que les hommes de la Révolution prenaient des décisions de circonstance. Depuis la Constituante il en était ainsi. La vérité, c'est qu'il y avait le plus grand trouble dans les esprits. Danton, qu'on a représenté comme un homme tout d'une pièce, n'était pas le moins flottant. Élevé au pouvoir par la journée du 10 août et les massacres de septembre, il n'était pas plus capable que ne l'avaient été les Girondins d'« endiguer » la Révolution. Il eût voulu se placer entre l'Assemblée et la Commune, entre la Gironde et les Jacobins quand déjà les positions étaient prises. Les Girondins avaient enfin découvert que la Commune était le véritable gouvernement de la Révolution et ils n'admettaient pas que ce pouvoir usurpé commandât toute la France. À quoi les Jacobins répliquaient qu'en dressant les départements contre Paris, la Gironde se rendait coupable de « fédéralisme », qu'elle tendait à rompre l'unité de la République, qu'elle trahissait la nation. Danton était trop compromis avec la Commune, il avait trop besoin d'elle, dans le cas où il aurait à rendre compte du sang répandu, pour travailler à la renverser. Mais les Girondins périssaient s'ils ne la renversaient pas. En devenant homme de gouvernement à son tour, Danton se mettait dans une contradiction insoluble. On l'admire d'avoir appuyé l'institution du tribunal révolutionnaire qui devait régler et modérer la Terreur : il lui donnait son instrument, il la perfectionnait, à peu près comme le docteur Guillotin avait perfectionné la hache du bourreau. Lorsque la Terreur fut légalisée, elle n'en resta pas moins livrée aux plus violents. Et il ne manqua plus qu'une formalité, légale elle aussi, pour que Robespierre et ses amis y fissent passer leurs adversaires politiques, confondus avec les traîtres, les contre-révolutionnaires et les fauteurs d'anarchie que le tribunal révolutionnaire devait châtier : il y suffit que les membres de la Convention cessassent d'être inviolables.

À la fin du mois de mars, la Convention avait déjà tiré de son sein le Comité de Salut public pour contrôler les ministres, c'est-à-dire pour gouverner directement. Afin que les contrôleurs fussent à leur tour contrôlés, selon la logique du terrorisme, les Conventionnels, sur la proposition de Marat, avaient renoncé à leur inviolabilité. Alors les révolutionnaires purent se guillotiner entre eux.

Marat, « fanatique désintéressé », a été l'homme le plus influent de la Révolution celui qui l'a menée du dehors avec le plus de suite, parce qu'il avait l'instinct démagogique, c'est-à-dire le don de deviner les passions populaires et le talent d'exprimer les haines et les soupçons de la foule de la façon même dont elle les sentait. Marat, écrivain et agitateur, a été un terrible artiste de la démagogie. Il inspirait du dégoût à Robespierre lui-même, mais il était, depuis l'origine, indispensable au progrès de la Révolution dont le développement - c'est la clé dont on ne doit pas se dessaisir - était lié à une agitation chronique de la population parisienne, à la possibilité de provoquer des émeutes à tout moment. Camille Desmoulins disait avec raison « qu'il n'y avait rien au-delà des opinions de Marat ». La marche de la Révolution ne s'arrêtera pas le jour même où Charlotte Corday aura tué ce monstre, mais elle en sera sensiblement ralentie. Robespierre, devenu homme de gouvernement à son tour, aura moins de peine à faire front contre des meneurs subalternes comme Hébert, et, par là, il rendra lui-même possible la réaction de Thermidor.

En attendant, les Girondins avaient compris que, pour sauver leur propre tête, ils devaient frapper l'homme par qui la Révolution communiquait avec l'anarchie et y trouvait en toute circonstance critique sa force de propulsion. Une de leurs pires illusions, que Danton semble avoir partagée, fut que le tribunal révolutionnaire leur servirait à les délivrer de Marat. Ils obtinrent de l'Assemblée qu'elle le mît en accusation. Mais en le déférant à Fouquier-Tinville et aux jurés parisiens, c'était comme si elle l'avait envoyé se faire juger par lui-même. L'acquittement de Marat fut triomphal et les Girondins reçurent de l'extrême gauche ce nouveau coup.

Le mois d'avril 1793 et les deux mois qui suivirent furent aussi mauvais pour eux que pour la République. On n'avait jamais été si bas. Dumouriez avait échoué en Hollande, perdu la Belgique, puis il avait émigré, comme La Fayette, après avoir livré aux Autrichiens les commissaires de la Convention. La défection du vainqueur de Valmy et de Jemmapes signifiait un manque de confiance qui pouvait devenir grave. Elle redoubla à Paris l'ardeur des luttes politiques, paru que, Danton ayant été en rapport avec Dumouriez, les Girondins l'accusèrent d'avoir trahi. Danton s'en défendit avec violence. Mais si sa parole était toujours hardie, sa pensée était hésitante. Il était troublé, incertain, comme un homme qui avait à se reprocher au moins les massacres de septembre. L'accusation lancée contre lui eut pour effet de le rejeter vers la gauche. Il prit parti contre les Girondins lorsque ceux-ci, effrayés par l'acquittement de Marat, reportèrent leur offensive contre la Commune de Paris. Ralliant toujours, quand ils invoquaient le respect de l'ordre, une majorité à la Convention, ils avaient pu imposer un conseil de surveillance à la municipalité jacobine. La riposte des Jacobins fut conforme au procédé qui n'avait cessé de réussir dans les journées révolutionnaires - violente campagne des clubs et de la presse contre la Gironde accusée de fédéralisme et de royalisme, excitations prodiguées à la population parisienne maintenue en état d'énervement par la dépréciation croissante des assignats, les mauvais approvisionnements dus à la loi du maximum, et la peur de la disette qui, disait Lanjuinais, restait « le levier des insurrections ». Après cette savante préparation, la Commune convoqua les troupes ordinaires de l'émeute. Le « général » Henriot, à la tête des sections les plus avancées de la garde nationale, cerne la Convention, pointe des canons sur elle, empêche les députés d'en sortir, leur prouve qu'ils sont à la discrétion de la Commune, leur impose la mise en accusation des Girondins. Robespierre avait tout machiné, Danton fut au moins consentant. Cette journée du 31 mai 1793, exact pendant contre la Gironde du 20 juin 1792 qu'elle avait organisé contre Louis XVI, humiliait l'Assemblée comme, un an avant, avait été humiliée la monarchie.

Par ce coup de force, les Jacobins, déjà maîtres de Paris, le deviennent du gouvernement qui se compose désormais du Comité de Salut public et de la Commune. Les Girondins, sauf trois ou quatre, s'enfuient, tentent vainement de soulever les départements. Ils trouveront, pour la plupart, une fin misérable dans le suicide ou sur l'échafaud. En octobre, le procès des Girondins, auteurs conscients et volontaires de la guerre à l'Autriche et à l'Europe, coïncida avec l'exécution de Marie-Antoinette, « l'Autrichienne ». Philippe-Égalité, Mme Roland, l'ancien maire Bailly, tous les personnages du drame, artisans du malheur des autres et de leur propre malheur, se succédèrent en quelques jours sous le couteau.

Par une surenchère continuelle, à force de patience et de démagogie, grâce surtout au maniement des clubs et de l'émeute, Robespierre était vainqueur. Après le 31 mai, il était le maître et tous ceux qui passaient, qui allaient encore passer par les mains du bourreau en attendant qu'il y passât lui-même, avaient contribué à l'amener au pouvoir. Mais dans quel état prenait-il la France! De nouveau, nos frontières étaient ouvertes à l'invasion. Au printemps, l'enrôlement forcé de 300 000 hommes, ajouté à la guerre religieuse et à l'exécution de Louis XVI, avait définitivement soulevé la Vendée qui n'estima pas que la conscription et la caserne fussent des conquêtes de la liberté. Lyon et Marseille étaient en révolte contre les Jacobins. Pour leur échapper, Toulon se donnait aux Anglais. Dans ces circonstances épouvantables, la France était sans autre gouvernement que celui de la Terreur. Par la position démagogique qu'il avait prise contre les conspirateurs et les traîtres, par sa propension à en voir partout, Robespierre incarnait la guerre à outrance. La justification de la Terreur, c'était de poursuivre la trahison : moyen commode pour le dictateur d'abattre ses concurrents, tous ceux qui lui portaient ombrage, en les accusant de « défaitisme ». Par là aussi sa dictature devenait celle du salut public. Elle s'était élevée par la guerre que les Girondins avaient voulue sans que la France eût un gouvernement assez énergique pour la conduire. Brissot et ses amis avaient tiré un vin sanglant. Il ne restait plus qu'à le boire.

C'est ainsi, dans cette mesure et pour ces raisons, que malgré ses atroces folies, malgré ses agents ignobles, la Terreur a été nationale. Elle a tendu les ressorts de la France dans un des plus grands dangers qu'elle ait connus. Elle a contribué à la sauver ou plutôt à différer l'heure qui reviendra à la fin du Directoire, que Napoléon Ier reculera encore, jusqu'au jour où il sera lui-même vaincu. Tout donne à croire que, dans l'été de 1793, la République eût succombé, que le territoire eût été envahi si l'Angleterre avait été prête, si elle avait soutenu les insurgés vendéens, si la Prusse, l'Autriche et la Russie n'eussent encore été occupées à dépecer la Pologne, victime substituée à la France, si elles n'eussent été distraites et divisées par la question d'Orient. Sans ce répit, la Révolution n'aurait pu écraser ses ennemis de l'intérieur. Les effets de la réorganisation militaire à laquelle se dévouait Carnot n'auraient pas pu se faire sentir et la levée en masse n'aurait été que la levée d'une cohue incapable de résister à l'effort d'une coalition.

Désespérée en juillet 1793, la situation se rétablissait en octobre par la victoire de Wattignies qui débloquait la frontière du nord. L'insurrection vendéenne reculait, l'insurrection lyonnaise était brisée. En décembre, la Vendée sera définitivement vaincue, Bonaparte se sera signalé à la reprise de

Toulon, l'Alsace sera délivrée, la Belgique nous sera ouverte encore une fois. Quelques historiens se sont demandé pourquoi la Révolution ne s'était pas modérée à ce moment-là. Ils excusent la Terreur tant que « la patrie est en danger ». Ensuite ils se voilent la face devant ses excès. Une vue plus large des nécessités devant lesquelles se trouvaient Robespierre et le Comité de Salut public rend compte de la continuation du terrorisme. On oublie que l'état des finances était toujours plus désastreux, que l'abîme se creusait encore par l'énormité des dépenses militaires. Il fallait de l'argent à tout prix : la guerre devait nourrir la guerre et c'était devenu un système de « vaincre l'ennemi et de vivre à ses dépens », de conquérir pour enrichir la République. La guerre continuant, la Terreur devait continuer aussi. Mais elle servait à autre chose : elle était un instrument de confiscation. Elle servait à prendre les biens des émigrés, à spolier les suspects et les riches, dans l'illusion, qui durait depuis la Constituante, qu'on donnerait enfin une garantie solide aux assignats.

La Terreur ne pouvait donc pas s'arrêter d'un signe. Robespierre était conduit à se comporter comme un chef. Il commençait à redouter l'anarchie : le premier il osa frapper la canaille parisienne avec Hébert et les hébertistes. Tout de suite après, ce furent Danton et les dantonistes, les « indulgents », ceux qui penchaient pour une paix prématurée, qu'il envoya à la guillotine. L'illuminisme de Robespierre, son jargon prétentieux et mystique n'empêchent pas de remarquer l'insistance avec laquelle, à chacun des grands procès politiques, il parle des traîtres, des agents anglais, du rôle des banquiers, des étrangers suspects comme Anacharsis Clootz, qui pullulaient depuis les débuts de la Révolution, tout un monde bizarre, inquiétant, où il « épura » sans pitié, mais peut-être pas toujours sans discernement, et qu'il expédia à la guillotine, à côté de ce qu'il y avait en France de plus noble et de meilleur, pêle-mêle avec des innocents, des savants et des poètes. Robespierre se faisait appeler « l'incorruptible ». Il y avait donc des corrompus ? On a ici l'impression de ces histoires d'argent, de police et d'espionnage qui sont communes à tous les milieux révolutionnaires.

Au mois d'avril 1794, la Terreur dure toujours. Danton a été supprimé, Camille Desmoulins et sa Lucile aussi. Les hommes de la Révolution se sont dévorés entre eux. Seuls ont échappé les prudents et les habiles, ceux qui ont eu, comme disait Sieyès, le talent de vivre. Mais à force d'épurer la Révolution, Robespierre en a tari la sève. Lui-même, avec le jacobinisme, il est toute la Révolution. Il n'y avait plus rien après les opinions de Marat. Il n'y a plus personne après Robespierre. Il a grandi, depuis la Constituante, par les surenchères que favorisait le principe politique en vigueur depuis 1789 : pas d'ennemis à gauche. Maintenant, quelles sont ses idées ? Que veut-il ? Où va-t-il ? Il ne le sait pas lui-même. On prête à ce despote les projets les plus bizarres, et la cour de Vienne s'intéresse à « Monsieur de Robespierre ». Pourtant il n'invente plus autre chose que la fête ridicule de l'Être suprême, tandis que la guillotine fauche tous les jours, éclaircit les rangs de l'Assemblée, dégarnit jusqu'à la Montagne. Il ne restait plus guère que ceux qui, par peur, avaient dit oui à tout. Une peur suprême leur donna le courage du désespoir. Robespierre sentit que la Convention lui échappait et il voulut recourir au moyen ordinaire, celui dont l'effet, jusque-là, n'avait jamais manqué : l'intervention de la Commune. On vit alors, au 9 thermidor, cette chose extraordinaire. Les Conventionnels qui survivaient étaient les plus sagaces et les plus subtils, puisqu'ils avaient réussi à sauver leur tête. Ils s'avisèrent de ce qu'on ne semblait jamais avoir compris depuis le 10 août : que ces fameuses « journées » n'étaient au fond que de petites affaires de quartier, qu'avec un peu de méthode, d'adresse et d'énergie, il était possible de mettre les émeutiers en échec. Sur quoi reposait la Commune jacobine ? Sur les sections. Il s'agissait, pour empêcher une « journée », pour arrêter Santerre et Henriot, de protéger d'abord le point menacé avec des sections modérées, puis de prendre l'offensive contre l'émeute. Il ne suffisait donc pas, pour renverser Robespierre, de voter sa mise en accusation. Il fallait être sûr de ce qui se passerait hors de l'Assemblée. Tallien et Barras se chargèrent de la manœuvre. Elle réussit grâce à une seule section, la section Le Pelletier, qui donna le signal de la résistance. Robespierre, réfugié à l'Hôtel de Ville, connaissait trop bien le mécanisme de la Révolution pour ne pas savoir qu'il était perdu si l'émeute et la Commune commençaient à reculer. Il voulut se tuer, se manqua et, le lendemain, fut porté tout sanglant sur l'échafaud (27-29 juillet 1794).

Après la chute de Robespierre, la France respira. Un violent mouvement de l'opinion publique exigea et obtint le châtiment des « bourreaux barbouilleurs de lois ». La guillotine servit encore pour les plus marquants et les plus abominables des terroristes, comme le tribunal révolutionnaire avait servi contre ceux qui l'avaient institué. Mais si la réaction thermidorienne était un soulagement, ce n'était pas une solution. Que cherchait la Révolution depuis l'origine ? Un gouvernement. Elle avait usé trois ou quatre constitutions, pas même viables à peine appliquées. La Terreur était un état frénétique qui ne laissait après lui qu'impuissance et dégoût. Du 9 thermidor au 18 brumaire (les deux dates restées les plus célèbres du nouveau calendrier républicain), la Révolution cherche à se donner un gouvernement qui soit un gouvernement libre, conforme à ses principes, et elle échoue.

Lorsque les modérés de la Convention, par une épuration suprême, se furent délivrés de Robespierre et de la « queue de Robespierre », ils se retrouvèrent devant les mêmes difficultés que leurs prédécesseurs : difficultés d'argent accrues avec la marée montante des assignats, guerre extérieure, confusion intense au-dedans. Beaucoup de Français, excédés de l'anarchie, de la misère et des souffrances causées par l'avilissement du papier-monnaie, aspiraient à l'ordre et le concevaient sous la forme d'un retour à la royauté. Beaucoup, d'autre part, étaient trop engagés dans la Révolution, y avaient trop d'intérêts, pour ne pas appréhender un retour à l'ancien régime : c'était en particulier le cas des régicides, des acquéreurs de biens nationaux et des militaires. Enfin le jacobinisme était loin d'être mort. Pendant cinq années, la Révolution fut occupée à se tenir à égale distance du royalisme et du terrorisme, sans réussir à autre chose qu'à entretenir le désordre et à préparer le gouvernement autoritaire qui sortirait d'elle pour la conserver.

La genèse du 18 brumaire est simple. Que se passe-t-il après Thermidor ? Désormais la Convention sait ce qu'il faut faire pour éviter une revanche des Jacobins. Le 12 germinal et le 1er prairial, l'émeute se renouvelle et avorte parce qu'elle n'a plus de direction ni d'organisation, la Commune de Paris ayant été supprimée. Pourtant, au 1er prairial, l'alerte a été chaude. La foule a encore envahi l'Assemblée, tué le député Féraud, et porté sa tête au bout d'une pique. L'insurrection vaincue grâce aux sections modérées, les thermidoriens se décident enfin à prendre la mesure devant laquelle la Révolution avait toujours reculé : la garde nationale perd son autonomie et elle est placée sous la direction d'un comité militaire. Alors l'influence politique commence à passer du côté de l'armée, une armée victorieuse qui vient, par un étonnant exploit, de conquérir la Hollande avec Pichegru. Qui aura l'armée pour lui aura le pouvoir. L'ère des généraux commence. Le 13 vendémiaire, il faut appeler Bonaparte et son artillerie pour écraser un mouvement royaliste à Paris. Le 18 fructidor, le Directoire appellera Augereau. Ces deux opérations, exigées par le salut de l'idée révolutionnaire, ont été l'école du coup d'État.

Le 18 fructidor est d'une importance particulière pour la suite des choses, parce qu'il constitue le lien qui unit la Révolution à l'Empire. Il faut donc voir les origines de ce coup de barre à gauche qui fut destiné à empêcher la réaction et la paix tout à la fois. En 1792, la Révolution, pour s'achever, avait voulu la guerre. À tous les égards elle en avait vécu, elle s'en était nourrie. Elle n'en pouvait plus sortir sans s'arrêter. Mais déjà il ne dépendait plus d'elle d'en sortir. Elle en était prisonnière comme Napoléon en sera prisonnier, parce qu'elle avait provoqué un ennemi, l'Angleterre, qui était résolu à ne poser les armes qu'après avoir vaincu.

En 1795, après deux campagnes heureuses en Hollande et dans les Pyrénées, la Convention avait saisi l'occasion de conclure la paix avec la Prusse que, dans l'esprit du dix-huitième siècle, elle s'affligeait de combattre, espérant toujours l'avoir comme alliée. Elle avait également conclu la paix avec l'Espagne, la seule des puissances dont on pût dire qu'elle était entrée dans la lutte pour venger Louis XVI. La Prusse avait ce qu'elle voulait en Pologne, elle s'inquiétait des projets de l'Autriche et de la Russie en Orient. Pour reprendre sa liberté, elle signa le traité de Bâle et se désintéressa de la rive gauche du Rhin, moyennant compensation en Allemagne à son profit. Les Bourbons d'Espagne comprirent de leur côté qu'ils travaillaient uniquement pour l'Angleterre et se rapprochèrent de la France républicaine dans l'esprit de l'ancien pacte de famille. La Convention signa cette double paix en ajoutant qu'elle était un moyen de poursuivre avec plus d'acharnement la guerre contre les autres ennemis. Les hostilités continuèrent avec l'Angleterre et l'Autriche.

Cependant la Convention, qui avait aboli la dictature terroriste, qui avait condamné l'absurde constitution jacobine, se voyait obligée d'échafauder un gouvernement régulier et de recourir à des élections. Il était probable que ces élections n'étant pas jacobines, seraient dans un sens très modéré, sinon réactionnaire, et par conséquent favorable à la paix. La Constitution de l'an III essaya de reconstituer un pouvoir exécutif régulier en créant un Directoire de cinq membres et un pouvoir législatif équilibré, composé de deux assemblées ou conseils, celui des Anciens et celui des Cinq-Cents. Dans cette Constitution, la partie la mieux calculée était celle qui prévoyait que le Corps législatif ne serait élu que par tiers. L'ancienne Convention était donc sûre de garder quelque temps la majorité. Elle évitait les brusques déplacements d'opinions et fut libre de poursuivre la lutte contre l'ennemi extérieur, bien que les premières élections partielles eussent montré dans le pays un courant favorable à la paix.

Si pitoyable qu'ait été le gouvernement du Directoire, il n'est pas juste de lui reprocher d'avoir continué la guerre au moment où ses finances tombaient au dernier degré de la détresse. Cette détresse même persuadait l'ennemi qu'avec un peu de patience il viendrait à bout des Français. Il avait été fabriqué pour 45 milliards d'assignats tombés à rien. Le Directoire se décida à brûler solennellement la planche qui servait à les imprimer, mais, se trouvant sans ressources, remplaça ce papier-monnaie par un autre, les mandats territoriaux, qui eurent aussitôt le même sort. Si, quelques spéculateurs s'enrichissaient, les rentiers, les fonctionnaires mouraient de faim. Nos soldats, dont le nombre croissait par la conscription, n'avaient pas de souliers. Bientôt la misère allait favoriser la propagande socialiste et la conspiration de Babeuf. Il est donc naturel que le Directoire ait continué de concevoir la guerre comme un moyen de lever des contributions sur l'étranger et de trouver des ressources, et aussi qu'il ait appréhendé le retour, après une paix blanche, de troupes affamées et déguenillées, qu'il ait enfin approuvé le plan audacieux de Bonaparte, la conquête et le pillage de l'Italie. La destruction de la planche aux assignats, symbole de la banqueroute que la Révolution s'était flattée d'éviter, est du 19 février 1796. Le 22, Bonaparte recevait le commandement de l'armée des Alpes qu'il entraînait vers « ces riches provinces » où elle trouverait « honneur, gloire et richesse ». Bonaparte tint parole. Une campagne marquée par une série de victoires, Castiglione, Arcole, Rivoli, lui permit d'accomplir son programme. Désormais, il n'en changera plus. Il fera de ses batailles une source de profits. Pendant quinze ans, il conduira la guerre, non seulement sans qu'elle coûte rien à la France, mais en travaillant par elle à la restauration financière, jusqu'au jour où les peuples d'Europe, rançonnés, se soulèveront.

Un général victorieux et qui apportait de l'argent se rendait indispensable. Et la popularité de Bonaparte grandissait. Il n'en est pas moins vrai que bien des Français se demandaient si l'on allait se battre toujours, enrôler toujours, conquérir toujours. On savait aussi que les partisans les plus passionnés de la guerre étaient les Jacobins. On craignait que la situation qui avait mené à la Terreur n'y reconduisît. En 1797, au moment où l'Autriche, chassée de l'Italie, menacée jusque chez elle, signait les préliminaires de Leoben, les élections avaient envoyé aux Conseils une nouvelle fournée de modérés, opposés à la politique belliqueuse. Dans l'état de misère et d'anarchie où était la France, avec un gouvernement faible, divisé et méprisé comme le Directoire, la continuation de la guerre, aux yeux des hommes raisonnables, était une absurdité et devait produire une catastrophe. Il fallait, disaient-ils, profiter de la défaite de l'Autriche, de l'abattement de Pitt qui entaînait des pourparlers à Lille et se montrait disposé à reconnaître les conquêtes de la Révolution, celle de la Belgique et de la rive gauche du Rhin, la République batave de Hollande et la République cisalpine d'Italie, annexes de la République française. Un des directeurs était d'avis que cette occasion ne devait pas être perdue : c'était Barthélemy, le négociateur du traité de Bâle, diplomate d'ancien régime, élève de Vergennes. Carnot hésitait, redoutant un retour des Bourbons autant que la dictature militaire. Les trois autres, Rewbell, Larevellière et Barras (quoique ce dernier, vénal et corrompu, fût flottant), pensaient que la paix offrirait plus de difficultés que la guerre, que le gouvernement aurait à résoudre des problèmes insolubles ou qu'il serait renversé par la réaction dont la paix serait le triomphe. Ils pensaient aussi que les auteurs et les bénéficiaires de la Révolution auraient des comptes à rendre, particulièrement les régicides, et ils se disaient - en quoi ils n'avaient sans doute pas tort - que les dispositions de Pitt ne dureraient pas, qu'une Angleterre nous laissant nos conquêtes du Rhin à l'Adige, c'était trop beau, que la guerre reprendrait sans retard et dans des conditions moins bonnes pour nous, le ressort s'étant une fois détendu.

Les partisans de la paix avaient la majorité dans les conseils, mais aucune force organisée avec eux. Les partisans de la guerre pouvaient compter sur les Jacobins, les « patriotes » et les soldats. Ils attaquèrent violemment les royalistes, les modérés, confondus sous le nom de « faction des anciennes limites », et provoquèrent aux armées, avec la connivence des jeunes généraux, des adresses contre les ennemis de la République. On avait besoin, pour l'opération, d'un homme à poigne : Bonaparte envoya à Paris Augereau qui envahit la salle des conseils, accompagné de Rossignol et de Santerre, revenants du jacobinisme, arrêta les députés qui protestaient et se vanta le lendemain du 18 fructidor que son expédition eût réussi « comme un ballet d'opéra » (4 septembre 1797).

Les modérés avaient été « fructidorisés ». Ce fut une Terreur sèche, à peine moins cruelle que l'autre, l'échafaud étant remplacé par la déportation. Des députés, le directeur Barthélemy lui-même, furent envoyés à la Guyane avec de nombreux prêtres, dont beaucoup périrent. Les arrestations, les proscriptions, les persécutions recommencèrent sous l'influence des Jacobins auxquels la haute main avait été rendue par ce coup d'État.

De son « proconsulat d'Italie », le général Bonaparte, grand favori du Directoire, observait les événements. Il avait approuvé, aidé le 18 fructidor. Il en profita. Il vit que désormais le soldat était le maître, que le Directoire allait se rendre impopulaire par son retour violent vers la gauche, que le besoin d'un gouvernement stable, rassurant pour les personnes et pour les biens, serait bientôt senti. Ce gouvernement, restaurateur de l'ordre et de l'autorité, appuyé sur des hommes qui n'avaient plus d'autres moyens d'existence que le métier militaire, devrait aussi conserver les résultats de la révolution, dont Bonaparte lui-même n'était que le plus grand des parvenus. Celui-ci spécula sur les deux tendances entre lesquelles les Français étaient partagés. Avant fructidor, le général Bonaparte, qui fait déjà de la politique, est le plus ardent à reprocher au parti de la paix de compromettre le fruit de ses victoires d'Italie. Après fructidor, il change d'attitude, il signe avec l'Autriche la paix de Campo-Formio, une paix de transaction qui renvoie les affaires les plus difficiles, celles d'Allemagne, à un futur Congrès, celui de Rastadt.

Si Bonaparte, dès 1797, a entrevu la conduite à tenir pour le cas où les circonstances lui offriraient un rôle politique en France, il avait des visées plus immédiates. Ces temps étaient durs. Il fallait vivre. Les généraux, comme les autres, cherchaient, plus ou moins adroitement, à s'assurer du lendemain : Dumouriez s'était déjà trompé, Pichegru, empêtré dans ses intrigues, allait finir par le suicide. Bonaparte vit grand et vit juste. Son proconsulat d'Italie ne devait pas être éternel. Il inventa autre chose, une expédition d'Égypte, une entreprise d'Orient, glorieuse et fructueuse, moyen auquel des Français avaient pensé pendant tout le dix-huitième siècle, de frapper l'Empire anglais des Indes. Hoche s'était acharné à des projets de débarquement, toujours infructueux, dans le Pays de Galles et en Irlande. On n'y renonçait pas, mais, pour venir à bout des Anglais, il fallait tenter autre chose. Quelque aventureuse qu'elle fût, la proposition de Bonaparte fut acceptée par le Directoire.

L'expédition d'Égypte fut entreprise avec une marine mal reconstituée, tandis que la flotte anglaise était devenue plus redoutable. Si Bonaparte eut le bonheur de débarquer son corps expéditionnaire sain et sauf, Nelson, peu de temps après, détruisait la flotte française à Aboukir (août 1798). Les escadres de l'Espagne et de la Hollande, nos alliées, étaient battues. Bonaparte avait conquis l'Égypte, mais s'y trouvait bloqué. La Russie et la Turquie déclaraient la guerre à la République. L'Autriche, à son tour, rompait les négociations de Rastadt, faisait même assassiner nos plénipotentiaires et rentrait dans une coalition plus forte que la précédente par le concours des Russes. Alors les choses commencèrent à mal tourner pour le Directoire. Aux observateurs attentifs, il pouvait apparaître déjà que les conquêtes de la Révolution étaient attachées avec des épingles, que les combinaisons de Républiques vassales étaient un château de cartes, que cette guerre avec une Europe dirigée par l'Angleterre devait finir mal pour la France. Championnet allait jusqu'à Naples comme au temps de Charles VIII. Le Pape était enlevé et transporté à Valence. Mais des insurrections éclataient en Italie. Souvarof, uni aux Autrichiens, entrait à Milan. En France, ces revers accroissaient l'impopularité du Directoire, gouvernement incapable, livré aux Jacobins. En juin 1799, une révolte des Conseils défit ce que le coup d'État de fructidor avait fait, remania le Directoire sans que le Directoire nouveau fût meilleur que l'ancien. Cependant, au-dehors, les revers se succédaient. Après la défaite de Novi, l'Italie fut perdue. Sans une victoire de Masséna à Zurich et un succès de Brune en Hollande, qui arrêtèrent l'ennemi, une débâcle était menaçante. La confusion régnait dans les assemblées politiques, et le Directoire, à droite, ne savait plus où aller. Bonaparte, de son côté, venait d'échouer en Syrie où il avait essayé de s'ouvrir un chemin. L'expédition d'Égypte était sans issue. Informé des événements de France, il résolut de rentrer, échappa aux navires anglais par une fortune extraordinaire, et, le 9 octobre 1799, il débarquait à Fréjus.

Un mois plus tard, le 9 novembre, 18 brumaire, le Directoire était renversé par un de ces coups d'État dont il avait donné le modèle et qui finissaient par sembler ordinaire à tout le monde. La Révolution - ou plutôt la période révolutionnaire proprement dite - se terminait par l'aveu d'une cruelle impuissance à fonder un gouvernement.

Chapitre XVII

Le Consulat et l'Empire

Le coup d'État de brumaire, loin d'être dirigé contre la Révolution, était destiné à la sauver. Bonaparte, revenu d'Égypte, apparut comme le sauveur qu'on cherchait. Dès son arrivée à Fréjus, il fut accueilli au cri de « Vive la République ». Il traversa la France en triomphateur. Un républicain ardent, Baudin, député des Ardennes, mourut de joie en apprenant son retour. Baudin était un des auteurs de la Constitution de l'an III, il la voyait près de périr et il mettait son espoir dans le jeune général qui, le 13 vendémiaire et le 18 fructidor, avait prêté main-forte à la Révolution. Il ne faut pas oublier non plus que le 18 brumaire fut organisé à l'intérieur du gouvernement lui-même. Deux des directeurs sur cinq, Sieyès et Roger-Ducos, étaient d'accord avec Bonaparte, et Sieyès était un des pères de la Révolution. Il tenait le Conseil des Anciens. Lucien Bonaparte présidait le Conseil des Cinq-Cents. Ces complicités permirent d'éloigner le Corps législatif de Paris et de l'envoyer à Saint-Cloud, sous le prétexte qu'il était menacé par un mouvement jacobin. Néanmoins, il y out une violente opposition aux Cinq-Cents, qui voulurent mettre Bonaparte hors la loi. Entouré, presque frappé, ses grenadiers le dégagèrent et leur entrée dans la salle des séances mit en fuite les représentants qui le traitaient de factieux et de dictateur.

« Bonaparte, dit Thiers, venait, sous les formes monarchiques, continuer la Révolution dans le monde. » En effet, des révolutionnaires, des régicides comme Sieyès la sentaient compromise. Rien n'allait plus. Aucune constitution ne pouvait vivre. L'ordre ne se rétablissait pas. Brune et

Masséna avaient tout juste arrêté la coalition, et pour combien de mois ou de semaines ? Un pareil état de choses ne pouvait se prolonger sans un extrême péril pour la France et pour la République et devait se terminer par une invasion ou par un retour à la royauté. Sauf les royalistes et les Jacobins, les Français qui voulaient soit le salut du pays, soit le salut de la République, et ceux qui voulaient à la fois le salut de la République et celui du pays, furent d'accord pour appeler à l'aide le général victorieux. Les directeurs avaient déjà pensé à Joubert. De toute façon, la République abdiquait. Anarchie, ruine financière, débâcle militaire menaçante : tel en était le triste bilan. Pour donner une idée du désordre qui régnait partout, on ne savait même pas au ministère de la Guerre le nombre des soldats sous les armes, ces soldats « nus et affamés » qui, après avoir vécu aux frais de l'ennemi, commençaient, refoulés en France, à exercer le droit de réquisition sur les Français. Ainsi, dix ans après 1789, la situation n'était plus tenable. Ceux qui avaient profité de la Révolution, les acquéreurs de biens nationaux surtout, n'étaient pas les moins alarmés. Tout le monde devenait conservateur. Les uns étaient las depuis longtemps du désordre et des excès. Les autres voulaient consolider le nouveau régime et comprenaient la nécessité d'un retour à l'autorité et à l'ordre. Le dégoût et l'inquiétude livrèrent la France à Bonaparte. Mais sa dictature sortait des données de la Révolution elle-même qui avait fini par chercher refuge dans le pouvoir personnel.

On a voulu expliquer Bonaparte par ses origines corses et italiennes. Mais, d'éducation toute française, c'était avant tout un homme du dix-huitième siècle. Il en avait les idées, les tours littéraires, celui de la déclamation et de Rousseau, celui de la maxime et de Chamfort. Dans ses monologues de Sainte-Hélène, que retrouve-t-on toujours ? L'homme qui avait eu vingt ans en 1789. Formé sous l'ancien régime, il a reconnu lui-même ce qu'il devait à ceux qui l'avaient instruit. Il a parlé avec gratitude de ses maîtres de l'École militaire. Il continue, comme les autres, beaucoup plus de choses qu'il n'en apporte de nouvelles. Il est de son temps à un point qui étonne parfois, ainsi par son culte de Frédéric II, le héros qui l'avait précédé et qu'il a effacé dans l'imagination des Européens. La Révolution, dont il parle le langage et partage la philosophie, il l'a traversée en soldat qui a sa carrière à faire, prompt à saisir les occasions qu'elle lui offre. Il a servi les partis sans être d'aucun. Le 10 août, la résignation de Louis XVI l'indigne, parce qu'il a le don du commandement et le sens de l'autorité. L'instinct de la politique, le goût du risque, une confiance grandissante dans son étoile, une aptitude remarquable à comprendre les hommes et leurs besoins, à trouver les paroles et les actes qu'exige chaque situation, tels furent les éléments de sa réussite. Et pourquoi cette fortune extraordinaire s'est-elle terminée par une catastrophe ? Parce que Napoléon Bonaparte était prisonnier de la plus lourde partie de l'héritage révolutionnaire, prisonnier de la guerre de 1792, prisonnier des conquêtes. Avec la plupart de ses contemporains, il n'oubliait qu'une chose : l'Angleterre n'avait jamais permis, elle ne permettrait jamais que les Français fussent maîtres des Pays-Bas. Pour les en chasser, aucun effort ne lui serait trop coûteux. À cette loi, vieille de plusieurs siècles, la Révolution n'avait rien changé et l'avènement de Bonaparte ne changeait rien.

Tout fut facile d'abord. La France se jetait dans les bras de l'homme extraordinaire qui semblait deviner ses désirs. Les circonstances conspiraient avec son prestige et son adresse pour lui donner sans partage le pouvoir. Selon la tradition révolutionnaire, le Directoire s'était « épuré » lui-même, et, ayant eu besoin du nom de Bonaparte et de son épée pour cette épuration, Sieyès et Roger-Ducos lui avaient fait place parmi eux. De cinq directeurs, on passait à trois consuls. Tout de suite, le général Bonaparte fut le premier, le seul. Il gouverna, rassurant les révolutionnaires nantis et la masse paisible de la population. Il effaçait les restes du jacobinisme, l'impôt forcé progressif et l'odieuse foi des otages. Il rendait les églises au culte et pacifiait la Vendée par l'arrêt des persécutions religieuses. Il annonçait la fin de l'atroce misère due aux assignats, misère que le Directoire, malgré ses promesses, avait été impuissant à guérir. La Révolution née de la peur du déficit, avait ouvert un gouffre. La mort du papier-monnaie n'avait pas été un remède. On comprenait pour la première fois que la réorganisation des finances et le retour à la prospérité dépendaient d'une réorganisation politique et d'un gouvernement fort. Les finances, sous l'ancien régime, n'avaient été embarrassées que par la résistance des intérêts particuliers défendus par les Parlements. Elles avaient été ruinées par la démagogie révolutionnaire. Il fallait une autorité ferme pour les rétablir. Bonaparte, sans tarder, appela auprès de lui un ancien fonctionnaire de la monarchie, Gaudin, plus tard duc de Gaëte, qui fonda les contributions directes sur le modèle des vingtièmes et rétablit, sur le modèle des aides, les impôts indirects abolis par la Révolution. Sans le dire, on reconnaissait que tout n'avait pas été si mauvais sous l'ancien régime, et que le plus grand mal était l'anarchie.

Cependant, le gouvernement qui s'était formé au lendemain du 18 brumaire était provisoire. Selon l'usage, une constitution, une de plus, devait être donnée à la République. Le général Bonaparte attendait patiemment le chef-d'œuvre que préparait Sieyès : il se réservait d'y apporter les corrections nécessaires. Sieyès médita. Il conçut un système où l'élection passait par une suite de tamis, un système qui n'était ni la monarchie, ni la République, ni la démocratie, ni l'aristocratie, ni la dictature, ni le régime des Assemblées. C'était une vaste pyramide, à base populaire qui allait en s'amincissant jusqu'au grand électeur, sorte, de roi constitutionnel non héréditaire, toujours révocable par un Sénat. Il y avait en outre deux consuls, un de la paix, un de la guerre, choisis par le grand électeur. Quant au Corps législatif, il était réduit à un rôle muet. Il répondait par oui ou non après que le Conseil d'État et le Tribunat avaient parlé, ce dernier seul, destiné à représenter l'opposition, ayant le droit de plaider contre. Bonaparte examina le système, en garda ce qui lui semblait bon, tourna en ridicule et supprima le grand électeur, c'est-à-dire la tête de la pyramide, et le remplaça par un premier consul, nommé pour dix ans, qui fut lui-même. Il ne lui restera plus qu'à réduire (en attendant de le supprimer en 1807) le Tribunat trop indépendant, et, du système harmonieusement balancé de Sieyès, sortit la dictature pure et simple. Les deux consuls que Bonaparte s'associa pour la forme furent deux hommes d'âge mûr, deux modérés : Cambacérès et Lebrun, lequel - peut-être n'était-ce pas un hasard - avait été, sous Louis XV, secrétaire de Maupeou, au temps du coup d'État contre les Parlements. Le ralliement des catholiques était déjà presque fait. Le ralliement des royalistes, auxquels pensait Bonaparte, serait plus facile avec ces hommes-là.

La Constitution de l'an VIII, ainsi remaniée par le Premier Consul, fut approuvée par trois millions de voix. On avait déjà soumis bien des projets de gouvernement aux électeurs : jamais une majorité si forte n'avait été obtenue. On peut donc se demander si la France, en 1789, ne s'était pas abusée sur ses désirs, si elle n'avait pas aspiré à l'autorité plus qu'à la liberté. Napoléon Bonaparte compléta le gouvernement dont il était le seul maître par des institutions, qui, toutes, tendaient à maintenir la société et la propriété telles qu'elles étaient sorties de la Révolution, à conserver l'esprit de cette Révolution dans les lois, mais à couler le tout dans des formes autoritaires. On eût dit que le Premier Consul avait devant les yeux l'ancien régime et la démocratie révolutionnaire pour prendre les parties fortes de l'un et supprimer les parties faibles de l'autre. La Révolution avait introduit l'élection partout, dans l'administration comme dans la magistrature et dans la police, c'est tout juste si elle ne l'avait pas introduite dans l'armée, et c'était la cause de l'anarchie dont ses gouvernements étaient morts. Bonaparte mit des préfets et des sous-préfets à la place des comités élus, c'est-à-dire qu'il rétablit et multiplia les intendants de l'ancien régime. Seulement, la Révolution ayant fait table rase des franchises et libertés d'autrefois, ainsi que des Parlements qui en étaient les gardiens, les nouveaux intendants administraient sans obstacle au nom du pouvoir central. Quant à la magistrature, Bonaparte se garda bien de lui rendre l'indépendance dont elle avait abusé sous la monarchie. Le consul Lebrun, l'ancien collaborateur de Maupeou, put lui donner d'utiles indications à cet égard. On revint à peu près au système de 1771, celui des magistrats nommés par le gouvernement, la garantie des justiciables étant l'inamovibilité des juges. Ainsi, utilisant l'expérience de la royauté et celle de la Révolution, Bonaparte, avec les restes de l'une et de l'autre, composa les institutions de l'an VIII, fondées sur la centralisation administrative, qui mettent la nation dans la main de l'État et qui sont si commodes pour les gouvernements que tous les régimes qui se sont succédé depuis les ont conservées. À peine modifiées dans le détail, elles durent encore.

Tout réussissait au Premier Consul. Mais il ne fallait pas seulement rendre l'ordre à la France. Il y avait huit ans qu'elle était en guerre. Il fallait aussi lui donner la paix. L'empereur de Russie, Paul Ier, mécontent de ses alliés, s'était retiré de la lutte. Restaient en ligne l'Angleterre et l'Autriche. Le Premier Consul leur proposa de mettre bas les armes. Que la paix fût possible avec les Anglais tant que nous tiendrions les bouches de l'Escaut et qu'ils tiendraient les mers, c'était une grande illusion. Bonaparte en eut une autre qui annonçait toute la suite. Pitt ayant rejeté son offre, le gouvernement de Vienne, lié à celui de Londres, l'ayant rejeté aussi, il crut que, par une victoire éclatante sur l'Autriche, il forcerait l'Angleterre à céder. L'erreur dans laquelle il persista jusqu'à la catastrophe finale s'annonçait. Il faut cependant reconnaître que la Révolution s'y était engagée avant lui : Bonaparte en avait reçu un héritage et un mandat. La France ne renoncerait plus à la principale, à la plus désirée de ses conquêtes, la Belgique, que le genou de l'adversaire sur la poitrine. Aucun gouvernement né de la Révolution ne pouvait y renoncer sans suicide. Bonaparte était donc lié. Et son histoire est celle de la recherche d'une chose impossible : la capitulation de l'Angleterre sur le point qu'elle n'avait jamais admis - l'annexion de la Belgique - tandis que la France était impuissante sur mer. Bonaparte pourra bouleverser le continent : à la fin, la France sera ramenée en deçà de ses anciennes limites.

Pour forcer l'Autriche à la paix, le Premier Consul conçut un plan hardi. Tandis que Moreau opérait une diversion heureuse en Allemagne, il franchit hardiment les Alpes au passage du Grand-Saint-Bernard, battit Mélas à Marengo, victoire disputée où périt Desaix (14 juin 1800) et redevint maître de l'Italie. Après d'inutiles pourparlers, il fallut encore, en décembre, une autre victoire, celle de Moreau à Hohenlinden, pour que l'empereur François II cédât. En février 1801 fut signé le traité de Lunéville. L'Autriche renonçait à l'Italie, reconnaissait toutes les conquêtes de la France révolutionnaire et les quatre Républiques associées ou plutôt vassales, la Batave, l'Helvétique, la Cisalpine et la Ligurienne. La rive gauche du Rhin devint française et fut divisée en départements. Ce fut le triomphe de Bonaparte et celui de la Révolution. Pour la première fois dans son histoire, la France avait atteint ses frontières dites « naturelles ». La Gaule de César était reconstituée. Elle l'était par la défaite de l'ennemie traditionnelle, la maison d'Autriche, et il semblait que la politique républicaine, héritière de la politique antiautrichienne, la politique de 1741, eût raison contre la politique des Bourbons. Déjà Bonaparte formait le projet de remanier l'Europe, de rassembler les peuples encore divisés, Allemands et Italiens, de créer, à la place des vieilles constructions historiques, des États nationaux, « naturels » eux aussi, et d'en prendre la direction. Abolir en Europe tout ce qui était « gothique », ce que les traités de Westphalie étaient destinés à conserver pour empêcher les rassemblements de nationalités contre la France, pour empêcher surtout l'unité germanique, faire table rase des vieilles institutions, à l'extérieur comme à l'intérieur : c'était l'essai de réaliser un rêve, celui de la République universelle, sous la présidence du peuple français, et c'était encore une idée de la Révolution. On en trouvait l'origine chez ses orateurs comme chez les publicistes du dix-huitième siècle dont Bonaparte était le fils spirituel. Nul ne sait ce que fût devenu ce vaste système où la France occupait le premier rang si l'Angleterre avait été vaincue. Mais l'Angleterre ne le fut pas. Et le système, ayant détruit nos sécurités et nos sauvegardes, ne devait pas tarder à se retourner contre nous.

L'Autriche avait signé la paix de Lunéville dans l'esprit où elle avait déjà, avec la Prusse et la Russie, partagé la Pologne, l'esprit de trafic qui s'était paré des principes contre-révolutionnaires. Comprenant que les temps avaient changé, elle mettait elle-même à l'encan le vieil Empire germanique, elle en partageait les dépouilles avec la France, sacrifiait les princes allemands pour se fortifier par des annexions de territoires, ce qui lui permettrait bientôt de reprendre la lutte. Dans le même calcul, l'Angleterre, restée seule combattante, finit, l'année d'après, par entrer à son tour en négociations avec le Premier Consul.

Tout ce qui se passa en 1801 fournit la preuve que l'Angleterre, privée d'alliés, ne pouvait rien sur le continent contre la France, mais que, sur mer, Bonaparte était impuissant à l'atteindre. S'il eut jamais des chances d'y réussir, ce fut pourtant à ce moment-là. Les navires et les ports de l'Espagne et de la Hollande étaient à notre disposition, la Russie dans nos intérêts, les Scandinaves réunis dans une ligue des neutres qui fermait la Baltique au commerce anglais. De ces éléments, il eût été possible de tirer de grands résultats à la condition que notre marine, ruinée par la Révolution, fût rétablie. Elle ne l'était pas. Ses restes furent mis hors de combat avec les bâtiments espagnols et hollandais, la Russie nous échappait après l'assassinat mystérieux de Paul Ier, et le bombardement de Copenhague dispersait la ligue des neutres. Si le Premier Consul obtint la paix d'Amiens, ce fut par la ruse et le calcul. Il savait l'Angleterre fatiguée de la guerre, de l'argent qu'elle lui coûtait. En reprenant ostensiblement des plans de débarquement et d'invasion en Grande-Bretagne, pour lesquels des préparatifs avaient déjà été faits en 1797, il effraya le public anglais et, les négociations s'étant ouvertes, il les dirigea vers un compromis qui rendait la paix d'Amiens fort semblable à la paix de Lunéville; comme il avait dédommagé l'Autriche aux dépens des princes allemands, il dédommagea l'Angleterre aux dépens de nos alliés : Ceylan fut enlevé à la Hollande, la Trinité à l'Espagne. De cette transaction, où nous renoncions d'ailleurs à l'Égypte, perdue pour nous depuis que les communications par mer étaient coupées, la suprématie maritime et coloniale de l'Angleterre sortait accrue. Le traité d'Amiens (mars 1802) « lui fut, dans une large mesure, une revanche du traité de Versailles », celui de 1783.

Une paix ainsi conclue ne pouvait être qu'une trêve. En effet, malgré la chute de Pitt, les idées dominantes de la politique anglaise ne changeaient pas. Dans un pays d'opinion, le gouvernement avait cédé aux difficultés intérieures, au mécontentement du commerce, qui attribuait à la prolongation de la guerre la fermeture des marchés continentaux. Quand, au bout de quelques mois, les hommes d'affaires anglais eurent compris que ces marchés leur étaient fermés, parce que la France tenait, avec la Belgique et la Hollande, les bouches de l'Escaut, la reprise de la guerre ne tarda plus.

La France, après le traité d'Amiens, s'était pourtant persuadée que la paix était définitive. Le Premier Consul lui-même partageait cette illusion. Il travaillait à créer un état de choses durable, il organisait le pays et ses conquêtes dans l'esprit qu'il avait montré dès son arrivée au pouvoir. Comme à d'autres époques que nous avons vues dans notre histoire, il y avait à réparer ce qu'une longue anarchie avait détruit : à elle seule, la réfection des routes en disait long sur l'étendue des dégâts accumulés et de la tâche à remplir. Dans cette œuvre, de restauration, semblable à celle que la monarchie avait eu, au cours des siècles, à reprendre tant de fois, Bonaparte s'éloignait de la Révolution tous les jours davantage. Dans la fonction qu'avaient tenue avant lui Charles V ou Henri IV, des sentiments et des idées monarchiques se formaient chez le Premier Consul. Les royalistes crurent un moment qu'il songeait à rappeler les Bourbons. Louis XVIII, de l'exil, lui écrivit une lettre à laquelle il répondit d'une manière qui ne laissait aucun espoir. S'il songeait à la monarchie, c'était pour lui-même. Le complot de quelques Jacobins pour le poignarder avait accru son horreur des révolutionnaires. Peu de temps après, en décembre 1800, il avait échappé à l'explosion d'une machine infernale rue Saint-Nicaise. Les terroristes, les septembriseurs furent accusés de ce crime et plus de cent anciens membres de la Convention et de la Commune inscrits sur une liste de proscription. Fouché, ministre de la police, ne tarda pas à découvrir que les auteurs du complot étaient cette fois des royalistes, agents de l'irréconciliable Georges Cadoudal. Ils furent exécutés, mais la politique du Premier Consul ne changea pas. Il préparait alors le rétablissement officiel de la religion catholique, malgré les difficultés qu'il rencontrait, malgré les murmures des militaires eux-mêmes, car les passions religieuses avaient été les plus vives de la Révolution. Le 15 juillet 1801, il avait réussi à signer un Concordat avec Pie VII et le cardinal Consalvi. Au moment de la paix d'Amiens, tout concourait ainsi à rendre la tranquillité et la prospérité à la France. La popularité du Premier Consul était telle qu'on le regardait comme indispensable et les menaces dirigées contre sa vie n'avaient pour effet que de fortifier son prestige.

Cependant, avec l'étonnante faculté que possède la France de se relever de ses ruines dès que l'ordre est rétabli, des richesses se reformaient, le commerce et l'industrie étaient florissants, les finances elles-mêmes revenaient à la santé : les malheureux rentiers qui avaient attendu de 1789 un raffermissement de leur créance sur l'État et qui n'avaient vu que la banqueroute, commençaient enfin à être payés. C'était, il est vrai, avec une grosse réduction. Le Directoire avait promis de reconnaître le tiers de leur revenu, le « tiers consolidé » qui déguisait la faillite. Il avait fallu attendre le Consulat pour que cette promesse elle-même fût tenue. Ainsi finissait, par un sacrifice pour les capitalistes, l'âpre conflit qui, sous l'ancien régime, les avait mis aux prises avec l'État et qui avait été une des causes de la Révolution.

Dans cette grandeur et cette prospérité, le Premier Consul avait pourtant une inquiétude, et cette inquiétude était légitime. Après tout, son pouvoir manquait d'une base solide. Il le possédait pour dix ans, il s'en était écoulé trois, et la Constitution de Sieyès, même revue et corrigée, n'était pas des plus rassurantes pour la stabilité du régime. Une opposition très vive s'était déjà manifestée au Tribunat et n'avait ménagé aucun des projets auxquels Bonaparte tenait le plus, ni le Concordat, ni l'Ordre de la Légion d'honneur, ni le Code civil. Cette opposition deviendrait plus dangereuse avec le temps et à, mesure qu'on se rapprocherait du terme des dix années. On apercevait clairement que, comme sous le Directoire, la France oscillerait encore entre les royalistes et les Jacobins, qu'on retournerait aux agitations et à l'anarchie. Pour asseoir le régime nouveau, des procédés tels que l'élimination des opposants, forme atténuée des épurations de la période révolutionnaire, ne suffisaient pas. Par une pente naturelle, on voulut lui donner l'avantage de la durée afin de soustraire le pouvoir aux contestations. On en venait ainsi au rétablissement de la monarchie en faveur du Premier Consul. Lui-même dissimulait ses désirs et son ambition, ne demandait rien, laissait agir ses amis. Après le triomphe de la paix d'Amiens, ils proposèrent de lui attribuer une récompense nationale, mais le Sénat ne vota qu'une autre période de dix années. C'était malgré tout une déconvenue. Alors Cambacérès imagina de soumettre au peuple la question de savoir si, oui ou non, Napoléon Bonaparte (son prénom commençait à paraître officiellement) serait nommé Premier Consul à vie, et trois millions et demi de voix, contre moins de dix mille, répondirent par l'affirmative. La Constitution fut remaniée dans ce sens, et le Premier Consul reçut en outre le droit de choisir lui-même son successeur (août 1802). Quoiqu'il n'eût pas d'enfants, rien n'interdisait que ce successeur fût son fils s'il en avait un.

Ainsi la monarchie héréditaire était sur le point d'être rétablie, après tant de serments de ne jamais revenir à la royauté. Ce mouvement s'était produit de la façon la plus naturelle du monde et il ne restait en France qu'un nombre tellement insignifiant de républicains de doctrine qu'aucune résistance n'était à craindre. Il fallait seulement rencontrer les circonstances qui permettraient à Napoléon Bonaparte de faire un pas de plus et de prendre ce titre d'empereur qui était maintenant dans son esprit et qui plaisait aux Français, parce qu'il évoquait le souvenir de l'ancienne Rome et parce qu'il répondait à l'étendue de leurs conquêtes. Il serait cependant aussi faux qu'injuste de prêter au Premier Consul l'idée, qu'il avait besoin de la guerre pour acquérir la souveraineté suprême. Il ne le serait pas moins de lui attribuer une autre ambition, celle de dominer l'Europe. Comme nous allons le voir, l'Empire s'est fondé d'une autre manière. Dès le Consulat à vie, tous les souverains regardaient Bonaparte comme un des leurs. On le voyait « monter peu à peu vers le trône », tout le monde acceptait cette ascension, et les monarchies européennes, montrant encore une fois combien peu elle s'étaient souciées de la cause des Bourbons, s'inclinaient devant cette puissance redoutable. Elles ne cherchaient plus qu'à se concilier ses bonnes grâces et, au mieux de leurs intérêts, s'adaptaient à une situation qu'elles ne pouvaient changer.

En 1802 et 1803, la politique du Premier Consul ne tend qu'à consolider et à organiser pacifiquement l'Europe dans la forme nouvelle que lui ont donnée dix ans de guerre. Lorsqu'il se fait proclamer président de la République cisalpine ou italienne, dont le centre est Milan, lorsqu'il annexe le Piémont à la France, personne ne proteste, parce que, selon le vieil usage, tout le monde a reçu des compensations. L'Autriche elle-même est consentante, parce qu'elle a Venise. Ce principe des compensations, conformément au traité de Lunéville, fut appliqué à l'Allemagne, et le remaniement de 1803, en supprimant un grand nombre de principautés ecclésiastiques et de villes libres, préparait la concentration et l'unité de l'Allemagne. L'Autriche catholique n'hésita pas plus à recevoir de l'héritier de la Révolution des dépouilles des princes-évêques que la Prusse protestante et libérale à prendre des mêmes mains des cités indépendantes. Cette simplification du chaos germanique, qui commençait la ruine du traité de Westphalie et qui faisait la part belle à la Prusse, devait avoir des conséquences funestes pour nous en agrandissant en Allemagne les plus forts aux dépens des plus faibles. Napoléon ne pensait pas plus à ce choc en retour qu'au danger de rapprocher les membres épars de la nation germanique.

Cette combinaison impliquait de la part de Napoléon la croyance à un état de choses durable en Europe. Plus significative encore était sa préoccupation de rendre des colonies à la France : elle attestait sa confiance dans la solidité de la paix d'Amiens. Il avait obligé notre alliée l'Espagne à lui rétrocéder la Louisiane en échange de l'Étrurie constituée en royaume pour un infant. Il entreprenait de reconquérir Saint-Domingue, aujourd'hui Haïti, la perle des Antilles, qui avait si longtemps fourni la France de sucre et de café, et qui, sous la Révolution, après une anarchie et des massacres épouvantables, était passée aux mains des noirs. Tous ces projets n'attestaient qu'un dessein, celui de s'installer dans la paix, celui de jouir des agrandissements immenses que la France avait reçus.

Mais il fallait mal connaître l'Angleterre pour se figurer qu'elle se résignerait à nous laisser reconstituer un empire colonial, reparaître sur les mers, possesseurs des plus belles côtes et des plus beaux ports depuis Rotterdam jusqu'à Gênes. Dès que la France aurait une marine, et elle travaillait à en reconstituer une, elle deviendrait un concurrent redoutable. On dira, et c'est ce que le gouvernement français ne manquait pas de représenter, que ces raisons, ces craintes auraient dû empêcher l'Angleterre de signer la paix d'Amiens, que rien n'était changé depuis 1802. Ce qui avait changé, c'étaient les dispositions du peuple anglais, celles des commerçants surtout qui s'apercevaient que l'expansion de la France leur avait enlevé en Europe une vaste clientèle. Le chômage, ce cauchemar de l'Angleterre, apparaissait et l'effrayait tandis que les politiques, dont Pitt restait le chef, étaient bien résolus à ne jamais accepter les agrandissements de la France. Ils profitèrent de cet état d'esprit pour exercer une pression sur le ministère Addington et, cherchant le prétexte d'une rupture et de la guerre, l'empêchèrent d'évacuer Malte, comme il s'y était engagé par le traité d'Amiens. Pendant plusieurs mois, l'affaire de Malte donna lieu à des négodations orageuses. Le Premier Consul, auquel la reprise des hostilités avait fini par apparaître comme inévitable, aurait voulu au moins les différer. D'accord avec Talleyrand, son ministre des Affaires étrangères, il offrit plusieurs transactions. Le gouvernement britannique resta intraitable : son parti était pris. Même si on lui laissait Malte, ce qui ouvrait une brèche dans le traité d'Amiens, le conflit renaîtrait sur un autre point. Au mois de mai 1803, la rupture était consommée.

Nous touchons ici à l'enchaînement des circonstances qui allaient rendre possible l'établissement de l'Empire. La France et l'Angleterre étaient en état de guerre, mais sans moyens de s'atteindre. Nos côtes étaient inutilement canonnées et le Premier Consul, reprenant le projet, déjà deux fois abandonné, d'envahir l'Angleterre et d'y transporter une armée sur des flottilles de bateaux plats, formait un camp à Boulogne. Ces préparatifs demandaient du temps et, pendant ce temps, la lutte recommençait avec les armes ordinaires. Les royalistes irréductibles reçurent de Londres encouragements et subsides. Georges Cadoudal débarqua en France et, d'accord avec le général Pichegru, complota de tuer le Premier Consul. Il réussit même à compromettre un autre général jaloux de Bonaparte, l'illustre Moreau. Cette conspiration, découverte, irrita profondément le Premier Consul. On peut dire qu'elle fut aussi pour lui un trait de lumière. Il se plaignit tout haut de l'ingratitude des émigrés, affecta un langage républicain, publia qu'on voulait frapper la Révolution dans sa personne. Il conçut même une idée qui était la négation de la politique qu'il avait suivie jusque-là. Les conjurés ayant tous déclaré qu'un prince devait les rejoindre, le Premier Consul résolut de faire un exemple. Quoiqu'il eût en toute occasion marqué son horreur pour l'exécution de Louis XVI, c'est à l'équivalent d'un régicide qu'il recourut à son tour pour donner à son trône un sanglant baptême républicain. Le prince annoncé par les conspirateurs royalistes ne paraissant pas, Napoléon ne voulut pas abandonner le plan qu'il avait formé. Il fit enlever de force le jeune prince de Condé, duc d'Enghien, qui se trouvait à Ettenheim, en territoire badois, et qui fut passé par les armes après un simulacre de jugement.

Ce crime était-il nécessaire pour que Napoléon devînt empereur ? Même pas. La monarchie héréditaire lui venait naturellement, pour les raisons qui lui avaient déjà donné le Consulat à vie. Mais la machine infernale avait aidé au succès du premier plébiscite. Le dernier pas se fit grâce à la conspiration de Georges et de Pichegru. Observant le réveil général de l'idée monarchique en France, les royalistes avaient pensé que la personne du Premier Consul était le seul obstacle à une restauration. Pour que la place fût libre aux Bourbons, il devait suffire de l'abattre. Le Premier Consul ayant échappé aux conjurés, le péril qu'il avait couru servit sa cause. On pensa que le Consulat à vie était fragile et qu'une forme de gouvernement exposée à périr avec son chef n'était pas assez sûre. Du jour au lendemain, Bonaparte pouvait disparaître, tandis que la dynastie de Napoléon lui survivrait et le continuerait. Alors, cet homme, que ses ennemis, qui étaient les ennemis de la Révolution, voulaient détruire, « il fallait, dit Thiers, le faire roi ou empereur pour que l'hérédité ajoutée à son pouvoir lui assurât des successeurs naturels et immédiats, et que, le crime commis en sa personne devenant inutile, on fût moins tenté de le commettre. Placer une couronne sur cette tête précieuse et sacrée, sur laquelle reposaient les destinées de la France, c'était y placer un bouclier qui la protégerait contre les coups des ennemis. En la protégeant, on protégerait tous les intérêts nés de la Révolution ; on sauverait d'une réaction sanguinaire les hommes compromis par leurs égarements (les Jacobins et les régicides) ; on conserverait aux acquéreurs de domaines nationaux leurs biens, aux militaires leurs grades, à tous les membres du gouvernement leurs positions ; à la France le régime d'égalité, de justice et de grandeur qu'elle avait acquis ». Conserver : voilà le grand mot. La Révolution était devenue conservatrice d'elle-même et de ses résultats. Pour se sauver, pour durer, elle avait eu recours, le 18 brumaire, au pouvoir personnel. Elle avait recours maintenant à la monarchie héréditaire. Pour franchir ce dernier pas, Napoléon avait calculé que l'exécution du duc d'Enghien ne serait pas inutile, parce qu'elle lèverait les derniers scrupules républicains et donnerait une garantie à ceux qui s'étaient le plus compromis dans les excès révolutionnaires et qui se réjouiraient « de voir le général Bonaparte séparé des Bourbons par un fossé rempli de sang royal ».

Un ancien révolutionnaire, connu par l'ardeur de ses opinions, le tribun Curée, fut chargé de proposer l'établissement de l'Empire. Il n'y eut qu'un opposant déclaré :

ce fut Carnot, qui se rallia d'ailleurs par la suite. Des manifestations de collèges électoraux dans les départements, des adresses de l'armée préparèrent l'opération. Après un vote unanime du Sénat, un second plébiscite, par des millions de voix, ratifia le troisième changement qui était apporté à la Constitution de Sieyès, d'où venait de sortir un souverain beaucoup plus absolu que les Bourbons : on jurait d'ailleurs encore une fois, et dans les formes les plus solennelles, de ne jamais les rappeler sur le trône. Ainsi s'achevait le mouvement qui avait si rapidement ramené la France vers la monarchie et que Thiers résume en termes frappants : « De cinq directeurs nommés pour cinq ans, on avait passé à l'idée de trois consuls nommés pour dix ans, puis, de l'idée de trois consuls, à celle d'un seul de fait, ayant le pouvoir à vie. Dans une telle voie on ne pouvait s'arrêter qu'après avoir franchi le dernier pas, c'est-à-dire après être revenu au pouvoir héréditaire. » On y revint d'autant plus facilement que, s'il avait fallu, comme le dit encore Thiers, lumineux dans cette partie de son histoire, plusieurs générations après César pour habituer les Romains à l'idée d'un pouvoir monarchique, « il ne fallait pas tant de précautions en France pour un peuple façonné depuis douze siècles à la monarchie et depuis dix ans seulement à la République ».

    L'Empire fut proclamé le 18 mai 1804 et le nom d'empereur fut choisi, parce que celui de roi était inséparable des Bourbons. Ce titre semblait aussi plus grand, plus « militaire », plus nouveau, tandis qu'il évoquait d'indestructibles souvenirs. Jusque-là, l'empereur était germanique. Transférer la couronne impériale en France, c'était attester la défaite des Habsbourg qui reconnaissaient le soldat de fortune devenu empereur d'Occident et, désormais, se contentaient pour eux-mêmes du nom d'empereurs d'Autriche. C'était aussi restituer à la France le sceptre qu'avait porté Charlemagne. Comme Charlemagne lui-même, Napoléon voulut être couronné par le pape, et non pas à Rome, mais à Paris. Pie VII, après quelques hésitations, se rendit à son désir et, le 2 décembre, à Notre-Dame, on eut le spectacle extraordinaire du sacre, le soldat de la Révolution devenu l'oint du Seigneur. À ceux qui s'étaient émus du Concordat, qui s'effarouchaient bien davantage de cette apparente subordination à la papauté, Napoléon répliquait qu'il mettait le nouveau régime issu de la chute des Bourbons à l'abri de toute opposition religieuse, qu'il y attachait l'Église au lieu de s'attacher à elle, qu'il le légitimait aux yeux des catholiques du monde entier et se rendait, d'un seul coup, l'égal des souverains des plus vieilles maisons : il eut soin, d'ailleurs, de prendre la couronne des mains de Pie VII et de la placer lui-même sur sa tête. Mais ne pouvait-il oser tout ce qu'il voulait ? Il reconstituait une noblesse, il se composait une cour : il n'était rien que la France n'approuvât.

Né au milieu de cette satisfaction et de ces bénédictions, l'Empire, qui réalisait le mariage des principes révolutionnaires avec les principes monarchiques, semblait aux Français comme le port où ils étaient sûrs de reposer après tant de convulsions épuisantes et terribles. Par le plus étrange des phénomènes, personne ne s'alarmait de ce qui rendait fragile tout cet éclat. L'Empire ne serait vraiment fondé, les conquêtes de la Révolution assurées que le jour où la puissance britannique serait vaincue, et, on l'oubliait presque, nous étions en guerre avec elle.

Napoléon ne l'oubliait pas. Sa pensée, au moment où il distribuait des fonctions et des titres, était tout entière au camp de Boulogne. Il ne doutait pas que, pour venir à bout de l'Angleterre, il fallût frapper un grand coup chez elle, et, pour frapper ce grand coup, être libre, ne fût-ce que pendant un jour, de traverser la Manche. Il voyait distinctement que l'Angleterre travaillait à former une troisième coalition. Cette coalition, il était sûr de la battre; à ce moment, il ne se dissimulait pas que cette nouvelle victoire sur les puissances continentales ne résoudrait rien de plus que les autres, tant que la grande puissance maritime anglaise resterait intacte. Notre marine avait été ruinée par la Révolution. À peine avait-elle commencé de se relever lorsqu'elle avait été blessée à Aboukir. Napoléon, aidé de Decrès, avait entrepris de la restaurer. Mais la marine est une œuvre qui ne s'improvise pas. Malgré les délais que laissa la coalition, lente à se former tant les craintes que la France inspirait étaient vives, il fallut agir contre elle avant que nos escadres fussent prêtes, se retourner vers l'Allemagne sans avoir même ébranlé l'Angleterre. L'échec du plan de Boulogne allait changer toute la fortune de l'Empire.

Ce plan était simple et hardi. La France avait deux flottes peu importait que l'une fût détruite si l'autre, libre de ses mouvements, pouvait entrer dans la Manche et protéger, pendant vingt-quatre heures seulement, le transport de l'armée de Boulogne. C'est sur ce coup de dés que se jouait cette immense partie, et elle fut perdue. Pas plus qu'à Waterloo Napoléon ne verra venir Grouchy, il ne vit, à Boulogne, venir Villeneuve. Mais cet amiral doutait de l'instrument qu'il avait entre les mains, de son matériel imparfait, de ses officiers et de ses équipages inexpérimentés. La flotte de l'Espagne, notre alliée, avait été très éprouvée et ne valait guère mieux que la nôtre. Villeneuve redoutait un désastre, et la suite des événements ne lui donna pas tort. Le ministre de la marine Decrès partageait ses craintes. « Il est malheureux pour moi de connaître le métier de la mer, osait-il dire à l'empereur, puisque cette connaissance ne produit aucun résultat dans les combinaisons de Votre Majesté. » Au mois d'août 1805, ce furent pour Napoléon des journées de cruelle attente. Villeneuve se rendrait-il à Brest pour entrer dans la Manche ? On apprit enfin qu'il avait été trop heureux de se réfugier à Cadix : tous les plans de l'empereur étaient détruits. Il fallait encore une fois renoncer à l'invasion de l'Angleterre, au moins la remettre à plus tard. L'Autriche, qui avait cédé aux sollicitations du gouvernement britannique devenait ouvertement menaçante. La Russie la suivait. La Prusse, malgré des égards inspirés par une illusion traditionnelle, était peu sûre, Il était devenu nécessaire de battre les Autrichiens et les Russes avant qu'ils se fussent réunis. Alors, ayant imposé la paix au continent, Napoléon reviendrait sur l'océan pour obtenir la paix maritime. Il n'avait donc pas, à ce moment, l'idée funeste que l'Angleterre s'avouerait vaincue, lorsque les puissances continentales le seraient. Cette idée, qui nous avait coûté si cher sous Louis XV, Napoléon devait pourtant y revenir, contraint et forcé par la catastrophe dont la crainte avait paralysé ses amiraux : ses victoires magnifiques allaient être anéanties par un désastre naval.

Le lendemain de la capitulation des Autrichiens à Ulm, Villeneuve tentait de sortir de Cadix, où Nelson le tenait bloqué. La flotte anglaise, bien qu'elle fût inférieure en nombre, détruisit la flotte franco-espagnole, après un terrible combat, en vue du cap Trafalgar (20 octobre 1805). Les appréhensions de Villeneuve n'étaient que trop justifiées. Après cette catastrophe, le projet d'une descente en Angleterre n'était plus réalisable, Napoléon l'effaça de son esprit, n'y pensa même plus. La défaite de Trafalgar eut le même effet que celle de La Hougue : la France se désintéressa de la mer, l'abandonna aux Anglais. Tout promettait à Napoléon un triomphe sur les puissances continentales, et il alla le chercher, comptant, après sa victoire, trouver l'Angleterre conciliante. Comme il l'avait dit, il avait battu les Autrichiens avant leur jonction avec les Russes. Les Russes étant venus offrir la bataille, il remporta encore sur eux et sur une autre armée autrichienne, la plus éblouissante de ses victoires, celle d'Austerlitz (2 décembre). En quelques semaines, la troisième coalition avait été écrasée. À la tête de la Grande Armée, Napoléon, maître de Vienne, pouvait imposer sa loi à l'Europe. Dirigées par une seule main, celle d'un génial capitaine qui était en même temps dictateur, les forces de la France semblaient invincibles.

Il fallait seulement choisir le parti qu'on tirerait de ce triomphe militaire. Talleyrand conseillait une réconciliation avec l'Autriche. C'était un retour à l'idée de Louis XIV, de Choiseul, de Vergennes : l'Autriche pouvait servir de contrepoids. Étendue vers l'Orient, le long du Danube, elle serait un élément de conservation et d'équilibre, contiendrait la Russie et, par là, s'opposerait à elle. Napoléon avait d'autres idées. Il comprenait peut-être mieux que d'autres que ses victoires étaient fragiles, aussi fragiles que les conquêtes territoriales de la Révolution qu'il avait pour mission de défendre. Tant que l'Angleterre ne serait pas à sa merci, rien ne serait durable et il avait renoncé à la mer. Un autre projet s'était emparé de son esprit. Il revenait à la conception dont avait procédé l'expédition d'Égypte : atteindre la puissance anglaise et la faire capituler par l'Orient, peut-être par la prise de Constantinople. La paix de Presbourg, signée par l'Autriche accablée, marquait une extension considérable de l'Empire napoléonien vers l'Est. Napoléon avait déjà changé la présidence de la République italienne contre la couronne de la Lombardie. À la place des Bourbons de Naples, il installait son frère Joseph. Il reprenait Venise à l'Autriche et les anciennes possessions de la République vénitienne jusqu'à l'Albanie. L'Autriche assujettie, considérablement réduite, expulsée d'Allemagne, n'était plus qu'un chemin de communication vers Constantinople. C'était là que Napoléon voulait frapper les Anglais.

Alors commençait la tâche impossible. Pour exécuter un si vaste projet, il fallait dominer toute l'Europe. Partie de la conquête de la Belgique, la Révolution était conduite à des entreprises démesurées. Ni le génie militaire de Napoléon ni ses combinaisons politiques ne devaient y suffire. La logique même de ses desseins le poussait à de dangereux remaniements de la carte, à des agrandissements toujours plus considérables de l'État prussien, qu'il espérait retenir dans son alliance en lui promettant le Hanovre enlevé au roi d'Angleterre. Disposant à son gré de l'Allemagne, il y détruisait les derniers restes de l'Empire et de sa Constitution élective jadis garantie par la France, y taillait des royaumes distribués à ses parents, comme il mettait son frère Joseph à Naples et son frère Louis en Hollande. Bavière, Wurtemberg, Bade, Hesse-Darmstadt formaient une Confédération du Rhin sous sa présidence, c'est-à-dire une barrière contre les Russes, barrière couverte elle-même par la Prusse, bastion avancé, chargée en outre de fermer la Baltique aux Anglais. Pendant les premiers mois de 1806, maître de l'Allemagne, Napoléon parut si puissant que ses ennemis hésitèrent. L'empereur Alexandre se demandait une première fois s'il ne ferait pas mieux de s'entendre avec l'empereur des Français pour partager avec lui l'Empire turc.

L'Angleterre, reprise d'un accès de faiblesse, songeait à la paix. Pitt l'irréconciliable mourait, mais Fox le pacifique mourait à son tour et, de toutes ces velléités, il ne résultait qu'un vaste gâchis diplomatique où Napoléon lui-même s'embarrassait et se créait de nouveaux ennemis.

Alexandre Ier, au dernier moment, s'était ravisé. Il avait refusé de signer le traité négocié par Oubril et dont les frais devaient être payés par l'Espagne, les Baléares indemnisant les Bourbons de Naples. Cette tractation fut aussitôt dévoilée par les Russes et les Anglais à la cour de Madrid, déjà démoralisée par Trafalgar et qui, se voyant dupe, fut enlevée à notre alliance : la conquête de l'Espagne s'imposera bientôt au système napoléonien. Pour tenter l'Angleterre, Napoléon avait promis de restituer le Hanovre au roi George. Avec la même perfidie, ce marché fut révélé par les Anglais à la Prusse qui, peu de temps avant, s'était déjà rapprochée du tsar. Alors le « parti français » de Berlin fut emporté, avec les craintes de Frédéric-Guillaume, par un mouvement d'une forme, nouvelle qui annonçait le soulèvement de 1813, un nationalisme de la jeunesse intellectuelle dont les origines se trouvaient dans les idées de la Révolution française. Ainsi, au moment où Napoléon croyait préparer la paix en dominant l'Europe centrale, un autre adversaire se présentait, la Prusse, que la France s'était obstinée si longtemps à considérer comme son alliée naturelle.

La réplique de Napoléon fut foudroyante. Avant que la Russie fût en mesure de la secourir, l'armée prussienne, qui vivait encore sur la réputation de Frédéric, fut écrasée à Iéna (octobre 1806), comme les Autrichiens l'avaient été à Ulm. En quelques semaines, Napoléon fut maître de la plus grande partie de la Prusse, soudainement effondrée, tandis que son roi et sa reine se réfugiaient à Kœnigsberg. Il était déjà entré à Vienne et il entrait à Berlin. Puisque la Prusse refusait de servir sa politique, il ferait de l'Allemagne du Nord ce qu'il avait fait de la Confédération du Rhin : une annexe de son Empire, il fermerait lui-même les ports de la Baltique et, avec eux, toute l'Europe au commerce anglais; c'est de Berlin que fut daté le blocus continental, destiné à venir à bout de l'Angleterre et qui ne conduirait la France qu'à des efforts démesurés sans que rien fût jamais résolu. Après Ulm, il avait fallu Austerlitz ; après Austerlitz, Iéna. Après Iéna, il fallut s'enfoncer plus loin à l'est, passer la Vistule, aller chercher les Russes qui, cette fois, n'offrent pas la bataille. À Eylau, à trois cents lieues de France, sous la neige, une journée sanglante et disputée (8 février 1807) n'apporte pas encore la paix, Napoléon, qu'une inquiétude commence à saisir, offre alors un marché, une alliance à la Prusse et à l'Autriche qui se dérobent, refusent de remplir le rôle de couverture contre la Russie, et commencent, au fond, comme beaucoup d'Européens, beaucoup de Français même, à douter que son entreprise ait une issue. Ne pouvant employer la Prusse et l'Autriche à isoler la Russie, il faut donc que Napoléon oblige le tsar à se reconnaître vaincu. Un nouvel effort militaire, la levée des conscrits de 1808, est demandé à la France « pour avoir la paix ». À Friedland (juin 1807), la Grande Armée est encore victorieuse. Kœnigsberg et le reste de la Prusse tombent entre ses mains.

Alors Napoléon put croire qu'il touchait au but, qu'il dominait l'Europe, et que, dominant l'Europe, il tiendrait l'Angleterre à sa merci. Le tsar, mobile, impressionnable, dissimulé aussi, « un Grec du Bas-Empire », revint à l'idée qu'il avait abandonnée l'année d'avant. Pourquoi l'empereur de Russie ne s'entendrait-il pas avec l'empereur des Français pour une politique de partage, selon le modèle du dix-huitième siècle, mais un partage plus grandiose que celui de la Pologne, puisqu'il s'agirait de l'Empire ottoman ? Napoléon conçut alors l'espoir qu'allié des Russes contre l'Angleterre, lui fermant toute la Méditerranée, la menaçant jusque dans l'Inde, il la forcerait à s'incliner. En 1807, l'entrevue de Tilsit, le pacte d'amitié conclu entre l'empereur d'Occident et l'empereur d'Orient, parut le prix des victoires coûteuses qui avaient conduit les soldats français jusqu'au Niémen.

La première déception fut que cette alliance franco-russe, au lieu de décourager l'Angleterre, la détermina à soutenir avec toute son énergie une lutte dont l'issue serait pour elle, la vie ou la mort. Le gouvernement britannique déclara la guerre à la Russie et, pour l'enfermer dans la mer Baltique, s'en emparer lui-même, terroriser en même temps les neutres, il ne craignit pas de traiter le Danemark plus durement encore qu'en 1801. Le bombardement de Copenhague causa une grande indignation en Europe, mais une de ces indignations passagères qu'efface le succès. Dans ce défi de la France à l'Angleterre et de l'Angleterre à la France, il est difficile de dire où étaient les torts. Le blocus continental était une réplique à la tyrannie que les Anglais exerçaient sur la navigation, mais le blocus continental lui-même, pour être complet entraînait Napoléon à des occupations et à des annexions de plus en plus étendues, de même que ses projets sur l'Orient. Cette fatalité n'avait pas laissé de repos à la France depuis le jour où la Révolution avait voulu la guerre.

Partout le blocus continental devenait la cause des difficultés auxquelles Napoléon succomberait un jour. Il y avait un pays qui ne mettait aucun empressement à se fermer aux marchandises anglaises. C'était le Portugal. Napoléon se vit obligé d'y envoyer Junot avec une armée. En même temps, il était mécontent de l'Espagne, la sentait peu sûre et n'avait pas confiance dans les Bourbons de Madrid, que d'ailleurs il méprisait. L'idée lui vint peu à peu de les chasser, comme il avait déjà chassé ceux de Naples. Pour que l'alliance espagnole, qui lui était encore plus nécessaire depuis l'expédition de Junot fût sûre et rendît ce qu'il en attendait, il lui fallait à Madrid un gouvernement tout dévoué, actif, et ce ne pouvait être qu'une émanation du sien. Un drame de famille à l'Escorial acheva de le décider. Après avoir hésité entre plusieurs partis, Napoléon choisit celui de donner à l'Espagne un de ses frères pour roi, ce qui semblait logique, puisque, régnant à la place de Louis XIV, il mettrait à Madrid un Bonaparte à la place d'un Bourbon. Il méprisait d'ailleurs les Espagnols autant que leur dynastie et les considérait comme un peuple dégénéré. Au cas où ils n'accueilleraient pas Joseph comme ils avaient reçu le duc d'Anjou, cent mille jeunes soldats français suffiraient pour tenir la péninsule ibérique dont il était indispensable de s'assurer. Au même moment d'ailleurs, après avoir tant ménagé la papauté, l'empereur entrait en conflit avec elle. Le général Miollis occupait Rome pour fermer les États pontificaux, comme le reste de l'Europe, au commerce anglais et forcer Pie VII à devenir belligérant. Ainsi le blocus continental entraînait l'empereur à des violences croissantes et à des efforts excessifs, car bientôt, pour tenir toute l'Allemagne, toute l'Italie avec les deux rives de l'Adriatique, l'Espagne, le Portugal, il lui faudra un million d'hommes à demeure sous les armes et, à mesure que ses forces se disperseront, ses violences comme ses conquêtes seront moins patiemment subies.

La tâche la plus facile en Espagne, ce fut de détrôner les Bourbons. Attiré à Bayonne dans un piège, Charles IV abdiqua et son fils Ferdinand renonça au trône qui fut donné à Joseph Bonaparte qui céda Naples à Murat ; Napoléon distribuait les royaumes comme des duchés et des préfectures. Les troupes qui avaient été réunies sous prétexte de fournir des renforts à l'expédition de Junot devaient appuyer le changement de dynastie. À cette opération, l'essentiel manqua le consentement du peuple espagnol. Une insurrection générale éclata, rapidement soutenue par les Anglais. En juillet 1808, une faute grave, commise par le général Dupont, entraîna la retentissante capitulation de Baylen. Joseph, à peine installé à Madrid, prit, à la suite de ce revers, la décision encore plus grave d'évacuer sa capitale et de se replier avec ses troupes vers les Pyrénées. Cependant, nos communications étaient coupées avec le Portugal dont la population, d'abord soumise, se souleva à son tour et, une armée anglaise ayant été débarquée, Junot, après des combats héroïques, obtint, par une capitulation honorable, que ses soldats fussent rapatriés par la flotte anglaise.

En détrônant les Bourbons pour être plus sûr de l'Espagne, pour l'administrer directement et, comme il disait, pour la régénérer, Napoléon n'y avait pas seulement attiré les Anglais, reçus comme des alliés et des libérateurs. Il ne se condamnait pas seulement à une lutte difficile qui recommençait toujours, contre un peuple insurgé. Le soulèvement de la nation espagnole fut, en outre, contagieux.

En Prusse, au Tyrol, en Dalmatie, le patriotisme fut exalté, l'idée de la guerre sainte pour l'indépendance naquit et grandit. L'Espagne fut, ainsi que l'empereur l'a reconnu dans le Mémorial, le premier de ses écueils. En même temps, sa politique se compliquait. L'alliance avec la Russie était languissante. Le partage de la Turquie était abandonné. Napoléon ne pouvait laisser aux Russes ce qu'ils désiraient le plus ardemment, c'est-à-dire Constantinople, qu'ils ne pouvaient pas davantage lui accorder. En 1808, à l'entrevue d'Erfurt, renouvelant celle de Tilsit, les deux empereurs, devant un « parterre de rois », se prodiguèrent les marques d'amitié. Napoléon permit à Alexandre de s'emparer de la Valachie et de la Moravie (la Roumanie actuelle), alors provinces turques. Sur la demande du tsar, il consentait encore à évacuer une grande partie de la Prusse, évacuation que l'insurrection espagnole et les prélèvements de troupes qu'elle exigeait rendaient d'ailleurs nécessaire : la limite de nos forces commençait à être atteinte. Cependant l'Autriche reprenait courage, l'Angleterre, toujours généreuse de subsides, la poussait aux hostilités, et le tsar se réservait quand Napoléon lui demandait de se joindre à lui pour l'intimider. L'entrevue d'Erfurt laissait apparaître que l'alliance franco-russe n'était pas solide, et Napoléon, sentant bien que les affaires d'Espagne nuisaient à son prestige, résolut de franchir les Pyrénées pour installer lui-même son frère Joseph à Madrid.

Il faudrait des volumes entiers pour raconter ces campagnes qui s'engendraient l'une l'autre et dont aucune ne décidait rien. À peine Napoléon eut-il rétabli la situation militaire en Espagne et ramené Joseph qu'il dut laisser ses lieutenants aux prises avec les rebelles. L'Autriche, encouragée par les difficultés de la France, était encore une fois entrée en guerre, et l'empereur dut se rendre des bords de l'Ebre aux bords du Danube. Les préparatifs de l'Autriche avaient été sérieux.

Ce n'était pas un adversaire négligeable. La journée d'Essling fut pénible, la victoire de Wagram coûteuse (juillet 1809). Mais une autre complication sortait de cette victoire.

Pour frapper plus sûrement l'Autriche, Napoléon s'était servi contre elle de Poniatowski et des Polonais. Comme au dix-huitième siècle, la Pologne altérait notre politique et nos alliances, et, depuis les partages, elle réunissait toujours la Russie, la Prusse et l'Autriche. Alexandre, resté neutre pendant la guerre austro-française, veillait sur la Galicie, et, déjà déçu par l'abandon des projets sur la Turquie, s'inquiétait d'une résurrection de la Pologne. Alors, si la Russie n'était plus pour Napoléon une alliée fidèle, si elle refusait de s'associer au blocus continental, elle devenait une ennemie et alors il faudrait la battre à son tour. L'idée de vaincre l'Angleterre par l'Europe et l'Asie, la mer par la terre, conduisait à ces conséquences, absurdes à première vue, pourtant logiquement liées.

Ce n'est pas de gaieté de cœur que Napoléon se résolut à franchir le Niémen et à porter la guerre en Russie. Il espérait toujours ne pas en venir là si l'Espagne était soumise, si les États-Unis, auxquels il promettait la Floride après leur avoir cédé la Louisiane, déclaraient la guerre à l'Angleterre, qui, frappée par le blocus continental dans ses intérêts, dans son existence même, finirait par demander la paix. Sans doute ce blocus portait un coup terrible au comnmerce britannique. Il n'était pas moins grave pour le commerce des autres nations. La Hollande ne s'y soumettait pas et Napoléon dut la reprendre à son frère Louis, qui avait épousé la cause de ses nouveaux sujets. Il l'annexa et la divisa en départements. C'était pour l'Angleterre une raison de plus de ne pas désarmer. Ainsi le blocus continental menait soit à de nouvelles guerres, soit à de tels accroissements de l'Empire que les Anglais, refusant de reconnaître les conquêtes de la Révolution, devaient aussi résolument refuser de reconnaître les conquêtes nouvelles, entraînées par les premières et destinées à les garantir.

La France commençait à s'inquiéter. Le bon sens disait que cette extension du territoire et de la guerre ne pouvait pas être indéfinie, et pourtant on n'en voyait pas la fin. Dans l'entourage même de l'empereur, des hommes perspicaces, comme Talleyrand et Fouché, commençaient à penser que tout cela finirait mal. Et pourtant l'Empire ne parut jamais si grand, l'avenir si sûr qu'en 1810, lorsque Napoléon eut divorcé, renvoyé Joséphine qui ne lui avait pas donné d'enfant, épousé une archiduchesse en copiant le contrat de Marie-Antoinette et de Louis XVI dans la famille duquel il entrait. L'an d'après, Marie-Louise lui donnait un fils, l'Empire héréditaire avait un héritier et cet héritier, il était nommé Roi de Rome comme celui du Saint-Empire s'était appelé roi des Romains. Mais Rome, en 1811, n'était plus que le chef-lieu du département du Tibre, le Pape était déporté à Savone en attendant d'être prisonnier à Fontainebleau. Par le blocus continental, le restaurateur du catholicisme en France avait été conduit à s'aliéner les catholiques du monde entier. Et pourtant, excommunié, ayant, à Naples et à Madrid, détrôné des Bourbons, il avait épousé un fille des Habsbourg. Son extraordinaire fortune bravait tout.

Ce mariage autrichien, défi à la Révolution française elle-même, Napoléon ne s'y était décidé qu'après un mariage manqué avec une sœur d'Alexandre. L'empereur de Russie se dérobait à l'alliance et déjà Napoléon n'y croyait plus. Il jugeait même la guerre inévitable. Se mettant à la place du tsar, il pensait que l'Empire russe n'accepterait jamais l'extension de l'Empire français, qui, par les nécessités du blocus continental, avait fini par annexer les villes de la Hanse, Brême et Hambourg, devenus chefs-lieux de deux de nos 130 départements. La France allait jusqu'à la mer Baltique et plus elle se rapprochait de la Russie, plus un grand conflit était à craindre, parce que les difficultés naissaient à chaque instant de l'Oldenbourg, de la Pologne, de l'Orient, enfin de la répugnance des Russes à cesser le commerce avec les Anglais. Encore alliés, les deux empereurs armaient l'un contre l'autre, ces armements mêmes devenaient un grief. Napoléon, désormais convaincu que cette nouvelle guerre était fatale et qu'il n'arriverait à ses fins qu'après avoir abattu la Russie comme il avait abattu la Prusse et l'Autriche, prépara pour l'année 1812 l'armée la plus vaste qu'on eût jamais vue, l'armée de « vingt nations » où entraient des hommes de tous les pays alliés ou soumis à la France, une sorte de croisade de l'Occident contre la Russie asiatique. À cette croisade, par la pente naturelle de son esprit autant que par politique, Napoléon donnait encore le mot d'ordre de la Révolution, la libération des peuples, dont la résurrection de la Pologne serait le gage, sans prendre garde que déjà les Espagnols luttaient pour leur indépendance et que l'esprit de nationalité, ranimé par les principes révolutionnaires, agitait les masses germaniques. Alexandre, habile à jouer tous les rôles, parlait de son côté un langage libéral, invoquait la justice, intéressait à sa cause les pays conquis et subjugués par la France ou insurgés contre elle, préparait se réconciliation avec la Prusse et l'Autriche par la complicité des trois États dans le partage des provinces polonaises. Napoléon allait donc tout jouer dans cette campagne de Russie à laquelle il ne pouvait échapper. Vainqueur, il serait le maître de l'Orient, de Constantinople, de l'Europe entière, il obligerait enfin l'Angleterre à capituler. Vaincu, il donnera lui-même le signal de la débâcle. Ainsi, la guerre entreprise en 1792, après avoir porté les Français jusqu'à Moscou, reviendra jusqu'aux portes de Paris par un brutal et rapide reflux. Il fallut aller à Moscou pour avoir voulu conquérir en une enjambée la Belgique et la rive gauche du Rhin, et l'un ne fut pas plus insensé que l'autre.

En juin 1812, la Grande Armée franchit le Niémen, et les Russes évitèrent encore de lui offrir la bataille. Alexandre avait dit qu'il se retirerait s'il le fallait au-delà de Tobolsk. Napoléon se figurait que, de Moscou, il dicterait la paix à la Russie. Les Russes brûlèrent la ville et ne firent pas la paix. Alors commença une retraite qui, après le passage de la Bérézina, tourna en débâcle. Au mois de décembre, Ney et Gérard arrivaient presque seuls à Kœnigsberg. La Grande Armée avait fondu. L'empereur lui-même l'avait abandonnée en secret, comprenant l'étendue de la catastrophe, redoutant les effets qu'elle aurait en Europe et en France même, où la conspiration du général Malet, dont la nouvelle lui était parvenue en Russie, lui avait appris combien son pouvoir était précaire et son prestige affaibli.

Désormais, l'histoire de l'Empire, c'est celle d'un rapide retour aux conditions dans lesquelles Napoléon avait pris la dictature en 1799. Pour sauver la Révolution et ses conquêtes, tâche dont les républicains eux-mêmes l'ont chargé au 18 brumaire, il a reçu de la France la permission de prendre la couronne, de fonder une dynastie, de s'emparer de la moitié de l'Europe, de lever et de tuer des hommes sans compter. Tout cela aura été vain. En quelques mois, on va être ramené au point de départ.

Si, en 1809, les succès de l'insurrection espagnole avaient encouragé l'Angleterre à persévérer et ranimé le courage des peuples conquis, en 1813, le désastre de la Grande Armée devait, bien davantage encore, déterminer l'adversaire à en finir. Les Anglais se dirent qu'il ne s'agissait plus que d'ajouter quelques sacrifices à ceux qu'ils avaient déjà faits pour en recueillir le résultat. La déclaration de guerre des l'États-Unis, si longtemps espérée de Napoléon, qui survint à ce moment-là et qui était due à la tyrannie maritime de l'Angleterre bien plus qu'aux efforts de notre diplomatie, ne pouvait même plus changer la résolution du gouvernement britannique. Tout indiquait d'ailleurs un vaste retournement des choses en faveur de la cause dont l'Angleterre était restée, à un moment, le champion presque unique. La propagande nationaliste portait ses fruits en Allemagne. La Prusse, tout en protestant de sa fidélité à notre égard, avait tourné ses obligations et reconstitué en secret ses forces militaires. Un corps prussien mêlé à nos troupes et commandé par le général d'York passa aux Russes. Cette défection causa une sensation immense en Allemagne et hâta le repli des derniers débris de l'armée française qui ne s'arrêta plus qu'à l'Elbe. Alors le gouvernement prussien leva le masque et suivit l'opinion publique qui voulait la guerre de libération et d'indépendance.

Napoléon voulait considérer sa défaite de Russie comme un simple accident. Il pensait qu'en Allemagne il lui serait toujours facile de battre les Prussiens et les Russes. Ayant levé et organisé une armée nouvelle, il les battit, en effet, à Lützen et à Bautzen. La campagne de 1813 commençait bien. Cependant il se méfiait, non sans raison, de l'Autriche, et, au lieu de poursuivre ses premiers succès, il accepta un armistice afin d'être prêt à battre un troisième adversaire. Il ne craignait pas une coalition austro-prusso-russe et il préférait en finir d'un coup se disant qu'il avait assez de gages entre les mains pour obtenir, avec l'Angleterre elle-même, une paix générale avantageuse. La victoire de Dresde, le 27 août, parut encore lui donner raison. Mais, l'un après l'autre, mal servis par leurs contingents de la Confédération germanique, plusieurs de ses lieutenants se firent battre et détruisirent ses plans. Revenu sur Leipzig, pour empêcher les coalisés de s'y réunir, Napoléon y livra une bataille de trois jours, au cours de laquelle nos auxiliaires saxons passèrent à l'ennemi. Cette immense bataille perdue et toute l'Allemagne avec elle, il fallut se replier sur le Rhin. En novembre, ce qui avait été la Grande Armée entrait à Mayence après avoir dû s'ouvrir un passage à Hanau sur les Bavarois qui avaient trahi à leur tour.

Sur le Rhin, pouvait-on du moins signer la paix des frontières naturelles ? Mais la question se posait dans les mêmes termes que sous la Révolution. Si la Prusse révélait enfin qu'elle était contre nous la plus acharnée des puissances allemandes, l'Angleterre ne voulait pas céder que nous n'eussions renoncé à Anvers. L'enjeu de cette guerre de plus de vingt ans était toujours là. Or, la Hollande venait de se soulever contre la domination française. La Belgique était lasse de la conscription, des impôts, et, chez elle aussi, un vieux et indomptable sentiment national se réveillait. Renseigné sur l'état de la France, le gouvernement britannique en connaissait l'épuisement. Il savait que tout avait été organisé pour la conquête et rien pour la défense, que la supériorité numérique des coalisés était considérable et qu'à l'intérieur aussi l'Empire napoléonien chancelait. Sa détermination d'en finir fut d'un plus grand poids que la haine de la Prusse, et c'est pourquoi les pourparlers qui eurent lieu avant l'entrée des Alliés à Paris n'étaient pas sincères. Depuis 1793, il était écrit que, si l'Angleterre n'était pas vaincue, la France n'aurait la paix qu'en retournant à ses anciennes limites. Quant à Napoléon lui-même, qui mieux que lui se rendait compte qu'il était, autant que la Convention et le Directoire, prisonnier de la guerre et des conquêtes ? Ces conquêtes, il devait les défendre jusqu'au bout ou tomber avec elles, comme fût tombée la Révolution. La nature même de son pouvoir, les conditions dans lesquelles il l'avait reçu lui interdisaient cette paix honorable et politique, qu'on lui reproche bien vainement de n'avoir jamais conclue : d'abord les Alliés n'en voulaient pas, tout en s'y prenant de manière à laisser croire aux Français que seule l'ambition insensée de leur empereur les empêchait de l'avoir; ensuite nul gouvernement d'origine révolutionnaire ne pouvait accepter les anciennes limites. « Au point où les choses en sont venues, disait alors Napoléon, il n'y a qu'un Bourbon qui puisse me succéder. »

Toutefois, les Bourbons lui succédèrent pour une autre cause. En 1814, les Alliés avaient envahi la France et ils ne s'entendaient pas encore sur le gouvernement qu'ils préféraient pour elle. Pas plus qu'autrefois, ce n'était pour y rétablir la monarchie qu'ils lui avaient fait la guerre. L'empereur d'Autriche souhaitait la régence de sa fille Marie-Louise qui lui eût donné un contrôle sur les affaires françaises. L'empereur de Russie songeait à un roi de sa main, Bernadotte, par exemple, un des plus heureux parmi les aventuriers de la Révolution, devenu prince royal de Suède par un concours de circonstances extraordinaires et qui avait trahi Napoléon. La Prusse, toute à l'idée de s'agrandir, était indifférente à notre régime, pourvu qu'elle eût une part de nos dépouilles. Alors Castlereagh, qui voulait une France diminuée, mais libre, et non pas soumise à l'Autriche ou à la Russie, fut conduit à penser que la monarchie bourbonienne était seule à remplir les conditions que l'Angleterre désirait, parce que, selon le mot d'Albert Sorel, « ce gouvernement de principes et non d'expédients ne serait ni l'obligé ni le client d'aucun des alliés ». Tel fut le calcul, inconnu ou incompris des Français, par lequel allait se faire une Restauration qu'ils crurent amenée, imposée par l'ennemi, alors que, selon le système d'équilibre de l'Angleterre, elle était destinée à préserver leur indépendance contre l'étranger.

La campagne de France, la plus admirée de toutes celles de Napoléon, fut un chef-d'œuvre inutile. Ses victoires,

Brienne, Champaubert, Montmirail, Montereau, Albert Sorel les compare à celle de Valmy : les Alliés hésitaient parfois, se demandaient si ce n'était pas le moment de traiter. Mais, de même que la Révolution avait exigé que l'ennemi sortît d'abord du territoire français, Napoléon voulait la garantie des frontières naturelles, il ne pouvait pas vouloir autre chose et la coalition ne combattait que pour les enlever à la France. « Il faut reprendre ses bottes et sa résolution de 93 », disait-il en février 1814. D'instinct, c'est à la Révolution qu'il se rattachait et il accueillait Carnot, l'ancien collaborateur de Robespierre, resté à l'écart de l'Empire et qui lui apportait son concours. De leur côté, les Alliés n'avaient pas oublié qu'après Valmy l'envahisseur ayant reculé au-delà du Rhin, la Révolution avait décidé de l'y poursuivre. Cette vision raffermit leur détermination et resserra leur alliance.

Après avoir conclu entre elles le pacte de Chaumont, les quatre puissances reprirent l'offensive, résolues à dicter la paix. Cependant tout croulait autour de Napoléon. Avec ses soldats improvisés, presque des enfants, les derniers que la France avait pu lui fournir, il tenta encore d'arrêter l'ennemi, puis de le tourner pour le battre. Faute de forces, ses dernières combinaisons échouèrent. Le 30 mars, les Alliés étaient maîtres de Paris et, de Montmartre, un Allemand écrivait : « Il y avait neuf siècles et demi que notre empereur Othon avait planté ses aigles sur ces collines. »

Le 11 avril 1814, à Fontainebleau, Napoléon abdique. Non seulement son Sénat, issu du Corps législatif de brumaire, qui était lui-même issu de la Convention, l'a abandonné et demande les Bourbons, mais ses maréchaux, dans des scènes violentes, l'ont pressé de renoncer au pouvoir et de partir. On était revenu à la situation qui s'annonçait avant le 18 brumaire et à laquelle le Directoire avait voulu échapper. C'est encore Albert Sorel qui remarque que l'Empire finit, comme avait commencé le Consulat, par une de ces « journées » qui avaient renversé tant de gouvernements révolutionnaires. Le 5 mai, Louis XVIII entrait à Paris, tandis que l'empereur déchu débarquait à l'île d'Elbe.

Son histoire, qu'attend à Waterloo un lamentable épilogue, n'est pas encore finie. Une seule chose l'est, et le retour de l'île d'Elbe n'y changera rien : la Révolution, malgré la métamorphose impériale où elle s'était réfugiée, n'a pas réussi à donner à la France l'extension qu'elle avait rêvée. Elle se termine par une défaite. Il s'agit maintenant, au milieu des bouleversements qu'elle a multipliés en Europe, de rendre à la France vaincue son rang et la sécurité.

Chapitre XVIII

La Restauration

RÉPÉTONS-NOUS pour mieux tenir la chaîne. Tous ces événements, dont le récit le plus succinct veut tant de place, s'étaient accomplis en vingt-cinq ans. Un Français, jeune homme en 1789, était en 1814 dans la force de l'âge. Un quart de siècle, c'est peu de chose. Et que s'était-il passé ? Dans la partie de son programme qui comprenait le régime républicain et les frontières naturelles, la Révolution avait échoué deux fois : quand elle avait dû, pour se conserver, recourir à la dictature, au pouvoir absolu, à l'Empire, et quand, au lieu de garder le Rhin et l'Escaut pour frontières, l'Empire avait, finalement, ouvert le vieux territoire à l'invasion. Alors, qu'y avait-il à faire ? Quelle solution adopter ? La seule possible, et bien rares furent ceux qui ne s'y rallièrent pas, était de rappeler les Bourbons. Talleyrand avait été un des principaux artisans de leur restauration, bien qu'il les aimât peu, parce qu'il se rendait compte que toute autre combinaison était vaine. Républicain ou impérial, le régime qui tirerait son origine de la Révolution serait condamné à la guerre, et la France avait mené la guerre jusqu'à l'extrême limite de ses forces. Rien de plus significatif que l'empressement des maréchaux de Napoléon autour de Louis XVIII. Depuis 1812, ils avaient prévu pour la plupart que « tout cela » finirait mal. Tout cela ayant mal fini, la difficulté de gouverner devait être grande pour n'importe quel régime. Mais la République avait abdiqué le 18 brumaire, l'Empire était tombé avec la défaite, et ni la République ni l'Empire ne pouvaient conclure la paix, dont la monarchie dut prendre la responsabilité.

On a dit et redit que les Bourbons, au sortir de l'exil, n'avaient rien oublié, rien appris. Si l'on voulait être juste, on pourrait s'étonner qu'ils eussent oublié tant de choses et trouvé naturel d'en accepter tant. Les frères de Louis XVI ne songeaient à rétablir ni l'ancienne Constitution ni l'ancienne physionomie du royaume. Ils prirent la situation telle qu'elle était, avec l'administration et les Codes de l'an VIII, laissant même à leur poste une grande partie des préfets et des sous-préfets de Napoléon. Jamais, dans l'histoire de la dynastie, il n'y avait eu d'aussi long interrègne et l'on a le droit d'être surpris que la royauté ne soit pas revenue d'exil avec un plus gros bagage de préjugés. Les émigrés en avaient rapporté bien davantage et le plus gênant pour la monarchie, ce qui était nouveau pour elle, c'était l'existence d'un parti royaliste, alors qu'autrefois ceux qui n'étaient pas royalistes formaient seuls des partis. La tâche la plus délicate des Bourbons restaurés fut de se dégager de leurs partisans, des hommes qui avaient pourtant souffert et lutté pour eux, dont le dévouement, ne fût-ce que pour la sécurité de la famille royale, était encore utile. Si les royalistes fidèles avaient droit à la justice, comme les autres Français, ce n'était pas pour eux seuls qu'on pouvait régner. Cependant ils attendaient des réparations et des récompenses. Il fallait aussi rassurer la nombreuse catégorie des propriétaires de biens nationaux. En outre, de toutes les parties du grand Empire napoléonien, du fond de l'Allemagne et du fond de l'Italie, où des corps isolés de la Grande Armée s'étaient maintenus malgré la débâcle, des soldats, des officiers, des fonctionnaires rentraient par milliers, et tout ce monde, dont la guerre avait été l'unique profession et qu'on n'avait plus de quoi employer, devait former une classe de mécontents. Le bonapartisme aurait là ses recrues. Il y avait aussi les restes du parti jacobin, muet sous l'Empire et que sa chute avait ranimés. Il serait malaisé de trouver une ligne moyenne entre tant d'éléments et d'intérêts divers.

Louis XVIII n'ignorait pas les écueils qui entoureraient la monarchie, restaurée après une si longue interruption. Sur le moment, tout était facile. Les Bourbons n'avaient pas eu à s'offrir : on les demandait. La France était lasse de la guerre, lasse aussi de ce qu'on appelait le despotisme impérial. Louis XVIII, qui avait de l'expérience, de l'étude, de la finesse, qui avait vu beaucoup de choses, se rendit compte des circonstances dans lesquelles il rentrait. Il avait à ménager son autorité et il n'eût pas été prudent de commencer son règne en humiliant le principe dont il tirait sa force. Il avait aussi des satisfactions à donner aux idées du temps. Le Sénat, en l'appelant au trône, avait établi des conditions, fixé des garanties pour les personnes et pour les biens, tracé un programme de gouvernement constitutionnel. Sauf un point, Louis XVIII accepta tout. Deux Chambres, comme en Angleterre, c'était le système qui semblait le meilleur et même le plus commode pour une monarchie. L'égalité civile n'avait rien non plus pour déplaire à un roi de France ; le frère de Louis XVI savait combien la résistance des privilégiés, en arrêtant les réformes, avait été funeste à l'ancien régime. La garantie des propriétés, des rentes, des pensions allait de soi : pour régner sur la France, il fallait la prendre telle qu'elle était. Il n'y eut qu'une chose que Louis XVIII n'accepta pas : c'était le caractère conditionnel de cette Constitution. D'une Charte imposée, qui l'eût diminué, qui eût soumis son pouvoir à toutes sortes d'exigences et de capitulations successives, comme il était arrivé à Louis XVI, il fit une Charte accordée, « octroyée ». Ainsi le principe monarchique était sauf, ou bien ce n'était pas la peine de restaurer la monarchie, et la transition était assurée entre la monarchie « absolue » et la monarchie « constitutionnelle ». Louis XVIII y gagnait de s'être fait respecter des nouveaux constituants comme il se faisait respecter des souverains ennemis. « On aurait dit, remarquait Alexandre, que c'était lui qui venait de me replacer sur le trône. »

La monarchie avec la Charte était donc la combinaison la plus favorable, la plus naturelle aussi que l'on pût trouver. Elle conciliait le passé et le présent, l'ordre et la liberté. Mais, avant tout, sans les Bourbons, la France était vouée, comme le disait Talleyrand, à l'asservissement ou au partage. L'étranger vainqueur était sur notre sol, il restait à conclure la paix et ce n'était pas le moins difficile. La monarchie était bien innocente du désastre. Ce qui avait porté le dernier coup à, Louis XVI, c'était son opposition à la guerre de 1792, la guerre qui venait seulement de se terminer par l'entrée des Alliés à Paris. La monarchie avait pour tâche de liquider cette longue aventure. On s'aperçut alors que les Alliés n'avaient combattu ni la Révolution ni Napoléon, mais la France. La paix qu'ils firent était à peine moins dure que celle qu'ils auraient imposée vingt ans plus tôt à la République s'ils avaient été vainqueurs. Il leur était indifférent que leurs exigences fussent nuisibles à la popularité des Bourbons, rendus responsables d'une situation qu'ils n'avaient pas créée.

Louis XVIII n'était pas encore rentré en France que la véritable pensée des Alliés éclatait. Ce que la France désirait le plus ardemment, c'était d'être délivrée de l'occupation étrangère. Par la convention du 29 avril, le comte d'Artois avait reçu la promesse d'une évacuation immédiate en échange de la reddition des troupes françaises qui se défendaient encore isolément en Italie, en Allemagne, en Hollande. La France tint ses engagements, les Alliés ne respectèrent pas les leurs. Ils avaient vaguement annoncé qu'ils reconnaîtraient à la France des frontières plus larges que celles de 1792. Le traité de Paris du 30 mai 1814 ne nous accorda qu'une légère rectification de frontières avec Philippeville et Marienbourg. Landau qui, sous Louis XVI, formait une enclave française, fut rattaché au royaume et nous reçûmes la limite de la Queich, celle que demandait le maréchal Foch et que nos alliés nous ont formellement refusée en 1919. Louis XVIII tenait surtout, ce qui était la doctrine de notre sécurité, doctrine aussi immuable que la géographie elle-même, à mettre une plus longue distance entre Paris et les portes d'invasion, à garder, de Dixmude à Luxembourg, les lignes et les places qui nous couvrent. Là-dessus, il se heurta à une volonté inflexible. C'était bien pour nous chasser de Belgique que l'Angleterre avait soutenu la guerre si longtemps. Son idée n'avait pas varié. Comme en 1713, il s'agissait de dresser entre la France et l'embouchure de l'Escaut une « barrière » qui serait encore hollandaise. La Belgique redevint l'objet de ces calculs diplomatiques et stratégiques dont elle était victime depuis si longtemps et fut réunie à la Hollande sans être consultée. En même temps, l'Angleterre jetait un vaste coup de filet sur des bases navales, des colonies, qui n'avaient rien de commun avec la guerre de principes qu'elle avait affecté de conduire contre la Révolution. Quand elle nous prenait l'île de France, devenue l'île Maurice, Tabago et Sainte-Lucie dans les Antilles, quand elle nous interdisait de rentrer à Saint-Domingue, quand elle gardait le Cap enlevé à la Hollande, quand elle s'emparait de Malte, des îles Ioniennes, elle continuait le plan de domination maritime qu'elle avait poursuivi pendant tout le dix-huitième siècle. De même, la Prusse, l'Autriche, la Russie, par leurs partages de la Pologne leurs agrandissements en Allemagne et en Orient, donnaient tout son sens à une guerre dont ces conquêtes étaient le but véritable.

Elles avaient été rendues possibles par le bouleversement de l'Europe que la Révolution avait provoqué, qu'avait achevé l'Empire, et par lequel la France avait perdu les avantages qu'elle possédait depuis le traité de Westphalie. À quelle dangereuse instabilité était vouée cette Europe nouvelle, on le vit dès le Congrès de Vienne, où tous les États européens, la France comprise, furent appelés pour construire un système d'équilibre destiné à remplacer celui que nous avions nous-même anéanti. À peine le Congrès était-il réuni que déjà on parlait de guerre. Les Alliés se disputaient les dépouilles de l'Empire napoléonien. À la Prusse et à la Russie, unies par leurs convoitises, s'opposaient l'Autriche et l'Angleterre, du côté desquelles la France se rangea. Au milieu de ces rivalités, les instructions de Louis XVIII, habilement servies par Talleyrand, rétablirent tout de suite notre situation européenne. La France, à qui on avait tout refusé, prenait le rôle du pays désintéressé, défenseur du droit public et des souverainetés légitimes, adversaire des conquêtes et des partages cyniques. Les Alliés avaient feint de la combattre au nom d'un principe. Elle s'armait maintenant de ce principe pour empêcher les dangereux accroissements des autres pays, les vastes agglomérations que Napoléon n'avait que trop favorisées. Elle s'en armait pour mettre l'Allemagne à l'abri de la Prusse, l'Italie à l'abri de l'Autriche, la Turquie enfin, où nous avions à maintenir nos anciens privilèges, à l'abri de la Russie. Cette politique, conforme à nos meilleures traditions diplomatiques, renouait avec celle de Vergennes. C'était celle de notre sécurité. Elle nous mettait à la tête du parti de la modération, nous rendait le rôle de protecteurs des États moyens et petits. C'est dans cet esprit que Talleyrand défendit le roi de Saxe qui était resté fidèle à Napoléon, et dont la Prusse, sous ce prétexte, voulait garder le royaume. L'indépendance de la Saxe garantissait l'indépendance des autres États germaniques et, dans la mesure du possible, après les simplifications que Napoléon avait opérées en Allemagne, restaurait le traité de Westphalie. En échange de la Saxe, qu'il désirait avidement, parce qu'elle aurait fait de son, territoire un tout homogène, le roi de Prusse reçut les provinces rhénanes dont il ne voulait pas, parce qu'elles étaient éloignées du centre de l'État prussien, séparées de lui par d'autres États allemands, et difficilement assimilables par un pays protestant, étant catholiques. De nos jours, on reproche encore à Talleyrand d'avoir installé la Prusse à nos portes. « Rien, répondait-il, ne serait plus simple, plus naturel, que de reprendre ces provinces à la Prusse, tandis que si elles eussent été données en dédommagement au roi de Saxe, il serait difficile de l'en dépouiller. »

Un an à peine s'était écoulé depuis que les Alliés étaient entrés à Paris, et la situation de la France en Europe était rétablie au-delà de tout espoir. Le service qu'on attendait des Bourbons, ils l'avaient rendu. La preuve en était dans la déception de nos ennemis les plus haineux qui étaient les Prussiens. Le nationalisme germanique, tiré d'un long sommeil par les principes de la Révolution, puis soulevé contre la domination napoléonienne, avait rêvé d'une grande Allemagne, étendue jusqu'aux Vosges, unie par le pays de Frédéric et des patriotes réformateurs et libéraux qui avaient préparé la guerre de l'Indépendance. Et l'Allemagne restait divisée, à l'état de

Confédération où l'Autriche était le contrepoids de la Prusse, aussi semblable à l'ancien Empire germanique qu'elle pouvait l'être après les remaniements territoriaux de Napoléon.

Et la France ? Appréciait-elle cette espèce de miracle de l'art politique qui lui avait permis d'échapper à l'alternative du partage ou de l'asservissement ? Ce redressement, on ne l'a compris, admiré que plus tard, après de plus dures épreuves. C'est seulement à la suite du traité de Francfort que l'histoire a réhabilité le traité de Vienne. Insensible aux avantages obtenus, à des calculs qui dépassaient l'entendement des foules et qu'on ne pouvait expliquer tout haut sans en compromettre le succès, la France n'avait vu que le rétrécissement de ses frontières, et elle imputait aux Bourbons, ramenés, comme on commençait à le dire, « dans les fourgons de l'étranger », une faute qui n'était pas la leur. Thiers répète, avec une insistance rare à l'époque où il écrivait et pour le public dont il était lu, que toute la faute était à Napoléon.

Il suffit pourtant que Napoléon revînt de l'île d'Elbe par une audace qui rappelait le retour d'Égypte, il suffit qu'il parût pour que la France presque entière se ralliât à lui. Il n'y a peut-être pas de phénomène plus extraordinaire dans notre histoire. Tous les hommes raisonnables prévoyaient qu'une nouvelle tentative de l'empereur finirait par une catastrophe pire que celle de 1814. Les libéraux voyaient avec regret tomber la Charte. Enfin, la France était lasse de la guerre, et ce qu'on avait réclamé des Bourbons avec le plus d'insistance, c'était que la conscription fût abolie. Napoléon a prétendu qu'il avait été rappelé par un mécontentement universel contre la monarchie restaurée. Il y avait, en effet, entre l'ancienne société revenue de l'émigration et la société nouvelle des froissements difficiles à éviter. Surtout, les militaires rentrés en France après la convention du 23 avril, ceux qui n'avaient pas vu l'invasion, avaient le sentiment d'une déchéance imméritée, sans compter l'irritation des officiers à la « demi-solde », car il avait été impossible de conserver les cadres de la Grande Armée napoléonienne. Cependant rien de tout cela n'était vraiment grave. Quelques complots avaient déjà été découverts, et rapidement réprimés. Il fallut Napoléon lui-même pour déterminer un mouvement d'opinion tel qu'en trois semaines il reconquit la France. Dès qu'il paraissait, on oubliait tout : les désastres de la veille et ceux que son retour annonçait, les tueries pour lesquelles on avait fini par maudire son nom, la conscription abhorrée. Officiers et soldats se rallièrent à lui : sachant toujours parler aux soldats, il touchait leur cœur par des souvenirs de gloire, et les premiers détachements envoyés pour lui barrer la route l'acclamèrent après un moment d'hésitation. Grenoble, puis Lyon s'ouvrirent. Le maréchal Ney, qui avait promis de l'arrêter et de le ramener au besoin dans une cage, fléchit à son tour et céda à l'entraînement. Débarqué au Golfe Juan avec une poignée d'hommes, le 1er mars 1815, Napoléon, le 20, était aux Tuileries, tandis que Louis XVIII se retirait à Gand.

Cent jours : l'aventure ne dura pas davantage et ce fut assez pour causer des dégâts incalculables. À l'intérieur d'abord, en rendant plus difficile la réconciliation des Français. Napoléon ne savait pas seulement le métier de la guerre. Il savait celui de la politique qu'il avait appris, exercé pendant la Révolution. C'est de la Révolution surtout qu'il réveilla le souvenir, parlant gloire aux soldats, paix et liberté au peuple. L'empereur autoritaire était revenu en démagogue. Deux choses pouvaient lui nuire : la crainte que les Alliés ne reprissent les armes : il assura que son beau-père l'empereur d'Autriche les en empêcherait ; la crainte du despotisme impérial : il disait aux paysans : « Vous êtes menacés du retour des dîmes, des privilèges, des droits féodaux. Je viens vous arracher à la glèbe et au servage. »

Restaurateur du culte, fondateur d'une nouvelle noblesse, il excitait maintenant la foule contre les nobles et les prêtres. Aux libéraux, il promettait une Chambre des représentants, la liberté de la presse, ce que Louis XVIII avait déjà donné, mais avec l'esprit de la Révolution en plus. « Si c'était un crime de rappeler Bonaparte, a écrit Mme de Staël, qui ne lui pardonnait pas, c'était une niaiserie de vouloir masquer un tel homme en roi constitutionnel. » Cependant, la plupart des libéraux voulurent être dupes. Benjamin Constant, quelques jours après qu'il avait appelé Napoléon l'« usurpateur », rédigea l'acte additionnel aux Constitutions de l'Empire, bien qu'il eût, dès ses premiers entretiens avec l'empereur, « reconnu son mépris pour les discussions et les formes délibérantes », disposition qui « paraissait, pour se développer, n'attendre que la victoire ». La défaite vint avant. Mais la figure d'un Napoléon libéral, confondu avec la cause de la Révolution, resta. De là date cette alliance des bonapartistes et des libéraux qui allait agiter la Restauration et la monarchie de Louis-Philippe pour préparer le règne de Napoléon III.

À l'extérieur, les conséquences du retour de l'île d'Elbe ne furent pas moins graves. Les Alliés en furent informés à Vienne le 13 mars. Aussitôt ils mirent l'empereur « hors la loi des nations ». Le pacte de Chaumont fut renouvelé. La reprise de la guerre était certaine, de nouveaux malheurs probables pour la France. Talleyrand, qui la représentait au Congrès, se trouva dans la situation la plus cruelle. Prévoyant ce qui allait survenir, il prit le parti de se joindre aux Alliés afin de conserver au moins les conditions du traité de Paris pour que le futur traité ne fût pas pire. Mais il serait facile de travestir cet acte de prudence et de soutenir que la monarchie s'était associée aux ennemis de la nation française. Et quand les hommes qui s'étaient compromis dans les Cent-Jours chercheront une excuse, c'est de cet argument perfide qu'ils se serviront.

À aucun moment Napoléon n'avait cru ni que les Alliés le laisseraient régner ni qu'il pourrait régner sur une France revenue à ses anciennes limites. Il était toujours esclave de la loi qui l'avait poussé sans relâche à la guerre. Mis au ban de l'Europe, il se prépara tout de suite à combattre. On le suivit, mais beaucoup de Français étaient agités de pressentiments sinistres et l'enthousiasme des premières journées du retour était tombé. Au plébiscite qui eut lieu, comme autrefois, pour approuver l'Acte additionnel, le nombre des abstentions fut considérable. L'assemblée du Champ de mai, renouvelée de la fête de la Fédération, fut morne. Le ressort de la nation était fatigué, les esprits troublés, les lieutenants de Napoléon inquiets. Soucieux de prévenir une nouvelle invasion, l'empereur partit le 12 juin pour la Belgique, dans le dessein de séparer Wellington et Blücher, qui avaient cent mille hommes de plus que lui, et de les battre l'un après l'autre. Malgré un succès à Ligny, il ne put empêcher les Anglais et les Prussiens de se joindre. Ce qu'on appelle l'adversité, et qui n'est que l'effet d'un ensemble de causes, s'en mêla. Grouchy, auquel l'empereur avait confié une armée pour le récompenser de services politiques, se trompa en croyant bien faire, resta inutile pendant que la grande bataille s'engageait le 18 juin à Waterloo, nom retentissant d'un désastre qui n'avait eu d'égal que celui de Trafalgar. Revenu à Paris dès le 20, Napoléon n'avait plus qu'à abdiquer pour la seconde fois. Il s'y résolut après un vote de la Chambre qu'il avait fait élire et qui se hâta de l'abandonner.

Tous ces événements ont une couleur romanesque, un caractère passionnel. Ils échappent à la raison. Une folie de trois mois ramenait chez nous l'étranger, remettait en question ce qui avait été si péniblement obtenu en 1814. Cette fois, les Alliés furent encore plus exigeants, et Talleyrand, par sa précaution de Vienne, n'avait pu prévenir que les trop graves mutilations du territoire français, celles que réclamait la Prusse, toujours la plus acharnée. Le prix de Waterloo, ce fut, au second traité de Paris, du 20 novembre 1815, plus de cinq cent mille âmes. Nous perdions Philippeville, Marienbourg, Bouillon, c'est-à-dire des places qui couvraient notre frontière du nord, rendue plus vulnérable à l'invasion. Nous perdions Sarrelouis et Landau : la trouée par laquelle les Prussiens entreront en 1870 sera ouverte et le traité de 1919 ne nous a même pas rendu la limite de 1814. Nous perdions encore Chambéry et Annecy, repris par la Maison de Savoie. Enfin nous devions supporter une occupation de cinq ans et payer 700 millions d'indemnité de guerre. Ces malheurs, la France était allée les chercher, elle les avait provoqués, lorsque, cédant à un mouvement sentimental, au souvenir des jours de gloire, elle avait tout oublié pour se jeter dans les bras de l'empereur. Et cependant la légende napoléonienne ne faisait que de naître. Déporté à Sainte-Hélène par les Anglais, Napoléon continua d'agir sur les imaginations. Le héros devint un martyr. Sa cause se confondit avec celle de la Révolution, et la littérature, de la plus haute à la plus vulgaire, propagea ce mysticisme. Les traités de 1815 avaient laissé le peuple français meurtri de sa chute après un rêve rapide et prodigieux. Par une criante injustice, mais naturelle à l'homme, qui aime à rejeter sur autrui la responsabilité de ses fautes et de ses maux, ce ne fut ni à Napoléon ni à lui-même que le peuple français imputa les traités de 1815, mais aux Bourbons qui avaient mis tout leur effort à les atténuer.

Après l'effondrement de Waterloo, c'est encore Louis XVIII qui était revenu, parce que lui seul était possible. On avait parlé du duc d'Orléans et même du prince d'Orange. Un sentiment qui ne s'était pas vu en 1814 s'était développé par la complicité des bonapartistes et des libéraux pendant les Cent-Jours, par leur erreur et leur échec même : la haine des Bourbons de la branche aînée, une haine qui ne désarmera plus, parce qu'ils étaient comme un reproche vivant pour ceux qui s'étaient si gravement trompés. Cependant la réconciliation nationale était rendue encore plus difficile, parce que Napoléon avait ranimé les passions des temps révolutionnaires. Durant ces trois mois, les Jacobins, unis aux bonapartistes, avaient pris sur les royalistes une revanche qui détermina à son tour des représailles. Dans le Midi surtout, très antinapoléonien, il y eut de violentes émeutes populaires qui, à Avignon, coûtèrent la vie au maréchal Brune. Le gouvernement de Louis XVIII les réprima par la force, ce qui n'empêcha pas la « Terreur blanche » de devenir un nouveau grief de l'opposition libérale. Il était d'autre part nécessaire de rechercher et de punir les hommes qui s'étaient rendus responsables des nouvelles calamités de la France en se joignant à Napoléon au lieu de l'arrêter comme ils en avaient le devoir. Le procès et l'exécution de Ney furent une de ces « cruelles nécessités » qui s'imposent aux gouvernements, et l'entraînement sentimental auquel le maréchal avait cédé avait coûté trop cher pour ne pas vouloir un exemple. Cependant, Ney devint à son tour une victime et un martyr, comme si sa fatale faiblesse, le jour où il s'était jeté dans les bras de son empereur, n'avait pas été cause d'une nouvelle guerre, guerre absurde, sans espoir, où des Français n'avaient péri que pour ramener l'invasion et aggraver les exigences de l'ennemi.

La deuxième Restauration eut ainsi une tâche plus pénible que la première, parce qu'elle dut punir et sévir et parce qu'elle eut à compter avec ses propres partisans. Le régime parlementaire ne faisait que de commencer en France. Ses débuts furent si singuliers qu'ils valent qu'on s'y arrête un instant.

L'Assemblée qui fut élue après celle des Cent-Jours était ardemment royaliste, si royaliste que Louis XVIII lui-même ne croyait pas qu'on pût en trouver une pareille (d'où lui resta le nom de Chambre introuvable), et qu'on appelait les membres de la majorité « les ultras ». Élue sous le coup de Waterloo et des malheurs publics, cette Chambre était réactionnaire, elle l'était passionnément, elle haïssait la Révolution aussi bien sous sa forme républicaine que sous sa forme napoléonienne, et cependant elle n'en fut pas plus docile envers le gouvernement. C'est d'elle qu'on a dit qu'elle était plus royaliste que le roi, ce qu'il faut entendre en ce sens qu'elle voulut lui dicter sa politique. Louis XVIII pensait que la France avait besoin de ménagements et la Chambre tenait un langage qui pouvait alarmer beaucoup de personnes et beaucoup d'intérêts. Le gouvernement entendait rester juge des mesures à prendre pour punir les complots bonapartistes et en prévenir le retour. Il avait à reconstituer des finances ébranlées par deux invasions et dont le baron Louis, après 1814, avait préparé le rétablissement en fondant le crédit sur le respect des engagements pris par les régimes antérieurs. Il était particulièrement nécessaire de rassurer les possesseurs de biens nationaux. Une Chambre royaliste eût donc été sage de ne pas créer un surcroît d'embarras au pouvoir. C'est elle cependant qui, pour imposer ses vues, en un mot pour gouverner elle-même, s'efforça d'étendre les prérogatives du Parlement au détriment des prérogatives de la couronne. Elle voulait que les ministres fussent ses représentants auprès du roi au lieu d'être les représentants du roi auprès d'elle. Cette Chambre contre-révolutionnaire ne se comportait pas autrement que la Constituante. Elle ne consentait pas à n'être qu'un pouvoir auxiliaire de l'autorité royale, comme la Charte l'avait voulu. Elle visait à posséder le pouvoir. Chateaubriand, royaliste frondeur, publia une brochure retentissante, la *Monarchie selon la Charte,* pour réclamer le régime parlementaire complot, sans réserves, avec le droit de renverser les ministères et non plus seulement de les contrôler. Ces ultra-royalistes, devenus députés, étaient ultra-libéraux et ils ouvraient la porte aux revendications et aux agitations de la gauche. Nous retrouvons là un phénomène ancien, bien connu : le duc de Saint-Simon, s'il avait vécu cent ans plus tard, eût été de cette opposition.

On eut ainsi, en 1816, le spectacle étrange d'une Chambre d'extrême droite en conflit avec le roi. Il en coûtait à Louis XVIII de rompre avec elle, c'est-à-dire avec ce qu'il y avait de plus royaliste en France. Mais il était impossible d'admettre que la souveraineté se déplaçât. Le roi, en 1814, n'avait pas cédé au Sénat de l'Empire. Il avait fermement tenu au principe que la Charte était « octroyée » par lui. Si la Charte était revisée sur l'initiative des députés, quelle que fût leur opinion, ce que Louis XVIII avait obtenu disparaissait. En 1816, la Chambre s'obstinant à combattre le ministère Richelieu et à modifier la loi électorale, il prit le parti de la dissoudre plutôt que de reconnaître le règne des majorités. C'était la rupture entre la couronne et l'extrême droite. On entrait par là dans les luttes de partis. Aux élections, qui furent conduites par Decazes, l'homme de confiance du roi, le centre ministériel triompha avec l'appui des libéraux, trop heureux de l'occasion imprévue que leur avaient fournie les ultras. Mais la gauche, qui ne tardera pas à devenir ouvertement antidynastique, n'avait su aucun gré à Louis XVIII de sa politique d'union nationale et elle se détacha bientôt du centre sur lequel le gouvernement voulait s'appuyer : le régime représentatif annonçait des orages. Alors le gouvernement dut s'apercevoir qu'en se servant de la gauche pour battre la droite afin de suivre une politique moyenne, une politique modérée, de « juste milieu », il avait enhardi et fortifié le parti libéral, coalition de tous les adversaires de la dynastie. La gauche combattit tout de suite des ministres comme M. de Serre auxquels la droite reprochait de donner trop de gages au libéralisme, et, dans cette lutte, les républicains plus ou moins avoués et les bonapartistes s'alliaient parfois aux ultras. Cette agitation de tribune et de presse eut pour conséquence, en 1820, l'assassinat, par Louvel, du neveu de Louis XVIII, le duc de Berry. Ce fut la révélation d'un véritable danger révolutionnaire et le gouvernement fut conduit à se réconcilier avec la droite. À ce changement d'attitude, les libéraux répondirent par une nouvelle forme d'opposition, les Sociétés secrètes et la « Charbonnerie », l'émeute et les complots militaires où se laissaient entraîner de malheureux sous-officiers comme les quatre sergents de La Rochelle. Les éléments militaires, les anciens généraux de l'Empire pensaient à un nouveau Vendémiaire ou à un autre Fructidor. Le vieux La Fayette lui-même, revenu à ses ardeurs de 1788, rêvait d'un *pronunciamiento* à la manière espagnole : le coup d'État du 2 décembre se préparait dès ce moment-là. La mort de Napoléon, à Sainte-Hélène, en 1821, servit d'ailleurs à fondre encore plus intimement les républicains et les bonapartistes. L'empereur devint un personnage légendaire, dont le nom était synonyme de liberté, malgré le « despotisme impérial », et de grandeur, malgré Waterloo. Cinq ans après les désastres, la leçon commençait à être oubliée.

    Quand on juge la Restauration à ses résultats, on trouve que les Français ont eu la paix et la prospérité et que ces bienfaits les ont laissés à peu près insensibles. La Restauration a été un régime honnête et sage, qui a mérité deux fois son nom, puisque la France, après avoir subi de si rudes secousses, se releva rapidement. Beaucoup de ceux qui contribuèrent à le renverser l'ont regretté plus tard. Mais il n'y eut pas plus de bonne volonté à ce moment-là qu'à un autre. On fit même une expérience qui ne devait être comprise que longtemps après : c'est que des Chambres issues d'un suffrage très restreint (beaucoup de départements avaient à peine quelques centaines d'électeurs) n'en étaient pas plus dociles, au contraire. Personne à ce moment-là ne voulait du suffrage universel, les uns parce qu'ils le croyaient révolutionnaire, les autres parce qu'ils considéraient, comme les Constituants de 1789, que seul un homme riche pouvait avoir une opinion indépendante et que la richesse assurait seule un vote sincère et libre. En effet, les électeurs censitaires étaient moins maniables que d'autres, la candidature officielle ne pouvait rien sur eux et l'esprit d'opposition, qui ne cessa de grandir dans la haute bourgeoisie, avec la haine des nobles et du « parti prêtre », était de la même nature que celui des Parlements d'autrefois et de l'ancienne aristocratie féodale. Parmi ces mécontents, il suffira de citer le financier Laffitte, un homme à qui tout avait réussi.

Louis XVIII mourut au mois d'août 1824. On doit lui rendre cette justice qu'il avait rempli la tâche pour laquelle il avait été rappelé deux fois sur le trône. Après avoir empêché le démembrement de la France, il l'avait rétablie à son rang. En 1818, au Congrès d'Aix-la-Chapelle, la France était entrée dans la Sainte-Alliance, créée pour la sauvegarde des traités de Vienne comme la Société des Nations l'a été pour la sauvegarde des traités de 1919. Trois ans après Waterloo, le territoire français était évacué par les armées étrangères, l'indemnité réduite de plus de quatre cent millions, malgré les colères et l'âpreté de la Prusse. Louis XVIII n'ignorait pas les regrets qu'avaient laissés en France l'anéantissement des fragiles conquêtes révolutionnaires, la perte de la Belgique et de la rive gauche du Rhin. Il savait que la nostalgie de la gloire militaire tourmentait une partie des Français et les entraînait vers le libéralisme. Néanmoins il résistait aux aventures où le poussaient, non seulement des royalistes, tels que Chateaubriand, mais le tsar Alexandre qui, volontiers, se fût payé des services qu'il avait rendus à la France en calmant les exigences des autres alliés et qui cherchait à nous entraîner à sa suite en Orient. La seule entreprise extérieure à laquelle Louis XVIII se décida fut, en 1823, pour intervenir en Espagne, y mettre fin à une révolution et rétablir Ferdinand VII, c'est-à-dire pour continuer la politique par laquelle nous avions jadis établi un Bourbon à Madrid, afin que l'Espagne ne tombât pas sous une influence ennemie. Cette expédition, conduite avec assez d'adresse pour ranger de notre côté une large partie des Espagnols, fort peu coûteuse par conséquent et qui contrastait si fort avec les insuccès de Napoléon dans le même pays, rendit confiance et courage à la nation et à l'armée réconciliée avec le drapeau blanc. On avait dit, après la prise du Trocadéro, que, cette fois, la « Restauration était faite ». Louis XVIII n'avait peut-être échoué que sur un point : quand il avait cru, par la Charte, donner à la France le régime des Assemblées tel qu'il existait en Angleterre, laissant la monarchie et le souverain en dehors et au-dessus des partis. Ce n'était pas ainsi que la bourgeoisie française concevait et conduisait les luttes parlementaires, et son invincible penchant était d'y mêler le roi. Louis XVIII avait déjà pu mesurer son illusion. Plus gravement, son successeur allait l'éprouver.

Plus séduisant que Louis XVIII, moins prudent aussi, son frère, le comte d'Artois, Charles X, ne savait pas comme lui attendre. Il souffrait, il s'impatientait du reproche que les libéraux adressaient à la monarchie, et qui était leur arme la plus efficace, d'être rentrée dans « les fourgons de l'étranger », de supporter les honteux traités de 1815. Effacer ces traités dans toute la mesure du possible, donner de la grandeur et de la gloire à la France, ce fut l'idée dominante de Charles X. Il crut par là désarmer une opposition dont il n'apercevait pas le caractère « systématique ». Il venait alors une génération nouvelle qui n'avait pas vu la Révolution, à peine l'Empire, dont le souvenir se transfigurait et se poétisait avec, le recul des années. À cette génération ardente, pressée, ambitieuse, dont Thiers fut le représentant, il aurait fallu donner des satisfactions immédiates. Il aurait fallu au moins, pour lui enlever son argument le plus fort, l'argument « national », déchirer les traités de 1815, reprendre les frontières naturelles. C'était la politique que Chateaubriand recommandait, sans tenir compte des obstacles extérieurs, et, quand il n'était pas ministre, Chateaubriand ne craignait pas, comme à la Chambre introuvable, de prendre le rôle d'opposant. Cette politique, ce fut pourtant celle que Charles X tenta d'appliquer. Son échec suscita la Révolution de 1830.

Six mois avant la mort de Louis XVIII, la droite avait remporté un grand succès aux élections. Villèle, devenu premier ministre, était un homme sage, expérimenté, excellent administrateur, le véritable ministre du relèvement. L'opposition qu'il rencontra, non seulement à gauche, mais chez des royalistes d'extrême droite, comme Chateaubriand, fut une injustice criante, la manifestation d'un esprit de parti incurable. Villèle gouvernait avec une majorité de droite où il y avait des ultras souvent peu équilibrés. Certains allaient jusqu'à réclamer le rétablissement de ces Parlements de l'ancien régime qui avaient tant contribué à la Révolution. Chez les catholiques, quelques exaltés demandaient tout uniment une théocratie dont Lamennais, avant de rompre avec l'Église et de finir en démagogue, était le théoricien. De toutes les conceptions déraisonnables qui peuvent se former dans l'esprit des hommes, il en est peu qui n'aient paru dans ce temps qui fut celui du romantisme littéraire et politique, et il y avait autant de romantiques de droite que de romantiques de gauche. Villèle, sensé, ennemi des exagérations, laissait tomber les exigences des têtes chaudes et, quand il devait céder à la majorité, s'y prenait assez bien pour que ses concessions ne fussent pas nuisibles. On lui imposa un projet de rétablissement du droit d'aînesse, qui fut enterré par la Chambre des pairs elle-même : bien qu'il ne fût question que d'éviter le démembrement des grandes propriétés foncières, bien qu'on alléguât l'exemple des Anglais, ce projet de loi avorté n'en fut pas moins représenté par la gauche comme une menace pour toutes les familles. La loi du sacrilège, qui fut votée, mais ne fut jamais appliquée, devint encore un grief des libéraux contre Villèle. L'idée, très politique, recommandée par tous les hommes réfléchis, d'indemniser les Français dont les biens avaient été confisqués pour crime d'émigration, fut combattue avec passion sous le nom de « milliard des émigrés », bien que ce milliard se soit réduit à 625 millions. Il s'agissait de fermer une dispute irritante, de rassurer définitivement les acquéreurs de biens nationaux, toujours inquiets d'une revendication des anciens propriétaires. Cette mesure de paix sociale, jugée insuffisante par l'extrême droite, fut dénoncée par la gauche comme une provocation. Chose plus incroyable : la conversion des rentes, rendue possible parce que les fonds publics, grâce à l'ordre des finances et à la prospérité, avait atteint le pair, déchaîna contre Villèle les fureurs de la bourgeoisie, bien que l'opération, si souvent réalisée depuis, fût parfaitement régulière et conforme aux intérêts de l'État et de la nation. On retrouvait là quelque chose de l'aveugle passion des rentiers de 1789.

Et ce n'est pas encore pour ces raisons que Villèle fut le plus attaqué. Sa modération, sa prudence, il les portait dans la politique étrangère. Il restait fidèle à la méthode qui, après 1814 et 1815, avait permis à la France de reprendre son rang et de retrouver sa sécurité. Si les traités de Vienne étaient cruels pour nous, nos propres pertes avaient pour contrepartie que des agrandissements avaient été refusés à d'autres puissances. Bouleverser l'Europe, accroître la Prusse et la Russie pour retrouver les frontières naturelles, cette politique de compensation renouvelée de 1795 lui paraissait mauvaise. Il résistait adroitement, quand le tsar nous poussait, au nom des principes de la Sainte-Alliance, à intervenir bien loin, dans les colonies espagnoles de l'Amérique du Sud, pour les remettre sous l'autorité de l'Espagne, et quand Nicolas Ier demandait notre appui pour démembrer l'Empire turc. Les Grecs s'étaient révoltés contre la domination ottomane et nous avons peine à comprendre aujourd'hui l'enthousiasme philhellène de la France d'alors. Villèle avait envoyé une escadre pour surveiller et contenir la Russie, empêcher l'ouverture de la question d'Orient. La bataille de Navarin (1827) où la flotte turque fut détruite s'engagea contre son gré, contre ses instructions. Cette journée détermina la chute de Villèle. Celui qui fut battu, ce fut encore moins le sultan que le ministre français, trop pacifique pour ceux, de droite et de gauche, qui confondaient avec la cause romantique de la Grèce celle de la gloire et de la liberté. On a pu dire que la victoire de Navarin fut chez nous celle de l'opinion publique. Elle entraîna une nouvelle orientation au-dedans et au-dehors. Navarin est d'octobre. En novembre, Villèle était battu aux élections, et les libéraux ne furent pas seuls à triompher de sa chute. On s'en réjouit aussi chez certains royalistes, et Chateaubriand, toujours partisan d'une action grandiose en Europe, accabla le ministre trop raisonnable qui voulait « retenir cette nation au sol, l'attacher en bas ».

Dès lors, on avance rapidement vers la Révolution de 1830. À la nouvelle Chambre, en majorité libérale, Charles X donne un ministère qui doit la contenter. Martignac reprenait la politique de la ligne moyenne, du juste milieu, qui avait été celle du duc de Richelieu, de Decazes et de Serre. Âprement combattu par l'extrême droite, qui le traitait de révolutionnaire, et par la gauche, pour laquelle il n'était qu'un réactionnaire, quelques concessions qu'il lui fît, Martignac finit par s'en aller en août 1829, et l'on a pu dire de cette période que « tous les partis avaient, à des degrés divers, commis des fautes ». Cependant l'opinion de Charles X était faite. Il s'était convaincu qu'il était impossible de gouverner avec la Chambre. Observant l'opinion publique, il y avait remarqué un retour croissant à l'esprit de gloire et de conquêtes. Son dessein fut de satisfaire ce besoin de la nation française, d'effacer les traités de 1815, de retrouver les frontières naturelles. Alors la monarchie, délivrée d'un reproche injuste, mais toujours vivant, serait assez glorieuse, assez populaire pour s'imposer aux Assemblées ou même se passer d'elles. Un grand succès à l'extérieur rendrait l'autorité au roi, écarterait le danger d'une révolution. Charles X oubliait que le traité de Westphalie n'avait pas empêché la Fronde et que la revanche du traité de Paris n'avait pas sauvé Louis XVI.

L'exécution de ce dessein, c'est à Polignac, que le roi la confia. En 1829, le moment semblait propice pour un remaniement de l'Europe. Les Belges, réunis de force à la Hollande, s'insurgeaient. Nicolas Ier poursuivait ses idées de conquête en Orient. Par une entente avec la Russie, en lui abandonnant les Balkans et l'Empire turc ; la France pouvait reprendre la rive gauche du Rhin, peut-être réunir la Belgique.

Quelle qu'ait été la valeur de ce plan, dangereux par bien des côtés, c'était, en somme, celui qu'avait écarté Villèle. Il échoua par le refus de la Prusse, toujours jalouse d'un agrandissement de la France, et qui, prévenant Charles X, avait déjà lié partie avec le tsar, contre l'Autriche, hostile, de son côté, aux accroissements de la Russie.

Charles X et Polignac eussent-ils réussi dans leur vaste combinaison qu'ils n'auraient pas été certains de désarmer leurs adversaires de l'intérieur. Ils auraient toujours trouvé une surenchère. Une nouvelle opposition avait grandi, presque ouvertement antidynastique. Ce n'était plus, comme sous Louis XVIII, à des complots qu'elle recourait. Elle s'adressait à l'opinion par une campagne de journaux que Thiers dirigeait dans *le National,* titre qui valait un programme, nationalisme et libéralisme étant alors une seule et même idée. On feignait de défendre la Charte contre le roi. Surtout, pour ne pas effrayer par la menace d'un retour à la République ou à l'Empire, on rappelait la révolution anglaise de 1688 et la substitution de Guillaume d'Orange aux Stuarts, on suggérait un simple « changement de personne ».

Le ministère Polignac avait été formé en l'absence de la Chambre. Quand, le 2 mars 1830, la session s'ouvrit, la Chambre demanda clairement, par son adresse au roi, le renvoi du Cabinet, c'est-à-dire ce qu'avait déjà demandé la « Chambre introuvable », le gouvernement de la majorité. La Chambre « mettait le roi au pied du mur ». Il répondit par la dissolution.

Aux élections qui eurent lieu en juin et juillet, la bourgeoisie censitaire renvoya, sur 428 élus, 274 partisans de l'Adresse. Ces élections ne troublèrent pas Charles X. S'il ne pouvait annoncer que la France avait retrouvé la Belgique et la rive gauche du Rhin, il apportait une compensation brillante : la prise d'Alger, préface de la conquête de l'Algérie, résolue dès le mois de mars, malgré les remontrances de l'Angleterre. Le 5 juillet, nos troupes étaient maîtresses d'Alger : les électeurs avaient été insensibles à cette nouvelle. Pourtant Charles X et Polignac se crurent assez forts de leur succès pour casser la nouvelle Chambre et gouverner, selon l'article 14 de la Charte, par « des ordonnances pour le salut de l'État ». Ils prenaient, en particulier, des mesures contre la presse qui n'avait pas craint, même la presse « nationale », de publier des informations propres à nuire à l'expédition d'Afrique. La censure de guerre, qui nous a paru si naturelle, faisait, en 1830, crier à un attentat contre la liberté.

Le roi et son ministre, par une étrange imprudence, ne tinrent aucun compte de l'agitation qui commençait à Paris. Charles X était convaincu de n'avoir affaire qu'à une résistance légale, comme lui-même, appuyé sur l'article 14, était dans la légalité. Le jour où l'émeute éclata, il partit tranquillement pour la chasse. Aucune précaution n'avait été prise. Le ministre de la guerre était aux eaux. La garnison de Paris était réduite à 14 000 hommes, des troupes ayant été prélevées pour la campagne d'Alger. Des régiments sûrs, étaient à Saint-Omer à cause des affaires de Belgique ou dans d'autres villes de province pour des cérémonies. Les 27, 28, 29 juillet, les insurgés, venus des faubourgs et du quartier des Écoles, s'emparèrent de Paris, dressant des barricades, arborant les trois couleurs, tandis que la bourgeoisie laissait faire. Cette insurrection avait quelque chose de commun avec les idées des doctrinaires, des libéraux, qui avaient rédigé l'Adresse, des classes moyennes qui les avaient réélus. C'était une explosion des sentiments que Charles X avait voulu apaiser par de la gloire et des conquêtes, tandis que l'Algérie était une diversion dérisoire pour un peuple toujours traditionnel : l'idée républicaine et bonapartiste se confondait avec la haine des traités de 1815. Les combattants des journées de juillet, dit Émile Bourgeois, n'avaient pas fait une émeute analogue à celle de 1789. Ils avaient pris les armes contre l'Europe au moins autant que contre Charles X et rêvé surtout de la République conquérante et de l'Empire.

Le roi, retiré à Rambouillet, abdiqua en faveur de son petit-fils, le duc de Bordeaux, et nomma le duc d'Orléans lieutenant général du royaume. C'eût été, Guizot l'a reconnu plus tard, la solution politique. Elle eût évité une division qui allait tout de suite affaiblir la nouvelle monarchie : la division des partisans de la branche aînée des Bourbons, la branche légitime, et les partisans de la branche cadette. Mais le précédent de 1688 hantait les esprits de ceux qui, comme Thiers, avaient soufflé sur le feu et se tenaient en réserve pour le moment où l'insurrection aurait triomphé. Ce furent eux qui offrirent la couronne à Louis-Philippe, duc d'Orléans. Cette solution, conforme à leurs goûts, avait, pour les politiques, l'avantage d'écarter le régime républicain, qui eût immanquablement signifié la guerre plus encore que l'anarchie, et qui eût introduit la France dans un conflit désastreux avec l'Europe. Ainsi, républicains et bonapartistes avaient fait la Révolution, et le parti constitutionnel l'avait confisquée. Les insurgés subissaient une autre monarchie. Mais, comme le disait l'un d'eux, ce que les vainqueurs des « trois glorieuses » avaient espéré, République ou Empire, ce serait « pour plus tard ».

Chapitre XIX

La Monarchie de Juillet

Une des plus grandes illusions qu'on puisse avoir en politique, c'est de croire qu'on a bâti pour l'éternité. Les hommes qui avaient appelé au trône un Bourbon de la branche cadette étaient convaincus qu'ils avaient trouvé la solution idéale. Qui était le duc d'Orléans ? Le fils de Philippe-Égalité. Son père était un régicide. Lui-même avait combattu à Jemmapes. Il réconciliait dans sa personne la Révolution et l'ancien régime, le passé et le présent. On crut avoir touché au port. Un historien goûté des classes moyennes, Augustin Thierry, écrivit un ouvrage où il démontrait que toute l'histoire de France n'avait tendu qu'à l'avènement de cette royauté bourgeoise.

La monarchie de juillet portait en elle-même une grande faiblesse. Elle était née sur les barricades. Elle était sortie d'une émeute tournée en révolution. Et cette révolution avait été soustraite à ceux qui l'avaient faite par des hommes politiques qui n'avaient pas paru dans la bagarre, qui en avaient même horreur, mais qui, tenant une combinaison toute prête, avaient profité des événements pour l'imposer. Cette combinaison était artificielle. L'émeute avait éclaté à Paris et s'il était entendu, depuis 1789, que Paris donnait le ton à la France, la grande masse du pays était restée étrangère au renversement de Charles X autant qu'à la fondation du régime nouveau. Quant aux libéraux qui avaient substitué le duc d'Orléans au souverain détrôné, ils représentaient le « pays légal », les électeurs censitaires, c'est-à-dire deux cent milliers de personnes en tout. Il allait donc se produire ceci : les vainqueurs des journées de juillet, républicains et bonapartistes unis, seraient déçus et il resterait des possibilités d'agitation et d'émeute. D'autre part, la Charte de 1814, légèrement remaniée, étant considérée comme la vérité définitive, le régime restait fidèle au système qui n'accordait le droit de suffrage qu'aux riches. Louis-Philippe, ne pouvant se réclamer de la légitimité comme Louis XVIII, ne s'appuyait pas non plus sur le plébiscite comme Napoléon. C'est le point essentiel pour l'éclaircissement de ce qui va suivre, car c'est sur la question du droit de suffrage que la monarchie de juillet, au bout de dix-huit ans, est tombée.

Les théories sont changeantes et il paraît surprenant que d'authentiques libéraux aient été aussi obstinément hostiles au suffrage universel. En général, cette hostilité est attribuée à un esprit de méfiance et de crainte à l'égard des masses populaires, à l'idée que des électeurs bourgeois, des « citoyens qui possèdent », sont plus conservateurs que les autres. Cette opinion était sans doute en faveur chez ceux qui considéraient le suffrage universel comme une force révolutionnaire, et le suffrage restreint comme un moindre mal, en quoi ils se trompaient beaucoup. Il est surprenant qu'après l'expérience orageuse du système parlementaire sous la Restauration, un esprit aussi pénétrant que celui de Louis XVIII, un caractère entreprenant et même aventureux comme celui de Charles X, une intelligence aussi subtile que celle de Louis-Philippe, n'aient pas discerné cette erreur. Mais les libéraux raisonnaient autrement et, à leur point de vue, ils raisonnaient mieux. Le suffrage universel leur apparaissait comme un poids immobile, sinon comme une force rétrograde. Ils étaient dans les mêmes sentiments que les Constituants de 1790 qui avaient divisé les Français en citoyens actifs, ceux qui votaient, et en citoyens passifs, indignes de voter par leur condition. Robespierre lui-même avait refusé le droit de suffrage aux « domestiques », de manière à écarter surtout les salariés agricoles. Or, la France était en grande majorité rurale. Il semblait impossible aux libéraux de conduire une politique neuve, hardie, généreuse avec ce peuple de terriens, nécessairement attachés à leurs intérêts matériels, bornés à l'horizon de leur village. Pour comprendre et pour aimer le progrès, pour pratiquer le régime de discussion, il fallait des hommes affranchis des préoccupations vulgaires de la vie, inaccessibles aux considérations mesquines comme aux influences que subissent les ignorants et les besogneux. On ne vote selon des principes que si l'on est indépendant. Et d'où vient l'indépendance, sinon de la fortune ? En vertu de cet axiome, on en arrivait à considérer que ceux qui étaient soldats, faute d'argent pour acheter un remplaçant, ne devaient pas décider par leur vote de la paix et de la guerre, leur jugement n'étant pas libre.

Cependant Louis-Philippe allait pratiquer, à l'extérieur, la même politique de paix que la Restauration. Comme elle, il sera accusé d'humilier la France, d'être l'esclave des traités de 1815. La Révolution de 1830 avait relevé les trois couleurs qui signifiaient les frontières naturelles, l'affranchissement des peuples, la revanche, la gloire : d'où le nom de « trois glorieuses », donné aux journées de juillet. Edgar Quinet dira plus tard : « La Révolution a rendu son épée en 1815 ; on a cru qu'elle allait la reprendre en 1830. » Là encore, un sentiment fut froissé, un espoir déçu. Les hommes qui avaient fait cette Révolution voulaient l'action, le « mouvement » au-dedans et au-dehors. Louis-Philippe, qui connaissait l'Europe, se rendit compte du danger, qui était, par une politique extérieure téméraire, de réunir les Alliés et de remettre en vigueur le pacte de Chaumont. Il prit le parti de la modération, de l'ordre, de la prudence, qu'on appela la « résistance » par opposition au « mouvement ». Sortie d'une poussée révolutionnaire, c'est-à-dire (car les deux choses se confondaient) belliqueuse, la monarchie de juillet sera conservatrice et pacifique. Elle donnera satisfaction au besoin de tranquillité, aux intérêts matériels qui dominent le plus grand nombre. Mais elle mécontentera les esprits ardents qui vivaient sur les souvenirs de la République et de l'Empire, et elle ne pourra pas compter, pour défendre cette politique, sur les masses, surtout rurales, à qui cette politique devait plaire, car, de la guerre, c'étaient elles qui payaient les frais encore plus alors que de nos jours.

Ainsi, en s'obstinant à repousser le suffrage universel, la monarchie de juillet se privait d'une base large et solide, celle qui avait déjà manqué à la Restauration. Elle se privait du concours de la partie la plus conservatrice de la population, alors que son système allait être conservateur et de la partie la plus pacifique, alors que sa politique allait être fondée sur le maintien de la paix. En outre, la monarchie de juillet, par son attachement à un suffrage étroitement restreint, blessait une large partie de la classe moyenne, à l'image de laquelle ce régime semblait créé. La garde nationale, destinée à le défendre et à le maintenir, n'était composée que d'hommes qui payaient l'impôt direct, mais qui n'en payaient pas tous assez pour être électeurs. Chez les petits commerçants, les médecins, les avocats, les intellectuels, on irritait le sentiment de l'égalité, si vif dans la bourgeoisie. On les incitait à désirer, du moins pour eux-mêmes, le droit de suffrage dont quelques francs de contributions les séparaient. Ainsi, l'on faisait des mécontents tandis que les électeurs et les élus de la bourgeoisie riche donnaient des Chambres aussi frondeuses que sous la Restauration. Cet ensemble d'erreurs a causé la Révolution de 1848, comme nous le verrons bientôt.

Les débuts de la nouvelle monarchie furent pénibles. L'émeute, d'où elle était née, pesait sur elle et demandait son salaire. Il fallut lui céder d'abord et Louis-Philippe donna le ministère au banquier Laffitte et au parti du « mouvement ». Déjà, pourtant, il fallait résister à la pression de la rue qui exigeait la peine capitale pour les ministres de Charles X, dont on eut grand-peine à sauver la vie : ils ne furent condamnés qu'à la prison. Mais c'était à l'extérieur surtout qu'il fallait prendre garde. Les Alliés avaient lieu de penser, d'après le langage des révolutionnaires de 1830, que la France, revenue au drapeau tricolore, ne tarderait pas à reprendre ses anciennes conquêtes et ils étaient résolus à la maintenir dans ses frontières de 1815. LouisPhilippe dut les rassurer en secret.

Déjà, une grave question était posée. Avant les journées de Juillet, les Belges s'étaient soulevés contre la domination hollandaise. Les événements de Paris les avaient encouragés à se délivrer de leurs maîtres et ils étaient portés à chercher aide et protection du côté de la France. Le moment n'était-il pas venu de terminer, dans les meilleures conditions, une des plus grandes affaires de notre histoire, celle qui n'avait jamais pu être résolue, celle des Flandres ? N'était-ce pas l'heure de réunir la Belgique, puisqu'elle semblait le demander ? Mais pas plus alors qu'en 1792 ou à n'importe quelle autre date, l'Angleterre n'eût permis cette annexion, et si la foule méconnaissait cette loi, comme la Révolution l'avait méconnue, Louis-Philippe ne l'ignorait pas. Il avait tout de suite envoyé comme ambassadeur à Londres l'homme que Louis XVIII avait choisi pour le Congrès de Vienne : Talleyrand devait encore trouver la solution, concilier la paix avec la sécurité et la dignité de la France. Tâche rendue difficile par le « parti ardent » qui agitait Paris. On a comparé avec raison la diplomatie de Louis-Philippe et de Talleyrand à celle de Fleury qui, un siècle plus tôt, malgré les cabales, l'indignation, les mépris, avait sauvegardé la paix.

Louis-Philippe et Talleyrand ont réglé l'antique problème belge, cette « pierre d'achoppement de l'Europe », de la manière la plus satisfaisante pour tous. Malgré la Belgique elle-même, oubliant alors, par haine et crainte de la Hollande, qu'elle n'avait jamais tenu à devenir province française, ils lui donnèrent d'être une nation. Le Congrès national belge voulait un prince français, le duc de Nemours, ou, à son défaut, le fils d'Eugène de Beauharnais. Le duc de Nemours fut élu roi le 3 février 1831 et Louis-Philippe refusa cette couronne pour son fils. L'acceptation eût été une réunion déguisée, la guerre certaine avec les puissances. Déjà il était assez difficile de retoucher sur ce point les traités de 1815, de soustraire la Belgique à la domination hollandaise. Si une insurrection des Polonais n'eût éclaté à ce moment-là, paralysant la Russie et, avec elle la Prusse, il n'est même pas sûr que les Belges eussent été affranchis ; la Pologne fut écrasée, mais sa diversion avait sauvé la Belgique comme elle avait, sous la Révolution, sauvé la France - La Belgique indépendante était fondée. Elle l'était, parce que la monarchie de Juillet, à la Conférence de Londres, avait joué le même rôle, suivi la même politique que la Restauration au Congrès de Vienne. Les puissances avaient voulu que la Belgique libre fût neutre, et sa neutralité garantie par l'Europe pour interdire à jamais aux Français de l'annexer. Cette neutralité était dirigée contre la France ; elle devait, dans l'esprit du traité d'Utrecht, servir de « barrière » à nos ambitions. Louis-Philippe l'accepta, la signa, la respecta. Et, quatre-vingts ans plus tard, c'est la Prusse, signataire et garante aussi, qui l'a violée. Alors la précaution prise contre la France s'est retournée contre l'Allemagne, elle a déterminé l'Angleterre hésitante à intervenir et, en fin de compte, nous a profité. Il a fallu près d'un siècle pour que le service rendu par Louis-Philippe fût compris et apprécié. En 1831, sa renonciation à la Belgique passa pour une trahison, un lâche abandon des traditions révolutionnaires et napoléoniennes. En acceptant Léopold Ier, un Cobourg, candidat de l'Angleterre, pour roi des Belges le roi des Français se réservait pourtant de lui donner sa fille, la princesse Louise, en mariage. En 1832, il sauvait encore la Belgique, menacée par un retour offensif des Hollandais, et une armée française délivrait Anvers : toutes sortes de liens d'amitié se nouaient avec la jeune nation. Cependant l'Angleterre avait été distraite de notre occupation d'Alger par les soucis que lui avaient donnés les bouches de l'Escaut, et nous pouvions prendre pied sur l'autre rive méditerranéenne, organiser la conquête entreprise par Charles X sans qu'il en eût recueilli la moindre gratitude. Quelle faible et dérisoire compensation l'Algérie semblait alors aux conquêtes perdues de la République et de l'Empire !

    Louis-Philippe avait accepté le trône - ses adversaires de droite et de gauche disaient qu'il l'avait usurpé - pour épargner à la France l'anarchie et la guerre, préserver la dignité de la nation et son avenir. Il continuait la Restauration avec le drapeau tricolore. Huit mois après les journées de Juillet, Laffitte et le parti du mouvement étaient usés, cédaient la place à Casimir Perier et au parti de la résistance. La nouvelle monarchie avait maintenu la paix à l'extérieur. Au-dedans, elle revenait à l'ordre. Ce ne fut pas sans peine ni sans de vigilentes secousses. L'émeute, frustrée de sa victoire sur Charles X, se réveilla plusieurs fois. La rupture avec les formes et les signes de l'ancienne monarchie, attestée par le nom de Louis-Philippe Ier qu'avait pris le souverain au lieu de celui de Philippe VII que les doctrinaires lui conseillaient, bien d'autres détails destinés à donner l'impression que cette monarchie des Bourbons de la branche cadette ne ressemblait pas à celle des Bourbons de la branche aînée, de multiples concessions à l'opinion libérale et anticléricale n'avaient pas suffi. Aux pillages d'églises, au sac de l'archevêché, avaient succédé des insurrections véritables. Le feu de 1830 n'était pas éteint. L'enterrement du général Lamarque fut pour les républicains et les bonapartistes, toujours réunis, l'occasion d'une prise d'armes. Presque en même temps, la duchesse de Berry avait essayé de soulever la Vendée : les légitimistes étaient aussi irréconciliables que les révolutionnaires. À Lyon, une première insurrection, de caractère socialiste, avait été réprimée. Une autre, beaucoup plus grave, éclata en 1834, fut écrasée à son tour, non sans un vif retentissement à Paris, où la Société des Droits de l'homme souleva ses adhérents. On vit alors ce qui devait se reproduire aux journées de juin et sous la Commune : la colère de la bourgeoisie menacée, la fureur de la garde nationale qui, jointe à l'armée régulière, ne fit aucun quartier. Les insurgés furent abattus comme des malfaiteurs.

Le « massacre de la rue Transnonain », dont le souvenir est resté longtemps, annonçait des guerres sociales où la classe moyenne se défendrait avec énergie. Cette réaction, violente et spontanée, ne fut pas sans influence sur la monarchie de Juillet. Le régime aussi se défendit, s'éloigna de plus en plus de ses origines révolutionnaires, de même que les bourgeois français, malgré leurs opinions libérales, avaient montré leur aversion pour le désordre. La monarchie de juillet se mit alors à poursuivre les républicains, à punir leurs complots, comme sous Louis XVIII. En 1835, l'attentat manqué de Fieschi contre le roi justifia de nouvelles mesures de répression. Comme après l'assassinat du duc de Berry, la liberté de la presse fut limitée.

Cependant cette bourgeoisie résolue à se défendre était elle-même indisciplinée. Les Chambres qu'elle élisait, qui ne représentaient que les riches, n'étaient pas plus raisonnables que celles de la Restauration. La bataille des ambitions et des partis, la fronde contre le pouvoir y furent ce qu'elles avaient été. Parlant plus tard de 1848, Sainte-Beuve écrivait : « Il resterait toujours à examiner si la catastrophe n'a pas été provoquée par ces luttes obstinées et retentissantes à l'intérieur d'une Chambre dont les portes s'ébranlaient sans vouloir s'ouvrir ni même s'entrouvrir. » Le produit du suffrage censitaire, d'un suffrage restreint qui ne voulait rien céder de son privilège d'argent, c'étaient surtout des rivalités de personnes, d'âpres conflits pour la conquête du ministère. En quelques années, les hommes se succédèrent, ambitieux de briller : Broglie après Guizot, Thiers après Broglie, tous ceux qui avaient contribué à la chute de l'autre monarchie parce qu'ils n'y trouvaient pas leur place assez belle, qui avaient donné pour devise et mis comme condition à la monarchie nouvelle : « Le roi règne et ne gouverne pas. » Après six ans de cette instabilité dangereuse, Louis-Philippe entreprit de corriger les effets du régime parlementaire et de gouverner lui-même par des hommes de confiance. La dernière expérience d'un Cabinet désigné par la majorité fut celle de Thiers en 1836. Converti à l'idée de la conservation non seulement en France, mais en Europe, Thiers tenta avec l'Autriche un rapprochement qui devait être couronné par le mariage du duc d'Orléans avec une archiduchesse. Le refus de la Cour de Vienne fut pour Thiers comme un échec personnel qui le rejeta vers le libéralisme. Changeant de fond en comble sa politique, il était prêt à entrer en conflit avec Metternich pour intervenir en faveur des libéraux espagnols, lorsque, toujours soucieux de maintenir la paix, Louis-Philippe l'arrêta. Thiers, à son tour, tombait. Alors le roi appela au ministère un homme à lui, Molé, qui recevait ses directions. Ce qu'on appela tout de suite le gouvernement personnel commençait et l'opposition systématique, celle qu'avaient connue les Bourbons de la branche aînée, commença aussi. Six ans après les barricades, on en était là.

Par une curieuse rencontre, cette année fut celle où parut un homme qui devait un jour gouverner la France bien plus personnellement que Louis-Philippe, et avec l'assentiment du pays. Le Roi de Rome, devenu duc de Reichstadt, était mort en 1832, et l'héritier du nom napoléonien était un neveu de l'empereur, fils de Louis, roi de Hollande, et d'Hortense de Beauharnais. Qui aurait cru à l'avenir politique de Louis-Napoléon Bonaparte, jeune homme obscur, dont l'existence était à peine connue ? Lorsqu'il essaya, en 1836, de soulever la garnison de Strasbourg, sa tentative ne fut même pas prise au sérieux. On se contenta d'expédier le prétendant en Amérique et le jury acquitta ses complices. L'idée napoléonienne semblait morte, et son représentant un aventurier ridicule. Quiconque eût alors annoncé une restauration de l'Empire eût passé pour fou.

C'était l'heure où les chefs parlementaires, du centre droit jusqu'à la gauche, le duc de Broglie, Guizot, Thiers, Odilon Barrot, soutenus par les légitimistes et les républicains, menaient la lutte contre Molé, le « favori », l'homme du « château ». Ce fut la coalition, « l'immorale et funeste coalition », regrettée trop tard de ceux qui l'avaient menée, comme certains des libéraux qui avaient préparé la Révolution de 1830 regrettèrent par la suite leur étourderie. À dix ans de distance, les mêmes hommes, ou peu s'en faut, affaiblissaient le régime qu'ils avaient fondé, comme ils avaient miné la Restauration, et par les mêmes moyens. Le thème n'avait pas changé : la monarchie était accusée d'humilier la France devant l'Europe, d' « altérer la politique nationale ». Les contemporains eux-mêmes furent frappés de la similitude. Lorsque Molé, en 1839, eut été battu aux élections et, au lieu d'obtenir une majorité, perdit trente sièges, tout le monde évoqua le cas de Martignac. On crut à un nouveau 1830, et les révolutionnaires, conduits par Barbès, tentèrent de soulever Paris. Les barricades ne durèrent pas plus d'un jour, mais il était évident que l'agitation parlementaire avait réveillé le parti de la Révolution. Cette alerte ne servit pas de leçon à la Chambre qui combattit le maréchal Soult, choisi par le roi, comme elle avait combattu Molé, qui, chose admirable, se réconcilia avec Thiers et se joignit à l'opposition. Ce furent quelques mois de guerre ouverte non seulement contre le Cabinet, mais contre la couronne à qui l'on reprochait l'effacement, c'est-à-dire la prudence, de sa politique européenne, à qui l'on marchandait jusqu'à l'argent de la liste civile. Ainsi la monarchie de juillet était discréditée, ébranlée par ceux qui l'avaient faite, par ces élus censitaires qui sciaient la branche sur laquelle ils étaient assis.

Louis-Philippe était poussé dans ses retranchements, comme l'avait été Charles X. Plus prudent, il céda, et, en 1840, rappela Thiers qui avait conduit cette campagne. Une nouvelle expérience commençait et elle allait conduire à une crise grave par cet esprit d'aventure que le roi redoutait chez le ministre que la Chambre lui avait imposé. Thiers, historien, avait ranimé les souvenirs de la Révolution et de l'Empire. Il voulait s'illustrer par une politique extérieure active, quels que fussent les risques d'un conflit avec l'Europe. Comme Chateaubriand sous Louis XVIII, il poussait la monarchie à rivaliser de gloire avec Napoléon. Thiers proposa tout de suite de ramener de Sainte-Hélène les restes de l'empereur, chargea de cette mission le prince de Joinville, comme pour associer la famille royale elle-même à la réhabilitation et à l'exaltation de l'Empire. Le retour des Cendres ébranla les imaginations, Il ajouta, comme Lamartine, prophétiquement, l'avait annoncé, un élément à la conspiration presque générale de la littérature, passée au culte de l'empereur. Le retour des Cendres, c'était aussi un programme, celui d'une attitude « énergique », on voulait dire provocante, au-dehors, et la revanche des traités de 1815.

Cette politique, si téméraire, si dangereuse qu'on a pu appeler le parti de Thiers le parti de la fanfaronnade, avait pourtant la faveur de l'opinion publique. Mais l'opinion publique, c'étaient la bourgeoisie, les députés, les journaux. La grande masse du pays restait immobile, étrangère à ces débats. Elle n'était même pas consultée. On conçoit que Thiers, à ce moment-là plus qu'à aucun autre, ait été hostile au suffrage universel : il savait bien que la France rurale donnerait son appui à la politique pacifique, celle du roi, parce qu'il n'était pas possible d'intéresser le paysan au pacha égyptien Méhémet-Ali, dont la cause soulevait autant d'enthousiasme que naguère celle de la Grèce en avait soulevé. Il y avait déjà plusieurs années que les exploits de Méhémet-Ali, conquérant oriental, retentissaient en Europe, ajoutaient à la question d'Orient, toujours ouverte depuis le dix-huitième siècle, un élément dangereux, en menaçant au sud la Turquie menacée au nord par les Russes. Jusqu'alors la monarchie de Juillet s'était efforcée de jouer le rôle de médiatrice entre la Russie et l'Angleterre, toujours rivales en Orient. La politique française posait en principe l'intégrité de l'Empire ottoman, pièce de l'équilibre européen, dans l'idée qui avait été celle de Talleyrand depuis le Congrès de Vienne : compenser l'abandon des conquêtes de la France par l'interdiction des conquêtes aux autres puissances. Cette méthode, Thiers la changea radicalement. Ce qu'il cherchait en Orient, c'était un succès par une victoire du héros Méhémet-Ali, en amenant le sultan de Constantinople à laisser la Syrie au conquérant égyptien. Cette action séparée, aussitôt connue en Angleterre, y détermina une violente riposte : une coalition contre Méhémet-Ali, en réalité contre la France accusée de troubler la paix européenne. Et cette coalition, c'était celle des quatre grandes puissances : Angleterre, Russie, Prusse et Autriche. Le traité du 15 juillet 1840 renouait le pacte de Chaumont. C'était la guerre, celle que Louis-Philippe avait redoutée, la lutte inégale « d'un contre quatre ». À l'explosion des sentiments belliqueux qui se produisit alors chez les Français, on put juger de leurs illusions, de leur méconnaissance du danger. Henri Heine, à Paris, observait un joyeux enthousiasme guerrier plutôt que de la consternation : le mot d'ordre commun est : guerre à la perfide « Albion ». Louis-Napoléon Bonaparte, non moins bon observateur, marqua ce moment par une manifestation nouvelle : il débarqua à Boulogne, d'où son oncle, jadis, avait menacé la puissance anglaise. Il fut cette fois enfermé au fort de Ham, d'où il s'évadera bientôt. De cette seconde équipée, son étoile ne devait pas souffrir. Thiers continuait à travailler pour lui.

Quelque imprudent qu'il fût, Thiers se rendait compte qu'un conflit avec les Anglais serait dangereux. Il se flatta d'apaiser l'Angleterre et de tourner tout l'effort de la France vers une guerre contre la Prusse et l'Autriche où de faciles victoires apporteraient la revanche de Waterloo, détruiraient les traités de 1815. Ce qui surgit alors, au moins égal en intensité au sentiment national français, ce fut un nationalisme germanique, aussi violent qu'en 1813, signe avant-coureur des ruées et des invasions prochaines. C'était ainsi déjà que, cent ans plus tôt, le parti antiautrichien avait jeté la France dans une guerre inutile. C'était ainsi qu'en 1792 les Girondins avaient ouvert la guerre de peuple à peuple. Cependant l'entraînement chez nous était tel qu'il gagnait la famille royale elle-même. « Mieux vaut, disait le duc d'Orléans, périr sur le Rhin et le Danube que dans le ruisseau de la rue Saint-Denis. » Presque seul, malgré son ministre, l'opinion et son entourage même, Louis-Philippe tint bon pour la paix, sachant que l'Angleterre ne lui permettrait pas plus qu'elle ne l'avait permis à la Révolution et à Napoléon Ier de reprendre la politique des conquêtes. Bravant l'impopularité, il s'interposa, désapprouva le langage belliqueux de Thiers, et, au mois d'octobre, l'obligea à se démettre.

Le service que le roi avait rendu au pays, le deuxième après la fondation de l'indépendance belge, le découvrait davantage, l'exposait plus que jamais au reproche d'humilier la nation. Ce que Louis-Philippe lui avait épargné, c'était pourtant une guerre continentale doublée d'une guerre maritime où le désastre était certain. Méprisé, insulté, Louis-Philippe n'aurait même pas obtenu l'appui de la Chambre si quelques hommes plus clairvoyants que les autres et qui avaient compris le péril auquel la France venait d'échapper n'avaient, avec Guizot pris de remords, renoncé à leur opposition. Désormais, et pendant les années qui restaient à la monarchie de Juillet avant de succomber, c'est avec Guizot, résolu à réparer le mal qu'il avait fait, que Louis-Philippe gouverna. Dans la Chambre même, le roi et son ministre furent soutenus par une majorité qui ne dépassa jamais cent voix. L'opposition que rencontra leur politique extérieure, fondée sur « l'entente cordiale » avec l'Angleterre, fut d'un acharnement, d'une mauvaise foi qui aujourd'hui nous confondent. Guizot, qui connaissait les Anglais, qui avait été ambassadeur à Londres, définissait l'entente cordiale : « l'indépendance dans la bonne intelligence ». On ne lui pardonnait pas l'entente cordiale. Tout incident, qu'il s'agît du droit de visite ou de l'affaire Pritchard (un missionnaire anglais expulsé de Tahiti et pour lequel l'Angleterre réclamait une indemnité), donnait lieu aux accusations les plus véhémentes. L'affaire Pritchard excita l'opinion à un degré incroyable: en 1844, on fut à deux doigts d'une guerre franco-anglaise « pour la reine Pomaré ». C'était l'année même où, poursuivant la conquête de l'Algérie, le maréchal Bugeaud battait à l'Isly les Marocains venus au secours d'Ab-del-Kader, l'année où notre escadre bombardait Tanger. Une querelle coloniale en Océanie eût été absurde lorsque l'Angleterre était toujours hostile à notre établissement dans l'Afrique du Nord. Pour la première fois, le public s'intéressait aux affaires algériennes, à cette acquisition lente et pénible, et elle n'était pas finie qu'il eût voulu tout le Maroc. Là encore, Louis-Philippe fut accusé de lâcheté et de poltronnerie. Un homme d'esprit a dit de cette époque : « La France était dans le genre sentimental bien plus que dans le genre rationnel. » Ce malentendu devait aller en s'aggravant, tandis qu'à toutes les causes de faiblesse de la monarchie de Juillet s'en était jointe une nouvelle. En 1842, le duc d'Orléans avait été tué, par un accident de voiture. Le roi avait soixante-dix ans, l'héritier du trône, le comte de Paris, en avait quatre. Au moindre découragement du vieux roi, le régime n'aurait plus personne pour le soutenir.

Si Louis-Philippe tomba, comme Charles X était tombé, à l'improviste, ce fut pourtant par l'effet de causes complexes, à l'origine desquelles se place la rupture de l'entente cordiale. Cette entente, Louis-Philippe et Guizot, suivant la pensée, de Talleyrand, l'avaient conçue comme une garantie de stabilité et de paix pour l'Europe. Mais il était venu au pouvoir, en Angleterre, avec le parti libéral, un ministre, Palmerston, qui abandonnait la politique de conservation européenne à laquelle, depuis 1815, le gouvernement britannique était attaché et qui, partout, sur le continent, favorisait les mouvements révolutionnaires et l'idée de nationalité dans la pensée que l'Angleterre aurait intérêt à en prendre la tête. Ainsi, l'Angleterre, après avoir si longtemps tenu la France en suspicion, comme le pays de la Révolution conquérante, favorisait maintenant des agitations qui tendaient à renverser les traités de 1815 et à les renverser là seulement où ils nous donnaient de la sécurité. Bouleverser l'Allemagne et l'Italie, pousser à l'unité de ces deux pays, c'était ouvrir une série de crises et créer des périls nouveaux dont nous serions les premiers à souffrir. La situation était changée du tout au tout. L'entente cordiale perdait sa raison d'être. Elle se brisa sur l'affaire des mariages espagnols, Louis-Philippe et Guizot n'ayant pas admis que le trône d'Espagne sortît de la maison de Bourbon, tandis que Palmerston voulait y placer un Cobourg et soutenait en Espagne le parti radical qui, de longtemps, ne devait cesser de troubler ce pays. La monarchie de Juillet était sage en s'opposant aux révolutions espagnoles, puisque c'était d'elles que devait sortir le prétexte, sinon la cause, de la guerre de 1870. Lorsque la France l'eut emporté, lorsqu'en 1846 la jeune reine Isabelle eut épousé le duc de Cadix et l'infante le duc de Montpensier, l'entente cordial fut rompue.

Alors elle fut reprise, adoptée par l'opposition, puisque l'Angleterre se mettait à la tête des « pays libres ». Thiers, exaltant la politique qu'il reprochera à Napoléon III quelques années plus tard, flattait le sentiment public en se proclamant partisan de l'affranchissement des peuples. De cette campagne, où Thiers eut l'appui de républicains; M. Émile Bourgeois a dit justement : « Les adversaires du cabinet Guizot n'aperçurent pas que, derrière le ministère, ils atteignaient la dynastie et la France surtout préparant une révolution européenne, plus dangereuse peut-être pour une vieille nation par le déchaînement des races que la coalition des peuples et des hommes d'État contre Napoléon. » La paix et la sécurité, c'est du côté de l'Autriche que la monarchie les chercha. L'alerte de 1840 avait révélé les vrais sentiments de l'Allemagne, et maintenant c'était le roi de Prusse qui, parlant un langage libéral, se mettait ouvertement à la tête d'un mouvement national pour l'unité allemande, le plus grand danger dont la

France pût être menacée. L'Autriche était intéresée à ne pas laisser la Prusse dominer l'Allemagne, comme elle était intéressée, par ses possessions d'Italie, à ne pas permettre l'unité italienne, en faveur de laquelle un mouvement se dessinait aussi. Pour empêcher l'unité allemande, à laquelle l'Autriche, puissance germanique, pouvait s'opposer en se découvrant moins que nous, il fallait que l'unité italienne fût sacrifiée. Ce fut la politique sur laquelle s'accordèrent Metternich et Guizot.

L'Europe, en 1847, fut remplie de symptômes révolutionnaires accompagnés de l'éveil des nationalités, avant même qu'il y eût des signes de révolution en France. L'opposition reprocha au roi et à son ministre « de trahir, par une nouvelle sorte de Sainte-Alliance, les espérances et les vœux des peuples libres ». Ce que la monarchie de Juillet défendait, c'était surtout la paix. Mais où pouvait-elle trouver des partisans pour cette politique pacifique ?

Dans les masses qui donnaient des soldats, et les masses étaient exclues du vote, leur influence ne comptait pas dans les affaires publiques. En même temps, une campagne commençait pour l'extension du droit de suffrage, droit réservé à la bourgeoisie riche, réclamé maintenant par les intellectuels, ce qu'on appelait les « capacités ». Attaqué tous les jours pour sa politique extérieure, ne regardant qu'une Chambre où il avait la majorité, Guizot ne se souciait pas d'accroître l'opposition par les voix de ceux qui représentaient particulièrement l'opinion libérale et belliqueuse. Il ne songeait pas à l'antidote, au suffrage universel, au concours qu'une politique de paix eût trouvé dans les masses paysannes. L'impopularité de Guizot auprès de la bourgeoisie et dans la population parisienne fut causée en premier lieu par son attitude à l'extérieur. Il l'accrut par son hostilité à la réforme électorale. Louis-Philippe ne consultant que la Charte, gardait un ministre que la Chambre ne renversa pas, comme Charles X, invoquant l'article 14, avait gardé Polignac. De même encore que la Révolution de 1830, celle de 1848 éclata et réussit par surprise, et ce furent aussi des bourgeois qui travaillèrent à la chute de la monarchie constitutionnelle, créée par eux à leur image. Une campagne pour la réforme électorale avait commencé sous la forme inoffensive de banquets où des paroles de plus en plus séditieuses étaient prononcées : Lamartine, à, Mâcon, annonçait « la révolution du mépris ». Un de ces banquets, ayant été interdit à Paris, donna lieu à une manifestation que les chefs de la gauche, effrayés, s'efforcèrent vainement de prévenir : la foule parisienne leur échappait déjà. Cependant, contre l'émeute qui grondait, le gouvernement n'avait pas pris de précautions extraordinaires. Pour se défendre et pour défendre le régime, il comptait surtout sur la garde nationale. Mais tandis que des barricades se dressaient le 22 février, les légions de la garde se rendaient à leurs postes en criant : « Vive la Réforme ! » Les gardiens de l'ordre, au lieu de combattre l'émeute, la renforçaient. Quand Louis-Philippe, éclairé sur les dispositions de sa bourgeoisie, qu'il s'était obstiné à croire fidèle, se décida à remercier Guizot, il était trop tard. L'insurrection, laissée libre, avait grandi. Pour lui tenir tête, la troupe restait seule et elle n'était pas suffisante. Une fusillade boulevard des Capucines, devant le ministère des Affaires étrangères, celui de Guizot, tua une quinzaine d'insurgés et la promenade des cadavres à travers Paris excita davantage la foule. Dès lors, un ministère Thiers, un ministère Odilon Barrot, proposés par le roi ne servaient plus à rien. Le 24 février, le maréchal, Bugeaud, qui essaie de rétablir l'ordre, est débordé, les Tuileries sont menacées. Les chefs parlementaires dans le désarroi sont surpris, autant que Louis-Philippe lui-même, par cet accident. Pas plus qu'en 1830, le gouvernement n'a prévu l'attaque ni préparé sa défense. Comme Charles X, Louis-Philippe renonce au trône, sans en appeler au pays, dès que Paris s'est prononcé. Comme lui, il abdique en faveur de son petit-fils quand déjà un autre régime est prêt. La Chambre est envahie au moment où elle vient d'acclamer la régence de la duchesse d'Orléans, quand Odilon Barrot vient de dire : « Est-ce qu'on prétendrait remettre en question ce que nous avons décidé par la Révolution de Juillet ? » Quelques minutes plus tard, la République était proclamée.

CHAPITRE XX

LA DEUXIÈME RÉPUBLIQUE ET LE SECOND EMPIRE

Aux journées de Février 1848 comme aux journées de Juillet 1830, la monarchie avait cédé presque sans résistance à l'émeute de Paris. Dans les deux cas, ce n'était pas seulement le roi qui avait abdiqué, c'était l'autorité elle-même. Mais si, en 1830, la bourgeoisie libérale avait pu substituer Louis-Philippe à Charles X, en 1848, elle avait été prise au dépourvu, et, cette fois, l'émeute ne lui avait pas permis « d'escamoter » la Révolution. Bon gré, mal gré, il fallait accepter la République dont le nom évoquait pour les hommes d'ordre d'assez mauvais souvenirs. Il y eut donc une panique à côté d'un enthousiasme extraordinaire. On bénissait partout des arbres de la liberté, mais les cours de la Bourse tombaient à rien et, dans la crainte du pire, chacun réalisait ce qu'il pouvait. Ce qui inspirait surtout de l'effroi, c'était le socialisme qui s'était développé durant la monarchie de Juillet avec l'industrie et l'accroissement de la population ouvrière. La République que les insurgés avaient proclamée, c'était la République démocratique et sociale fortement teintée de rouge. Au gouvernement provisoire entrèrent avec des modérés comme Lamartine, des républicains avancés comme Ledru-Rollin, un théoricien socialiste, Louis Blanc, et un ouvrier, Albert. D'après la conviction presque générale, ce n'était qu'un commencement et l'on allait vers une transformation radicale de la société. La réforme électorale avait été la cause de l'insurrection, le suffrage universel était inévitable et l'on avait peine à imaginer que le suffrage universel ne fût pas révolutionnaire.

L'histoire très brève de la deuxième République est celle d'un enthousiasme rapidement déçu et d'une peur prolongée. C'est celle aussi d'un phénomène bien plus important : l'autorité, sous la forme des deux monarchies qui avaient successivement abdiqué, avait douté du pays, et c'est pourquoi, au premier accident, elle avait douté d'elle-même et défailli. Nous allons voir le pays se mettre à la recherche de l'autorité et, en très peu de temps, la rétablir. Ceux qui, par crainte du désordre, se méfiaient du peuple français s'étaient trompés autant que ceux qui, pour gagner ses suffrages, croyaient qu'une attitude démagogique était le moyen le plus sûr. Paris même, foyer des révolutions, n'allait pas tarder à se montrer hostile à la Révolution sociale et avec une rare violence.

Les premières semaines furent tumultueuses. Le gouvernement provisoire devait sans cesse parlementer avec les insurgés qui étaient restés sous les armes et qui réclamaient des satisfactions immédiates. Il fallut leur promettre le « droit au travail », au nom duquel furent créés les ateliers nationaux pour occuper les chômeurs. Lamartine parvint, non sans peine, à maintenir le drapeau tricolore et à écarter le drapeau rouge. Pourtant les exigences des ouvriers étaient moins graves que leurs illusions. Comme les modérés leur avaient dit que le progrès ne pouvait se réaliser en un jour, ils avaient montré leur bonne volonté en mettant « trois mois de misère au service de la République ». Trois mois pour réformer la société ! le suffrage universel proclamé, l'accès de la garde nationale, jusque-là réservé aux classes moyennes, ouvert à tous, la diminution de la journée de travail, la création d'une Commission des réformes sociales : c'était, avec les ateliers nationaux, à peu près tout ce qui était possible.

Mais il y avait des revendications d'un autre ordre qui étaient bien plus dangereuses, celles que l'idéalisme révolutionnaire inspirait. La revanche des traités de 1815, les frontières naturelles, la haine de la Sainte-Alliance avaient pris un caractère mystique. Les insurgés de 1830 pensaient encore aux conquêtes, à la Belgique et à la rive gauche du Rhin. Ceux de 1848 avaient la religion des peuples opprimés, de la Pologne surtout, dont le nom revenait sans cesse dans les discours. Sur divers points de l'Europe, des mouvements révolutionnaires avaient précédé les journées de Février. D'autres, à Berlin, à Vienne, les suivirent. On crut qu'une ère nouvelle de justice et de liberté allait s'ouvrir pour le monde. Paris était plein de réfugiés de tous les pays qui allaient, en cortèges acclamés par la foule, demander le secours du gouvernement provisoire. Lamartine devait répondre chaque jour à des délégations allemandes, hongroises, italiennes, polonaises, irlandaises, norvégiennes même. Une pression s'exerçait sur la République pour l'entraîner à la guerre de propagande en faveur de laquelle insistaient, avec Ledru-Rollin, les républicains de doctrine. Lamartine, qui avait pris le ministère des Affaires étrangères, abondait en nobles paroles, mais temporisait de son mieux, éclairé par ses responsabilités et craignant de jeter la France dans des aventures et de renouer contre elle une coalition. Il eût peut-être fini par intervenir en faveur de l'Italie soulevée contre l'Autriche, si les Italiens, en souvenir de l'occupation française, au temps de la Révolution et de l'Empire, n'avaient redouté les républicains français autant que les Habsbourg et répondu que l'Italie « ferait d'elle-même ». L'esprit de ces révolutions européennes était avant tout national. Elles annonçaient la formation de ces grandes unités, l'unité italienne, l'unité allemande, qui ne s'accompliraient qu'en brisant les cadres de l'Europe et en provoquant de grandes guerres.

Ces conséquences, que Louis-Philippe et Guizot avaient entrevues lorsqu'ils s'étaient associés à Metternich pour une politique de conservation, échappaient aux républicains français. C'est l'honneur de Lamartine d'avoir résisté à leurs sommations. Mais, à ces débuts de la deuxième République, un souci commençait à dominer les autres. Il ne suffisait pas d'avoir proclamé le droit de tous au suffrage. Il fallait consulter le suffrage universel, et, à mesure que l'heure approchait, c'était chez les révolutionnaires que les appréhensions étaient les plus vives. On commençait à se demander si toute la France était à l'image de Paris, si elle n'allait pas élire une majorité modérée, peut-être réactionnaire, paralyser la République, sinon la détruire. Alors ce furent les plus avancés qui réclamèrent l'ajournement des élections et la « dictature du progrès ». Intimidé par la manifestation du 17 mars, le gouvernement provisoire recula jusqu'au 23 avril la date du scrutin. Ce répit, les partisans de la République sociale le mirent à profit pour organiser une « journée » sur le modèle de la Révolution, afin d'épurer le gouvernement provisoire et d'en chasser Lamartine et les modérés. Comme sous la Révolution aussi, lorsque les Jacobins avaient été battus, c'est par les légions de la garde nationale restées fidèles à l'ordre que le coup de force échoua. Les communistes (c'est ainsi qu'on commençait à les appeler) ne réussirent pas à s'emparer de l'Hôtel de Ville, et leur manifestation ne rencontra à Paris que froideur et hostilité.

Hostile, la province l'était encore plus. À huit jours des élections, cette menace d'émeute l'inquiéta et l'irrita. Par habitude, elle avait suivi la capitale, accepté le changement de régime et il n'y avait pour ainsi dire pas de candidat qui ne se dît républicain. Mais un symptôme remarquable, c'était le calme que la province avait gardé, l'absence presque complète de désordres.

Le suffrage universel, ce sphinx, ce monstre, allait parler pour la première fois. On vota avec un zèle qui ne s'est jamais revu depuis, 7.800.000 bulletins sur 9.400.000 inscrits, 80 pour 100 des Français. Et la réponse fut décisive : sur 800 députés, les républicains avancés étaient moins de 100. Le reste était composé de modérés surtout et de monarchistes plus ou moins avoués. Pour la République démocratique et sociale, c'était un écrasement. Un résultat plus curieux encore, c'est que, même à gauche, presque tous les élus étaient des bourgeois. Les conservateurs qui craignaient le suffrage universel s'attendaient à voir un grand nombre d'hommes en blouse : il n'y eut pas plus d'une vingtaine d'ouvriers. Les classes moyennes gardaient la direction du pays et, jusqu'à nos jours, dans toutes les Assemblées, ce trait se retrouvera.

L'Assemblée de 1848 représentait une aspiration générale à l'ordre. Spontanément, le peuple français venait de suivre l'exemple des bourgeois de 1830 qui avaient substitué Louis-Philippe à Charles X. Née de l'émeute, comme la monarchie de Juillet, la deuxième République se mettait tout de suite de l'autre côté de la barricade. Comme la monarchie de Juillet, elle allait aussi se trouver aux prises avec les révolutionnaires déçus, et, par une réaction rapide, marcher vers le rétablissement de l'autorité.

L'Assemblée se nomma elle-même constituante. Mais, à la différence de celle de 1789, ce n'était pas en amie qu'elle traitait la gauche. En attendant qu'une constitution fût votée, elle remplaça le gouvernement provisoire par une Commission exécutive de cinq membres, une sorte de Directoire d'où les socialistes furent exclus. Lamartine et Ledru-Rollin y entrèrent seuls et avec un chiffre de voix inférieur à celui qu'obtenaient leurs trois collègues nouveaux, des modérés. Aux socialistes écartés du pouvoir, il ne restait qu'à se soumettre ou à recommencer l'émeute. Cette Assemblée s'opposait aussi bien aux réformes radicales à l'intérieur qu'à la guerre pour la délivrance des nationalités à l'extérieur. Excités par les clubs, les démocrates parisiens essayèrent de la renverser par un coup de force. Le 15 mai, l'Assemblée fut envahie au cri de : « Vive la Pologne ! » Les insurgés s'emparèrent de l'Hôtel de Ville. On crut un moment que la Révolution avait triomphé. Cette fois encore la garde nationale, restée en majorité bourgeoise, rétablit l'ordre rapidement. Cette alerte effraya l'Assemblée et le pays, accrut leur haine du socialisme, auquel la guerre fut déclarée. La droite et les modérés se rapprochèrent. Quinze jours plus tard, la majorité décidait de fermer les ateliers nationaux devenus une source de gaspillage et un foyer d'agitation. On sentait pourtant que le lendemain n'était pas sûr, qu'un conflit grave allait se produire et un gouvernement fort commençait à être désiré.

Ces circonstances servaient à merveille la cause de Louis-Napoléon Bonaparte. Pourtant, il n'y avait plus de parti bonapartiste organisé. Personnellement, l'aventurier de Strasbourg et de Boulogne était sans crédit. Il avait pour lui son nom les souvenirs napoléoniens où se mêlaient l'ordre, l'autorité, la gloire. Peut-être avait-il surtout la faiblesse du pouvoir, qui inquiétait le pays. Encore exilé, Louis-Napoléon fut élu député à une élection partielle. Expérience concluante : son nom suffisait, c'était une caution et une garantie. Louis-Napoléon jugea plus habile de ne pas rentrer tout de suite en France, bien que l'Assemblée lui en eût rouvert les portes : elle ne croyait pas avoir le droit de s'opposer à une volonté exprimée par le suffrage universel, trop nouveau pour qu'on n'en eût pas le respect.

Cette élection survint au moment où les esprits étaient la plus agités. La fermeture des ateliers nationaux était imminente. Chaque soir, des bandes d'ouvriers parcouraient les boulevards en acclamant la République démocratique et sociale. Les contre-manifestations étaient spontanées et il ne leur manquait qu'un cri et des chants. On peut dire que l'Empire commença par une « scie » de café-concert : « Poléon, nous l'aurons ! » et par-des romancés sentimentales : « Napoléon, sois bon républicain. » Un parti bonapartiste commençait à se former et, ce qui était encore plus important, un état d'esprit bonapartiste se formait aussi. Une nouvelle émeute socialiste allait le renforcer.

Celle-là fut plus qu'une émeute : un véritable essai de guerre sociale, noyé dans le sang. La Commission exécutive, obéissant au vote de l'Assemblée, avait fixé au 21 juin la dissolution des ateliers nationaux. Le 22, la décision ayant été notifiée, une délégation ouvrière protesta auprès du gouvernement. La décision maintenue, l'insurrection éclata le lendemain.

Elle fut d'autant plus violente qu'elle était anonyme. Elle n'eut pas de chefs. Le seul nom qui en soit resté est celui de Pujol, chef de section aux ateliers nationaux, qui donna le signal du soulèvement par une harangue aux ouvriers sur la place de la Bastille, au pied de la colonne de Juillet : la « sédition », comme l'Assemblée l'appelait, s'autorisait contre la République bourgeoise du souvenir des Révolutions qui avaient renversé la monarchie. Le soir même, la population ouvrière de Paris était sous les armes.

On vit alors ce que, ni en 1789, ni en 1830, ni en février, on n'avait vu : un gouvernement résolu à se défendre, qui avait pris toutes ses précautions, arrêté même à l'avance un plan de combat et qui chargeait l'armée régulière de la répression. Écartant les cinq civils de la Commission exécutive, l'Assemblée délégua le pouvoir au général Cavaignac, c'est-à-dire à un dictateur républicain. En trois jours, l'insurrection, d'abord maîtresse de près de la moitié de Paris, fut écrasée. Des arrestations en masse, des condamnations par les conseils de guerre, des déportations en Algérie suivirent cette victoire de l'ordre. La troupe s'était battue avec discipline, les sections bourgeoises de la garde nationale avec fureur ; de province même, des renforts leur étaient venus. Au lieu d'être honorée, l'insurrection fut flétrie. Les insurgés ne furent plus des héros, mais des « barbares ». L'assassinat du général Bréa, la mort de l'archevêque de Paris, Mgr Affre, tué au moment où il intervenait entre les combattants, se racontèrent avec horreur. Partout l'impression fut profonde. Du moment que la Révolution attaquait l'ordre social et la propriété, Paris même cessait d'être révolutionnaire. Des journées de juin, le socialisme sortit affaibli et découragé, tandis que la réaction grandissait, des villes aux campagnes, avec la haine des « partageux ».

Dès lors, les événements marchèrent très vite. La Constitution qui fut adoptée par l'Assemblée disait que la République aurait un président et que ce président serait élu par le peuple. Rares furent les républicains comme Grévy qui représentèrent que le plébiscite pouvait être mortel pour la République. La gauche même l'accepta; la doctrine républicaine enseignait alors que le régime parlementaire était d'essence conservatrice et monarchique, et que le pouvoir exécutif, pour ne pas dépendre d'une Assemblée toujours capable de restaurer la monarchie, devait s'appuyer sur le suffrage universel : ce qui prouve que les théories politiques sont changeantes comme les circonstances qui les déterminent.

Le plébiscite eut lieu le 10 décembre. Avec Lamartine et le général Cavaignac, Louis-Napoléon avait posé sa candidature. Il était rentré en France depuis peu de temps, sa présence à l'Assemblée avait été peu remarquée, mais son attitude avait été habile. Il avait nié qu'il fût prétendant au trône impérial. Au lieu de parler, comme dans ses premiers manifestes, comme presque tout le monde quelques mois plus tôt, de réformes sociales, il était devenu conservateur avec un vocabulaire démocratique, le mélange même dont les idées et les traditions napoléoniennes se composaient. À la surprise générale, il fut élu à une majorité considérable, avec cinq millions et demi de voix. Plus significatif, plus glorieux que ceux de Cavaignac et de Lamartine, le nom de Napoléon l'avait emporté.

Ce fut une situation bien extraordinaire que celle de ce Prince Président qui n'était rien la veille, qui n'avait qu'une poignée de partisans et qui devenait chef de l'État. Le premier mouvement des députés fut de considérer son élection comme un accident (le président n'était pas rééligible) et de le traiter lui-même comme une quantité négligeable. En effet, n'étant pas initié aux affaires, il montrait de l'embarras et même de la timidité. Pourtant, il avait déjà une politique. Il choisit ses ministres parmi les conservateurs et, mesurant l'importance de l'opinion catholique, lui donna une satisfaction en décidant l'expédition de Rome pour rétablir le Pape dans ses États d'où une révolution l'avait chassé. Jusqu'à la fin, Napoléon III sera conservateur à l'extérieur et libéral à l'intérieur ou inversement, pour contenter toujours les deux tendances des Français.

Cependant sa position était fragile. Elle le fut encore plus après les élections du 13 mai 1849 qui montrèrent que le président était isolé. Un Bonaparte était au faîte de l'État et il n'y avait en France que bien peu de véritables bonapartistes. D'ailleurs le président n'eût pu avoir de programme et de candidats à lui sans violer la Constitution et sans se découvrir. La nouvelle Assemblée, élue, comme il l'avait été lui-même, sous l'impression des journées de Juin, était conservatrice. Elle n'était même plus républicaine. La peur du désordre et de l'anarchie, le mécontentement des campagnes contre l'impôt resté fameux des 45 centimes additionnels aux contributions directes, tout avait détourné la France des républicains. Le parti de l'ordre était vainqueur, et il était représenté par les légitimistes et les orléanistes dont les deux groupes formaient la majorité. Du jour au lendemain, cette majorité pouvait rétablir la monarchie, si les deux groupes monarchistes se réconciliaient comme la famille royale elle-même, divisée depuis 1830. Si la « fusion » échouait, le Prince Président n'aurait qu'à confisquer le courant qui éloignait la France de la République et, au lieu de la royauté, on aurait l'Empire. C'est ainsi que les choses se passèrent. Louis-Napoléon n'eut qu'à profiter des fautes d'une Assemblée royaliste qui ne sut pas accomplir une restauration.

Ces fautes furent nombreuses et graves. Non seulement les partisans du comte de Chambord et ceux du comte de Paris ne réussirent pas à s'entendre, ce qui eût été facile, puisque le représentant de la branche aînée des Bourbons n'avait pas de fils et ne devait pas en avoir, mais encore ils fournirent des armes au Prince Président. Ce qui préoccupait surtout ces conservateurs, c'était la crainte des révolutionnaires. Ils avaient beau former une majorité considérable, ils étaient obsédés par la peur des « rouges ». Une élection partielle, qui ramena quelques députés au parti qui s'appelait, par une évocation de 1793, le parti de la Montagne, députés élus à Paris surtout, épouvanta l'Assemblée. Elle s'en prit au suffrage universel. Thiers, devenu réactionnaire au milieu de ses nombreux avatars, parla de la « vile multitude ». Après la loi du 31 mai 1850, qui excluait trois millions d'électeurs, la politique du Prince Président fut toute tracée : élu du plébiscite, il se présentera comme le défenseur et le restaurateur du suffrage universel. C'est lui désormais qui traita comme une quantité négligeable une Assemblée inerte, flottant entre la monarchie et la république, tandis qu'il préparait l'Empire. Déjà il avait pris ses ministres en dehors d'elle, il se constituait un parti, se montrait en France, flattait et se conciliait l'armée qui, à l'élection présidentielle, avait voté moins pour lui que pour le général Cavaignac. Déjà, avec Persigny et Morny, il méditait un coup d'État. Il s'y décida quand l'Assemblée eut refusé de reviser la Constitution dont un article interdisait que le président fût réélu. Le coup d'État du 2 décembre 1851 fut une opération réactionnaire, mais dirigée contre une Assemblée monarchiste pour lui enlever le bénéfice de la réaction, exécutée avec l'aide de l'armée et précédée d'avances aux démocrates à qui le Prince Président promit une amnistie et le rétablissement du suffrage universel.

Les invectives dont les républicains ont couvert le 2 décembre font oublier que l'Assemblée qui fut chassée par la force et dont les membres furent arrêtés pour la plupart était une Assemblée monarchiste. S'il n'y avait eu le règne de Napoléon III, il aurait dû y avoir celui d'Henri V ou de Louis-Philippe II. À lire les *Châtiments* de Victor Hugo et l'*Histoire d'un Crime,* on croirait que le Prince Président a étranglé la République. À la vérité, il étouffait une monarchie au berceau. Seulement cette monarchie eût été représentative, tandis que le coup d'État établissait la dictature et supprimait le régime parlementaire. Dans des conditions au fond assez peu différentes de celles du 18 brumaire, le neveu du Premier Consul se substituait à la royauté dont le retour était seulement un peu plus probable en 1851 qu'en 1799. Mais que désirait la France ? Ce que l'Assemblée avait été incapable d'établir sur des bases solides : l'autorité et l'ordre. Le peuple français les reçut de Louis-Napoléon Bonaparte qui les lui apportait. Le coup d'État du 2 décembre, organisé de l'intérieur, exécuté dans les circonstances les plus favorables, ne rencontra donc qu'une faible résistance, celle de la minorité républicaine du pays. Encore cette minorité était-elle affaiblie par la rancune des ouvriers qui, se souvenant des journées de Juin, ne mirent qu'une médiocre ardeur à défendre une République qui ne subsistait plus que de nom. Le député Baudin se fit vainement tuer sur une barricade du faubourg Saint-Antoine. La tentative d'insurrection qui eut lieu à Paris fut arrêtée en trois jours. Plus on allait et plus les mesures contre la guerre des rues étaient sévères et méthodiques. Le pouvoir n'avait plus, comme en 1789 ou en 1848, de mansuétude ni d'hésitation. Aux journées de Juin, le général Cavaignac avait déjà perfectionné ce qu'on pourrait appeler la technique de la répression. Cette fois on fusilla tout individu pris les armes à la main. Le 5 décembre, Paris était redevenu calme. En province, il n'y eut que des soulèvements locaux dont la troupe vint à bout sans difficulté. L'ensemble de la France avait accepté le coup d'État. Le 21 décembre, le suffrage universel, rétabli comme l'avait promis le Prince Président, fut appelé à se prononcer. Par 7.000.000 de *oui* contre 600.000 *non*, il approuva Louis-Napoléon Bonaparte d'avoir violé et aboli la Constitution et lui conféra le pouvoir pour six ans. En réalité, l'Empire était fait. « Voilà un demi-siècle que la France a les institutions administratives de l'an VIII, disait une proclamation du prince. Pourquoi n'en aurait-elle pas aussi les institutions politiques ? » En effet, il n'y avait presque rien à changer pour revenir à la dictature consulaire. Il suffit de limiter les pouvoirs de la Chambre, nommée de nouveau Corps législatif et privée de tout droit d'initiative. Le perfectionnement, c'était l'élection des députés au suffrage universel et direct, mais avec la candidature officielle qui désignait les candidats agréables au gouvernement et leur assurait la quasi-totalité des sièges. Si, aux institutions de l'an VIII, le régime parlementaire se superposait aussi bien que la dictature, c'était à la dictature qu'on était retourné. Un an plus tard, après une rapide préparation et un voyage à travers la France où il avait été reçu comme un souverain, Louis-Napoléon annonçait son intention de rétablir l'Empire héréditaire et de prendre le nom de Napoléon III. Le 21 novembre 1852, un nouveau plébiscite l'approuvait à une majorité encore plus écrasante que l'année précédente. Le peuple français avait adopté l'Empire autoritaire par 7.880.000 *oui* contre 250.000 *non*. L'opposition ne comptait plus. Les républicains avancés étaient en exil. Ceux qui restaient, effrayés par les mesures de rigueur et les déportations qui avaient suivi le 2 décembre, étaient réduits au silence. Victor Hugo, réfugié à Guernesey, écrivait les *Châtiments,* mais se voyait bientôt seul à « braver Sylla ». Aux élections de 1857, il n'entrera encore qu'une poignée d'opposants au Corps législatif, les Cinq. La pression administrative, l'action des préfets, l'intimidation contribuaient pour une part à cette docilité du corps électoral. Pourtant l'acquiescement des masses rurales et de la bourgeoisie à ce régime dictatorial était spontané. Napoléon III avait donc eu raison de se fier au suffrage universel. Il restait seulement à donner au pays des satisfactions matérielles et morales. Il restait à gouverner.

Depuis son élection à la présidence de la République jusqu'au rétablissement de l'Empire, ce qui avait le mieux servi Napoléon III, c'était, avec l'éclat de son nom, l'idée de l'autorité et de l'ordre. Ce qui aurait dû lui nuire, c'était l'idée de la guerre, attachée au nom napoléonien. Mais, pendant la deuxième République, les Assemblées, modérées ou conservatrices, avaient suivi en Europe une politique fort peu différente de celle de Louis-Philippe. Le programme commun des libéraux et des bonapartistes de la Restauration, celui des insurgés de 1830 et de 1848, abolition des traités de 1815, frontières naturelles, délivrance des nationalités opprimées, Lamartine et ses successeurs l'avaient laissé en sommeil. Sous la présidence de Louis-Napoléon, il n'y avait eu d'autre expédition à l'extérieur que celle de Rome pour la protection du Pape, ce qui avait contenté les catholiques sans nécessiter un effort militaire sérieux. Cependant, on pouvait craindre que, devenu empereur, le Prince Président ne fît une politique belliqueuse. Aussi rassura-t-il à la fois la France et l'Europe lorsque, dans son discours de Bordeaux, quelque temps avant la proclamation de l'Empire, il eut prononcé ces paroles fameuses, si souvent rappelées depuis : « l'Empire, c'est la paix. »

Ce ne fut pas l'unique raison, pour laquelle Napoléon III fut accepté par les quatre puissances qui, en 1814 et en 1815, avaient lancé contre les Bonaparte une exclusion éternelle. Les révolutions qui avaient parcouru l'Europe en 1848 à la manière d'une épidémie avaient violemment secoué les monarchies prussienne et autrichienne qui n'étaient pas fâchées que l'ordre fût rétabli en France, même par un coup d'État napoléonien. En outre, la Prusse et l'Autriche sortaient à peine d'un conflit pour la prépondérance en Allemagne. Sans qu'il y eût eu de sang versé, la royauté prussienne avait été humiliée à Olmütz et il en était resté entre les deux puissances germaniques une rivalité qui les empêchait de se concerter contre la France. Quant à l'Angleterre, Napoléon III savait bien que tout dépendait d'elle. Il s'était appliqué à rassurer le vieil ennemi de son oncle, et, pendant son règne, il s'efforcera toujours de maintenir l'Entente cordiale. Restait le tsar, très hostile au rétablissement de l'Empire français. À lui seul, il ne pouvait rien. Mais la Russie, que les révolutions n'avaient pas touchée, qui avait même, pour le compte de l'Autriche, écrasé l'insurrection hongroise, exerçait en Europe une influence considérable. C'était la Russie qu'il fallait abaisser si l'on voulait remanier à l'avantage de la France les traités de 1815, ce qui était l'arrière-pensée et l'une des raisons d'être du nouvel empereur.

Héritier des traditions napoléoniennes, élu du plébiscite, Napoléon III savait fort bien qu'il devait contenter toutes les tendances du peuple français. L'Empire, c'était, comme disait Thiers, « une monarchie à genoux devant la démocratie ». Ce qui avait donné le pouvoir à Napoléon III, c'était l'aspiration à l'ordre et à l'autorité. Mais l'esprit républicain de 1848 renaîtrait, le goût de la liberté reprendrait à mesure que s'éloignerait le souvenir du danger révolutionnaire. Comment l'Empire autoritaire pouvait-il apporter une satisfaction à l'idée républicaine ? En lui accordant ce que la monarchie de Juillet et la République conservatrice lui avaient refusé par prudence : le retour au programme de politique extérieure de la Révolution, frontières naturelles, délivrance des nationalités. Réaction au-dedans, libéralisme au-dehors : cette politique réussira au second Empire pendant une dizaine d'années, jusqu'au moment où les difficultés naîtront pour la France des changements qu'elle aura produits en Europe.

Comme Napoléon Ier Napoléon III donnait à son règne un caractère monarchique et démocratique, conservateur et libéral. N'ayant pas trouvé de princesse de sang royal, il épousa Eugénie de Montijo en rappelant le souvenir de l'impératrice Joséphine. Le discours par lequel il annonça officiellement son mariage était aussi une sorte de manifeste. Il n'avait pas cherché « à s'introduire, à tout prix dans la famille des rois ». Mais il saurait s'imposer à la « vieille Europe » en prenant franchement « la position de parvenu, titre glorieux lorsqu'on parvient par le libre suffrage d'un grand peuple ».

La vieille Europe, Napoléon III songeait à la remanier, à en réviser la carte. Le retour au régime napoléonien n'aurait tout son sens, il n'aurait l'appui de l'opinion libérale, il n'échapperait au reproche dont les Bourbons et Louis-Philippe ne s'étaient jamais délivrés que si l'œuvre du Congrès de Vienne était abolie. D'autre part, l'expérience enseignait que si la France heurtait de front les alliés de 1814, elle s'exposait à les unir de nouveau contre elle. Il fallait donc, pour changer le cours des choses européennes, s'y prendre de manière à prévenir une coalition. Et comme la tête de la coalition eût encore été l'Angleterre, c'était avec l'Angleterre qu'il importait que le contact fût maintenu. La question d'Orient, toujours posée depuis un siècle, toujours propice aux diversions ou génératrice de complications, offrit à Napoléon III l'occasion dont il avait besoin. Charles X avait songé à effacer les conséquences de Waterloo par une alliance avec le tsar en lui laissant le mains libres en Turquie. C'était une combinaison renouvelée de Tilsit. Napoléon III la renversa. C'est avec l'Angleterre, pour défendre l'intégrité de l'Empire ottoman, qu'il s'allia en 1854 contre la Russie. Guerre habilement choisie à tous les points de vue. Elle assurait à Napoléon III l'alliance anglaise. Elle était agréable, en France, aux catholiques, parce qu'elle avait pour prétexte le conflit des Lieux Saints revendiqués par les Russes schismatiques, et aux républicains qui haïssaient le tsar autocrate, le « tyran du Nord », persécuteur de la Pologne. Enfin, quand la puissance russe serait ébranlée, le champ deviendrait libre pour une intervention de la France en faveur des nationalités.

La guerre de Crimée ne devait pas nous rapporter autre chose. Après un siège d'un an, auquel l'armée française avait pris la plus grande part, Sébastopol tomba, la Russie s'avoua vaincue. Au congrès qui se tint à Paris en 1856, la France apparut comme la première puissance du continent. Napoléon III semblait avoir effacé et les revers de Napoléon Ier et le recul de la France, dans ce même Orient, en 1840. La Russie était refoulée loin de Constantinople. Elle était humiliée, affaiblie : de cette humiliation, il lui resterait une rancune contre nous. Seulement, l'Angleterre n'avait pas permis que les questions auxquelles Napoléon III tenait le plus, celle de Pologne, celle d'Italie, fussent même effleurées. Satisfaite de l'affaiblissement de la Russie, l'Angleterre se détachait déjà de nous. Ainsi, derrière des apparences de gloire et de grandeur, d'amères réalités se cachaient. En Prusse, un homme redoutable commençait sa carrière et il avait vu tout de suite le parti que son pays pouvait tirer de cette nouvelle situation : c'était Bismarck. La Prusse était la puissance la plus intéressée à un remaniement de l'Europe, parce que, sans la suppression de l'ordre de choses créé en 1815, elle, ne pouvait pas expulser l'Autriche de la Confédération pour fonder à son profit l'unité allemande. La Russie venait d'être humiliée à Sébastopol comme la Prusse l'avait été à Olmütz. L'Autriche, « étonnant le monde par son ingratitude », avait abandonné le tsar qui l'avait sauvée de la révolution hongroise. La Prusse, en se rapprochant de sa Russie ulcérée, préparait le moyen de dominer librement l'Allemagne.

Pour réussir, le plan de Bismarck, qui était à longue échéance, supposait que Napoléon III repousserait l'alliance que l'Autriche lui proposait au congrès de Paris. Cette alliance, que Louis-Philippe et Guizot avaient pratiquée pour éviter les bouleversements dangereux, Napoléon III n'en voulut pas, il ne pouvait pas en vouloir, parce qu'elle lui eût interdit d'affranchir la nationalité italienne. Dès 1855, en se séparant de son ministre des Affaires étrangères, Drouyn de Lhuys, partisan de l'accord avec l'Autriche, Napoléon III avait choisi. Lorsque, trois ans plus tard, Orsini eut jeté sa bombe, cet attentat ne détermina pas l'empereur, comme on l'a cru, à intervenir en faveur de l'unité italienne. Il lui servit seulement à convaincre ceux qui, dans son entourage, s'opposaient à la guerre contre l'Autriche, qu'il était imprudent de résister aux sommations des « patriotes italiens ». Bientôt, à l'entrevue de Plombières, l'appui de la France était promis au Piémont pour affranchir de l'Autriche les provinces italiennes et, l'an d'après, en 1859, les hostilités commençaient.

Après avoir combattu le tsar autocrate, l'empereur des Français se tournait contre les Habsbourg. Par là, il remplissait une autre partie du programme libéral et républicain, il désarmait une opposition. À son départ pour l'armée d'Italie, il fut acclamé dans le faubourg même où s'étaient dressées les barricades du 2 décembre. Il allait pourtant au-devant de difficultés qu'il ne soupçonnait pas. Si l'armée autrichienne fut vaincue, non sans peine, à Magenta et à Solferino, Napoléon III eut la surprise de voir toute l'Allemagne, insidieusement excitée par la Prusse, prendre fait et cause pour l'Autriche, puissance germanique. Menacé d'une guerre sur le Rhin, tandis que les Autrichiens, chassés seulement de Lombardie, résistaient encore, et que la Russie et l'Angleterre se tenaient à l'écart, se réjouissant de son embarras, Napoléon III eut hâte de signer l'armistice de Villafranca. Il abandonnait ainsi Victor-Emmanuel, les Piémontais, les patriotes italiens qui, au même moment, espéraient la délivrance totale et l'unité de l'Italie morcelée : des révolutions nationales éclataient dans les principautés, menaçant Rome et le Saint-Siège. Ainsi, la guerre contre l'Autriche pour affranchir la nationalité italienne tournait court et tournait mal. Elle avait exposé la France à un conflit européen. Elle avait déçu l'Italie elle-même, qui nous en voulut de l'avoir laissée incomplète et qui estima d'ailleurs que nous étions payés du service rendu par la cession de Nice et de la Savoie. Enfin, l'unité italienne posait la question romaine et, par la question romaine, la politique intérieure et la politique extérieure de Napoléon III entraient en contradiction. S'il refusait Rome à la nouvelle Italie, il violait le principe des nationalités, il s'aliénait les libéraux français. S'il abandonnait Rome, il soulevait une autre opposition, celle des catholiques français qui, depuis le coup d'État, lui avaient toujours prêté leur appui.

Ce n'étaient même pas les seules conséquences que la politique des nationalités devait produire après un succès éphémère. « L'écueil italien », que lui avait prédit Metternich, obligea d'abord Napoléon III à transformer son système, de gouvernement. C'est à l'intérieur qu'il voulut apaiser les libéraux, en inaugurant « l'Empire libéral » par la réforme de 1860 qui accroissait les pouvoirs du Corps législatif, lui rendait la parole et acheminait au régime parlementaire. Aux conservateurs, il promettait cette fois la paix, la fin des interventions de principe en Europe, le maintien de la souveraineté du Pape. Mais il n'avait pas réussi à « unir les partis sous un manteau de gloire ». Il n'avait pu satisfaire à la fois « les réactionnaires et les révolutionnaires ». Il avait mécontenté les deux camps en se flattant de résoudre les difficultés auxquelles avaient succombé les régimes précédents. Et il avait préparé à l'extérieur, en reprenant la politique de la Révolution, les périls dont la France allait être assaillie.

Les dix dernières années du second Empire se consumèrent en vains efforts pour rétablir une situation compromise. Depuis le congrès de Paris, Napoléon III voyait s'envoler l'espoir de réviser les traités de 1815. Il déclarait bien que ces traités avaient cessé d'exister, mais c'était vrai surtout en ce sens que la Prusse se disposait à en supprimer les parties qui la gênaient, qui la liaient, qui l'empêchaient d'unifier l'Allemagne. L'Angleterre, alarmée par la réunion de la Savoie et de Nice, soupçonnait la France napoléonienne de préparer d'autres conquêtes. D'autre part, le principe des nationalités, auquel l'empereur restait fidèle, et qu'il n'aurait pu abandonner sans soulever contre lui l'opinion libérale, l'introduisait dans de nouveaux embarras ajoutés à ceux qu'il rencontrait déjà en Italie. En 1863, la Pologne s'était insurgée contre la domination russe, et Napoléon III essaya d'intervenir. Il n'y gagna que le ressentiment d'Alexandre II auquel Bismarck s'empressa de se joindre pour conserver les provinces polonaises de la Prusse et, en même temps, pour gagner le tsar à ses desseins sur l'Allemagne. Brusquement, l'année suivante, la question allemande fut posée par l'affaire du Slesvig-Holstein. Cette fois,

Napoléon III refusa la proposition anglaise qui était d'intervenir en faveur du Danemark attaqué par la Prusse et l'Autriche. L'empereur objecta que, défenseur des nationalités en Italie, il ne pouvait pas prendre une autre attitude en Allemagne, les duchés étant revendiqués par la Confédération germanique. Le résultat ne fut pas seulement de livrer à l'Allemagne les Danois du Slesvig. Cette conquête fut pour Bismarck le point de départ de l'unité allemande, le prétexte du conflit qu'il lui fallait pour expulser l'Autriche de la Confédération. Ce plan était visible. Il ne pouvait échapper à ceux qui suivaient le cours des événements. Napoléon le favorisa. Toujours à la recherche d'un succès qui consoliderait son trône, il revint au système de l'époque révolutionnaire, celui des compensations. Il laissait le champ libre à la Prusse en Allemagne et, en échange, la France recevrait un agrandissement. À l'entrevue de Biarritz avec l'envoyé du roi Guillaume, en 1865, l'accord se fit sur cette base, mais sans engagement formel de la part des Prussiens. En même temps, pour compléter la chaîne, Bismarck s'alliait à Victor-Emmanuel et lui promettait la Vénétie au cas d'une guerre commune contre l'Autriche. Cette combinaison, dangereuse pour la France, puisqu'elle associait l'unité italienne à l'unité allemande, Napoléon III l'approuvait, parce qu'il espérait que Venise ferait oublier Rome aux Italiens. Quand il s'aperçut du danger, il était trop tard, parce qu'il ne pouvait plus s'opposer à l'expansion de la Prusse et soutenir l'Autriche qu'en reniant et en détruisant son œuvre d'Italie.

Ce n'était même pas tout. Lorsque la guerre éclata en 1866 entre la Prusse et l'Autriche, soutenue par les États de l'Allemagne du Sud, Napoléon III était empêtré dans une aventure d'Amérique. En 1864, ayant envoyé de concert avec l'Angleterre et l'Espagne, quelques navires et quelques troupes au Mexique pour appuyer la réclamation des créanciers de ce pays dévasté par une révolution, l'empereur avait été séduit par l'idée d'y fonder une monarchie dont le souverain serait un Habsbourg, l'archiduc Maximilien, frère de François-Joseph. Les plus dangereuses des conceptions napoléoniennes se rattachaient à une idée centrale. Il s'agissait toujours d'obtenir à l'extérieur un succès capable de plaire à l'imagination des Français. Il s'agissait toujours de satisfaire une fraction de l'opinion publique. Après l'expédition de Syrie, pour y protéger les chrétiens, l'expédition du Mexique détournerait peut-être les catholiques français de penser à Rome. L'empereur d'Autriche, dont le frère recevait une couronne des mains de la France, serait peut-être disposé à céder la Vénétie sans combat. Mais le Mexique dévora des hommes et de l'argent. En 1866, nous y avions sans résultat affaibli notre armée, et bientôt Maximilien, abandonné de la France, était fusillé par les Mexicains qui ne l'avaient jamais reconnu.

Ce n'est pourtant pas la raison qui empêcha Napoléon III d'intervenir en Allemagne lorsque, comme un « coup de foudre », éclata la nouvelle que l'armée autrichienne avait été battue par la Prusse à Sadowa. Mais il était lié de toutes parts, lié avec la Prusse depuis l'entrevue de Biarritz, et, par tout son système, lié avec l'Italie qui était battue à ce moment même par les Autrichiens en essayant de libérer Venise. Si la France arrêtait les succès de l'armée prussienne, elle prenait parti pour l'Autriche contre l'Italie et pour l'état de choses créé en Allemagne par les traités de 1815. L'empereur se fût donc interdit les compensations qu'il espérait. De plus, le public, qui avait applaudi la guerre de Crimée contre le tsar et la guerre d'Italie contre les Habsbourg, se réjouissait de la victoire prussienne de Sadowa comme d'une victoire du libéralisme et n'eût pas compris la volte-face du gouvernement impérial.

Pourtant, c'est dans l'opinion que le retournement fut le plus rapide. Quand on s'aperçut que la Prusse s'agrandissait en Allemagne, annexait le Hanovre, préparait des conventions militaires avec les États allemands du Sud que nous n'avions pas secourus et qui se livraient maintenant à leurs vainqueurs, quand on vit que Bismarck, au traité de Prague, ménageait l'Autriche pour ne pas la rendre irréconciliable, on comprit enfin où il voulait en venir. Trop tard est un grand mot, un mot terrible de l'histoire. Lorsque Thiers, oubliant que pour combattre Louis-Philippe et Guizot il avait recommandé la politique que Napoléon avait suivie, montrait le danger d'une grande Allemagne unie par la Prusse, lorsqu'il lançait son mot si souvent répété : « Vous n'avez plus une faute à commettre », l'avertissement venait trop tard. La presse, l'opinion publique s'irritaient maintenant contre les vainqueurs de Sadowa, oubliant la faveur obstinée dont les Hohenzollern, depuis Frédéric II, avaient joui chez nous. Et cette tardive révélation de la réalité se traduisait par un énervement qui allait hâter le conflit préparé par Bismarck. C'était pour lui seul que, depuis dix ans, les choses avaient bien tourné, parce que, sur chacun des actes de la France en Europe, il avait modelé sa politique et profité sur-le-champ de toutes les fautes commises. On pouvait comparer Napoléon III à un homme qui marchait avec un bandeau sur les yeux, tandis que son ennemi voyait clair.

De 1866 et de la bataille de Sadowa datent le déclin de l'Empire et une nouvelle situation en Europe. En travaillant à la revanche de Waterloo par la destruction des traités de 1815 et par le principe des nationalités, la France, du congrès de Paris à Solferino, avait eu quelques années d'illusion. En fin de compte, elle avait compromis sa sécurité et provoqué le péril. C'était un changement considérable que l'apparition d'une Prusse agrandie, fortifiée, qui cessait d'avoir l'Autriche pour contre poids et qui dominait désormais les pays germaniques. Toute la politique napoléonienne en fut désemparée. Lorsque l'empereur rappela les promesses de Biarritz, réclama pour la France une compensation aux conquêtes de la Prusse, Bismarck se moqua de cette « note d'aubergiste ». Napoléon III avait demandé Mayence : non seulement Bismarck refusa, mais il mit les princes allemands en garde contre les ambitions de la France. Repoussé de la rive gauche du Rhin, Napoléon III songea à une annexion de la Belgique, tombant dans l'erreur que Louis-Philippe s'était gardé de commettre. Plus tard, Bismarck révéla tout aux Belges et aux Anglais, entourant la France d'une atmosphère de soupçon, afin qu'elle fût seule le jour où il l'attaquerait. Lorsque enfin Napoléon se montra disposé à se contenter du Luxembourg, ce fut dans le Parlement de l'Allemagne du Nord une furieuse protestation contre la France, une manifestation de haine nationale ;

Bismarck répondit que la volonté populaire lui interdisait de céder une terre germanique.

Trompé, humilié, Napoléon III portait à l'intérieur le poids de ses échecs. Le temps n'était plus où il n'y avait au Corps législatif que cinq opposants irréductibles. Aux élections de 1863, ils étaient passés à quinze. Paris et les grandes villes votaient pour les candidats de l'opposition. Aux élections de 1867, ce fut pire encore : les candidats du gouvernement n'obtinrent dans toute la France qu'un million de voix de plus que les autres. Le jeu de mots d'Henri Rochefort, dans le premier numéro de son pamphlet la Lanterne, n'était pas sans justesse : « La France contient trente-six millions de sujets, sans compter les sujets de mécontentement. » On était mécontent du Mexique, de Sadowa. L'Empire, après avoir promis qu'il serait la paix, avait fait la guerre et la guerre avait déçu les libéraux qui l'avaient désirée, puisque la Pologne n'était pas délivrée et que l'Italie, bien qu'elle eût enfin reçu la Vénétie en 1866, n'avait pas Rome. La grande masse des électeurs, qui tenait à la paix, était inquiète, parce que l'on commençait à parler d'accroître nos forces militaires pour tenir tête à la Prusse. Le principe des nationalités, qui n'avait donné que des déboires, n'exerçait plus la même séduction qu'autrefois. Une nouvelle école de républicains et de socialistes était venue, et celle-là, au lieu d'être belliqueuse, demandait l'abolition des armées permanentes. La réforme militaire du maréchal Niel, mollement soutenue par le gouvernement qui redoutait l'opinion publique, fut combattue par la gauche et n'aboutit pas. Enfin le mauvais souvenir de 1848 et des journées de Juin s'était éloigné. On ne savait plus gré à Napoléon III d'avoir rétabli l'autorité et l'ordre. Les dernières années de l'Empire s'écoulèrent ainsi dans le malaise et le trouble.

Pour le renverser, il fallut pourtant une catastrophe. Il y avait bien des révolutionnaires, mais personne ne pensait à une révolution. À mesure que l'Empire s'affaiblissait, il devenait plus libéral, et l'ancienne opposition se rapprochait du pouvoir. Seuls les jeunes, comme Gambetta, restaient encore irréductibles. Émile Ollivier, qui avait été un des Cinq, était déjà réconcilié avec Napoléon III. Le 2 janvier 1870, il fut chargé du ministère où entrèrent huit députés : le régime parlementaire, aboli en 1852, avait été reconstitué pièce à pièce. Et, de nouveau, l'empereur fit consacrer par un plébiscite ces réformes et son pouvoir. On vit alors, quatre mois avant la chute, combien l'ensemble de la nation française était conservateur, respectueux de l'ordre de choses établi, peu désireux d'un changement. Le 8 mai 1870, il y eut encore plus de 7 millions de oui contre un million et demi de non. On crut, Gambetta croyait lui-même, « l'Empire plus fort que jamais ». L'enterrement de Victor Noir, tué au cours d'une altercation par le prince Pierre Bonaparte, avait donné lieu à des manifestations qui parurent redoutables, mais qui restèrent sans suite. Quelques mouvements insurrectionnels, à peine ébauché, servirent le gouvernement au point qu'on l'accusa de les avoir provoqués. Mieux encore : le ministère Ollivier poursuivit des républicains pour complot contre la sûreté de l'État, emprisonna Rochefort, fit condamner *l'Association internationale des travailleurs*. On était au mois de juin. Sans le désastre qui approchait, nul ne sait combien de temps l'Empire aurait encore duré.

Une grave difficulté extérieure était déjà née et elle nous ramenait à une situation qui n'était pas nouvelle dans notre histoire. On ne s'étonne pas que nous soyons entrés en conflit avec la Prusse par le détour de l'Espagne quand on se rappelle la place que les affaires espagnoles avaient tenue aux siècles passés dans la politique française. En 1868, une révolution avait renversé la reine Isabelle et, pour la remplacer, le maréchal Prim, de concert avec Bismarck, avait offert le trône à un Hohenzollern catholique, le prince Léopold. La France ne pouvait pas plus admettre qu'un parent du roi de Prusse régnât en Espagne qu'elle n'avait admis un Habsbourg sous Louis XIV. On redit alors ce qu'on avait dit en 1700 : l'Empire de Charles Quint ne doit pas se reconstituer. L'opinion, déjà montée contre la Prusse, vit dans la candidature Hohenzollern une provocation de Bismarck. Prévost-Paradol avait écrit que la France et la Prusse marchaient l'une contre l'autre comme deux locomotives lancées sur le même rail. Un jour ou l'autre, la rencontre devait se produire. Il fallait seulement que Bismarck, pour être sûr d'avoir toute l'Allemagne avec lui, se fît déclarer la guerre qu'il désirait, qui lui était nécessaire pour fonder l'unité allemande. Il se tenait prêt à saisir l'occasion et l'affaire d'Espagne la lui fournit.

Le gouvernement prussien avait affecté d'ignorer l'offre de la couronne d'Espagne à un Hohenzollern. Devant les protestations de la France, ce fut le père du prince Léopold qui déclina la candidature pour lui. À Paris, cette renonciation, à laquelle Bismarck et Guillaume refusaient de se mêler, parut insuffisante et louche. Quatre ans plus tôt, le propre frère de Léopold, le prince Charles, choisi comme souverain par la Roumanie, avait passé outre à l'interdiction d'une conférence européenne, s'était rendu sous un déguisement à Bucarest, et, là, s'était prévalu du fait accompli. Le roi de Prusse avait affirmé que son parent avait agi à son insu, alors que Bismarck avait tout approuvé. Le gouvernement français connaissait d'autant mieux cette histoire qu'il avait été favorable au prince Charles. C'est pourquoi, en juillet 1870, le ministre des Affaires étrangères Gramont jugea indispensable de s'assurer que la France ne serait pas jouée en Espagne comme l'Europe l'avait été en Roumanie. Il chargea notre ambassadeur Benedetti d'obtenir des garanties du roi Guillaume qui était alors aux eaux d'Ems. Guillaume Ier était aussi prudent et même timoré que son ministre était audacieux. Il se contenta de faire répondre à Benedetti qu'il considérait la question comme close et qu'il n'y avait pas lieu d'accorder à l'ambassadeur de France l'audience demandée. Le récit, de ce refus, arrangé par Bismarck de manière à devenir offensant pour la France, donna à Paris l'impression que la Prusse nous provoquait. La Chambre, l'opinion publique étaient déjà irritées. La « dépêche d'Ems » produisit l'effet qu'avait calculé Bismarck. À Paris, la foule réclamait la guerre. On criait : « À Berlin ! » Émile Ollivier prononça le mot qui pèse encore sur sa mémoire : « Cette responsabilité, nous l'acceptons d'un cœur léger. » Bismarck l'acceptait aussi. C'était lui qui avait sa guerre. Elle lui fut déclarée, comme il le souhaitait, le 19 juillet 1870.

Cette guerre, bien peu de Français avaient compris ce qu'elle signifiait, deviné ce qu'elle allait être. On pensait n'avoir à combattre que la Prusse, puissance malgré tout de second ordre, à qui l'on en voulait encore plus de son ingratitude que de son ambition, et de petits États germaniques, ses alliés, qu'on ne prenait pas au sérieux. La France entrait en conflit avec le peuple allemand tout entier quand elle croyait n'avoir affaire qu'aux Prussiens. On n'imaginait même pas ce qui allait fondre sur nous. La défaite, l'invasion n'étaient entrevues par personne. Si la France avait été envahie deux fois, en 1814 et en 1815, c'était par une coalition écrasante et après de longues années de victoires. Toutes les campagnes du second Empire avaient encore eu lieu au loin. Une victoire de la Prusse paraissait invraisemblable. On comprend le choc terrible que la France reçut d'événements auxquels rien n'avait préparé ni ceux qui n'avaient pas observé les progrès de l'unité allemande sous l'influence et la direction de l'État prussien, ni ceux qui regardaient le mouvement des nationalités comme légitime et pacifique, ni ceux qui annonçaient qu'il n'y aurait plus de guerres ou que, s'il y en avait encore entre les monarchies, il ne pouvait y en avoir de peuple à peuple.

La première déception vint de notre solitude. Nous n'avions pas une alliance. La Russie, par rancune, laissait faire la Prusse. L'Angleterre craignait qu'après une victoire la France n'annexât la rive gauche du Rhin et peut-être la Belgique. L'Italie n'attendait que notre défaite pour achever son unité et entrer à Rome. L'Autriche était intéressée à prendre sa revanche de Sadowa, mais elle n'avait pas confiance en nous et elle connaissait la force de la Prusse. Toutes les fautes de la politique des nationalités se payèrent alors. Cette politique, Napoléon III avait cru habile de l'exécuter par étapes. S'il avait évité la coalition que Louis-Philippe redoutait, il n'avait réussi à la fin qu'à nous laisser seuls et affaiblis en face de l'Allemagne organisée et commandée par la monarchie prussienne.

La défaite fut d'une soudaineté effroyable. L'ennemi, prêt avant nous, était entré en Lorraine et en Alsace. Le 3 août, nous avions perdu les batailles de Frœchwiller et de Forbach. Douze jours plus tard, l'armée du Rhin était bloquée dans Metz. Une autre armée, formée à Châlons, s'étant mise en marche pour la délivrer, fut prévenue et arrêtée par les Allemands. Elle ne tarda pas à être enfermée dans la petite place de Sedan avec l'empereur lui-même qui l'accompagnait. Il ne lui resta plus qu'à se rendre. Le 2 septembre, Napoléon III et cent mille hommes étaient prisonniers.

Le dimanche 4 septembre, la nouvelle du désastre était connue à Paris. D'un seul coup, l'Empire s'effondra. À la Chambre, les républicains, Jules Favre, Gambetta hésitaient encore, craignant les révolutionnaires. Ils essayaient de donner à la déchéance une forme régulière et légale lorsque, comme en 1848, la foule envahit le Palais-Bourbon et réclama impérieusement la République. Les chefs de la gauche la suivirent alors à l'Hôtel de Ville où fut proclamé un gouvernement de la Défense nationale, tandis que l'impératrice-régente quittait les Tuileries dans un fiacre.

Personne ne songea seulement à défendre le régime napoléonien que le peuple souverain, quatre mois plus tôt, avait encore approuvé par 7.358.000 voix.

Chapitre XXI

La Troisième République

La défaite et l'invasion avaient renversé Napoléon III comme elles avaient renversé Napoléon Ier. Mais, en 1870, la situation était beaucoup moins simple qu'en 1814 et en 1815. L'opération du 4 septembre ressembla plutôt, dans une certaine mesure, à celle de 1830. Ce point, trop méconnu, doit être mis tout de suite en lumière.

Les hommes qui formaient le gouvernement de la Défense nationale s'étaient empressés d'arrêter l'émeute et de lui soustraire le pouvoir, comme les libéraux après les journées de Juillet. Dès le début, la coupure avec les révolutionnaires avait été nette. Mais, dans ce directoire bourgeois, il y avait aussi deux tendances distinctes. Les uns, comme Jules Simon, Jules Favre, Ernest Picard, étaient des modérés, des politiques. Thiers, qui passait encore pour orléaniste, était déjà très près d'eux. Ceux-là comprenaient que la guerre était perdue et ils songeaient à la liquider le plus tôt possible. L'autre groupe, à la tête duquel était Gambetta, se composait de républicains ardents qui conservaient les traditions jacobines et qui voulaient la guerre à outrance. Le nouveau gouvernement, exactement comme celui de Louis-Philippe, aurait un parti de la résistance et un parti du mouvement. Tandis qu'il subirait des assauts révolutionnaires, il serait divisé sur la question de la paix. La République s'affermit et dura parce que l'insurrection fut vaincue et parce que le parti belliqueux eut le dessous. Thiers, avec son expérience de la politique et de l'histoire, comprit clairement cette situation et c'est ainsi qu'il devint le véritable fondateur du régime nouveau.

Les modérés eurent un moment l'illusion que, comme en 1814 et en 1815, l'ennemi en voulait surtout à l'Empire et que l'Empire renversé, la paix deviendrait facile. Ils durent s'apercevoir tout de suite que la Prusse faisait la guerre à la France. Dès le 15 septembre, Jules Favre, à Ferrières, rencontra Bismarck qui exigea l'Alsace. L'espoir qu'avaient eu les modérés s'évanouissait. La paix acceptable, la transaction honorable, qu'on s'était flatté d'obtenir après la déchéance de la dynastie napoléonienne, n'étaient pas possibles. Gambetta et les partisans de la guerre à outrance furent fortifiés par cet échec, et l'organisation de la résistance commença. De là, une autre conséquence devait sortir. D'une part, Bismarck ne voulait traiter qu'avec un gouvernement régulier et, celui de la Défense nationale ne l'étant pas, il fallait des élections pour qu'il devînt légal. D'autre part, Gambetta craignait les élections qui pouvaient être à la fois hostiles à la République et favorables à la paix. On prit donc le parti de les ajourner.

Trois jours après l'entrevue de Ferrières, les armées allemandes commençaient l'investissement de Paris. Séparée du reste de la France, pleine d'illusions sur la « sortie en masse », travaillée par les révolutionnaires, la grande ville allait être assiégée pendant quatre mois. Le gros du gouvernement était resté enfermé dans la capitale et n'avait au-dehors qu'une délégation, établie à Tours, qui persistait à réclamer la convocation immnédiate des électeurs. Ce désaccord pouvait entraîner une scission. Pour la prévenir et pour diriger la résistance en province, Gambetta quitta Paris en ballon. Se trouvant seul à Tours, avec quelques collègues sans autorité, il exerça une véritable dictature et improvisa des armées, dans l'idée, renouvelée de 1793, de repousser l'envahisseur. Ces efforts devaient être vains. Depuis que la France avait perdu ses troupes régulières, la partie était trop inégale. Il n'y avait plus à sauver que l'honneur. Il le fut. Et l'on peut ajouter que la prolongation de la résistance, en obligeant les Allemands à continuer la campagne quand ils croyaient tout fini, les rendit pour un temps circonspects parce qu'elle leur donna l'idée que la France n'était pas un pays dont on venait à bout facilement.

Cependant les espérances que le gouvernement de la Défense nationale avait conçues s'écroulaient l'une après l'autre. Thiers avait été chargé d'une mission pour solliciter l'intervention de l'Europe. Partout il essuya des refus. Personne alors ne voyait le danger d'une grande Allemagne et, au fond, personne n'était fâché d'une diminution de la France. La Russie profita même de notre désastre pour défaire ce que la guerre de Crimée et le congrès de Paris avaient fait : elle retrouvait la possibilité de reprendre, en Orient, sa politique contre la Turquie. Thiers revint de sa tournée dans les capitales européennes convaincu qu'il n'y avait plus qu'à demander un armistice. D'ailleurs, en même temps que cet échec diplomatique, un grave événement s'était produit. L'armée de Metz avait capitulé le 27 octobre. Bazaine, qui la commandait, avait cru qu'en gardant ses cent cinquante mille hommes, la dernière force militaire qui restât à la France, il serait l'arbitre de la situation et qu'il pourrait négocier la paix au nom de l'Empire. Bismarck l'entretint dans cette idée par une savante intrigue jusqu'au jour où il eut obtenu la reddition sans combat de la seule de nos armées qui comptât encore. En 1873, Bazaine sera condamné pour trahison.

Dans Paris investi de toutes parts, la nouvelle de la reddition de Metz, les bruits d'armistice, l'échec de quelques sorties tentées par les assiégés, tout énervait, tout aigrissait la population qui commençait à souffrir de la rareté des vivres. La « fièvre obsidionale » favorisait l'agitation révolutionnaire. Déjà, plusieurs manifestations avaient eu lieu pour réclamer des élections immédiates, municipales et législatives. Le mot de Commune avait été prononcé. Le 31 octobre éclatait une insurrection véritable à la tête de laquelle était Blanqui, vétéran de l'émeute. Le gouvernement, un moment prisonnier dans l'Hôtel de Ville, fut dégagé, non sans peine. C'était l'annonce des troubles prochains.

L'hiver de 1870-1871 fut rude, et cette année-là est restée longtemps dans le souvenir des Français comme « l'année terrible ». Les armées de secours, les armées de « mobiles » levées à la hâte pour délivrer Paris, furent battues l'une après l'autre. L'armée de la Loire, après un succès à Coulmiers, dut reculer devant les forces allemandes que la reddition de Metz avait libérées et fut poursuivie jusqu'au Mans. Une sortie de la garnison parisienne, destinée à donner la main aux armées de province, fut repoussée à Champigny. Tour à tour, Chanzy dans l'Ouest, Faidherbe au nord, Bourbaki à l'est échouaient. L'occupation de la France par l'ennemi s'étendait et le siège de Paris devenait plus rigoureux. Le 5 janvier, le bombardement commença. Cependant Gambetta ne voulait pas renoncer à la lutte et l'opposition grandissait contre sa dictature. Le désaccord qui s'était annoncé dans le gouvernement dès le mois de septembre allait devenir aigu.

Le 28 janvier, Paris étant à bout de vivres et à bout de forces, une dernière sortie ayant échoué à Buzenval, une convention d'armistice fut signée à Versailles par Jules Favre et Bismarck : les élections devaient avoir lieu sans délai pour que l'Assemblée se prononçât sur la paix ou sur la guerre. À Versailles aussi, dix jours plus tôt, dans la Galerie des Glaces, un grand événement avait eu lieu. Le, 18 janvier, anniversaire de la fondation du royaume de Prusse, Guillaume Ier avait été proclamé empereur allemand. L'unité allemande était créée au bénéfice de la Prusse et des Hohenzollern par la défaite de la France, et elle fut acceptée par l'Europe entière qui ne se doutait pas alors de la menace qu'une grande Allemagne lui apportait.

La France, elle, n'avait qu'un gouvernement provisoire et il n'était pas uni. Gambetta, venu de Tours à Bordeaux, avait désapprouvé l'armistice. Il voulut, du moins, quand l'armistice eût été signé malgré lui, que la suspension des hostilités servît à préparer la résistance « jusqu'à complet épuisement ». Il fallait donc une Assemblée « nationale républicaine », résolue à repousser toute mutilation du territoire et, si la paix ne pouvait être obtenue autrement, « capable de vouloir aussi la guerre ». Thiers, dont l'influence grandissait tous les jours, s'opposait à Gambetta qu'il traitera bientôt de « fou furieux ». Les modérés du gouvernement désavouèrent leur fougueux collègue, et le « dictateur » donna sa démission. Le parti républicain allait donc aux élections divisé. Son aile gauche, la plus ardente, compromettait la République par l'idée de la guerre sans fin que rejetait le bon sens du pays. L'insurrection du 31 octobre et l'agitation qui persistait à Paris montraient aussi que le danger révolutionnaire était lié aux protestations contre l'armistice. Enfin, dans le grand désarroi que la catastrophe avait causé, le suffrage universel, déçu par l'Empire, se tournait naturellement vers les hommes qui représentaient l'ordre et la paix, les conservateurs monarchistes qu'il avait déjà envoyés aux Assemblées de la deuxième République. C'est encore à ceux-là que les élections du 8 février 1871 donnèrent la majorité : sur six cent cinquante députés, l'Assemblée nationale compta quatre cents légitimistes et orléanistes. On se trouvait ainsi ramené au même point qu'en 1851, avant que l'Assemblée conservatrice eût été dispersée par le coup d'État.

Pour d'autres raisons, l'Assemblée de 1871 n'allait pas mieux réussir à restaurer la monarchie. D'ailleurs, tout la paralysait. Les deux branches de la maison de Bourbon, séparées par le souvenir de 1830, n'étaient pas encore réconciliées. De plus, les royalistes, pour écarter de la monarchie le reproche qui avait poursuivi la Restauration, celui d'être revenue dans les fourgons de l'étranger, croyaient habile de laisser à un régime de transition la responsabilité d'une paix qui mutilerait le territoire. Ils voyaient aussi les signes avant-coureurs d'une insurrection et ils ne voulaient pas charger de la répression les débuts d'un règne. Au lieu de restaurer tout de suite la monarchie, comme en 1814, on l'ajourna. La question du régime fut réservée d'un commun accord par le « pacte de Bordeaux ». L'état de fait, qui était républicain, subsista. Et ce fut la République qui signa la paix. Elle vint à bout de la Commune et rétablit l'ordre. Elle assuma toutes les responsabilités et elle en eut le bénéfice. Ce fut elle qui remplit le programme sur lequel la majorité de droite avait été élue. Alors les craintes que la République inspirait - révolution, guerre sans fin - s'évanouirent. Et ces causes réunies firent que le régime républicain, d'abord provisoire, devint définitif.

Le prestige personnel, l'action de Thiers y furent pour beaucoup. Au cours de ses nombreuses métamorphoses, Thiers, sous l'Empire et par opposition à l'Empire, s'était converti à la politique extérieure traditionnelle. Il avait combattu le principe des nationalités, annoncé les catastrophes. Il avait vu approcher la guerre avec la Prusse, mais conseillé de l'éviter parce que la France n'était pas prête. Ces souvenirs lui donnaient une autorité sans rivale, surtout dans les classes moyennes, dont l'opinion, chez nous, est toujours décisive. Agité, aventureux, fanfaron jusqu'à l'âge mûr, Thiers, dans sa vieillesse, apparaissait comme l'incarnation du bon sens. Le 8 février, il avait été élu dans vingt-six départements. Si Thiers devenait républicain, la bourgeoisie le deviendrait, et il l'était déjà, tout en ayant assez d'habileté pour laisser de côté la question du régime. La majorité monarchiste était d'accord avec lui pour la remettre à plus tard et elle le nomma chef du pouvoir exécutif. Un républicain de doctrine, Jules Grévy, fut élu président de l'Assemblée. Celui-là avait dit dès 1848 : « Je ne veux pas que la République fasse peur. » Il avait également combattu Gambetta. L'Assemblée poussait en avant les hommes les plus capables de faire accepter la République par un pays qui se méfiait d'elle.

Il fallut tout de suite négocier avec l'Allemagne, l'armistice touchant à sa fin. Négocier n'était pas le mot juste. Il n'y avait plus qu'à subir les conditions de l'ennemi. Les élections avaient désarmé nos négociateurs, parce qu'elles avaient mis en relief un grand désir de paix. Cette paix, l'Assemblée avait le mandat de la signer. Il n'était même pas possible de tirer parti de la résistance où Gambetta s'était obstiné, de menacer Bismarck d'un soulèvement national si ses exigences étaient excessives. On ne pouvait compter non plus sur un autre congrès de Vienne pour rompre le tête-à-tête du vainqueur et du vaincu. L'Angleterre, la Russie, l'Autriche avaient bien donné à Bismarck quelques conseils de modération, mais le congrès de Londres, réuni pour les affaires d'Orient, n'avait pas voulu s'occuper de la paix franco-allemande. La France restait seule. Le principe des nationalités ne lui avait donné ni alliances ni amis. Il fallut céder l'Alsace, une partie de la Lorraine, avec une indemnité de cinq milliards jusqu'au paiement de laquelle l'occupation allemande continuerait. Les préliminaires de la paix furent signés le 26 février 1871 et, trois jours plus tard, ratifiés par l'Assemblée. Les députés des provinces cédées protestèrent que les populations d'Alsace et de Lorraine regardaient comme nul un pacte qui disposait d'elles sans leur consentement. Cent sept voix seulement s'étaient prononcées contre la ratification et c'étaient des voix de républicains avancés : l'extrême gauche radicale restait le parti de la guerre à outrance, et plusieurs de ses membres, pour mieux marquer leur opposition à la signature de la paix, donnèrent leur démission.

Parmi les conditions que Bismarck avait posées, il en était une qui était grave, et c'était la seule qui ne lui rapportât rien. Il avait exigé pour les troupes allemandes une entrée solennelle dans Paris. Rien n'était plus propre à surexciter les Parisiens, après les souffrances et l'énervement du siège, dans le trouble dont était frappée la vie de cette immense cité. L'explosion révolutionnaire qui s'y préparait était mêlée de beaucoup d'éléments. L'humiliation du défilé, bien que limité aux Champs-Élysées et d'une durée de quelques heures seulement, compta parmi les causes de la Commune. Presque tous les députés de Paris avaient voté contre la paix. Paris était pour la République, pour la guerre révolutionnaire. Paris était hostile à cette Assemblée de « ruraux » dont les sentiments conservateurs et pacifistes étaient si différents des siens. Les traditions de 1793, les souvenirs de 1830 et de 1848 n'avaient pas disparu : les débuts de Delescluze, un des chefs de la Commune, dataient des journées de Juillet. La Révolution « patriote » s'associait d'ailleurs bizarrement à l'Internationale socialiste, la vieille conception jacobine de la Commune à des idées de fédéralisme communal fort éloignées de la République une et indivisible. Le fonds général, c'était l'esprit d'émeute dans une population qu'on avait armée pour le siège et qui avait gardé ses armes, parce que le gouvernement n'avait eu ni la volonté ni la force de les lui enlever.

L'insurrection que l'on voyait venir commença le 18 mars lorsque l'ordre eut été donné de reprendre les canons de la garde nationale. Mais une autre circonstance s'était produite et elle donne à ces événements une curieuse ressemblance avec ceux de la Révolution. L'Assemblée, d'abord réunie à Bordeaux, avait décidé de siéger, non dans la capitale dont l'agitation était redoutée, mais à Versailles, comme les états généraux de 1789. On avait même proposé Bourges ou Fontainebleau. Cette marque de méfiance fut interprétée à Paris comme l'annonce d'une restauration ou d'un coup d'État. Une grande partie des gens paisibles avait déjà quitté la ville, remplie d'une masse oisive et armée où affluaient aussi des aventuriers de toute sorte. Quant aux forces régulières, il était inutile de compter sur elles pour maintenir l'ordre. Elles existaient à peine et leur esprit était mauvais : celles qui furent envoyées à Montmartre pour reprendre les canons fraternisèrent avec la foule et abandonnèrent le général Lecomte, fusillé quelques heures plus tard avec un ancien général de la garde nationale, Clément Thomas. Alors éclata ce qui couvait depuis longtemps. Après quelques jours d'incertitude et de confusion, l'insurrection prit forme par la création d'un gouvernement de la Commune qui rompit avec celui de Versailles. Ce n'était plus une émeute. C'était la guerre civile et plus grave qu'aux journées de Juin.

La Commune a singulièrement frappé les esprits. Elle a laissé une horreur profonde. C'est elle cependant qui a consolidé le régime républicain, d'abord, comme nous l'avons déjà dit, parce que la République se montra capable de rétablir l'ordre, ensuite parce que, dès les premiers symptômes de l'insurrection, qui avaient paru également dans quelques grandes villes, Thiers avait cessé de ménager la droite, s'étant convaincu que la République était nécessaire pour calmer les esprits. Tel était le vrai sens de son mot : « La République est le régime qui nous divise le moins. »

En attendant, il fallait battre les insurgés. Thiers, s'inspirant des leçons de l'histoire et de l'expérience de la réaction européenne en 1848, notamment de la méthode employée à Vienne par le général Windischgraetz, avait résolu de livrer Paris aux révolutionnaires pour les y enfermer et les y écraser ensuite. Ce plan réussit, parce que l'insurrection avorta dans les autres grandes villes et parce que la France voulut la répression et la soutint. Il y fallut deux mois pendant lesquels Paris connut une nouvelle Terreur par l'exécution ou le massacre des otages, au nombre desquels se trouva l'archevêque de Paris. Le 21 mai seulement, après un véritable siège, les Versaillais entrèrent dans la capitale. Pendant une semaine encore, la semaine sanglante, les fédérés, les communards furent refoulés de quartier en quartier, tandis qu'ils allumaient des incendies pour arrêter les soldats, brûlaient les Tuileries, l'Hôtel de Ville, laissant croire que la révolution détruirait Paris plutôt que de se rendre. Dans les deux camps, l'acharnement fut extrême. La rigueur de cette répression n'avait jamais été égalée. Il y eut dix-sept mille morts, des exécutions. sommaires, plus de quarante mille arrestations. Les conseils de guerre prononcèrent des condamnations jusqu'en 1875. Quelques chefs de la Commune furent exécutés, d'autres déportés, parmi lesquels Rochefort. Et, loin de nuire à la République, cette sévérité la consolida. Elle apparut comme un régime à poigne, un régime d'autorité, qui avait renversé la règle de 1789, de 1830, de 1848, qui n'avait pas admis que Paris imposât une révolution à la France.

Cette guerre civile s'était déroulée sous les yeux, au contact des Allemands, qui, en vertu de l'armistice, occupaient les forts du nord et de l'est de Paris. Bismarck avait même offert au gouvernement français de venir à son aide pour réprimer l'insurrection. Thiers avait repoussé ce concours déshonorant. Mais la paix n'était pas encore signée. Il fallait hâter le retour des prisonniers pour avoir des soldats et pour reprendre Paris. Si la Commune se prolongeait, Bismarck pouvait tirer prétexte de l'anarchie qui, eût menacé son gage et devenir plus exigeant. En effet, il profita des circonstances pour aggraver les conditions des préliminaires de paix. Le traité fut signé à Francfort le 10 mai, approuvé aussitôt par l'Assemblée, et les ratifications échangées entre la France et l'Allemagne le

21, le jour où l'armée de l'ordre rentrait dans Paris. La guerre étrangère et la guerre civile étaient terminées en même temps.

Sans doute il y avait bien des ruines à relever. Il y avait à payer les cinq milliards du traité de Francfort, qui n'étaient qu'une partie de ce que le désastre nous avait coûté, car on en a estimé le prix à plus de quinze milliards. Il restait à libérer le territoire, occupé jusqu'au paiement de l'indemnité. Mais les deux tâches principales pour lesquelles l'Assemblée avait été élue étaient accomplies. L'ordre était rétabli, la paix faite. Le chef du pouvoir exécutif de la République française s'était chargé de la besogne. Son crédit personnel était accru. Le régime, encore provisoire, qu'il représentait, cessait d'effrayer, parce qu'il prenait, avec Thiers, un aspect conservateur. Thiers disait que la République « serait conservatrice ou ne serait pas » et il demandait qu'on en fît « l'essai loyal ». À ce moment, d'ailleurs, Gambetta entra dans sa pensée et comprit que la cause républicaine était perdue si elle ne se dégageait de ses traditions révolutionnaires et belliqueuses. Des élections complémentaires avaient lieu le 2 juillet 1871. Gambetta, revenu d'Espagne où il s'était réfugié, posa sa candidature, et, dans sa profession de foi, annonça qu'il s'était converti à la sagesse de Thiers. Son programme devenait « à la fois conservateur et radical ». Le parti « opportuniste » était fondé et la République avec lui. Il y avait cent onze sièges à pourvoir. Cent républicains, presque tous très modérés, furent élus. Le courant entraînait maintenant le pays vers la République.

C'était le moment où la droite, encore maîtresse de la majorité, était prête à restaurer la monarchie. La réconciliation, la « fusion » entre les deux branches de la maison de Bourbon se réalisait. Le petit-fils de Louis-Philippe s'effaçait devant le petit-fils de Charles X. Non seulement c'était un peu tard, mais il y avait un malentendu entre le comte de Chambord et l'Assemblée qui voulait lui offrir la couronne. Comme Louis XVIII, le comte de Chambord entendait rentrer en vertu de son principe, sans subir les conditions des parlementaires. La question du drapeau blanc, qu'il mit tout de suite en avant, était un symbole.

On eut alors pendant cinq ans cette situation étrange : une majorité royaliste qui n'était pas d'accord avec le prince légitime, le seul qu'elle reconnût. Et cette majorité, ne rétablissant pas la monarchie, voulait au moins empêcher la République de s'établir. Cependant la République vivait, et cette République « sans républicains » tendait à devenir républicaine. Elle allait à gauche. La propagande de Gambetta était fructueuse. Aux élections partielles, c'étaient maintenant des républicains conservateurs, des amis de Thiers, qui étaient battus par des radicaux. La droite diminuait, fondait de jour en jour. En 1873, une lettre du comte de Chambord, inébranlable sur son principe, avait encore ajourné la question du régime : on pouvait pressentir que jamais l'Assemblée et Henri V ne parviendraient à s'entendre. À ce moment, la droite, trouvant un chef dans le duc de Broglie, tenta de brusquer les choses. Pour se défendre contre les progrès du radicalisme, l'union conservatrice, coalition des légitimistes, des orléanistes et des bonapartistes, résolut de prendre elle-même le pouvoir. Elle le prenait deux ans trop tard.

L'opération fut conduite par des parlementaires habiles. Un des leurs, Buffet, déjà substitué à Grévy, dirigeait les débats de l'Assemblée, et, au jour dit, aida puissamment à la chute de Thiers (24 mai 1873). Tout était prêt, convenu. Thiers fut remplacé le soir même par le maréchal de Mac-Mahon. Attaché par ses traditions à la monarchie légitime, ce loyal soldat, devenu président de la République, allait, comme quelqu'un l'avait prédit, la fonder.

Le duc de Broglie fut aussitôt choisi comme chef du gouvernement. Disposé à faire la monarchie, il en avait prévu l'échec et il s'était ménagé une ligne de retraite. La restauration fut consciencieusement préparée. Le comte de Paris, petit-fils de Louis-Philippe, vint à Frohsdorf pour sceller avec le comte de Chambord la réconciliation des deux branches de la maison de France. Les groupes de la majorité formèrent la commission des Neuf qui prit les mesures nécessaires pour que l'Assemblée, en vertu de son pouvoir constituant, votât le rétablissement de la royauté. L'accord, à droite, était complet, le succès était en vue et les partis républicains alarmés se rapprochaient et formaient l'union des gauches, fort troublés d'ailleurs à l'idée de recourir à l'insurrection contre une restauration légale. On escomptait dans l'Assemblée une majorité d'au moins vingt-six voix en faveur de la monarchie. Il ne manquait plus que le consentement du comte de Chambord. Maintiendrait-il le drapeau blanc ? Il restait toujours dans la réserve, en exil volontaire. Le député Chesnelong, envoyé auprès de lui pour négocier, rentra convaincu que la difficulté était levée. Le bruit se répandit que le petit-fils de Charles X acceptait le drapeau tricolore, la monarchie paraissait faite, lorsque, par une lettre retentissante datée du 27 octobre, le comte de Chambord exposa ses raisons immuables . « Je veux, disait-il, rester tout entier ce que je suis. Amoindri aujourd'hui, je serais impuissant demain. » Il préférait ne pas régner plutôt que d'être « le roi légitime de la Révolution », et garder intact le principe monarchique plutôt que de le compromettre dans une restauration éphémère.

Cette lettre, qui consterna les royalistes, remplit de joie les bonapartistes et les républicains. Il n'est pas défendu de croire qu'elle soulagea les monarchistes libéraux dont les idées auraient eu peine à s'accorder avec celles d'Henri V qui concevait toute une réforme politique et sociale de la France à laquelle les esprits n'étaient nullement préparés. En résumé, la monarchie parlementaire était impossible. Alors intervint la combinaison que le duc de Broglie tenait en réserve. Pour gagner du temps, pour parer au désarroi des conservateurs, pour ménager l'avenir, sa solution était de consolider les pouvoirs du maréchal, de les prolonger, de les rendre indépendants de l'Assemblée, de faire de la présidence de la République une sorte de succédané de la monarchie, Il n'y aurait, le jour venu - c'est-à-dire lorsque le comte de Chambord aurait disparu ou abdiqué - qu'à mettre le roi à la place du maréchal de Mac-Mahon, véritable lieutenant général du royaume. De cet expédient est née la présidence de la République telle qu'elle existe encore de nos jours. « Ne pouvant faire la monarchie, il faut faire ce qui s'en rapproche le plus », disait alors le comte de Paris. Les pouvoirs du président furent votés pour sept ans. Si la République n'était qu'un régime de fait, si elle n'était pas fondée, elle était, bien près de l'être.

Elle le fut seulement dans les premiers mois de 1875. On ne tarda pas, en effet, à s'apercevoir que le septennat ne se suffisait pas à lui-même, que c'était un « rempart d'argile ». La nécessité d'organiser les pouvoirs publics s'imposait. Mais on ne pouvait les organiser sans définir le régime politique de la France. Il y avait un pouvoir exécutif. Il y avait aussi une Assemblée dont la majorité monarchiste s'était dite constituante. Son mandat n'était pas éternel et elle ne pouvait se séparer sans avoir donné au pays une Constitution marquée à son empreinte. Voter des lois constitutionnelles était inévitable. Il ne l'était pas moins, en les votant, de choisir entre la monarchie et la république. La majorité hésita, lutta longtemps. Les républicains n'hésitaient pas moins à accepter une Constitution parlementaire élaborée par des conservateurs et des orléanistes. Après un président, il leur fallait accepter un Sénat, qui ne serait même pas élu au suffrage universel, c'est-à-dire tout ce que la doctrine démocratique condamnait. Alors, évoluant toujours vers l'opportunisme, se séparant des radicaux, partisans du tout ou rien, Gambetta entraîna la gauche. Dans la pensée qu'une Constitution trop républicaine effraierait le pays et amènerait une réaction, il détermina les républicains à se contenter de ce que leur apportaient des monarchistes et des modérés. Le 30 janvier 1875, à une seule voix de majorité, l'amendement Wallon, qui prononçait le nom de la République, qui l'inscrivait officiellement dans les lois était adopté. Cet amendement disait que le président de la République serait élu par les deux Chambres et rééligible. Ainsi, personnels à l'origine, les pouvoirs du président devenaient impersonnels. Le maréchal de Mac-Mahon pourrait avoir des successeurs. À travers le Septennat, la République avait passé. Elle a toujours porté la marque des hommes qui l'avaient fondée et dont le système idéal était celui de la monarchie de Juillet. Mais ces hommes-là allaient en être chassés bientôt.

Cette République, encore provisoire, puisque la revision des lois constitutionnelles y était prévue, cette République en quelque sorte monarchique, c'était toujours la République sans les républicains. Il était entendu qu'elle devait être conservatrice. Thiers l'avait déjà promis et quand la majorité lui avait repris le pouvoir, c'était parce qu'elle l'accusait de ne pas tenir sa promesse et de ne pas résister au courant qui entraînait le suffrage universel à gauche. Pour que la République devînt républicaine, il ne restait plus qu'à en expulser les conservateurs avec le président qu'ils avaient nommé. C'est ce qui arriva en peu de mois par un ensemble de causes où la politique extérieure vint se mêler à la politique intérieure.

Thiers, qui avait tout dirigé pendant deux ans, n'avait eu qu'un programme de politique étrangère : la paix. Après l'avoir faite, il en avait rempli les conditions. En premier lieu, il fallait délivrer la France de l'occupation allemande. À tout instant, au moindre prétexte, Bismarck pouvait manifester de nouvelles exigences. La France ne serait pas tranquille avant que le dernier soldat allemand eût repassé la nouvelle frontière. Pour cela, les cinq milliards devaient être payés au plus vite. Les Français aiment à tenir leurs engagements. Rien ne fut refusé pour la libération du territoire. La confiance dans le relèvement de la France était si grande, au-dedans et au-dehors, qu'un emprunt de trois milliards avait été couvert quatorze fois. Ainsi, on fut en mesure de payer par anticipation. Au mois de mars 1873, une convention franco-allemande avait fixé le dernier versement au 5 septembre suivant, moyennant quoi l'occupation prendrait fin un an avant la date prévue par le traité, ce qui eut lieu. Mais, dans l'intervalle, Thiers était tombé et sa chute avait causé à Berlin du mécontentement et de l'inquiétude. Bismarck le savait devenu pacifique autant qu'il avait été belliqueux dans sa jeunesse et son âge mûr. En effet, Thiers qui, en 1866, avait annoncé les dangers de l'unité allemande voyait maintenant la France battue, affaiblie, isolée, et il pensait que le mieux était de s'entendre avec le puissant vainqueur. Il s'était empressé de reconstituer une force militaire, parce qu'il savait que la France ne peut se passer d'une armée, mais rien n'était plus éloigné de son esprit que l'idée de revanche. Cela, Bismarck ne l'ignorait pas. À ses yeux, Thiers était le garant de la paix qu'il avait signée. Lorsque Thiers eut été renversé du pouvoir, le chancelier de l'Empire allemand montra qu'il craignait tout à la fois le gouvernement des conservateurs, capable de nouer en Europe des alliances monarchiques et catholiques, et le gouvernement des républicains ardents, ceux qui, avec Gambetta, avaient voulu la guerre à outrance et voté contre le traité de Francfort. De plus, à aucun moment, Bismarck n'avait cessé de se méfier de la France et de l'Europe. Il était apparu tout de suite que le nouvel Empire allemand, fondé par la force, ne compterait que sur la force pour se maintenir. Il allait imposer à tous ses voisins le principe de la nation armée et de la paix armée, qui était gros d'une autre guerre, plus terrible que toutes celles que le monde avait connues. La grande Allemagne fondée par les erreurs et la défaite de la France, par la bienveillante neutralité de l'Europe, préparait le sombre avenir que les hommes clairvoyants du dix-neuvième siècle avaient prédit.

Pour toucher plus vite le solde des cinq milliards, Bismarck avait accepté la convention du 15 mars 1873. À peine eut-il évacué la dernière ville française qu'il le regretta. Sous la présidence de Thiers, il avait déjà menacé plusieurs fois de garder Belfort. Une fois payé, il trouva que la France se relevait trop vite et qu'il serait peut-être bon de « lui casser les reins ». Cependant la politique extérieure de la France, après Thiers comme avec lui, restait prudente. Le duc Decazes, ministre des Affaires étrangères du cabinet de Broglie, travaillait à éviter les conflits. Quoique la majorité de l'Assemblée nationale fût catholique, le gouvernement refusait d'intervenir en Italie pour le pouvoir temporel du Pape. Rien pourtant n'empêcha Bismarck de prendre une attitude agressive et de multiplier les incidents. Au mois de mai 1875, alléguant que notre réorganisation militaire était dirigée contre l'Allemagne, il annonça son dessein « d'en finir avec la France ». Cette fois, la Russie d'abord, l'Angleterre ensuite firent savoir à Berlin qu'elles ne permettraient pas une agression. La « vieille Europe s'était réveillée », disait le duc Decazes, qui avait su provoquer ces interventions diplomatiques. Il n'en est pas moins vrai que nous avions été ou paru être à deux doigts de la guerre au moment où la campagne républicaine grandissait. Elle en reçut une impulsion redoublée. Dans les masses françaises, surtout dans les masses rurales, l'accusation portée contre le gouvernement conservateur d'être un danger pour la paix produisit un effet immense. Le parti républicain, conduit par Gambetta, délaissa sa tradition belliqueuse, comme Thiers, dès 1871, le lui avait conseillé. Ce fut contre les conservateurs qu'il retourna l'accusation d'être le parti de la guerre. Et pourtant l'alerte de 1875 sera suivie de bien d'autres alertes, depuis l'affaire Schnæbelé jusqu'à 1914. On ne tardera pas à voir que l'Allemagne en veut à la France elle-même, et non à ses gouvernements, de même qu'elle avait montré en 1870 que ce n'était pas l'Empire qu'elle attaquait.

Les conservateurs se trouvaient en tout cas dans de mauvaises conditions pour garder le pouvoir. Ils avaient fondé la République, et la République devait être républicaine. Elle était désormais un régime régulier, et elle bénéficiait de ce respect pour l'ordre de choses établi qui avait déjà maintenu l'Empire. En essayant de lutter contre le courant qui entraînait la République vers la gauche, les conservateurs achevèrent de se perdre devant le corps électoral, parce que ce furent eux qui parurent chercher un bouleversement. Ils avaient cru à leur combinaison provisoire, qui ménageait une revision en 1880, à la fin du Septennat. Ils s'aperçurent à leurs dépens qu'ils avaient, pour une masse de Français, créé quelque chose de définitif.

L'Assemblée prit fin après l'entrée en fonctions du Sénat, dont les membres étaient alors en partie inamovibles et nommés par l'Assemblée elle-même. Le Sénat eut ainsi une majorité conservatrice. Mais, le 20 février 1876, les élections législatives, après une ardente campagne de Gambetta contre le cléricalisme et contre la guerre, furent un désastre pour les droites. Le président du conseil, Buffet, fut lui-même battu, et la gauche devint prépondérante dans la Chambre nouvelle. Une année se passa encore où le maréchal de Mac-Mahon tenta de barrer la route à Gambetta et au radicalisme par des ministères modérés. Enfin, le 16 mai 1877, usant des pouvoirs que lui donnait la Constitution, le maréchal remercia son président du conseil qui était Jules Simon. Il s'agissait de sauver « l'ordre moral », de maintenir l'esprit du Septennat et de rendre le gouvernement aux conservateurs. Le duc de Broglie fut rappelé au pouvoir et les Chambres ajournées. L'union des gauches, depuis Thiers jusqu'au socialiste Louis Blanc, se forma aussitôt et son manifeste au pays fut signé par 363 députés. Un mois plus tard, après une séance orageuse où les 363 bravèrent le gouvernement, le maréchal, usant encore du droit que lui donnait la Constitution, prononçait la dissolution, de la Chambre avec l'assentiment du Sénat.

De ce jour, la dissolution a passé pour réactionnaire. Inscrite dans les lois constitutionnelles, aucun président n'y a plus eu recours. Elle a pris l'aspect d'un coup d'État. Le 16 mai n'était pourtant qu'un coup d'État légal, parlementaire, un faux coup d'État. C'était surtout une maladresse. Le maréchal et le duc de Broglie ne mettaient pas la France en face d'un fait accompli. Ils en appelaient des électeurs aux électeurs. Ils leur demandaient de se déjuger à dix-huit mois de distance. La partie était mal engagée. D'avance elle était perdue. L'union des droites se réclamait de l'ordre. Là-dessus, l'union des gauches lui damait le pion. C'était elle qui se mettait à parler un langage conservateur. On veut, disait Gambetta, « lancer la France, pays de la paix, de l'ordre et de l'épargne, dans des aventures dynastiques et guerrières ». Et ces mots-là trouvaient un écho jusque dans les masses rurales. Comme l'avait désiré Jules Grévy, la République ne faisait plus peur et, depuis la Commune, la Révolution était saignée à blanc. C'étaient les droites que l'on accusait de compromettre le repos du pays. Les rôles étaient dûment renversés. Aux élections du 14 octobre 1877, tout l'effort du maréchal, du duc de Broglie et du ministre de l'Intérieur Fourtou ne parvint pas à ramener plus de deux cents de leurs amis contre trois cents élus des gauches. La bataille était bien perdue. Jean-Jacques Weiss avait dit le mot : la

République de conservateurs était « une bêtise ». La République devait passer aux républicains.

Ce ne serait pas d'ailleurs sans se modérer par cette expérience même. Les élections avaient montré que, dans l'ensemble du pays, gauche et droite se balançaient à peu de voix et qu'un léger déplacement suffisait pour changer la majorité. Ainsi l'opération manquée du 16 mai a eu des effets durables. D'une part, elle a, jusqu'à nos jours, intimidé les successeurs du maréchal de Mac-Mahon et les a empêchés de se servir de leurs pouvoirs constitutionnels. D'autre part, elle a contenu, jusque dans leur victoire, les républicains qui avaient à craindre qu'un parti de l'ordre ne se reformât contre eux. Enfin le soin qu'ils avaient pris de rejeter sur la droite l'accusation d'être le parti de la guerre les avait conduits à un certain rapprochement avec l'Allemagne. Thiers, qui mourut sur ces entrefaites, en était partisan. Gambetta fut tenté à son tour par les avances de Bismarck qui combattait à ce moment-là les catholiques allemands et qui redoutait leur alliance avec les catholiques français. De ces idées aussi il restera des traces. Il y aura désormais dans le parti républicain des hommes qui pencheront pour une entente avec l'Allemagne et de là d'importantes conséquences sortiront.

L'échec du 16 mai ne changea pas d'abord autant de choses qu'on aurait cru. On revit des ministères du centre gauche. Le maréchal de Mac-Mahon, que Gambetta avait sommé de se soumettre ou de se démettre, était resté à la présidence et ne se démit qu'au mois de janvier 1879 pour ne pas signer la destitution de plusieurs généraux. À sa place, Jules Grévy fut élu. Il le fut surtout contre Gambetta et les radicaux. Avec lui s'installaient la grande bourgeoisie républicaine, les gens de loi et les gens d'affaires. Sa première déclaration fut pour annoncer « une politique libérale et vraiment conservatrice ». Ainsi depuis que la République avait battu et exclu les conservateurs, elle s'appliquait à rassurer les intérêts. Ni réaction ni révolution devenait sa formule. Cependant il y avait déjà en elle des divisions, divisions entre les hommes, les tendances et les doctrines. Aux modérés du centre gauche, aux opportunistes du groupe de Gambetta, aux radicaux héritiers des Jacobins et dont Clemenceau devenait le chef, les socialistes s'ajouteraient bientôt. D'âpres luttes commençaient et les chutes de ministères se succédèrent avec rapidité. On vit alors que l'anticléricalisme était le vrai ciment des gauches. Il se manifesta dès 1880 par les décrets rendus contre les congrégations, et les Jésuites furent expulsés les premiers. Il y aura là une longue occupation pour le régime et, parfois, un moyen de diversion, comme sous Louis XV, quand les ministres étaient en conflit avec les vieux Parlements. Mais, comme au dix-huitième siècle aussi, l'anticléricalisme d'État tournera bientôt à la guerre contre le catholicisme et l'idée religieuse.

Dès ces premiers pas de la République parlementaire, au milieu d'une grande confusion, deux traits commencent à se dégager. Jules Ferry arrive pour la première fois au pouvoir. Il entreprend l'expédition de Tunisie avec l'autorisation que Bismarck nous avait donnée en 1878 au congrès de Berlin, dans l'idée qu'il serait bon pour l'Allemagne que l'activité de la France se dépensât loin de l'Europe. Une grave controverse entre les Français allait naître de l'affaire de Tunisie et se renouveler pour l'Égypte et le Tonkin. Les expéditions coloniales ne risquent-elles pas de disperser nos forces, de distraire l'attention publique de notre sécurité sur le continent et des provinces perdues ? Là était le germe de querelles prochaines. Autre indication : aux élections de 1881, les républicains ont remporté une nouvelle victoire. Mais l'extrême gauche avance. Gambetta, naguère l'idole de Paris, a été difficilement élu à Belleville : l'opportunisme nuit à sa popularité. C'est à lui quand même qu'il faut, cette fois, confier le pouvoir. Le président Grévy s'y résigne, bien que sa sourde hostilité ne désarme pas, tandis que celle des vieux radicaux, ennemis de l'opportunisme, éclate. Contre Gambetta, les grandes accusations sont lancées : il est l'homme de la guerre, il aspire à la dictature. Au bout de trois mois, son ministère, qui devait être un « grand ministère », était renversé. Sa conception d'une République nationale et « athénienne », où se fussent réconciliés les partis, l'était aussi. L'année d'après, Gambetta mourut.

On doit renoncer à discerner quoi que ce soit au milieu des luttes qui suivirent si l'on ne s'en tient aux deux principes qui les dominent et qui peuvent se résumer de la manière suivante. D'une part, il y avait conflit entre ceux qui acceptaient la défaite de 1870 et ceux qui n'abandonnaient pas l'espoir d'en effacer les effets, entre ceux qui, publiquement ou dans le secret de leur pensée, croyaient, comme Thiers, que la France n'avait plus qu'à s'entendre avec une Allemagne toute-puissante et à se contenter en Europe d'un rôle de second ordre (déchéance à laquelle. l'expansion coloniale remédierait) et ceux qui, ne s'inclinant pas devant le fait accompli, jugeaient que la politique de la France devait être continentale, que le danger de l'invasion, révélé une première fois en 1875, existait toujours, et qu'à l'Empire allemand, fortifié par ses alliances avec l'Autriche et l'Italie (la Triplice), il fallait opposer une armée solide et des alliances s'il se pouvait. D'autre part, la nature des choses ramenait toujours une fraction des républicains vers des idées de modération, les inclinait à se réconcilier avec leurs adversaires de droite et à ménager les instincts conservateurs du pays, tandis que les républicains avancés rejetaient ces compromissions. Agitations de la rue, chutes de ministères, élections, toute l'histoire intérieure de la troisième République a été conduite par ces courants qui l'emportaient tour à tour.

L'expédition du Tonkin, succédant à celle de Tunisie, fut l'origine d'une longue crise. Cette nouvelle entreprise coloniale, où s'était engagé Jules Ferry, pour la seconde fois président du conseil, était impopulaire. Elle était combattue par les radicaux chez qui subsistait la tradition du jacobinisme patriote : Clemenceau, leur chef, avait voté contre le traité de Francfort, En même temps, ils attaquaient la Constitution de 1875, lui reprochaient son caractère et ses origines orléanistes et ils en demandaient la revision. Ils prirent l'offensive en mars 1885, lorsque la nouvelle du désastre de LangSon arriva. Jules Ferry, que Clemenceau avait déjà accusé de « compromettre les intérêts de la France et de la République », fut renversé. Des scènes tumultueuses eurent lieu dans Paris contre « le Tonkinois », dont la politique coloniale, selon un autre mot de Clemenceau, faisait de la France « l'obligée de l'Allemagne ». Un esprit d'opposition d'une nature nouvelle naissait dans Paris et préparait les éléments du boulangisme En même temps, le malaise et l'inquiétude se répandaient dans les provinces. Aux élections de 1885, pour lesquelles le scrutin de liste avait été rétabli, deux cents députés de droite furent élus.

Comme au 16 mai, l'union des gauches se forma contre l'union des droites, mais elle eut pour effet de mettre le gouvernement dans la dépendance des radicaux. Ce furent eux qui désignèrent pour le ministère de la Guerre le général Boulanger. Ce militaire républicain, qui s'occupait de la réorganisation de l'armée et qui « relevait le pompon du soldat », devint rapidement populaire dans la population parisienne, en majorité radicale et patriote. Il fut acclamé à la revue du 14 juillet 1886 au point d'inspirer des alarmes aux républicains de gouvernement, tandis qu'il était en aversion à la droite pour avoir rayé des cadres les princes d'Orléans au moment où les aînés des familles ayant régné sur la France avaient été exilés. En même temps, Bismarck, qui travaillait sans cesse à accroître la puissance offensive de l'Allemagne, tirait prétexte de la popularité du général Boulanger pour obtenir du Reichstag des crédits militaires. Il soulevait des incidents diplomatiques dont le plus grave fut l'affaire Schnæbelé que Jules Grévy régla avec prudence et qui nous mit encore à deux doigts de la guerre. Boulanger apparut alors aux hommes du centre gauche comme un danger intérieur et extérieur. Mais ils ne purent se défaire de lui sans rompre avec les radicaux et sans se rapprocher de la droite dont la neutralité leur était indispensable pour conserver une majorité.

Par la campagne contre la politique coloniale qui nous rapprochait de l'Allemagne, contre les combinaisons « opportunistes », contre l'alliance des modérés avec la réaction, contre la Constitution « orléaniste » de 1875, les radicaux avaient eux-mêmes créé l'état d'esprit « boulangiste » qui conquit Paris et qui ne tarda pas à le dominer. Le gouvernement, pour éloigner Boulanger, l'avait nommé commandant de corps d'armée à Clermont : la foule parisienne voulut le retenir. Déjà il avait été proposé, quoique inéligible, à une élection partielle et il avait recueilli près de 40.000 voix. Il était devenu le chef d'une opposition, lorsque les radicaux le renièrent, s'apercevant qu'ils avaient eux-mêmes créé un syndic des mécontents, un aspirant au pouvoir personnel et à la dictature, un danger pour la République. Cependant les radicaux, en ralliant l'union des gauches, ne furent pas suivis par toutes leurs troupes. Rochefort, l'ancien adversaire de l'Empire, l'ancien communard, le polémiste populaire dont l'influence était considérable à Paris, retenait dans le parti du général les éléments avancés. Des scandales, un trafic de décorations dans lequel Wilson, gendre du président de la République, fut compromis, donnèrent un aliment nouveau au mouvement boulangiste et antiparlementaire. En décembre 1887, la Chambre, voyant le péril, obligeait Jules Grévy à se démettre, et le Congrès élut à sa place Sadi Carnot, descendant du Conventionnel. Cette sorte d'épuration du personnel républicain n'arrêta pas le boulangisme. Le général, mis en retrait d'emploi, était devenu éligible, et deux départements l'envoyèrent tout de suite à la Chambre. La situation s'était retournée : désormais les monarchistes votaient pour lui avec les dissidents radicaux. Le *27* janvier 1889, Paris l'élisait à son tour à une majorité énorme et avec un enthousiasme extraordinaire. Ce jour-là, de l'aveu du gouvernement lui-même, Boulanger n'avait qu'un mot à dire pour entrer à l'Élysée et s'emparer du pouvoir. Il recula devant un coup d'État, confiant dans le résultat des élections générales.

Le parti républicain, sauvé par cette hésitation, se défendit avec vigueur. L'union des gauches se renoua comme au 16 mai. Des poursuites furent ordonnées contre les partisans les plus actifs du général, Déroulède et la Ligue des Patriotes. Boulanger lui-même, traduit en Haute Cour, se réfugia à Bruxelles ainsi que Rochefort. Le scrutin d'arrondissement, impropre aux plébiscites, fut rétabli. Mais surtout, les masses rurales, toujours pacifiques, étaient restées étrangères à ce mouvement parti de Paris et des grandes villes. Il avait suffi, pour les détourner du boulangisme, qu'on leur dît qu'il apportait la guerre. Aux élections d'octobre 1889, c'est à peine si, dans toute la France, quarante partisans du général furent élus.

Le mouvement était fini, mais il eut des conséquences durables. D'abord il discrédita le revisionnisme et les attaques des radicaux contre la Constitution de 1875 devinrent moins ardentes et plus rares. On n'alla pas jusqu'à la démocratie directe et pure et la Constitution qu'avaient élaborée les conservateurs de l'Assemblée nationale dura. Ensuite les hommes les plus clairvoyants du parti républicain comprirent la leçon du boulangisme. Si, dans la soirée du 27 janvier 1889, la République parlementaire avait failli périr, la faute remontait à Jules Ferry et à la politique d'effacement en Europe. L'Allemagne grandissait toujours, s'armait toujours : pouvait-on négliger ce péril ? Là-dessus l'avertissement de l'instinct national, tel qu'il s'était manifesté par l'impopularité de Ferry et par le boulangisme, portait si juste que des réflexions nouvelles naquirent au gouvernement. M. de Freycinet, qui devint alors président du conseil, en témoigne dans ses Souvenirs : « La sécurité d'un grand peuple, disait-il, ne doit pas reposer sur la bonne volonté des autres ; elle doit résider en lui-même, en ses propres moyens, dans les précautions qu'il sait prendre par ses armements et ses alliances. » L'alliance russe, esquissée en 1875 par le duc Decazes, à laquelle on avait pensé dans l'entourage de Gambetta, était demandée par le boulangisme. Dès 1890, le gouvernement de la République se rapprochait de la Russie. L'année suivante, la visite d'une escadre française à Cronstadt préparait l'alliance franco-russe, contrepartie de la Triplice.

« Situation nouvelle », déclarait un autre ministre quelques semaines plus tard. Nouvelle, en effet. Entre les deux idées qui avaient, dès l'origine, partagé ses fondateurs, la République avait choisi et elle n'avait pas opté pour l'entente avec l'Empire allemand.

L'alliance avec la Russie rendit au gouvernement républicain le service de désarmer l'opposition patriote ou, comme on commençait à dire, nationaliste. À l'ensemble du pays, elle fut présentée telle qu'elle était conçue : une garantie de paix par l'équilibre des forces. La République en fut singulièrement fortifiée. Ce fut le moment où des monarchistes abjurèrent, où une droite républicaine se forma par le ralliement. De nouveau, le régime devenait conservateur. Un scandale de corruption parlementaire, où furent compromis des radicaux, développa encore ce mouvement. Après les débats, les enquêtes, les poursuites auxquelles donna lieu l'affaire du Panama, quelques-uns des chefs de la gauche, avec Clemenceau et Floquet, sortirent de la scène politique. On eut ainsi plusieurs années de gouvernement modéré, si modéré qu'après l'assassinat de Sadi Carnot par un anarchiste, en 1894, le président élu fut Casimir-Perier, petit-fils du ministre « de la résistance » sous Louis-Philippe, représentant de la haute bourgeoisie. À ce moment, un ministre des cultes, Spuller, ancien compagnon de Gambetta, parlait aussi d'un « esprit nouveau de tolérance, de bon sens, de justice dans les questions religieuses ». Casimir-Perier, violemment attaqué par les socialistes, s'en allait après quelques mois en se plaignant que « la présidence de la République fût dépourvue de moyens d'action et de contrôle ». Il fut remplacé par Félix Faure, d'une bourgeoisie plus récente, mais également modéré.

Les républicains conservateurs, les Charles Dupuy, les Méline, gouvernèrent avec une seule et brève interruption, pendant près de cinq années. Malgré les attaques des radicaux et des socialistes, les modérés, appuyés sur la droite, paraissaient solidement installés au pouvoir. Il fallut, pour les en écarter, deux crises violentes, l'une au-dedans et l'autre au-dehors.

L'affaire Dreyfus, par laquelle les radicaux, alliés cette fois aux socialistes, reprirent le gouvernement, par laquelle Clemenceau rentra dans la vie publique, fut l'équivalent d'une révolution véritable. Autour du cas de cet officier juif, condamné pour trahison en 1894 par un conseil de guerre et dont l'innocence fut passionnément affirmée en 1897, deux camps se formèrent. Son nom même devint un symbole. La

France se partagea en dreyfusards et en antidreyfusards. Cette lutte de doctrines, de sentiments, de tendances, où se heurtaient l'esprit conservateur et l'esprit révolutionnaire, répétait, sous une forme réduite et atténuée, les grandes crises du quatorzième siècle, des guerres de religion, de la Fronde, de 1789, où l'on avait vu, comme dans l'affaire Dreyfus, les « intellectuels » prendre parti, la philosophie et la littérature dans la bataille. Pendant trois années, la revision du procès Dreyfus gouverna toute la politique et finit par en déterminer le cours. Les polémiques avaient fixé les positions. Les partisans de la « chose jugée » s'étaient classés à droite et les partisans de l'innocence à gauche. Le conflit prit son caractère le plus aigu en 1899, lorsque le président Félix Faure, étant mort subitement, fut remplacé par Émile Loubet, que Paris, en majorité nationaliste, accueillit mal, et lorsque Déroulède et la Ligue des Patriotes eurent, le jour des obsèques, tenté un coup d'État qui échoua. La situation du boulangisme se reproduisait. Comme au temps du général Boulanger, comme au Seize Mai, la défense républicaine par l'union des gauches se reforma aussi.

Seulement l'union des gauches, baptisée par Clemenceau le Bloc, devait, cette fois, aller très loin à gauche. Les socialistes étaient devenus la pointe extrême du parti républicain. On ne pouvait défendre la République sans eux, et il fallait leur donner place au pouvoir. Quand Waldeck-Rousseau organisa son ministère de défense républicaine, en juin 1899, il y introduisit Alexandre Millerand, député de l'extrême gauche, défenseur des théories collectivistes, et ce choix causa du scandale et de l'inquiétude dans la bourgeoisie française. On devait pourtant revoir avec quelques-uns des chefs socialistes ce qu'on avait déjà vu avec quelques-uns des chefs radicaux : leur assagissement, leur assimilation progressive par le milieu conservateur. Ce n'étaient donc pas les concessions à leurs personnes qui étaient les plus graves, mais les concessions à leurs idées. Il ne s'agissait plus seulement de laïcité, programme commun des républicains de doctrine. Avec l'affaire Dreyfus, l'antimilitarisme était apparu et il en avait été un des éléments les plus actifs. Peu à peu, les charges militaires avaient été rendues presque égales pour tous, le jeune intellectuel passait à la caserne comme le jeune paysan, et le dégoût de cette servitude avait favorisé les campagnes d'idées et de presse contre l'armée et ses chefs. Victorieux par le ministère Waldeck-Rousseau, par la Haute Cour qui jugea les nationalistes et les royalistes, tandis que le procès de Dreyfus était revisé, le parti républicain, qui avait été en 1871 celui du patriotisme ardent et même exalté, inclinait tout au moins à négliger la défense nationale, sous l'influence de son extrême gauche internationaliste.

Ces événements, qui rendaient la prépondérance aux partis avancés, s'étaient pourtant accompagnés d'une autre crise, à l'extérieur celle-là, dont les suites allaient nous ramener face à face avec l'Allemagne. Les modérés, qui avaient gouverné presque sans interruption depuis le rapprochement franco-russe, s'étaient livrés à leur tour à la politique coloniale, et notre alliance avec la Russie avait produit une conséquence imprévue : elle nous avait rapprochés de l'Allemagne. Entre Saint-Pétersbourg et Berlin, les relations étaient bonnes. Guillaume II, qui régnait depuis 1888, avait de l'influence sur le jeune empereur Nicolas II qui avait succédé à son père Alexandre III en 1894. L'année d'après son avènement, la France, d'accord avec la Russie, avait accepté d'envoyer des navires de guerre à l'inauguration du canal de Kiel, qui permettait à la flotte allemande de passer librement de la Baltique dans la mer du Nord et qu'avaient payé nos milliards de 1871. Derrière l'alliance franco-russe, s'ébauchait une combinaison à trois dont le gouvernement britannique devait prendre ombrage, parce qu'elle était conçue en vue de l'expansion coloniale des grandes puissances du continent. Guillaume II donnait une flotte à l'Allemagne et il allait prononcer son mot retentissant : « Notre avenir est sur mer. » La Russie s'étendait en Extrême-Orient, où elle ne tarderait pas à se heurter au Japon dans un conflit désastreux. Quant à la France, c'était en Afrique surtout qu'elle développait son domaine. En 1882, sous l'influence de Clemenceau et du parti radical, le gouvernement français s'était désintéressé de l'Égypte que l'Angleterre avait occupée à titre provisoire, d'où elle ne partait plus et d'où elle se disposait à dominer toute l'Afrique orientale, du Cap au Caire. En novembre 1898, la mission Marchand, partie du Congo pour atteindre le haut Nil, s'était établie à Fachoda : avec ce gage entre les mains, le gouvernement français croyait être en état de poser de nouveau la question d'Égypte lorsque l'Angleterre le somma, sous menace de guerre, d'évacuer la place sans délai. Ainsi la politique coloniale nous menaçait d'un autre péril. Entre l'Angleterre et l'Allemagne, il fallait choisir.

Le ministre des Affaires étrangères de Waldeck-Rousseau, Théophile Delcassé, était d'origine radicale. Il gardait l'ancienne tradition du parti, opposé aux aventures lointaines et au rapprochement avec les vainqueurs de 1870. Il liquida l'affaire de Fachoda, et la France fut réconciliée avec le gouvernement britannique. Cette réconciliation nous associait aux intérêts de l'Angleterre et, si elle nous donnait une, garantie contre l'Allemagne, nous ramenait au danger d'une guerre continentale. Telle était la situation au lendemain des agitations de l'affaire Dreyfus, quand le gouvernement de défense républicaine, placé sous la dépendance de l'extrême gauche, cédait à la démagogie anticléricale et antimilitaire. À Waldeck-Rousseau, succéda, en 1902, Émile Combes, qui, appuyé sur la nouvelle majorité radicale-socialiste et socialiste sortie des élections, passa de la défense républicaine à l'offensive. Waldeck avait poursuivi les congrégations, mais non l'Église. Combes alla jusqu'au bout de l'anticléricalisme, jusqu'à la rupture des relations avec le Saint-Siège, jusqu'à la séparation de l'Église et de l'État, depuis longtemps inscrite au programme des républicains avancés et toujours différée. Cette guerre religieuse troublait et divisait le pays en faisant renaître le délit d'opinion et en créant une catégorie de suspects, écartés des emplois et mal vus des autorités, parmi les Français qui ne partageaient pas les idées du gouvernement. La politique s'introduisait dans l'armée elle-même, tenue jusque-là hors des discordes civiles. La délation des « fiches » s'organisa contre les officiers qui allaient à la messe. En même temps, les propagandes les plus démagogiques s'exerçaient librement, même celle qui attaquait l'idée de patrie. Le pouvoir, les places, tout était entre les mains d'un petit nombre d'hommes et de leurs protégés, tandis qu'Émile Combes, fanatique désintéressé, couvrait ces abus et ces désordres. Dans la majorité elle-même, quelques républicains commencèrent à s'inquiéter. Chose remarquable : ce fut Alexandre Millerand qui conduisit la lutte contre un régime qu'il appela lui-même « abject ». Un socialiste annonçait le retour vers la modération.

Chose plus remarquable encore : pendant cette période d'obscurcissement de l'idée nationale, Théophile Delcassé, isolé au ministère des Affaires étrangères, travaillant sans contrôle, préparait la combinaison d'où les alliances de 1914 devaient sortir. En 1902, il s'était assuré la neutralité de l'Italie en cas de guerre provoquée par l'Allemagne. En avril 1904, d'accord avec Édouard VII, tous les litiges coloniaux avaient été réglés entre la France et l'Angleterre. Nous lui abandonnions l'Égypte et nous recevions le droit de compléter notre empire de l'Afrique du Nord par le protectorat du Maroc. Dix mois plus tard, Combes était renversé. Un opportuniste, Rouvier, le remplaçait. Il continuait la politique anticléricale avec un peu moins d'âpreté, mais avec la même indifférence aux problèmes extérieurs lorsque l'Allemagne, encouragée par la défaite que le Japon venait d'infliger aux Russes en Mandchourie, allégua que l'accord franco-anglais avait lésé ses intérêts et réclama une conférence internationale sur la question du Maroc. Guillaume II, débarqué à Tanger, y prononça des paroles menaçantes. Le Maroc n'était que le prétexte d'une intimidation et d'une pression sur la France. Delcassé, partisan de la résistance à ces prétentions, fut désavoué par ses collègues et dut se démettre (6 juin 1905). Ainsi, à sept ans de Fachoda, le péril de guerre reparaissait, cette fois du côté de l'Allemagne. Encore neuf ans, et la guerre ne sera plus évitée. Les précautions diplomatiques que nous prenions contre elle étaient pour les Allemands une raison de se plaindre d'être encerclés et de s'armer davantage. À la conférence d'Algésiras, qui nous donna raison dans l'affaire marocaine, presque toutes les puissances s'étaient lignées contre eux, ils étaient restés isolés avec l'Autriche : désormais l'Allemagne refusera toutes les conférences, et, le grand jour venu, rendra le conflit certain. Toutefois, pour humiliants qu'ils eussent été, le recul de 1905 et le sacrifice de Delcassé n'avaient pas été inutiles. À ce moment la Russie, notre alliée, était impuissante. La France était affaiblie par de longues discordes. L'armée n'était pas prête. Le moral n'était pas bon. Le temps gagné nous a peut-être sauvés d'un désastre.

Désormais, jusqu'au jour de la mobilisation, c'est sous la menace de l'Allemagne que la France vivra. Le système de la paix armée, c'est-à-dire de la course aux armements, sans cesse aggravé depuis le jour où s'était fondée l'unité allemande, menait l'Europe à une catastrophe. L'Allemagne, avec une population et une industrie excessives, était poussée à la conquête de débouchés et de territoires dont le désir agissait autant sur les masses socialistes que sur les états-majors. Pour éviter la guerre, il ne suffisait plus que la France acceptât comme un fait accompli la perte de l'Alsace-Lorraine, et bornât son effort militaire à la défensive, comme l'indiquait la réduction du temps de service à deux années. L'illusion de la démocratie française fut qu'elle conserverait la paix parce qu'elle-même était pacifique. Néanmoins, il devenait impossible de méconnaître l'étendue du danger. Dans les partis de gauche, victorieux à toutes les élections, et qui avaient éliminé, après les anciennes droites, le vieux centre gauche lui-même, il se fit alors une nouvelle coupure. Le Bloc se rompit à la fois sur la politique intérieure et sur la politique extérieure. Le socialisme était devenu audacieux, son influence au Parlement était sans proportion avec sa force réelle dans le pays et il provoquait une agitation continuelle chez les ouvriers et chez les fonctionnaires. Au-dehors, par son adhésion à l'Internationale et par ses doctrines cosmopolites, il penchait pour l'entente avec l'Allemagne, entente impossible, puisque toute concession de notre part était suivie d'exigences nouvelles du gouvernement de Berlin. Sur ce terrain, le socialisme trouvait pourtant des concours parmi ceux qui, sans distinction d'origine, pensaient, comme Thiers le pensait au moment de l'alerte de 1875, qu'il fallait se réconcilier avec l'Allemagne et, au lieu d'organiser des alliances, lui donner des gages de nos sentiments pacifiques : Joseph Caillaux, qui incarnera cette idée à la tête du parti radical-socialiste, avait pour père un conservateur du Seize Mai. Dans le parti républicain, ce fut, avec Clemenceau, l'école jacobine qui se dressa contre cette tendance et qui, en 1908, entra d'abord en lutte avec Jaurès, le chef de l'extrême gauche. Ainsi, sous des apparences d'unité, lorsque l'immense majorité du Parlement proclamait qu'il n'y avait de véritables républicains que les républicains de gauche, il y avait scission. Lorsque les doctrines les plus démagogiques étaient officiellement professées, un nouveau parti modéré se reformait en secret. On vit même un ancien socialiste, Aristide Briand, devenu président du conseil, arrêter les grèves les plus dangereuses, comme celle des chemins de fer, tandis qu'après avoir achevé de réaliser la séparation de l'Église et de l'État, il parlait « d'apaisement », comme Spuller, en 1894, avait parlé « d'esprit nouveau ».

Cependant l'Allemagne, chaque jour plus résolue à la guerre, ne cessait de nous chercher querelle. L'objet en était toujours le Maroc où nous étendions notre protectorat. En 1908, nouvelle alerte à propos d'un incident survenu à Casablanca et que le ministère Clemenceau régla par un arbitrage. En 1911, récidive : un navire allemand prit position devant Agadir, sur la côte marocaine du Sud, et le gouvernement de Berlin, après cette manifestation de force, notifia sa volonté d'obtenir une « compensation ». Joseph Caillaux, qui gouvernait alors, transigea. La compensation fut accordée à l'Allemagne dans notre possession du Congo. Pour l'Allemagne, c'était non seulement un succès diplomatique, mais un avantage réel. La presse allemande tourna ces acquisitions en ridicule et se plaignit que le grand Empire allemand eût été joué.

Deux leçons sortaient de l'affaire d'Agadir : l'une, pour l'Allemagne, que le Maroc était un mauvais *casus belli*, parce que la France menacée gardait son alliance avec la Russie et son entente avec l'Angleterre, tandis que, sur un prétexte marocain, les Allemands n'étaient même pas suivis par l'Autriche. L'autre leçon était pour la France : nos concessions ne servaient qu'à convaincre l'Allemagne de notre faiblesse et à la rendre plus belliqueuse. Les deux leçons portèrent. L'Allemagne cessa de s'intéresser au Maroc et elle dirigea son attention sur les affaires d'Orient où la Révolution turque de 1908 et l'avènement de jeunes libéraux nationalistes à la place de la vieille Turquie avaient mis en mouvement, dans l'Europe balkanique et danubienne, les nationalités nouvelles dont les revendications menaçaient l'Autriche-Hongrie, Empire composite. Quant à la France, l'affaire d'Agadir amena au pouvoir les plus nationaux des hommes de gauche. Raymond Poincaré, républicain lorrain, qui n'acceptait pas la formule de Thiers - la « politique de l'oubli » - d'où était sorti le parti du rapprochement avec l'Allemagne, devint président du conseil en janvier 1912. Dans les lettres, dans la presse, dans le monde intellectuel, presque toujours en marge de la vie politique, il y avait d'ailleurs un mouvement continu, auquel le nom de Maurice Barrès restera attaché, contre le délaissement de l'idée nationale. La doctrine nationaliste, affirmée pendant l'affaire Dreyfus et vaincue, servit alors à une sorte de redressement, comme, après le boulangisme, elle avait conduit à l'alliance russe. Pareillement, au milieu des triomphes électoraux de la République, qui n'était plus contestée dans les assemblées politiques, la critique de la démocratie par Charles Maurras et son école apportait une antithèse à laquelle les, esprits les plus larges, parmi les républicains, reconnaissaient l'utilité, jadis proclamée par Gambetta, d'une opposition de doctrine, absente depuis longtemps. Un député d'extrême gauche, Marcel Sembat, écrivait, à la suite de ces discussions, un pamphlet curieux, dont on n'eût pas imaginé le titre quinze ans plus tôt : *Faites un roi, sinon faites la paix*. En même temps, le principe essentiel de la démocratie, le suffrage universel, s'altérait étrangement et une campagne persévérante pour la représentation proportionnelle, c'est-à-dire pour le droit des minorités, gagnait des adhérents et allait changer la physionomie de la vie politique, fondée jusque-là sur le système le plus durement majoritaire.

    Les deux années qui précédèrent la guerre furent remplies de présages où les observateurs seuls trouvaient des avertissements et qui échappaient à la foule. En 1912, dans une première mêlée balkanique, les Turcs étaient vaincus par la coalition des Bulgares, des Grecs et des Serbes. L'an d'après, les coalisés se battaient pour les dépouilles, et les Bulgares étaient punis de leur agression : Bulgarie, Turquie auraient une revanche à prendre et seraient des alliées pour l'Allemagne. Ces événements étaient suivis avec intérêt par la Russie, ils alarmaient les deux puissances germaniques en menaçant l'Autriche et leur donnaient le désir de mater les Slaves : l'occasion que cherchait l'Allemagne commençait à s'offrir et une atmosphère trouble se répandait en Europe. En janvier 1913, Raymond Poincaré avait été élu président de la République en remplacement d'Armand Fallières et, sous son influence, on redevenait vigilant. Appelé par lui au ministère, un ancien modéré, Louis Barthou, fit accepter par les Chambres le retour au service de trois ans, nécessaire pour renforcer notre armée de première ligne. Publics ou occultes, les symptômes et les renseignements affluaient. Ils montraient l'Allemagne en marche vers la guerre : le gouvernement impérial venait de lever un impôt extraordinaire d'un milliard pour accroître ses effectifs et son matériel. Cependant, en France, la loi de trois ans, impopulaire, ramenait au pouvoir les radicaux-socialistes qui s'efforcèrent de reconstituer le bloc des gauches contre les modérés. À la veille de la guerre, dans l'énervement que répandait une menace qu'on sentait sans la définir, le conflit entre les deux tendances du parti républicain devenait plus âpre. Joseph Caillaux, de nouveau ministre, attaquait et il était attaqué; Aristide Briand dénonçait le « ploutocrate démagogue ». Pendant cette campagne, Mme Caillaux tua d'un coup de revolver Gaston Calmette, directeur du *Figaro*, et ce meurtre rappela celui de Victor Noir quelques mois avant 1870. C'était le crime qui précède et annonce les grands crimes. Celui de Serajevo, qui servirait de prétexte à la guerre, suivit bientôt. Des signes de sang étaient partout.

Lorsque, le 28 juin 1914, l'archiduc héritier d'Autriche-Hongrie fut assassiné avec sa femme dans la petite ville de Serajevo par des conspirateurs slaves, la masse du peuple français était bien éloignée de croire à la guerre. Aux élections du mois d'avril, le nouveau bloc des gauches l'avait emporté. Un ministère Ribot, partisan de la loi de trois ans, avait été renversé le jour même où il s'était présenté devant la Chambre, et c'est à un socialiste récemment assagi, René Viviani, que dut s'adresser le président Poincaré pour tâcher de maintenir l'organisation militaire qui venait d'être reconstituée. La démocratie française, indifférente aux événements lointains, vivait dans une telle quiétude que c'est à peine si elle remarqua l'ultimatum de l'Autriche à la Serbie. Pas plus que du tragique « fait divers » de Serajevo, la foule n'en tira de conséquences. Au fond, elle croyait la guerre impossible, comme un phénomène d'un autre âge, aboli par le progrès. Elle se figurait volontiers que, si Guillaume II et les officiers prussiens en avaient le désir, le peuple allemand ne les suivrait pas. Dix jours plus tard, la guerre la plus terrible des temps modernes éclatait.

CHAPITRE XXII

LA GUERRE ET LA PAIX, LES TRAVAUX ET LES JOURS

SI, dans les années qui ont précédé 1914, quelque chose semblait garantir la paix, c'était que les vaincus de 1871 ne songeaient pas à prendre leur revanche. Et l'Allemagne était si forte que personne ne pensait à l'attaquer. D'ordinaire, le vainqueur n'a pas intérêt à remettre sa victoire en question. Mais l'Allemagne voulait la guerre. Elle avait un trop-plein d'hommes. Elle était, comme aux anciens temps de l'histoire, poussée à envahir ses voisins. Cependant, pour qu'elle n'eût pas à combattre seule toute l'Europe, pour qu'elle gardât au moins l'Autriche comme alliée, il fallait que la guerre se présentât sur un prétexte qui ne fût pas allemand, mais autrichien. Telle fut justement l'occasion que lui fournit le conflit de l'Autriche avec la Serbie. Ainsi c'était des lointaines régions de l'Europe, comme au dix- septième siècle, après la Montagne Blanche, comme au dix-neuvième siècle, après Sadowa, que la guerre avec l'Allemagne venait chercher les Français.

On se doutait si peu de ce qui allait se passer que le président Poincaré et le président du conseil Viviani rendaient une visite de politesse au tsar lorsque l'ultimatum autrichien fut rédigé, d'accord avec l'Allemagne, dans des termes tels qu'on pouvait croire que la Serbie ne les accepterait pas. Cet ultimatum fut remis à Belgrade le 23 juillet, au moment où Poincaré et Viviani quittaient Saint-Pétersbourg. À Paris, l'ambassadeur allemand avertit tout de suite la France que les conséquences d'une intervention quelconque dans cette affaire seraient « incalculables ». La France et les puissances amies n'intervinrent que pour recommander à la Serbie de céder, et la réponse serbe fut une acceptation sur tous les points, sauf un seul, qui pouvait d'ailleurs se régler par un arbitrage. Mais l'Autriche était résolue à écraser la Serbie et à en finir avec le péril slave qui menaçait de la dissocier. L'Allemagne était résolue à la guerre. Toutes deux repoussèrent la conférence européenne que l'Angleterre proposait. Le tribunal de La Haye fut pareillement récusé : les institutions internationales par lesquelles on avait voulu, depuis une vingtaine d'années, conjurer le péril qui approchait ne comptèrent pas une minute. Deux jours après la remise de l'ultimatum, l'Autriche déclarait la guerre à la Serbie. Dans l'espace d'une semaine, le mécanisme des alliances joua et une partie de l'Europe se jeta contre l'autre. Tout ce qui était contenu à grand-peine depuis 1871 fit explosion. Tout servit à agrandir le massacre au lieu de l'arrêter : forces accumulées par le système de la paix armée, richesses et ressources créées par de longues années de travail et de civilisation. L'équilibre des systèmes diplomatiques, la dépendance des intérêts, l'immensité même de la catastrophe que devait causer un pareil choc, ce qu'on avait cru propre à prévenir le grand conflit fut inutile. Les obstacles devinrent un aliment. La démocratie, le socialisme international n'empêchèrent rien. La guerre démocratique, de peuple à peuple, fut seulement « plus terrible », comme Mirabeau jadis l'avait prédit, et personne ne fut capable d'y mettre un terme par les moyens qui limitaient les guerres d'autrefois.

Dès le 15 juillet, la volonté de l'Allemagne avait rendu un retour en arrière impossible pour tout le monde. La mobilisation des uns entraînait celle des autres. L'Autriche ayant mobilisé toutes ses forces, la Russie mobilisait les siennes à son tour. Dans cette légitime mesure de précaution, l'Allemagne trouva le motif qu'elle cherchait. Le 1er août, elle déclare la guerre à la Russie, somme la France d'annoncer ses intentions et, comme le gouvernement français se contente de répondre que la France fera ce que ses intérêts commanderont, le gouvernement allemand invente que nous l'avons nous-mêmes attaqué. Le gouvernement de la République ne pouvait plus échapper au destin et il y eut quelque chose de tragique dans ses efforts de la dernière heure. Vainement le président Poincaré avait écrit au roi George pour l'avertir qu'un mot de l'Angleterre, prononcé à temps, pouvait encore faire réfléchir l'Allemagne. L'Angleterre a un Parlement, des ministres libéraux et pacifistes, et elle n'interviendra qu'au moment où la Belgique sera envahie. La France est bien obligée, le 2 août, de mobiliser à son tour : on rassure encore les Français, on leur dit que « la mobilisation n'est pas la guerre ». Viviani ordonne que nos troupes se retirent à 10 kilomètres de la frontière pour prouver que nous ne sommes pas les agresseurs. Mais il était impossible de refuser le combat. Si nous avions déclaré notre neutralité, renié l'alliance russe, l'Allemagne aurait exigé comme gage la remise de Toul et de Verdun. Elle aurait battu la Russie et nous eût ensuite tenus à sa discrétion. La France devait se défendre ou accepter le joug.

Le peuple français le comprit. La mobilisation, bien préparée par notre état-major, eut lieu non seulement avec ordre, mais avec confiance. C'était sur notre décadence que l'Allemagne avait compté. Elle avait cru que la guerre serait chez nous le signal d'une révolution qui fut même annoncée dans les pays de l'Europe centrale. Elle se trompait. L'assassinat du chef socialiste Jaurès, dans la soirée du 31 juillet, n'avait pas causé le moindre trouble. Pour sa défense, la nation fut unie. Ce qu'elle ne savait pas, c'était à quel point sa préparation matérielle à la guerre était insuffisante, à quel carnage elle allait. La troupe portait encore le vieux pantalon rouge, véritable cible. Notre canon de 75, arme redoutable, ne pouvait rien contre la supériorité des Allemands en grosse artillerie. Des années de négligence et d'imprévoyance furent payées par la vie de milliers et de milliers de Français.

La colère contre l'agresseur avait, d'un seul coup, balayé beaucoup d'illusions. Ce qui soutenait la confiance, c'était que, cette fois, nous n'étions pas seuls comme en 1870. On savait les Allemands forts et nombreux. Mais la Russie, réservoir d'hommes, quelle compensation ! Et puis, des alliés, nous ne cesserions pas d'en avoir de nouveaux. Le 3 août, l'Allemagne nous déclare la guerre. Dès la veille, violant des traités, elle a sommé le gouvernement belge de livrer passage à ses armées, et la Belgique décide tout de suite de se défendre. Cette décision obligeait l'Angleterre, encore hésitante, à intervenir, parce qu'elle avait promis, en 1839, de garantir la neutralité belge et aussi parce qu'il était dit que jamais dans l'histoire elle ne tolérerait qu'une grande puissance européenne s'emparât des bouches de l'Escaut. La solution qu'avait trouvée, sous le règne de Louis-Philippe, l'antique problème des Pays-Bas, se montrait pour nous salutaire. Non seulement la Belgique, devenue une nation, était dans cette grande guerre à nos côtés, mais elle y entraînait tout l'Empire britannique, et lorsque l'Angleterre entre dans un conflit européen, l'histoire enseigne qu'elle ne s'en retire qu'après avoir vaincu.

France, Russie, Belgique, Angleterre, cette « Entente », déjà si vaste, semblait plus que capable de tenir tête à l'Allemagne et à l'Autriche et de les battre. L'Italie, fidèle à l'accord qu'elle avait signé en 1902, s'empressait de nous informer qu'elle resterait neutre et, par là, nous délivrait d'un lourd souci sur notre frontière des Alpes. Le seul concours que l'Allemagne allait trouver, ce serait celui de la Turquie et de la Bulgarie, concours non pas négligeable, car il a compliqué et prolongé la lutte, mais insuffisant pour lui donner la victoire quand son coup de surprise aurait été manqué. Ce qu'on ne soupçonnait pas, en 1914, c'était qu'il nous faudrait encore beaucoup d'autres alliés pour venir à bout du grand Empire militaire, tant d'alliés que nous en serions les prisonniers un jour, et que, pour la France, de nouvelles difficultés naîtraient de là.

À la vérité, nous avons échappé à un désastre foudroyant par un hasard tel qu'il a tout de suite paru comme un miracle. L'Allemagne avait cru que la France se décomposerait moralement et politiquement sous le choc et elle avait commis une erreur : son agression avait produit chez nous le phénomène de « l'union sacrée ». Mais l'union n'était pas moindre chez elle et, le 4 août, dans les deux Parlements à

Berlin comme à Paris, les socialistes eux-mêmes avaient tout approuvé. Avec l'assentiment de l'Allemagne entière, une machine de guerre comme le monde en avait peu vu était lancée contre nous.

Les moins confiants des Français furent surpris par la rapidité de l'invasion. Quand on connaissait la force militaire de l'Allemagne, on croyait au moins à plusieurs batailles, d'un sort incertain, près des frontières, loin de Paris. Après le temps nécessaire pour mettre en marche d'énormes armées, les opérations proprement dites avaient commencé le 17 août. Dès le 22, les Français et les Anglais, qui s'étaient portés au secours de la Belgique, devaient reculer à Charleroi et à Mons. Les Allemands entraient en masse sur notre territoire, occupaient le nord de la France dans l'espace de quelques journées et s'ouvraient le chemin de Paris, tandis que les Alliés battaient en retraite. La France, dont le gouvernement ménageait les nerfs, n'apprit la situation que par un de ces communiqués laconiques dont il fallait se contenter dans l'intérêt général : avec tant d'autres droits, la discipline supprimait celui de tout dire. « De la Somme aux Vosges », disait le communiqué. Il révélait ce qu'on avait tenu caché : l'invasion, la chose terrible qu'on avait vue trois fois au siècle précédent. Et la Somme devenait bientôt la Marne. Des avant-gardes allemandes paraissaient à quelques kilomètres de Paris, d'où le gouvernement, pour ne pas être enfermé et assiégé comme en 1870, était parti pour Bordeaux. C'est à ce moment que se produisit la circonstance inespérée qui sauva tout.

On a beaucoup discuté sur la bataille de la Marne. L'histoire dira que Joffre l'a gagnée parce qu'il eût été seul responsable s'il l'avait perdue. Le général Gallieni vit sans doute le premier la manœuvre à tenter contre le flanc de l'armée de von Kluck qui avait marché trop vite. Joffre, qu'un sang-froid étonnant n'avait pas abandonné depuis Charleroi, eut le mérite de comprendre la situation et, au lieu de continuer la retraite, de donner à toutes nos forces l'ordre de se porter en avant. C'est un des plus beaux redressements militaires qu'on ait vus dans l'histoire, et les Allemands en furent déconcertés. La bataille de la Marne, bataille gigantesque, qui s'étendit des abords immédiats de Paris jusqu'à la Moselle, dura du 6 au 13 septembre et se termina par la défaite et le recul général de l'ennemi. Paris était sauvé. L'invasion s'arrêtait. Les Allemands s'étaient proposé de mettre la France hors de combat en six semaines pour se retourner ensuite contre la Russie. Ce plan avait échoué. En Allemagne, quelques hommes clairvoyants commencèrent à comprendre que la guerre était perdue.

Elle était encore loin d'être gagnée pour nous. Après la bataille de la Marne, la France crut à la victoire complète, à la délivrance du territoire, comme, après Valmy. Nos armées, fatiguées par leur retraite, puis par leur prodigieux effort, dépourvues des munitions qui eussent été nécessaires, ne purent empêcher les Allemands de s'établir sur de nouvelles lignes, de l'Oise jusqu'à l'Argonne. Dès le 17 septembre, le front était stabilisé, les tranchées se creusaient face à face : une sorte de guerre de siège, atroce et journellement meurtrière, commençait. En vain les Allemands essayèrent-ils de reprendre leur offensive et d'envelopper de nouveau les armées anglo-françaises en passant cette fois par la Flandre maritime, dans ces parages des eaux et des dunes où l'on s'était si souvent battu dans les vieilles guerres des Pays-Bas. Il y eut là d'inoubliables faits d'armes, comme celui de Dixmude. L'inondation aida à barrer la route aux Allemands. Au commencement du mois de novembre, après la bataille de l'Yser, ils durent reconnaître qu'ils ne passeraient pas, mais nous avions pu seulement les empêcher de passer.

On se battait, on allait se battre longtemps encore, depuis les rivages de la mer du Nord jusqu'au Caucase, de la Baltique jusqu'aux bords du canal de Suez, la Turquie étant entrée dans le camp de nos ennemis. La guerre se développait et se nourrissait de la guerre. Elle se prolongeait par l'équilibre même des belligérants, l'Allemagne trouvant, dans sa préparation du temps de paix et dans une organisation patiente, des ressources suffisantes pour balancer la supériorité du nombre qui était du côté des Alliés. La guerre se prolongeait aussi parce que l'Allemagne ne pouvait demander la paix sans avouer son échec, tandis que les Alliés s'étaient prémunis contre leurs propres défaillances. Le 4 septembre, au moment même où s'engageait la bataille de la Marne, ils avaient signé le pacte de Londres par lequel ils s'interdisaient de conclure la paix séparément. Plus encore que ce contrat, la situation elle-même garantissait que, quoi qu'il arrivât, l'Angleterre, du moins, ne renoncerait pas à la lutte. Sauf un petit coin de terre, la Belgique était occupée par les Allemands. Anvers et Ostende étaient entre leurs mains. Jamais l'Angleterre, qui était intervenue dès que la neutralité belge avait été violée, ne permettrait à l'Allemagne ce qu'au long des siècles elle n'avait pas permis à la France. La Belgique redevenait ainsi ce qu'elle avait été si souvent dans l'histoire : le point autour duquel s'organisait la politique de l'Europe, et dont la paix et la guerre dépendaient. Quant à la France, envahie et occupée, elle aussi, dans sa partie la plus riche, tandis que les hostilités se poursuivaient sur son territoire, il ne lui eût pas été possible, l'eût-elle voulu, de se soustraire à l'engagement du 4 septembre. L'armée anglaise était venue sur notre sol combattre à côté des nôtres, et ses faibles effectifs du début s'accroissaient : l'Angleterre, rebelle à la conscription, finissait par y recourir. Son effort répondait de sa ténacité et nous étions attachés à son destin. Il n'en est pas moins vrai que la lutte se passait chez nous, que nous en subissions les ravages, que les Allemands pillaient et détruisaient les régions occupées, qu'ils y maltraitaient les habitants : une calamité effroyable, sans exemple depuis les invasions barbares, et dont nous ressentirions longtemps les effets. Cependant c'étaient aussi les soldats français qui devaient consentir les sacrifices les plus lourds et se trouver présents partout où il y avait danger.

Mais la guerre régnait, elle dirigeait tout. L'Allemagne elle-même, après l'avoir provoquée, en était prisonnière. « Jusqu'à la victoire, jusqu'au bout », devint le mot d'ordre des deux côtés de la tranchée. En France, quelques mois plus tôt, ceux qui parlaient encore des provinces perdues passaient, comme Déroulède, pour des exaltés dangereux. Reprendre l'Alsace-Lorraine fut pourtant le « but de guerre » que, tout de suite, sans discussion, la France s'assigna, si naturellement qu'il semblait qu'on n'eût jamais cessé d'y penser.

Le but était loin et il y avait bien des périls à traverser avant de l'atteindre. Et d'abord il fallait chasser l'ennemi, en finir avec l'odieuse tranchée, l'épuisante guerre souterraine, où des hommes périssaient chaque jour, par petits paquets. L'année 1915 se passa en efforts infructueux pour percer le front. En mars, une première offensive échoue en Champagne, et une deuxième, en septembre, ne réussira pas mieux. Une autre, après un début heureux, qui fit illusion, échoua en Artois aux mois de mai et de juin. À ce moment-là, renonçant à sa neutralité, l'Italie à son tour vient grossir l'Entente; nous avons un allié de plus, mais la guerre ne cesse de s'étendre en Europe, comme un incendie. En octobre, ce sont les Bulgares qui se joignent à nos ennemis. Déjà la Turquie coupe nos communications avec les Russes. Dans les Dardanelles, à Gallipoli, par mer et par terre, les Anglais et les Français ont vainement essayé de s'ouvrir un chemin. Grâce à la Bulgarie, l'Allemagne et l'Autriche pourront écraser les Serbes et former une ligne continue jusqu'en Asie Mineure. Faut-il leur abandonner l'Orient ? Les Alliés discuteront avant que l'expédition de Salonique, proposée par la France, combattue par l'Angleterre, soit décidée. Ce n'est pas seulement un nouvel effort militaire qui s'impose. Il faut songer à un remaniement de la carte, promettre des agrandissements à la Grèce, dont on a besoin et qui est peu sûre, où le roi Constantin, beau-frère de Guillaume II, penche vers les Allemands. Ainsi, l'extension de la guerre dans la partie orientale de l'Europe complique encore les choses. Et ce qui est grave, c'est que, dans cette année 1915, tandis qu'elle repousse les assauts d'Artois et de Champagne, l'Allemagne, renversant son plan primitif, a porté un coup violent contre la Russie et s'est emparée de toute la Pologne. À son tour, le front russe s'immobilise au loin. L'alliance, qui donnait tant d'espoir, du vaste Empire aux 120 millions de sujets, a, rendu service au début de la campagne. Sans l'armée russe, en 1914, l'invasion allemande nous eût peut-être submergés. Maintenant la Russie ne peut plus menacer l'Allemagne. On a le droit de craindre, quand on connaît son histoire, qu'elle ne conclue la paix séparément. Pour la retenir, la France et l'Angleterre iront jusqu'à lui promettre Constantinople, ce que jamais elles ne lui avaient accordé. Rien ne montre mieux que ce bouleversement des grandes traditions politiques le péril auquel se sentaient exposés les alliés d'Occident.

Ce péril fut grave en 1916. Rassurés du côté de la Russie, les Allemands se tournèrent avec de nouvelles forces contre la France. À leur tour ils voulaient percer le front et ils avaient choisi Verdun pour y attirer le gros de notre armée, la battre et nous forcer à demander la paix. La prise de Verdun aurait eu en Europe un retentissement immense. Le nom de cette vieille cité devint tout de suite un symbole. Le sort de la guerre y fut attaché et c'est pourquoi en France, chefs militaires et gouvernement résolurent de résister à tout prix. Les batailles qui s'engagèrent là et qui durèrent près de six mois ont été les plus formidables de tous les temps. Par le déluge continuel de l'artillerie, par la furie des assauts, ce coin de France, de février jusqu'en août 1916, fut un enfer. Des centaines de milliers d'hommes s'y battirent et, là encore, les Français se sacrifièrent en masse.

L'échec des Allemands, qui leur coûta cher, les fit changer de méthode. Leurs « offensives de paix » commencèrent. Munis partout de gages, ils espéraient venir à bout des Alliés par la fatigue et se tirer d'affaire avantageusement. L'intervention de la Roumanie à la fin du mois d'août 1916 fut une diversion nouvelle qui, ajoutée à la résistance de Verdun et à une vigoureuse « réplique de Verdun » que les Alliés lancèrent sur la Somme, ranima l'espoir de l'Entente. Cependant la Roumanie fut écrasée en quelques semaines, tandis qu'une nouvelle difficulté naissait pour nous de la Grèce que nous devions surveiller et désarmer après le massacre, par trahison, de marins français au Zappeïon d'Athènes : moins d'un siècle après Navarin, quand la France s'était passionnée pour la liberté hellénique, ce guet-apens était son salaire.

Ainsi la guerre durait, se renouvelait sans cesse, détruisant toujours des vies humaines, engloutissant le capital de richesses accumulé par plusieurs générations. Sous cet effort monstrueux, bien des choses commençaient à fléchir en Europe. Lassitude, démoralisation, révolte, les phénomènes sur lesquels l'Allemagne comptait, qu'elle cherchait à produire, allaient se manifester en 1917 chez les Alliés avant, de se manifester chez elle. Au point faible de l'Entente, en Russie, l'événement épié par l'Allemagne survenait la révolution, en renversant Nicolas II, nous privait d'un allié qui, malgré les incertitudes de son caractère, nous était resté fidèle. Et, le tsarisme disparu, la Russie tombait dans le chaos. Encore nationale à ses débuts, au mois de mars 1917, la révolution répandait l'indiscipline et décomposait rapidement l'armée russe qui cessait de compter pour l'Entente avant même que les bolcheviks, s'étant emparés du pouvoir, eussent signé la paix avec l'Allemagne. Quoi qu'on eût fait, dans les pays alliés, pour représenter les événements de Russie sous des couleurs favorables, ils eurent leur répercussion jusqu'en France. Des mutineries éclatèrent dans l'armée. En même temps se réveillait, dans la politique intérieure, un esprit qui, depuis 1914 aussi, semblait avoir disparu. Les jours de l'union sacrée, du zèle devant l'invasion s'éloignaient. Dans le Parlement, les rivalités de personnes avaient repris. Les ministères instables s'étaient succédé. Sous des hommes faibles, irrésolus, le gouvernement vacillait. Une propagande « défaitiste » s'exerçait, et le ministre de l'Intérieur Malvy fut accusé publiquement de la favoriser. C'est contre Léon Daudet, l'accusateur, que le président du conseil Painlevé voulut sévir sous prétexte de complot contre la République. En réalité, les deux tendances qui se heurtaient depuis quarante ans paraissaient de nouveau. Il ne fallait pas seulement, si l'on voulait conduire la guerre jusqu'à la victoire, un pouvoir ferme pour réagir contre le fléchissement qui commençait. Il fallait aussi que ce pouvoir fût exercé par ceux qui ne penchaient pas du côté de l'Allemagne. La situation elle-même appelait au gouvernement, avec Clemenceau, la tradition jacobine du salut public, la tradition radicale, celle qui avait déterminé la guerre à outrance en 1871, puis, l'opposition à la « politique de l'oubli ». En novembre 1917 Clemenceau devenait président du conseil avec ce programme, à l'intérieur comme à l'extérieur : « Je fais la guerre. » Tout de suite, il poursuivait les basses affaires de trahison et il frappait à la tête en inculpant Joseph Caillaux d'intelligences avec l'ennemi et de complot contre la sûreté de l'État. Quant à Malvy, Clemenceau, en plein Sénat, l'avait accusé de compromettre les intérêts dont il avait la charge, et l'ancien ministre de l'Intérieur, pour se disculper, demandait lui-même à passer devant la Haute Cour, qui le condamnait au bannissement. Clemenceau et les hommes de sa génération étaient nourris de l'histoire de la Révolution française. Il y eut là comme un souvenir très adouci de la Terreur.

Il était temps qu'une impulsion fût donnée à la France ; l'élan de 1914 ne pouvait se soutenir tout seul et, si l'Allemagne se lassait également, elle était tout entière dans la main des nouveaux chefs militaires que la guerre avait révélés. N'ayant plus à s'occuper du front russe, Hindenburg et Ludendorff préparaient une dernière et violente offensive en France avant que l'aide nouvelle, l'aide inespérée qui venait à l'Entente, fût efficace. Dans ses furieux efforts pour briser le blocus où les flottes anglaises l'enfermaient, l'Allemagne, par la guerre sous-marine sans restriction, avait provoqué les États-Unis et fait sentir le danger de sa victoire à la lointaine Amérique elle-même. Les Américains jetaient leur poids dans la balance au moment de la défection des Russes, et leur nombre venait à point pour remplacer dans l'esprit des Français le contrepoids disparu. En intervenant, presque à la dernière heure, avec des forces toutes fraîches, les États-Unis contribuaient à la chute de l'Allemagne. Ils la démoralisaient surtout en lui retirant l'espoir de vaincre. Mais si le président Wilson avait déclaré la guerre le 2 avril 1917, les États-Unis ne seraient pas en mesure de prendre part à la lutte avant de longs mois. L'Amérique intacte arrivera à la fin de la guerre dans une Europe fatiguée, et le président Wilson sera maître de la paix comme la France l'avait été sous Richelieu en n'intervenant que dans la dernière période de la guerre de Trente Ans. Seulement le président Wilson connaissait mal les questions européennes. Quoique belligérants, les États-Unis tenaient à se dire les associés et non les alliés de l'Entente, et leur gouvernement restait prêt à jouer le rôle d'arbitre et de médiateur qu'il avait déjà essayé de prendre plusieurs fois. À la veille de la victoire, on voyait percer, les difficultés de la paix.

Avant d'être vaincue, l'Allemagne prouva qu'elle pouvait encore être redoutable. En 1918 comme en 1914, elle joua et elle perdit. Comme en 1914 aussi elle fut près de réussir. Si, jusque-là, elle avait tenu tête à tant d'adversaires, c'était d'abord à son organisation politique et militaire qu'elle le devait. C'était ensuite aux fautes des Alliés qui n'avaient pas su unir leurs efforts. Ils avaient plusieurs chefs, maintes fois ils s'étaient fait battre en détail, tandis que la coalition ennemie tout entière était conduite par l'état-major allemand. Il y avait en France un front anglais isolé : le 21 mars 1918, Ludendorff l'attaquait, l'enfonçait. Toute une armée anglaise battait en retraite, et les Allemands purent croire qu'ils s'ouvraient de nouveau la route de Paris, bombardé le jour par de mystérieux canons à longue distance, par des avions la nuit, et d'où le gouvernement se tenait prêt à partir, comme en 1914. Dans ce péril, ce furent encore les soldats français qui se sacrifièrent et qui arrêtèrent la ruée. Du moins le danger commun, redevenu aussi grave qu'aux premiers jours de l'invasion, fit ce que rien n'avait obtenu jusque-là : un général français, Foch, reçut enfin le commandement unique des armées alliées. La guerre eut désormais une direction et une méthode. Une bataille de plus de sept mois commençait qui devait être la dernière et que le généralissime était résolu à ne pas abandonner. Arrêtés partout, après des succès de surprise passagers, devant Amiens et devant Compiègne, en Flandre et au Chemin des Dames, les Allemands, revenus jusque sur la Marne, y trouvent au mois de juillet une autre défaite. C'est le moment que Foch a prévu et pour lequel il s'est préparé afin que notre deuxième victoire de la Marne ne tourne pas court comme la première. Il passe à l'offensive et, sans laisser l'ennemi respirer, le poursuit et le harcèle, l'obligeant à céder chaque jour un peu du territoire conquis et occupé depuis quatre ans.

Le 11 novembre 1918, un armistice, « généreux jusqu'à l'imprudence », était accordé à l'armée allemande, la sauvait d'une catastrophe totale et lui permettait de repasser le Rhin sans avoir capitulé. Considérant que l'Allemagne était vaincue, que le sol français était libéré et qu'il n'avait pas le droit de continuer plus longtemps l'affreux carnage, Foch s'était conformé à l'avis des gouvernements alliés. En Orient, la Bulgarie et la Turquie avaient cédé les premières. L'Autriche s'effondrait, l'Allemagne était dans le désarroi. Les trônes, celui des Habsbourg, celui des Hohenzollern, ceux de tous les souverains allemands, tombaient les uns après les autres. La puissance qui avait fait trembler l'Europe, contre laquelle vingt-sept nations s'étaient liguées, gisait à terre. Les Allemands partaient à la hâte de France et de Belgique comme Guillaume II partait d'Allemagne : une de ces chutes dans le néant et le chaos, après une période de grandeur, dont l'Empire germanique et ses dynasties, au cours de l'histoire, avaient déjà donné tant d'exemples.

La victoire des Alliés ne semblait pas pouvoir être plus complète. Il restait à en tirer parti. Et le soulagement des Français, après l'armistice du 11 novembre qui mettait fin à plus de quatre ans de tuerie et d'angoisses, fut inexprimable. Cependant, près de 1.500.000 hommes avaient péri, dix départements étaient ravagés, plus de deux cents milliards, somme fantastique et qu'on n'eût jamais crue réalisable, avaient été engloutis. Sur le moment, on ne se rendit pas compte du bouleversement que la guerre avait apporté et qui changeait les conditions d'existence du pays. On crut tout heureux et tout facile quand d'autres jours pénibles commençaient.

L'établissement de la paix déçut d'abord. Une victoire qui avait coûté si cher semblait nous promettre d'amples compensations. Une victoire remportée à plusieurs ne nous laissait pas les mains libres. L'expérience enseignait que des préliminaires de paix devaient être imposés à l'ennemi dans les journées qui suivaient immédiatement l'armistice. Cette précaution, à laquelle les vainqueurs ne manquent jamais, fut négligée. Mais les Alliés n'avaient convenu de rien. Un contrat qui fixait la part de chacun après la victoire avait bien été signé en 1916. La défection de la Russie l'avait rendu caduc et, plus encore, l'intervention des États-Unis. Le programme français se réduisait à une formule imprécise : « Restitutions, réparations, garanties. » Quant au président Wilson, il avait énoncé en quatorze points un programme un peu plus détaillé, mais presque aussi vague et qui demandait beaucoup de travaux et de discussions avant d'être appliqué aux réalités européennes. De plus, le danger commun ayant disparu, chacun des Alliés retournait à ses intérêts personnels, les Anglais préoccupés de la mer, les Français de leur sécurité sur le continent. Ce ne fut pas seulement dans la confusion des idées, mais dans le conflit des traditions et des intérêts que la conférence de Paris élabora une série de traités qui changeaient tout l'aspect de l'Europe, consacrant la ruine de l'Empire austro-hongrois, ressuscitant des États disparus comme la Pologne et la Bohême, baptisée Tchécoslovaquie, tandis que d'autres États recevaient des accroissements si considérables qu'ils en étaient plus que doublés : tel était le cas de la Serbie, devenue Yougoslavie. Pour la plupart, ces transformations avaient ou lieu aux dépens de l'Empire des Habsbourg, détruit et démembré, tandis que l'Allemagne, gardant son unité, restituait seulement, outre ses provinces polonaises, ce qu'elle avait pris au Danemark en 1864 et à la France en 1871. Sous aucun prétexte, nos Alliés n'avaient consenti à nous laisser d'autres frontières que celles de 1815. Sedan était effacé et non Waterloo. Là aussi il était visible, dès les orageuses discussions de la conférence de Paris, que désormais l'Angleterre, ayant anéanti la puissance navale allemande, se méfierait de la France plus que de l'Allemagne

Et nous allions nous retrouver en face de l'Allemagne pour régler une des affaires les plus grandes et les plus difficiles qu'on eût encore vues. Le traité disait que l'Allemagne devrait réparer les ruines immenses qu'elle avait laissées chez nous. On n'exigeait d'elle ni argent comptant ni une indemnité fixée une fois pour toutes, mais des milliards dont le montant total serait déterminé dans l'avenir. L'occupation de la rive gauche du Rhin gagerait les paiements en même temps qu'elle protégerait les pays occidentaux, jusqu'au jour où l'Allemagne, ayant achevé le désarmement qui lui était prescrit, ayant donné des preuves de ses bonnes intentions, entrerait dans la Société des Nations, conçue par le président Wilson pour maintenir la paix et l'harmonie entre les peuples, comme la Sainte-Alliance, où la France était entrée peu de temps après 1815, avait été conçue par le tsar Alexandre. Telles étaient les grandes lignes de la paix qui fut conclue à Versailles le 28 juin 1919, jour anniversaire du crime de Serajevo, dans cette même Galerie des Glaces où, le 18 janvier 1871, avait été proclamé l'Empire allemand. Deux obscurs délégués de la nouvelle République allemande signèrent avec les représentants des vingt-sept nations de toutes les parties du monde qui avaient pris part à la lutte, beaucoup d'une façon honoraire. D'autres traités, sur le même modèle, furent signés en divers, endroits des environs de Paris avec ce qui restait de l'Autriche, c'est-à-dire une petite République à laquelle il était interdit de se réunir à l'Allemagne, avec la Hongrie et la Bulgarie, tandis que la Turquie repoussait les conditions qui lui étaient imposées.

D'une guerre faite à plusieurs, sortait aussi une paix faite à plusieurs, mélange de conceptions diverses, du principe de l'équilibre et du principe des nationalités, une paix qui remettait beaucoup de questions à plus tard et qu'il faudrait encore interpréter et appliquer. En France surtout, les critiques ne lui manquèrent pas. Quant à l'Allemagne, malgré l'écroulement de sa grandeur et le désordre qui avait suivi la chute des Hohenzollern, elle n'était pas résignée à subir les conséquences de sa défaite. Elle protestait déjà contre le traité de Versailles, et la grande tâche de la France allait être de lui en imposer l'exécution, plus retenue qu'aidée par ses anciens Alliés. Dans un monde transformé, où, de vaincue, elle était devenue victorieuse, la France retrouvait les lois permanentes de son histoire : entre l'Allemagne et l'Angleterre, elle aurait encore à trouver sa voie.

Depuis 1914, il n'y avait plus eu d'élections en France. Le suffrage universel n'avait plus été consulté. La Chambre était toujours celle qui avait été nommée contre le service militaire de trois ans et qui, sous l'empire de la nécessité, avait voté toutes les mesures de la levée en masse, accepté d'abord l'union sacrée, puis, après quelques faiblesses, suivi jusqu'au bout Clemenceau qui l'avait ressaisie. Ses pouvoirs avaient expiré avant que la guerre fût finie et ils avaient été prorogés, parce que, disait-on, une grande moitié des électeurs était mobilisée, ce qui revenait, au fond, à ne pas instituer de plébiscite sur la guerre et sur la paix. Le suffrage universel ne fut même pas admis à se prononcer sur le traité de Versailles. Le traité était déjà ratifié, lorsque les élections du 16 novembre 1919 eurent lieu. Pour la première fois, le vieux scrutin d'arrondissement était abandonné et le système de la représentation proportionnelle fut appliqué, avec quelques limites encore. À ce moment-là, le mouvement révolutionnaire qui, parti de Russie, parcourait l'Allemagne, alarmait la masse paisible des Français. La menace d'un socialisme véritable qui confisquerait la propriété, jointe au mécontentement contre les partis qui s'étaient si lourdement trompés avant la guerre, fit élire une majorité entièrement nouvelle. Ce n'était pas que la France eût tellement changé : il suffit du déplacement de quelques centaines de milliers de voix pour rendre la victoire aux modérés et aux conservateurs, unis sur les listes du Bloc national. Clemenceau et l'école jacobine avaient contribué à ce succès en conduisant la guerre jusqu'à la victoire et en frappant de discrédit, avec Malvy et Joseph Caillaux, toute une partie de la gauche. Seulement, la nouvelle, Chambre, orientée à droite, supportait mal l'esprit jacobin. Elle traduisait aussi la déception qu'avait causée la paix, dont les imperfections commençaient à être senties. Clemenceau, candidat à la présidence de la République, ne fut pas élu, et Paul Deschanel, qui avait promis la fin de l'anticléricalisme et la reprise des relations diplomatiques avec le Saint- Siège, succéda à Poincaré. Ainsi Clemenceau et ses collaborateurs étaient écartés du pouvoir. Les hommes qui avaient fait le traité de Versailles ne seraient pas ceux qui l'appliqueraient. On avait compté leurs fautes et ils allaient compter celles de leurs successeurs.

Tirer le meilleur parti possible d'un traité « plus lourd de promesses que de réalités », ce fut, pendant les six premiers mois de 1920, la politique d'Alexandre Millerand, L'ancien socialiste qui avait tant effrayé la bourgeoisie quand il était entré dans le ministère Waldeck-Rousseau, et qui, maintenant, était devenu le chef du Bloc national conservateur. Mais, pour tirer parti du traité, pour le réaliser, il fallait l'interpréter aussi et il apparut tout de suite que l'Angleterre ne l'interprétait pas comme nous. Là-dessus encore l'Entente se dissociait. Les États-Unis, dont le gouvernement avait mis sur la paix la marque de ses vues théoriques, avaient désavoué le président Wilson, refusé de ratifier l'acte de Versailles et conclu avec l'Allemagne une paix particulière. En Angleterre, l'idée qui grandissait, c'était qu'il convenait de ménager l'Allemagne, comme la France, après 1815, avait été ménagée par, le gouvernement britannique. Au lieu de trouver les Anglais à nos côtés pour contraindre l'Allemagne à tenir ses engagements, nous devions maintenant leur résister pour ne pas perdre le fruit de la victoire ou bien céder de peur de rompre avec eux. À la recherche d'une solution capable de contenter tout le monde, des conférences répétées révélaient les dissentiments des vainqueurs, encourageaient les Allemands à résister et se traduisaient par des abandons de notre créance. On en était là lorsque, au mois d'août 1920, la Pologne fut envahie par les Russes. Ainsi l'Europe, dans l'organisation nouvelle qui était sortie des traités, n'était pas garantie contre les risques de guerre et c'était de la Russie communiste que le risque de guerre venait. Chose plus grave, ni parmi les puissances alliées ni parmi les nouveaux États qui leur devaient la vie, personne, sauf la France, ne se montra disposé à sauver d'un nouveau partage la République polonaise. Millerand ayant pris l'initiative d'envoyer, avec le général Weygand, un appui à la Pologne, l'armée rouge fut repoussée après être entrée jusque dans les faubourgs de Varsovie. Cette alerte montrait la fragilité de la nouvelle Europe, nullement pacifiée du côté de l'Orient où la

Turquie refusait toujours d'accepter les conditions des vainqueurs. Après le péril brusquement apparu en Pologne, le succès de la décision prise par Millerand le rendit populaire et, presque aussitôt, ce fut lui qui succéda au président Deschanel, obligé par la maladie de se démettre de sa charge et qui ne devait pas tarder à mourir.

Alexandre Millerand, en arrivant à la présidence de la République, avait annoncé son intention d'y remplir un rôle actif, d'y assurer la continuité de la politique française, de ne pas y rester, comme ses prédécesseurs, depuis le maréchal de Mac-Mahon, dans l'attitude d'un témoin et d'un arbitre. Pour la première fois depuis bien longtemps reparaissait l'idée de reviser la Constitution de 1875. La prérogative que le nouveau président revendiquait, il l'exerça en 1922 en se séparant d'Aristide Briand qu'il avait choisi l'année d'avant comme président du conseil. Cherchant, lui aussi, à réaliser le traité de Versailles et à le réaliser par l'accord des Alliés, Briand en était venu à des concessions de plus en plus grandes au point de vue des Anglais. À la conférence de Cannes, Lloyd George avait été sur le point d'obtenir ce qu'il cherchait, c'est-à-dire une sorte d'accommodement entre les vainqueurs et les vaincus, avec la participation de l'Allemagne elle-même. La protestation des Chambres et de l'opinion publique détermina Millerand à rappeler Briand de Cannes et à lui demander sa démission sans qu'il eût été renversé par un vote parlementaire.

Opposé à la politique des concessions, qu'il avait blâmée dans la presse, Raymond Poincaré était naturellement désigné pour prendre le pouvoir. Pour lui, le traité de Versailles, qu'il eût voulu meilleur, était intangible. Tel quel, il devait être appliqué, sans subir d'amputations nouvelles, sans réduction de notre créance qui n'était pas mieux payée depuis que remises, atténuations, délais, avaient été successivement accordés à l'Allemagne. La France en revenait donc à l'exécution intégrale du traité par la contrainte au besoin, les autres moyens ayant échoué, tandis que les Allemands, alléguant le désordre de leurs finances, suspendaient une à une toutes leurs prestations. Après tant d'expériences qui n'avaient pas réussi, il ne restait qu'un système à essayer, celui des gages. On avait déjà pensé au bassin de la Ruhr, une des régions minières et industrielles les plus riches de l'Allemagne. Les manquements répétés et volontaires de l'Allemagne à ses engagements ayant été constatés, selon les règles du traité de Versailles, par la Commission des Réparations, le gouvernement français, de concert avec la Belgique, prit la solution d'occuper la Ruhr. Le 11 janvier 1923, sans coup férir, les troupes françaises entraient à Essen. Ainsi le traité de paix n'avait rien terminé par sa propre vertu. Il exige encore de nous des efforts et notre compte avec l'Allemagne est loin d'être réglé. Les travaux continuent avec les jours et les jours des peuples sont longs.

Nous touchons ici au point où doit se terminer cette histoire. À mesure qu'on approche du temps même où nous vivons, les grandes lignes se dérobent. Elles ne se dégageront qu'avec la suite, qui nous manque encore.

Qu'a cherché la France depuis que la paix est conclue ? Sa sécurité, des garanties contre une revanche possible de l'Allemagne. Elle a cherché aussi les réparations qui lui avaient été promises et sans lesquelles le rétablissement de sa prospérité était incertain. Dans cette tâche, elle a rencontré la résistance de l'Allemagne et elle a été contrariée par l'Angleterre. Les deux forces extérieures contre lesquelles la France, au cours des siècles, a dû si souvent défendre son indépendance ou entre lesquelles il lui a fallu se frayer un chemin, se sont trouvées, dans une certaine mesure, réunies contre elle. La France avait déclaré qu'elle n'évacuerait ni la Ruhr ni la rive gauche du Rhin tant que l'Allemagne n'aurait pas rempli ses engagements. Une pression extérieure, presque universelle, et un changement d'orientation à l'intérieur, déterminé par la lassitude des Français, l'ont déjà fait renoncer à cette résolution.

Tout ce qu'on peut discerner, à la lueur des événements les plus récents, c'est que la paix, en ne tenant pas ses promesses, a laissé la France dans l'étrange situation d'un pays victorieux mais blessé. La France dispose, pour un temps qu'on ne saurait calculer, de la plus grande force militaire de l'Europe. On s'efforce de la lui arracher par le désarmement. Cependant elle n'a plus de marine et elle possède un vaste domaine colonial - encore accru de la Syrie - qu'elle serait incapable de défendre : toute notre histoire enseigne que c'est une dangereuse position.

    Les réparations sur lesquelles la France comptait n'étant pas payées et ne devant plus l'être depuis l'accord de Lausanne de 1932, nous sommes, en dépit de la victoire, un peuple qui a été envahi et dévasté. Le mal que l'Allemagne nous a causé avec intention nous reste et nous sommes, à cet égard, comme si nous avions été vaincus. Par ses propres moyens, par sa propre épargne, la France a déjà relevé une grande partie de ses ruines. Mais l'œuvre n'est pas finie. Elle a déjà exigé des capitaux considérables qui, ajoutés aux énormes dépenses de la guerre, forment une dette colossale qu'a encore insuffisamment réduite l'abaissement du franc au cinquième de son ancienne valeur après une période d'inflation qui a rappelé le régime des assignats. Les difficultés financières, lorsqu'elles sont très graves, deviennent des difficultés politiques : nous l'avons vu à la fin de l'ancien régime et sous la Révolution. La question des impôts, lorsque l'imposition doit être très lourde, est redoutable parce qu'elle provoque des résistances et favorise la démagogie ; c'est le cas qui s'est présenté à plus d'un moment de notre histoire. Un gouvernement faible est tenté par l'expédient trop facile des assignats, qui provoque la ruine. D'autre part, compter sur les sacrifices raisonnés et volontaires de toutes les parties de la nation est bien chanceux. D'après l'expérience des siècles passés, on peut se demander si la question d'argent ne sera pas, pendant assez longtemps, à la base de la politique, si, au-dedans et au-dehors, notre politique n'en dépendra pas, si, enfin, le pouvoir ne tendra pas à se renforcer et à sortir des règles de la démocratie parlementaire pour soustraire les mesures de salut public à la discussion. Déjà, en 1926, devant la banqueroute imminente, Raymond Poincaré, revenu au pouvoir, a dû recourir aux décrets-lois. Le déficit n'ayant pas tardé à se reproduire par l'excès des dépenses que provoquent les Chambres, il apparaît qu'il faudra renoncer à des finances régulières et courir le risque d'un grand désordre ou bien, au nom du salut public, nier les droits de la majorité.

On peut remarquer que presque partout en Europe, dans les pays éprouvés par la guerre, les gouvernements ont perdu pied. Le vieux monde est dans un état qui ressemble beaucoup au chaos. Extrême est la confusion des idées. Pleins pouvoirs, dictature, ce sont des mots qui n'effraient plus ou des choses qui semblent naturelles, tandis que partout sont affichés les noms de République ou de démocratie. Sur les vastes destructions qu'une guerre immense et les révolutions qui l'ont suivie ont causées, personne ne peut dire ce qui s'élabore, ce qui est provisoire et ce qui est définitif. Seulement, quand on compare la France aux autres pays, quand on se représente les hauts et les bas de son histoire, on voit qu'elle n'est pas la plus mal partagée. Exposée aux tribulations, souvent menacée dans son être - elle l'a encore été, et terriblement, en 1914 - elle n'est pas sujette à ces affaissements ou à ces longues éclipses dont tant d'autres nations offrent le modèle. Sa structure sociale reste solide et bien équilibrée. Les classes moyennes, sa grande force, s'y reconstituent toujours en peu de temps. Après toutes ses convulsions, parfois plus violentes qu'ailleurs, elle ne tarde pas à renaître à l'ordre et à l'autorité dont elle a le goût naturel et l'instinct... Si l'on n'avait cette confiance, ce ne serait même pas la peine d'avoir des enfants.

www.ingramcontent.com/pod-product-compliance
Lightning Source LLC
Chambersburg PA
CBHW050118170426
43197CB00011B/1624